1461 DIAS NA TRINCHEIRA

Eduardo Scolese

1461 DIAS NA TRINCHEIRA

O dia a dia sob Bolsonaro
no relato do editor de Política
da *Folha de S.Paulo*

autêntica

EDITORAS RESPONSÁVEIS
Rejane Dias
Cecília Martins

REVISÃO
Lívia Martins

CAPA
Diogo Droschi

DIAGRAMAÇÃO
Waldênia Alvarenga

Dados Internacionais de Catalogação na Publicação (CIP)
(Câmara Brasileira do Livro, SP, Brasil)

Scolese, Eduardo
1461 dias na trincheira : o dia a dia sob Bolsonaro no relato do editor de Política da Folha S.Paulo / Eduardo Scolese. -- 1. ed. -- Belo Horizonte, MG : Autêntica Editora, 2025.

Bibliografia.

ISBN 978-65-5928-605-8

1. Bolsonaro, Jair Messias, 1955- 2. Brasil - Política e governo - 2019-2022 3. Folha de S.Paulo (Jornal) 4. Imprensa e política - Brasil I. Título.

25-281271 CDD-320.981

Índices para catálogo sistemático:

1. Brasil : Política e governo : Ciências políticas 320.981

Cibele Maria Dias - Bibliotecária - CRB-8/9427

GRUPO **AUTÊNTICA**

Belo Horizonte
Rua Carlos Turner, 420
Silveira . 31140-520
Belo Horizonte . MG
Tel.: (55 31) 3465 4500

São Paulo
Av. Paulista, 2.073 . Conjunto Nacional
Horsa I . Salas 404-406 . Bela Vista
01311-940 . São Paulo . SP
Tel.: (55 11) 3034 4468

www.grupoautentica.com.br
SAC: atendimentoleitor@grupoautentica.com.br

Para minha esposa, Renata, e
meus filhos, Bruna e Rafael.

À memória de Alec Duarte,
Otavio Frias Filho,
Thomas Castilho
e Ygor Salles.

Apresentação

Era um sábado. Estava de plantão no dia do meu aniversário. Pela manhã, na hora de dar tchau antes de seguir para a Redação, ouvi um pedido de meu filho: “Papai, pede pro Bolsonaro deixar você voltar pro café da tarde”.

Rafael pensava que o presidente da República fosse o meu chefe. Uma criança de 4 anos percebia na essência como o pai, jornalista da *Folha de S.Paulo*, havia sido capturado. A volta para casa e o fim do expediente naquele dia e em centenas de outros dependeriam justamente do mandatário do país. Estávamos em abril de 2020, no olho de um furacão de tamanho e duração desconhecidos. Uma mistura entre o início da pandemia do coronavírus, a Redação inteira em transição para o trabalho em home office e Jair Bolsonaro desgovernado em sua ânsia de ataques à imprensa e aos demais Poderes.

O resultado deste livro é um mergulho nos bastidores e nos efeitos de 1461 dias de cobertura jornalística de um presidente sem comparação com os seus antecessores mais recentes. Diferente no modo de se comunicar, mais digital e mais imprevisível, e, como apontou o jornalista Fabio Victor em *Poder camuflado*, protagonista de alucinados acontecimentos com ritmo frenético, fluxo caótico e ausência de lógica. No meu caso, foram quatro anos sob a sensação de apuros permanentes como editor de Política do jornal.

Tudo parecia inspirador para um livro. A *Folha* atravessou o período sob ataque, tratada como inimiga pelo presidente e com seu jornalismo colocado em xeque. A Redação teve de aprender a lidar com um governante engajado na destruição de políticas públicas, na ruptura com parte da sociedade, nos confrontos sistemáticos, na repetição de mentiras, nos ataques furiosos e na adoção de uma política antivacina que parecia impensável. O jornal se abrigou em uma trincheira quando atacado e buscou seguir o eixo de um jornalismo crítico e equilibrado, mantendo intacto seu Projeto Editorial. Já os seus jornalistas mergulharam em um trabalho incessante, uniram-se para cobrar reconhecimento e flertaram com o esgotamento. Com Bolsonaro e a pandemia, a saúde mental ficou em frangalhos, assustou com um quadro amplo de estresse agudo e logo foi atacada como prioridade.

Para narrar os acontecimentos da época, além de contar com a memória ainda quente, pesquisei reportagens da *Folha* e de outros veículos de imprensa, consultei livros, assisti de novo a edições inteiras do *Jornal Nacional*, vasculhei e-mails, consultei anotações e comunicados internos, entrevistei personagens de dentro e fora do jornal e fiz um pente-fino em pelo menos 31 arquivos de WhatsApp, sendo 14 de grupos e 17 individuais. Apenas uma dessas conversas do período representou o equivalente a cem laudas quando separada para leitura. As mensagens revisitadas para a produção deste livro ajudaram como fio condutor dos capítulos e expuseram emoções vividas de 2019 a 2022.

A gestão de Bolsonaro será escrutinada em estudos e livros nas próximas décadas. O distanciamento do tempo vai ajudar em uma interpretação mais completa das ações e de seus protagonistas, não apenas do ex-presidente. Uma análise terá de ser feita sobre o papel do Congresso, com o visível pouco caso com os ataques antidemocráticos e a sede para abocanhar emendas parlamentares. Da mesma forma, o STF e seu protagonismo político em curso, em especial o *modus operandi* nas investigações e no julgamento de Bolsonaro e seus aliados e as medidas em nome da defesa do tribunal e do combate à desinformação. O papel geral da imprensa diante desses Poderes também valerá um mergulho à parte.

Este livro poderá ser uma peça para quem quiser montar um quebra-cabeças completo do período mais à frente. Por ora, fica como contribuição para entender como funciona o dia a dia da *Folha* e como a Redação atravessou o governo Bolsonaro. Os quatro capítulos a seguir são conduzidos por uma visão pessoal, não institucional.

Boa leitura.

São Paulo, junho de 2025.

Imprensa contra a parede

O presidente da República fez tudo o que tinha em mãos para perseguir a imprensa que o criticava. Em um intervalo de meses, fechou a gráfica usada pela *Folha*, reteve no porto de Santos o papel importado para a impressão do jornal e ainda proibiu a sua circulação por tempo indeterminado.[1] Enquanto crescia a oposição ao seu governo, o mandatário agiu de forma agressiva contra os seus críticos. Colocou em prática uma gestão marcada por gestos de vingança, autoritarismo e brutalidade.[2] Isso incluía a imprensa. Escalou conflitos em meio a um histórico de *fake news* e permaneceu irredutível diante das ameaças cada vez mais robustas de impeachment contra ele. A *Folha* sobreviveu às investidas, e o presidente teve de passar o poder ao seu sucessor. O período resumido acima é o de 1922-1926, e o presidente, Arthur Bernardes. Semelhanças à parte, corta para 29 de outubro de 2018.

O presidente da República eleito no dia anterior fala ao vivo no principal telejornal do país. No minuto seis de uma entrevista total de doze, o homem que acabava de ser eleito com 57.797.847 de votos declara que a *Folha de S.Paulo* havia acabado. "Não quero que [a *Folha*] acabe. Mas, no que depender de mim, imprensa que se comportar dessa maneira indigna não terá recursos do governo federal." O eleito completa: "Por si só esse jornal se acabou".

Quem fala é Jair Messias Bolsonaro, com 63 anos de idade à época e que iniciava naquele dia o chamado período de transição de governo,

[1] Pinto, 2012.

[2] Vizeu, 2019.

ainda sob a gestão de Michel Temer. Assumiria o cargo de presidente em dois meses e já oferecia ali um aperitivo do que seria o seu comportamento com a imprensa nos quatro anos seguintes como morador do Palácio da Alvorada, a residência oficial da Presidência da República, às margens do lago Paranoá, em Brasília.

A fala de Bolsonaro é ao *Jornal Nacional*, da TV Globo, e é rebatida ao vivo por seu editor-chefe e também apresentador. William Bonner, que antes o havia questionado sobre suas recentes declarações contraditórias em torno do tema da liberdade de imprensa, improvisa uma resposta diante da ameaça à *Folha* feita pelo recém-eleito. Bonner esbanja frieza ao rebatê-lo: "Como editor-chefe do *Jornal Nacional*, eu tenho um testemunho a fazer", diz Bonner a Bolsonaro. E prossegue: "Às vezes, eu mesmo achei que críticas que o jornal *Folha de S.Paulo* tenha feito ao *Jornal Nacional* me pareceram injustas. Isso aconteceu algumas vezes. Mas, para ser justo do lado de cá, eu preciso dizer que o jornal sempre nos abriu a possibilidade de apresentar a nossa discordância, apresentar os nossos argumentos, aquilo que nós entendíamos ser a verdade". Bonner, que também via a Rede Globo sob cerco e ameaças do futuro presidente, conclui: "A *Folha* é um jornal sério, um jornal que cumpre um papel importantíssimo na democracia brasileira. É um papel que a imprensa profissional brasileira desempenha, e a *Folha* faz parte desse grupo da imprensa profissional brasileira". Bolsonaro, que aparece ao lado de Bonner em uma tela dividida, apenas ouve e nada responde.

A Redação da *Folha* está cheia. Ela fica no quarto andar de um prédio erguido nos anos de 1950 no centro de São Paulo. Todos naquele dia trabalham intensamente no que chamamos de "rescaldos" eleitorais. É preciso correr. O jornal, como se diz no jargão da imprensa, acaba de virar notícia. Isso precisa ir ao ar o quanto antes. Às 21h59, o texto é publicado. Sob o título "Esse jornal se acabou, diz Bolsonaro ao Jornal Nacional sobre a Folha", a reportagem ganha destaque no site. Sete minutos depois a notícia pisca nos celulares dos leitores cadastrados e passa a receber comentários em série.

Bolsonaro já havia dado sinais desse afrontamento na reta final da campanha. Uma semana antes, o então candidato pedira a seus apoiadores que participassem das eleições "ativamente", de forma democrática e "sem mentiras, sem *fake news*, sem *Folha de S.Paulo*". O presidente, no Rio de

Janeiro naquele dia, falava ao vivo por meio de uma chamada em vídeo aos apoiadores que estavam na avenida Paulista. Ele discursa pausadamente, toma fôlego e urra: "A *Folha de S.Paulo* é a maior *fake news* do Brasil. Vocês não terão mais verba publicitária do governo", afirma sob gritos eufóricos dos presentes no ato em São Paulo. "Imprensa vendida, meus pêsames."

Por esse e outros rompantes anteriores, a fala de Bolsonaro ao *Jornal Nacional* no dia seguinte à eleição não pega ninguém de surpresa na Redação, por mais que fosse perturbadora. A novidade naquele momento, tema principal na roda de conversa entre editores e seus chefes, é sobre a campanha espontânea em defesa do jornal que se inicia nas redes sociais logo após a ameaça de Bolsonaro. Anônimos passam a incentivar a assinatura do jornal. "Eu assinei a Folha digital nesta semana, pela primeira vez. Cancelei a Netflix para assinar a Folha, tal a importância do momento", diz um no então Twitter. "Amanhã mesmo vou assinar a Folha. Façam isso. Alguém tem que continuar fazendo jornalismo de verdade neste país", escreve outra. No dia seguinte, a *Folha* publica uma reportagem sobre essa campanha espontânea e lembra que poderia estar ali um movimento similar ao que aconteceu com o *New York Times*, um dos alvos prediletos dos ataques de Donald Trump. A receita e o número de assinaturas do jornal americano só cresceram na garupa do que especialistas da mídia batizaram de "*Trump Bump*", uma onda de leitores dispostos a assinar publicações sob a mira do então presidente dos Estados Unidos em primeiro mandato. No Brasil, porém, isso não ocorreria de forma massiva.

Os editoriais da *Folha* apresentam a opinião do jornal sobre diferentes assuntos. São textos preparados por uma equipe dedicada a isso e que não devem ser confundidos com os produzidos pelo núcleo de reportagem.[3] Todos os dias um ou dois deles são publicados no site e na p. 2 da versão impressa. Dois dias depois do Jornal Nacional, dia 31 de outubro, um editorial da *Folha* reagiu à ameaça feita por Bolsonaro:

> Pela primeira vez na história da Nova República, o eleito para servir à Constituição no cargo mais elevado sugere descumprir, uma vez empossado, o princípio constitucional da impessoalidade na administração. Está documentada a afronta, de resto reincidente.

---

[3] Manual da Redação, 2018.

> [...]
> Veículos como a *Folha* não deixarão de escrutinar o exercício do poder porque seus detentores de turno resolveram adotar a tática da intimidação. Jair Messias Bolsonaro não precisa aprender a lição. Basta que se acostume com o fato.

A tentativa de intimidação de Bolsonaro tinha um objetivo e um pano de fundo, como ele mesmo resumiu nessa frase ao *JN*: "Imprensa que se comportar dessa maneira indigna não terá recursos do governo federal". O objetivo, quando falou em "recursos do governo federal", era o corte de verba publicitária, que mirava os veículos que o irritavam com reportagens críticas. A *Folha* e a Rede Globo eram os seus alvos principais. No caso da *Folha*, como era dito internamente pela direção do jornal aos seus editores, a ameaça preocupava mais do ponto de vista simbólico do que pelo prejuízo financeiro, já que esse tipo de verba federal, segundo estimativas da época, representava algo em torno de 5% da receita do jornal. A *Folha* dependia de anunciantes privados e assinantes. Uma investida de Bolsonaro sobre os anunciantes, como faria sem rodeios mais à frente, seria, aí sim, motivo de preocupação.

O pano de fundo da truculência verbal de Bolsonaro foram duas reportagens da *Folha* que o atingiram em cheio no ano eleitoral de 2018, o que no *JN* ele chamou de "comportamento indigno".

A primeira delas foi a revelação de que ele mantinha uma funcionária-fantasma em seu gabinete de deputado federal. Paga com verba pública, Walderice dos Santos da Conceição, a Wal, vendia açaí e prestava serviços particulares a Bolsonaro na Vila Histórica de Mambucaba, em Angra dos Reis (RJ), onde ele mantém uma casa de veraneio. Wal foi demitida do gabinete após a revelação da *Folha*, e Bolsonaro passou a dar diferentes e conflitantes versões sobre a assessora. Aquela prática revelada pelo jornal o ligava a métodos da chamada velha política no momento em que justamente fazia campanha eleitoral com promessas que iam numa linha contrária a isso. Bolsonaro se apresentava ao país como a nova política, o diferente, o antissistema.

A segunda reportagem "indigna" nas palavras dele e publicada a dez dias do segundo turno revelou que empresários estavam impulsionando de forma ilegal pelo WhatsApp disparos de mensagens em massa contra o PT. Bolsonaro passou a distorcer o conteúdo publicado pela *Folha* e a dizer que o jornal o acusava de ter contratado esses serviços ilegais, o que nunca foi escrito. O candidato jogava na confusão, e sua estratégia transformaria a autora da reportagem em uma inimiga pública dele e de seus aliados mais radicais.

Bolsonaro muitas vezes gritava ao falar da *Folha* e de seus repórteres. Na Redação, porém, ele nunca deveria ser visto como um adversário, mas como um homem público a ser escrutinado, com direito a um amplo contraditório, uma característica histórica do jornal. Bolsonaro não pensava dessa forma. Nem seus eleitores. Segundo pesquisas internas do jornal, muitos deles deixaram a *Folha* no período entre a campanha eleitoral e o início do novo governo. Cancelamentos de assinaturas ocorreram em série após reportagens críticas a ele. No lugar desses que saíam, ingressaram mais leitores dentro do espectro da esquerda e da centro-esquerda, parcelas que por sua vez haviam deixado o jornal sob críticas nos tempos de Lava Jato e impeachment de Dilma Rousseff e que, mais à frente, viriam a pressionar o jornal a pegar leve com Lula na cobertura crítica a ele na campanha eleitoral. Em novembro de 2022, o Datafolha fez uma pesquisa por telefone com leitores da *Folha*. Eram 28% aqueles que diziam se situar na esquerda, e 36% na centro-esquerda. Em 2018, ano da eleição de Bolsonaro, esses índices eram de 17% e 27%, respectivamente. Já os leitores de centro (16%), centro-direita (8%) e direita (7%), somados, atingiam 31% do leitorado em 2022, ante 54% em 2018, quando 28% se diziam de centro, 16% de centro-direita e 10% de direita.

No dia em que Bolsonaro vociferou contra a *Folha* no *JN*, eu estava emprestado para a editoria de Política, que à época levava o nome de "Poder". É assim em toda eleição. Editores e repórteres de outras áreas são convocados para reforçar o time de Política. Esses reforços começam a chegar a partir de julho, até que, nos finais de semana de eleição e nos dias seguintes de cada turno, quase toda a Redação vira uma megaequipe de Política com centenas de profissionais. Cada profissional é escalado para uma função específica dentro de diferentes grupos. Há o time do *live blogging* (as postagens mais curtas e rápidas para uma cobertura quente), a equipe da disputa presidencial, aquela específica para as eleições a governador e uma focada só na disputa estadual de São Paulo, além daqueles distribuídos para revisar infografias, montar galerias de fotos para o site, buscar a repercussão internacional dos resultados, produzir reportagens de rua a partir de comemoração ou confusão e, claro, cuidar da complexa edição impressa. Há ainda as equipes fixas de Foto, Infografia, Edição de Homepage, interação nas redes sociais, audiência e montagem da Primeira Página (a capa do jornal impresso).

Na época da eleição de 2018, eu era editor de Cotidiano, núcleo do jornal responsável pela cobertura de Cidades em geral, tendo dentro disso assuntos como prefeitura, educação, saúde, transportes, segurança pública e uma série de outros pepinos. Reforcei o time de Política apenas no final de semana de primeiro e segundo turnos e no dia seguinte a eles. O dia após a eleição exige uma equipe reforçada porque são produzidos os "rescaldos" das disputas. É quando explicamos melhor ao leitor os mapas dos resultados e suas consequências, além de ouvir vitoriosos e derrotados e especular sobre a formação dos novos governos e suas primeiras medidas de impacto.

Um ano e meio antes, eu tinha vivido uma situação inusitada em política. Fui escalado às pressas como editor interino de Poder sem deixar de ser o titular de Cotidiano. Isso ocorreu quando estourou a maior crise do governo Temer. Às 19h30 de 17 de maio de 2017, uma quarta-feira, Lauro Jardim, colunista do jornal *O Globo*, soltava a bomba: "Dono da JBS grava Temer dando aval para compra de silêncio de Cunha".[4] Joesley Batista, dono da JBS, tinha gravado escondido uma conversa com o presidente e a utilizou para negociar um acordo de delação premiada com o Ministério Público. É nessa gravação em que Temer diz uma frase marcante da gestão: "É. Tem que manter isso, viu?".

Pouco mais de meia hora depois a *Folha* recupera o furo de reportagem e publica a notícia, dizendo ter confirmado a gravação e atribuindo a revelação ao jornal concorrente. Às 20h03 vai ao ar: "Temer é gravado por dono do frigorífico JBS em conversa sobre Cunha".

Aqui cabe uma explicação sobre termos que usei no parágrafo acima. "Furo" é o jargão jornalístico para reportagem exclusiva. Já "recuperar" é quando produzimos um texto a partir de uma notícia dada em primeira mão por outro veículo de imprensa. Podemos simplesmente "cozinhar" o texto do concorrente, ou seja, resumi-lo em outras palavras, ou também confirmar a informação com diferentes fontes. De um jeito ou de outro, o importante é dar o crédito ao concorrente que deu o "furo" e colocar o texto logo no ar.

---

[4] Jardim, 2017.

Não havia tempo para lamentações ou caça às bruxas internas naquele momento em que a informação sobre a gravação de Temer veio à tona. Era assimilar o rombo e levar o quanto antes ao nosso leitor a melhor informação possível. Não havia nada mais importante no país naquele momento. Duas semanas depois, a *Folha* publicaria uma correção na reportagem inicial sobre o grampo de Temer. O jornal diz ter errado ao tratar como fato consumado que, na gravação, o então presidente havia relatado a compra do silêncio do deputado federal cassado Eduardo Cunha na prisão. Isso, na verdade, era uma interpretação da PGR (Procuradoria-Geral da República) usada para pedir a abertura de inquérito contra Temer. Uma reportagem da *Folha* anterior a esse texto na seção "Erramos" já havia tratado o mesmo áudio como inconclusivo a respeito da suposta compra do silêncio de Cunha.

A edição impressa da *Folha* que circulou no dia seguinte à bomba de *O Globo* trouxe a crise estampada em sua manchete: "Áudio de conversa de Temer e empresário encurrala governo". Foi uma manchete forte, que vibrava em duas linhas, no alto e de lado a lado da Primeira Página.

O governo Temer estava por um fio.[5] A crise exigia a formação de uma editoria de emergência para dar conta do volume de informações a serem produzidas e editadas. Haveria convocação de gente de diferentes áreas. Jornalistas de Cidades, Economia, Esporte, Cultura e Internacional seriam chamados para o reforço. Antes disso, naquela manhã de quinta-feira, dia 18 de maio, havia um buraco a ser resolvido pela Secretaria de Redação, o alto-comando do jornal. O diretor da sucursal de Brasília estava de férias na África, enquanto a crise política avançava com consequências imprevisíveis no Brasil. Levaria alguns dias até a volta de Leandro Colon ao seu posto, mesmo interrompendo o descanso e correndo para Brasília. O comando do jornal não quis pagar para ver e ainda naquela manhã promoveu duas mudanças de emergência. Escalou o editor de Política, Fábio Zanini, para o comando do escritório de Brasília e me deslocou para a vaga de Zanini. Ambos de forma interina.

Atuar em política não seria uma novidade para mim. Havia passado por lá anos antes como repórter e também como editor-assistente. Mas senti o baque de um peso gigante nas costas quando Roberto Dias, secretário de Redação, comunicou-me a decisão no calor da crise sob Temer. Aceitei a missão, mas, sem que ninguém percebesse, precisei de um tempo para

[5] Franco, 2018.

assimilá-la. Passaria a editar o principal caderno do jornal de uma hora para outra no meio de uma crise daquelas. Andei pela Redação e busquei um rápido refúgio no banheiro. Precisava respirar um pouco e sair de lá restabelecido. Um frio subiu pela espinha assim que me tranquei em uma das cabines. Suava demais, e a camisa logo ficou molhada. Passaram-se cerca de cinco minutos, lavei o rosto e embarquei na aventura após um "vai, Corinthians" na raça e solitário diante do espelho. A emergência durou pouco. No início da semana seguinte, Colon reassumiu o comando da sucursal de Brasília após interromper as férias. Zanini voltou para a editoria de Poder, e eu, para a de Cotidiano.

Bolsonaro foi eleito em 28 de outubro de 2018. Um mês e meio depois, no dia 12 de dezembro, tocou o meu ramal na Redação. Estava em Cotidiano e, pela bina do telefone, vi que a chamada interna era do comando do jornal. A secretária na linha avisou: "O Sérgio Dávila quer falar com você. Pode descer agora?". Em minha mesa no quarto andar da Redação, peguei um caderninho de anotações e uma caneta e segui em direção à sala dele. O percurso durou menos de um minuto. Cruzei a editoria de Cotidiano, atravessei uma porta corta-fogo, desci um lance de escadas, passei por uma porta de vidros de abertura automática e cheguei lá. "Pode entrar", avisou a secretária.

Dávila era o editor-executivo, cargo abaixo apenas do da Direção de Redação. É quem tocava o barco no dia a dia do jornal e estava nesse cargo desde março de 2010. Ele havia chegado ao jornal em 1993 e, em 2001, cobriu como correspondente em Nova York os ataques do 11 de Setembro. Logo em seguida foi o único repórter brasileiro em Bagdá durante a Guerra do Iraque, o que resultou no livro *Diário de Bagdá*. Entre outros cargos antes de se tornar o chamado EE (editor-executivo), foi também editor da Ilustrada (núcleo de Cultura) e repórter especial. Dávila tinha bagagem para estar onde estava e conquistava o respeito tanto pelo conhecimento da máquina do jornal como pela elegância e educação com os subordinados. Quando era preciso ser duro e incisivo o fazia sem alterar o tom de voz ou dar soco na mesa. Muitas vezes aceitava argumentos contrários aos seus e voltava atrás quando convencido do contrário. Atuava como um diplomata no comando da Redação.

A porta da sala de Dávila era de vidro temperado. Como sempre fazia quando ali chamado, dei duas batidinhas antes de abri-la. "Oi Scola, tudo bem? Pode sentar", disse, do jeito informal de costume. O sorriso no rosto dele era um bom sinal, afinal ser chamado ali poderia não ser para boas notícias.

A conversa foi sem rodeios. Dávila elogiou meu trabalho nos últimos quatro anos à frente de Cotidiano e me convidou para assumir a editoria de Poder a partir de janeiro de 2019, ou seja, ao mesmo tempo que Bolsonaro assumiria o Palácio do Planalto. Agradeci a confiança e topei na hora. Eu estava em Cotidiano havia quatro anos e sabia que o ciclo ali estava se encerrando. Assim como o de Zanini, o então titular de Política, havia pouco mais de três anos no cargo e que precisava de novos ares após coordenar em sequência coberturas duras como Operação Lava Jato, impeachment de Dilma, prisão de Lula e eleições de 2018. Antes de assumir um novo posto na Redação, ele ainda tiraria um período sabático para estudar e escrever sobre o espectro da direita, que chegava ao poder no Brasil com Bolsonaro e crescia em diferentes países.

Na conversa de cinco minutos com Dávila, recebi aval dele para convidar Alencar Izidoro para seguir como meu editor-adjunto, agora em Poder. Ele pediu discrição sobre o convite, já que o comunicado oficial da mudança somente seria divulgado em alguns dias para a Redação. Como discrição não é exatamente sinônimo de segredo absoluto, falei nas horas seguintes com três pessoas já citadas aqui.

O primeiro a saber foi Colon. Uma boa relação do editor de Poder com o diretor de Brasília é meio caminho para bons resultados em política. Um não é chefe do outro e portanto precisam se respeitar dentro de um jogo interno sempre intenso. Um fio desencapado permanente entre eles pode se tornar insustentável, contaminando as equipes, desgastando o comando do jornal e, ao final, prejudicando o produto final e, na prática, o leitor. Muitas vezes a relação se torna tensa, com cutucadas na troca de e-mails e pancadas ao desligar o telefone após uma discussão mais áspera. São Paulo reclama de Brasília, e Brasília reclama de São Paulo. Colon sabia desde o dia anterior sobre a saída de Zanini, com quem tinha ótima relação, e parecia ansioso para conhecer logo o substituto. Torcia por alguém da mesma forma sintonizado com ele para amenizar esses atritos diários e inevitáveis. Telefonei para ele às 22 horas. Do outro lado da linha, quando contei a novidade, senti alguém que desabou em alívio. Nem ele nem eu precisávamos de mais problemas, afinal teríamos de encarar juntos o governo Bolsonaro.

O segundo a saber do convite foi o próprio Zanini. Após a reunião matinal dos editores, aguardei a saída dele da sala. Enquanto caminhávamos em direção a um local mais reservado da Redação já aproveitei para contar a novidade. Zanini é um amigo de longa data. Ele se animou com a notícia, abriu as portas para a transição e marcamos um almoço para os dias seguintes.

Alencar foi o terceiro a saber. Assim que terminei a conversa com Zanini, enviei logo uma mensagem para ele. "Opa. Me avise quando tiver cinco minutos tranquilos pra eu ligar aí", escrevi. "Opa, fala, seu moço, pode me ligar agora? Estou entrando na natação com as crianças, daí saio só depois das 11h10", respondeu Alencar, jornalista com duas particularidades folclóricas na Redação. Uma é a de se referir aos colegas como "seu moço" e "dona moça". A outra é assinar "sts" ao final de seus e-mails, o que só anos mais tarde fui descobrir que se tratava de uma abreviatura para "satisfações". De um canto vazio do quinto andar, telefonei para ele. Alencar se animou com a possibilidade de mudança de ares e deu carta branca para eu tocar o plano adiante com o comando do jornal. Troquei mensagens com Dávila e dez minutos depois escrevi de novo para Alencar: "Sérgio me disse que seria ótimo ter você em Poder comigo. Falamos mais à tarde. Abraços". Negócio fechado. O "seu moço" iria comigo para a cobertura política.

Isso foi em 13 de dezembro. Oito dias depois, às 22h55 de uma sexta-feira, circulou um comunicado por e-mail a todos da Redação:

> Da: Editoria-executiva
> Sobre: Editorias de Poder e Mundo, Núcleo de Cidades e reportagem da Secretaria de Redação
> A partir de janeiro de 2019, o jornalista Eduardo Scolese passa a exercer o cargo de editor de Poder. Na mesma data, o jornalista Daigo Oliva assume como editor de Mundo, e a jornalista Luciana Coelho, como editora do Núcleo de Cidade. O jornalista Fabio Zanini incorpora-se à equipe de repórteres da Secretaria de Redação.
> Sérgio Dávila
> Editor-executivo

Aceitei o convite de Dávila sem pensar duas vezes. Estava diante do maior desafio de minha carreira e me sentia pronto para isso. A própria *Folha* havia me preparado com seu dia a dia insano e pelas experiências que acumulei por duas décadas no jornal. A "escola" da Redação é muitas vezes cruel, cobra o seu preço mental e físico, mas cria cascas fundamentais para a formação profissional. É preciso estar calejado para encarar pressões diárias de fora e de dentro e manter o rumo da editoria sem contaminar a equipe.

Entrei na *Folha* em 1998, por um caminho fora do tradicional. Era início de ano e eu acabava de me formar em jornalismo. Havia estagiado em uma rádio e em uma revista de menor expressão e buscava ainda um rumo na carreira. Trabalhava à época na Saraiva Mega Store do Shopping Eldorado, na zona oeste de São Paulo. A livraria contratava universitários como atendentes de loja, e estava nela havia um ano. Além de cursar a faculdade, ainda me dedicava à paixão pelo Corinthians. Não bastava ir a estádios em São Paulo. Precisava de mais e comecei a frequentar e militar nos Gaviões da Fiel, a maior torcida organizada do clube. Participava de caravanas para assistir a jogos no interior de São Paulo e em outros estados, tocava na bateria e atuava em diferentes núcleos internos. Integrei o departamento de bandeiras, atuei no almoxarifado e no cadastro digital dos sócios, comandei reuniões obrigatórias aos novos associados, fui eleito conselheiro e escolhido para atuar como tesoureiro da entidade. Convivia com gente de diferentes classes e cores.

A minha rotina era faculdade, livraria e torcida. E foi na sede dos Gaviões que fiz amizade com Thomas Castilho. É aí que se cruzam os caminhos de Gaviões e *Folha*. Thomas e seu pai, Ormuzd Alves, trabalhavam na Redação do jornal. O pai era repórter-fotográfico. O filho, um estudante que atuava como secretário da editoria de Economia. Thomas atendia telefonemas para os editores, anotava recados para os repórteres, distribuía correspondências da equipe e lançava no sistema os pagamentos dos jornalistas freelancers. Ele, porém, tinha outros sonhos. Certo dia me avisou que pediria demissão para cursar veterinária e perguntou se eu teria interesse na vaga dele. Thomas ponderou que seria um cargo na Redação, sim, mas sem nenhuma atuação como jornalista. Era a minha chance de entrar na *Folha*. Topei.

Comecei então como secretário, mas logo passei a colaborar para uma publicação interna do jornal chamada *Folha por Folha*. Era um jornal mensal editado pelo RH e que trazia as novidades da empresa, incluindo perfis de funcionários e a cobertura do campeonato interno de futebol, a Copa Folha. Lembro da conversa que tive com a então editora, Adriana

Nogueira. Disse a ela que gostaria de colaborar com a publicação e ouvi um educado "não" como resposta. "Não tenho borderô para te pagar pelos textos." Respondi que não estava lá pelo dinheiro, e sim para mostrar meu trabalho à Redação. Ela topou. Segui como secretário da editoria de Economia e atuava como repórter da *Folha por Folha*, assinando reportagens de capa do jornal em formato tabloide. Deixei de ser invisível como jornalista, e pessoas da Redação começaram a me reconhecer como o autor daqueles textos. No pé de cada reportagem, tinha um aviso: Eduardo Scolese é assistente administrativo na editoria de Dinheiro.

Em meio a essa dupla função, na qual permaneci por um ano e três meses, tentei sem sucesso entrar na turma de trainees do jornal. Não fui aprovado em uma das fases finais. Até que certo dia a jornalista Ana Estela de Sousa Pinto, então editora de Treinamento da *Folha*, aproximou-se de minha mesa. "Oi, apareceu uma vaga. Veja se te interessa. É vaga de frila fixo para ser redator da madrugada, da meia-noite às sete da manhã." Claro que sim, respondi. "Calma, ainda tem um processo de seleção." Fiz a prova e passei.

Isso era agosto de 1999. Passei um ano no horário das 22 às 5 horas. Escrevia bastante sobre acidentes e chacinas. Também traduzia os chamados "despachos" das agências internacionais e publicava esses textos no site para a editoria de Mundo. Era o início dos portais, e naquele período a homepage do *UOL* também ficava na madrugada sob a minha responsabilidade, se precisasse mudar algo diante de alguma notícia mais urgente. Outra função ingrata para quem trabalha na madrugada é a de acordar editores em caso de notícias bombásticas que não poderiam esperar. Só uma vez precisei ligar para um editor, mas ele não atendeu. Ainda bem que não era por algo tão grave assim.

Em um desses dias de trabalho na madrugada, cheguei às 22 horas e recebi um recado do colega que terminava a jornada. A orientação era para ficar atento e buscar informações sobre um tal juiz de Bauru, no interior de São Paulo, que poderia dar uma canetada para melar o julgamento sobre a fusão das cervejarias Brahma e Antarctica marcado para o dia seguinte. Era o processo de criação da Ambev, e a editoria de Dinheiro estava mobilizada sobre o tema e atenta a qualquer liminar que pudesse cancelar a fusão. A internet à época dava seus primeiros passos. Não havia sistema on-line dos tribunais. O caminho para a apuração era de telefone fixo em telefone fixo. O que fiz naquele fim de noite foi sair à caça do telefone da casa do juiz, até que o consegui com a ajuda de um plantonista de uma rádio da cidade. Pimba. Liguei e o próprio juiz atendeu. Ele disse que acabara de decidir pela suspensão do julgamento no Cade (Conselho Administrativo de Defesa Econômica). A sua decisão, também me disse, tinha sido enviada ao Cade por meio de um fax. Desliguei o telefone com uma baita notícia na mão. Já eram por volta de 23 horas, e precisava correr. Saí em disparada da sala sem janelas e desci um lance de escadas antes de chegar esbaforido à mesa de Neivaldo José Geraldo, o Nei, então editor-adjunto de Dinheiro. A edição do dia seguinte estava quase toda concluída e restavam poucos minutos para que fosse enviada à gráfica, tanto que o próprio Nei abriu um arquivo em branco em seu terminal e começou a escrever o texto, enquanto eu passava a ele as informações. No dia seguinte, a reportagem exclusiva teve destaque na Primeira Página e me rendeu um telefonema no início da tarde. Eu estava em casa, e, na linha, a jornalista Fernanda Cirenza, então coordenadora da Agência Folha. Toda empolgada, disse que o diretor de Redação da *Folha*, Otavio Frias Filho, havia telefonado para ela momentos antes para enaltecer o furo de reportagem.

Passaram-se dois meses, e Fernanda me chamou para uma vaga na telerreportagem, mas agora durante o dia, não mais na madrugada. Passei pouco mais de três anos nessa função. No período, consegui sair da sala sem janelas ao propor reportagens que renderam viagens ou quando convocado para coberturas especiais. Duas dessas convocações ocorreram em sequência em 2002. Ambas para atuar como repórter da editoria de Brasil, a mesma que depois mudaria o nome para Poder e depois para Política. Ali primeiro atuei na cobertura da CPI de Santo André, criada a reboque do assassinato do prefeito Celso Daniel e do escândalo de corrupção do PT na cidade. Depois fui mantido para a cobertura eleitoral daquele ano. Fui o "carrapato" de José Genoino na eleição estadual paulista e ainda participei de algumas coberturas da disputa presidencial. Estava, por exemplo, na fatídica entrevista na qual Ciro Gomes falou sobre a importância de Patricia Pillar em sua campanha e também na declaração de Lula em um hotel na região da avenida Paulista após ter sido eleito presidente pela primeira vez. Foi também como repórter da Agência Folha que conquistei o Grande Prêmio Folha de Jornalismo de 2001, com uma série de reportagens sobre os balanços inflados da reforma agrária no governo de Fernando Henrique Cardoso (1995-2002), feita em parceria com o colega Rubens Valente, à época repórter de Brasil. Mostramos que FHC contava como assentadas pessoas que nem sequer estavam na terra e usava esses números como propaganda política do governo.

Foi na Agência Folha que tive minhas primeiras experiências em cargos de coordenação, à época sob o comando do jornalista e também professor universitário Júlio Veríssimo. Sempre que pintava um buraco nas escalas, Júlio me tirava da reportagem e me escalava para atuar na edição de textos e no comando de plantões. Ele tinha um jeito especial para repassar responsabilidades, o que transmitia segurança a quem começava a dar os primeiros passos em cargos de chefia. Comandar plantões era a mais tensa das tarefas. Isso porque, na prática, tudo o que ocorria sábado e domingo no país fora de São Paulo, Rio e Brasília era de minha responsabilidade, desde um acidente rodoviário no Sul e uma chacina no Norte até uma fala de ministro no Nordeste ou casos de chuvas com desabrigados em Minas Gerais. As demandas chegavam de diferentes editorias, em especial das áreas de Política e Cidades, e cabia a mim tomar decisões: tínhamos equipes suficientes de repórteres de plantão para apurar essa notícia? Essa era uma notícia relevante o suficiente para furar a fila e deixar outras apurações em segundo plano? Em qual horário poderíamos entregar o texto? Perguntas que parecem triviais mas que precisam ser respondidas em um processo interno da Redação. Para quem começava na carreira, eram aulas práticas.

Veio o final de 2003 e, com ele, um convite que mudaria minha trajetória. O jornalista Igor Gielow, meu antigo chefe na Agência Folha e que completava um ano como subchefe da sucursal de Brasília, sondou-me sobre a possibilidade de me mudar para a capital federal. Dei sinal verde e quem me convidaria em seguida formalmente para a vaga seria Valdo Cruz, então diretor da sucursal e depois comentarista da GloboNews. A mudança ocorreu em janeiro de 2004 e logo recebi a missão de atuar como "setorista" do presidente Lula no Palácio do Planalto. Em Brasília, por exemplo, há setoristas de Palácio do Planalto, Câmara dos Deputados, Senado, STF e Ministério da Fazenda. A rotina como setorista quase não passava pela sede da sucursal, no oitavo andar de um prédio comercial na área central de Brasília. Era diariamente casa-Planalto e Planalto-casa. A jornada começava pela manhã e só terminava à noite, quando o comboio presidencial deixava o Planalto em direção ao Palácio da Alvorada, a residência oficial da Presidência da República. A lei não escrita para os setoristas era clara: ninguém vai embora enquanto Lula estiver no Planalto. O drama aumentava quando a jornada dele esticava até as 22 ou 23 horas. Ao longo do dia, ficávamos todos no comitê de imprensa, como é chamada uma sala no térreo do Planalto onde ficam os jornalistas de diferentes veículos de comunicação. A sede do governo tem quatro andares e um subsolo. O segundo andar também era aberto aos jornalistas. Foi dali que acompanhamos discursos e mais discursos de Lula. Às vezes eram de três a quatro em um único dia, revezando entre os salões Leste, Oeste e Nobre.

O setorista do Planalto também viajava demais. Naquele tempo, a *Folha* sempre enviava repórter e repórter-fotográfico para todos os eventos do presidente. Era uma regra: tínhamos de marcar presença em todos os lugares, não apenas por causa da cobertura factual do evento, como inaugurações, anúncios de programas e discursos, mas principalmente pela precaução de estar *in loco* em caso de alguma tragédia. Essa prática de grudar no presidente, porém, perdeu-se com o tempo, pelo orçamento mais curto e a definição de outras prioridades. Segui Lula como repórter em todas as regiões do Brasil e em diferentes pontos do mundo, como Haiti, Antártida e Guiné-Bissau, uma experiência incrível que envolvia uma gama de exigências: conhecimento ao menos básico de diferentes assuntos para escrever as reportagens, agilidade para decupar discursos e entrevistas, frieza para escrever bem e rápido, conhecimento de logística para organizar as viagens, carteira de motorista em dia (muitas vezes dirigimos os carros alugados pelo jornal) e alguma noção de tecnologia (não interessa onde você esteja, seu laptop precisa se conectar a uma rede, e sua reportagem precisa chegar à chefia). Naquela época, a internet discada predominava, o wi-fi ainda engatinhava e smartphones não estavam nem à vista dos repórteres (muito menos WhatsApp, obviamente). As peripécias dos repórteres e de Lula nessas viagens renderam o livro *Viagens com o presidente*, que escrevi em parceria com o amigo Leonencio Nossa.

Mantive essa rotina de cobertura diária de Lula de 2004 até meados de 2007, quando o jornalista Melchiades Filho, o Melk, chamou-me para uma conversa em sua sala. Ele havia assumido a direção da sucursal de Brasília mais ou menos um ano antes, após ter sido editor de Esporte e correspondente do jornal em Washington, entre outras funções na *Folha*. A conversa foi rápida. "Bro, chega de escrever 'Lula disse isso' e 'Lula afirmou aquilo'. Vou te tirar do Palácio", decretou, ao estilo dele, assim que abriu a conversa. Melk, que havia atuado em diferentes projetos de inovação no jornal, havia capturado bem a vida de um jornalista setorista: é estratégico, mas tem prazo de validade. Há pouca margem de tempo para apurações extras, e o repórter permanece engessado na produção de textos de anúncios oficiais e falas do presidente. Aquela rotina tensa e desgastante já tinha me rendido bons pontos em programas de milhagem e um livro. Era hora de mudar. Gostei.

Melk me queria solto para mergulhar na cobertura da área social do governo. Além da reforma agrária, algo que eu já dominava e acompanhava, passei a avançar também em temas como Bolsa Família e ambiente. No período em Brasília, além de *Viagens com o presidente*, ainda escrevi outros três livros: *A reforma agrária*, da coleção Folha Explica, *Pioneiros do MST*, sobre a origem dos fundadores do Movimento dos Trabalhadores Rurais Sem Terra, e *Eleições na estrada*, esse feito em parceria com o colega Hudson Corrêa e que surgiu a partir de uma série de reportagens sobre as disputas municipais de 2008.

A vida em Brasília começava a ficar angustiante. A distância do restante da família pesava após quase sete anos de quadradinho, como o Distrito Federal é carinhosamente chamado devido ao seu formato geográfico. Foi justamente nessa fase que recebi uma quase providencial ligação da então editora de Política, Vera Magalhães, hoje apresentadora do *Roda Viva* (da TV Cultura), colunista de *O Globo* e comentarista da CBN. Eu estava no meio de uma cobertura chatérrima no Itamaraty quando meu celular tocou. Era um final de tarde em meados de 2010, e Vera tinha acabado de receber o aval da direção do jornal para me convidar: "Scol, chegou a hora de voltar para São Paulo. Quero que você seja o meu pauteiro". Essa função nem existe mais na *Folha*. Na prática, seria editor-assistente, para chegar cedo à Redação e coordenar o início dos trabalhos da equipe, disparar as primeiras diretrizes aos repórteres e invariavelmente ser o primeiro da editoria a levar uma bronca da chefia na reunião da manhã por algum problema na edição.

Estreava, assim e de forma efetiva, em cargos de chefia e coordenação. Passei em seguida pela Secretaria de Redação como assistente de produção (uma espécie de subcoordenador-geral de pautas do jornal) e voltei à Agência Folha, agora como coordenador nacional e de onde comandei a equipe em coberturas pesadas, como a tragédia da boate Kiss, os protestos de junho de 2013 pelo país e a polêmica chegada dos cubanos do Mais Médicos.

O passo seguinte veio no final de 2014. Alan Gripp, então editor de Cotidiano e com quem já havia trabalhado na sucursal de Brasília e na equipe da Vera Magalhães em Política, entrou na Redação por volta das 13 horas. A porta de acesso do elevador dos fundos do quarto andar dava de cara com a minha mesa na Agência Folha. Todos os dias ele me cumprimentava com um aceno e seguia em frente. Desta vez, ele parou: "Scol, estou voltando pro Rio. *O Globo* me chamou de volta", disse antes de seguir adiante e deixar a bomba no ar. Não passou muito tempo e quem se aproximou de minha mesa foi o jornalista Rogério Gentile, então secretário de Redação e um dos subordinados diretos de Sérgio Dávila na Redação. Gentile carregava o seu tradicional caderno preto de capa dura e fez um gesto para que eu o acompanhasse numa caminhada pelo corredor. "Se prepare que o Sérgio já, já vai te chamar na sala dele para te convidar para ser editor de Cotidiano." Dito e feito.

Foram quatro anos na editoria de Cidades, com coberturas longas e delicadas, como a crise da falta de água em São Paulo e a matança entre integrantes de facções criminosas em diferentes presídios do país, e os embates quentes com as gestões de Fernando Haddad e João Doria na Prefeitura de São Paulo e a de Alexandre de Moraes no comando da Secretaria da Segurança Pública do Estado de São Paulo. Diante da cobertura crítica da *Folha*, o jogo de pressão era pesado. Telefonemas ao editor e à direção eram corriqueiros. Era preciso entender e atuar dentro das regras do jogo.

Como leram nas últimas páginas, mesmo que sem essa intenção direta, subi um degrau de cada vez até chegar ao comando da editoria de Política, com o sentimento de estar preparado para isso. Na prática, era uma promoção interna, um reconhecimento, mas como em outras situações parecidas sempre mantive a reação de nunca comemorar nada. A sensação imediata foi de frio na barriga, expectativa e foco nos novos desafios. Certa vez um chefe no jornal me perguntou se a noite após uma dessas mudanças de cargo seria com um jantar com a família em algum restaurante bacana. Respondi que não. A cabeça já estava em outra rotação, pensando em equipe e projetos.

Sobre equipe, aliás, outra característica que sempre adotei nessas trocas dentro da Redação foi a de aproveitar ao máximo a estrutura montada por meu antecessor no cargo. Uma preocupação que tive quando assumi os comandos de Agência Folha, Cotidiano e Política, foi a de imediatamente após o anúncio oficial, mesmo sem ter sentado na cadeira, avisar à equipe que nada mudaria. Era uma forma de demonstrar confiança em um momento de transição e de respeitar o legado que recebia. Um carinho especial valia neste momento aos demais integrantes da chefia da editoria. Como estavam em cargos de confiança, a dúvida sobre a eventual continuidade bateria neles de forma inevitável. Para mudar algo, é preciso tempo para conhecer as rotinas e as características individuais. Mudar antes de ter um panorama mais claro pode passar uma imagem de insegurança, além de tirar o ritmo de algo que esteja dando certo. Aprendi um pouco disso com o Melk, em Brasília. Quando ele chegou para assumir a direção da sucursal, em 2006, passou semanas só observando e anotando as rotinas, inclusive nos finais de semana, mesmo sem estar de plantão. Quando começou a distribuir suas ordens, mais à frente, já dominava a burocracia e sabia exatamente do que estava falando.

Havia chegado a hora de sentar na cadeira e editar a cobertura de Bolsonaro. O Brasil acabava de viver uma eleição de 2018 varrida pela direita, Lula estava preso em Curitiba e proibido de disputar eleições, e a imprensa era um dos alvos de ataque preferidos do novo presidente da República. Para se fazer jornalismo, de qualquer forma, o cenário era estimulante.

Bolsonaro foi eleito presidente em 28 de outubro de 2018. No dia seguinte, a *Folha* estampou em sua manchete: "Bolsonaro presidente". Na Primeira Página daquele dia, dois textos na vertical em tamanhos semelhantes. Ao lado direito da capa, o texto noticioso resumia o acontecimento daquele domingo. O capitão reformado do Exército e deputado federal por 27 anos havia conquistado a Presidência. O candidato de direita, mais à frente devidamente rotulado como de extrema direita, obteve 57,8 milhões dos votos válidos (55,13%), contra 47 milhões (44,87%) de seu adversário no segundo turno, o petista Fernando Haddad, ex-ministro da Educação e ex-prefeito de São Paulo. Aquela eleição, como registrou a *Folha*, havia quebrado o recorde de votos brancos e nulos (9,6%) e teve 21,3% de abstenção. O texto ainda lembrou que Bolsonaro conquistava a vitória após ter sobrevivido a uma tentativa de assassinato a faca em Juiz de Fora, Minas Gerais, e ter sido protagonista de uma campanha eleitoral de retórica extremista, de uma série de casos de violência e de baixo custo (feita basicamente nas redes sociais e em aplicativos de mensagem). Ao lado esquerdo da capa, a *Folha* dava a sua opinião em um editorial. O texto citou a vitória legítima de Bolsonaro, reconheceu seu discurso ameno após a conquista e alertou que o eleito já havia dado sinais ao longo de sua carreira de que "ignora rudimentos da convivência democrática, como o respeito às instituições de Estado, a proteção das minorias e transigência com diferentes pontos de vista":

> Também demonstrou desconhecer o papel da imprensa livre nas sociedades modernas. Inconformado com uma reportagem, entrou com ação contra três profissionais deste jornal. Por meio de advogados, sugere que a Folha o transformou em alvo e agiu com o propósito de prejudicar sua candidatura.
>
> Na melhor das hipóteses, confunde jornalismo independente e crítico com atuação partidária. Na pior, pretende intimidar não só esta empresa, obcecada pelo pluralismo e pelo apartidarismo, mas todos os veículos que se recusem a lhe prestar continência.
>
> Nada há de errado em vociferar contra a imprensa. Todos os antecessores do presidente eleito vituperaram esta Folha – e essa tensão só não teria existido se o jornal tivesse sido menos inquisitivo do que deveria. Mas subsiste uma distância entre o governante que manifesta seu incômodo e aquele que deseja eliminar opositores e silenciar críticos; entre o governante preparado para chefiar uma nação democrática e aquele que não se adapta ao contraditório, ao escrutínio público e à livre circulação de ideias.
>
> Esta Folha ficará onde sempre esteve, confiante na Constituição de 1988, na força da democracia brasileira e na construção de um país melhor para todos. Já Bolsonaro precisará assimilar as lições que nunca aprendeu e mostrar-se à altura do mandato recebido. Que faça um bom governo.

Era preciso construir uma trincheira para a cobertura do novo governo. Preparar a equipe para os ataques que viriam de qualquer forma e, não menos importante, descobrir como fazer a cobertura jornalística de um presidente com *modus operandi* fora de qualquer padrão tradicional. Um primeiro passo seria entender com quem estávamos lidando. Aquele

Bolsonaro que explodiria em atitudes golpistas e negacionistas na Presidência da República já era bem conhecido. Quem votou ou não votou nele tinha em mãos um amplo cardápio antes das eleições. O novo presidente do Brasil já havia sido preso por transgressão no Exército. Respondeu a um processo sob suspeita de planejar atentados à bomba em unidades militares e por pouco não foi expulso da corporação. Acumulou casos suspeitos de uso irregular de dinheiro público como deputado federal e deixou claros, sem rodeios, sua apologia dos crimes da ditadura militar e seu desprezo e preconceito ao falar sobre negros, homossexuais e mulheres.

Bolsonaro entrou na escola de cadetes do Exército em 1973, formou-se depois na Academia das Agulhas Negras e entrou para a reserva em 1988. Na força terrestre, teve sua prisão disciplinar decretada por quinze dias após ter sido alvo de um processo por transgressão. Permaneceu duas semanas trancafiado em um quartel. Era o ano de 1986, e o capitão da ativa, sem ter consultado seus superiores, havia assinado um artigo na revista *Veja* no qual reclamava dos salários dos militares e cobrava um reajuste.

No ano seguinte, respondeu a um processo sob a acusação de ter planejado um ataque a bombas de dinamite em unidades militares do Rio. Isso para pressionar o governo a ampliar os soldos da categoria. Seriam só explosões pequenas para assustar, disse Bolsonaro na ocasião à *Veja*. Mais à frente, a repórter que assinou a reportagem disse ter sido ameaçada de morte por Bolsonaro e passou a andar sob escolta de militares à paisana.

Bolsonaro inicialmente foi condenado pelo chamado Conselho de Justificação do Exército. Segundo o tribunal, ele mentiu reiteradamente ao longo de todo o processo e revelou comportamento aético e incompatível com o pundonor militar e o decoro da classe, ao passar à imprensa informações sobre a sua instituição. Bolsonaro estava sob risco de perda da patente ou de aposentadoria compulsória, e o caso subiu para avaliação do STM, o Superior Tribunal Militar, a mais alta instância da Justiça das Forças Armadas. Lá, foi salvo por uma interpretação esdrúxula do tribunal, como relatou Fabio Victor em seu premiado livro *Poder camuflado*,[6] cujo trecho cita como fonte a obra *O cadete e o capitão*,[7] de Luiz Maklouf Carvalho. Em resumo, havia três laudos grafotécnicos contraditórios sobre se os mecanismos para a explosão das bombas, em plano revelado pela

[6] Victor, 2022.

[7] Carvalho, 2019.

Veja, haviam sido ou não desenhados por Bolsonaro.[8] O tribunal contou duas vezes um mesmo laudo, o que inicialmente era inconclusivo, e ao final atribuiu o desenho a Bolsonaro. Ficaram então nas contas deles quatro laudos (dois inclusivos e dois contra Bolsonaro), o que o absolveu com base no princípio de que o empate sempre beneficia o réu.

Absolvido, Bolsonaro partiu para carreira política e, em 1988, foi eleito vereador no Rio. De qualquer forma, seguia proibido de entrar em unidades militares e, para os oficiais superiores, era considerado um mau exemplo para as tropas. Essa relação mudou com o passar dos anos, e Bolsonaro venceu a eleição ao Planalto afinado com os militares, de cima a baixo nas patentes.

Além do Bolsonaro indisciplinado e um dia *persona non grata* no Exército, havia o Bolsonaro do baixo clero, como são chamados os políticos de pouca expressão na Câmara dos Deputados. E também o Bolsonaro com práticas da "velha política" que ele mesmo tanto atacou em sua campanha vitoriosa. Exemplos disso foram contratação de parentes e de funcionária-fantasma, indícios de "rachadinha" em seu gabinete, uso de verba de auxílio-moradia mesmo tendo imóvel próprio em Brasília e evolução patrimonial incompatível com seus ganhos mensais.

Um outro lado relevante do perfil do presidente eleito em 2018 era a sua admiração pelo período sombrio da ditadura militar brasileira (1964-1985). Trata-se de um saudosista convicto, como demonstrou ao votar a favor da abertura do processo de impeachment de Dilma Rousseff em sessão da Câmara dos Deputados. Naquele 17 de abril de 2016, Bolsonaro se aproximou do microfone aberto no meio do plenário, no qual deveria se limitar apenas a dizer sim ou não. Como muitos dos deputados, ele aproveitou a transmissão ao vivo pelas principais TVs do país para um rápido discurso. Teve a ajuda de uma cola em uma das mãos: "Nesse dia de glória para o povo brasileiro, tem um nome que entrará para a história nessa data, pela forma como conduziu os trabalhos desta Casa. Parabéns, presidente Eduardo Cunha". Bolsonaro fez uma pequena pausa e foi cobrado para enfim revelar o seu voto.

> Perderam em 64, perderam agora em 2016. Pela família e pela inocência das crianças em sala de aula, que o PT nunca teve. Contra o

[8] O artigo em Veja..., 2017.

> comunismo, pela nossa liberdade, contra o Foro de São Paulo, pela memória do coronel Carlos Alberto Brilhante Ustra, o pavor de Dilma Rousseff. Pelo Exército de Caxias, pelas nossas Forças Armadas, por um Brasil acima de tudo e por Deus acima de todos, o meu voto é sim.

Nessa declaração de 54 segundos, Bolsonaro enalteceu o golpe e a tortura e deu holofotes a um símbolo das barbaridades da ditadura. O coronel Carlos Alberto Brilhante Ustra (1932-2015) havia sido declarado pela Justiça como um militar torturador e apontado por ex-presos políticos, familiares de vítimas e Ministério Público como responsável pelos crimes de tortura e assassinatos quando chefiava um dos principais centros de repressão da ditadura. Além de enaltecer as práticas, o então deputado zombou de vítimas, entre elas a própria Dilma, presa pelos militares e torturada mais de uma vez.

O crescimento de Bolsonaro na campanha eleitoral e sua vitória nas urnas abriram espaço para o avanço às claras de simpatizantes da ditadura. Gente que saía às ruas para pedir a eleição de Bolsonaro e aproveitava para enaltecer, com faixas e camisetas, um dos períodos mais sombrios do país. Diante disso, na Redação, tivemos de produzir, por exemplo, um bloco de parágrafos para sempre ser copiado e colado em qualquer texto em que Bolsonaro ou algum de seus aliados saísse em defesa do regime:

> O regime enaltecido por Bolsonaro teve uma estrutura dedicada a tortura, mortes e desaparecimentos. Os números da repressão são pouco precisos, uma vez que a ditadura nunca reconheceu esses episódios. Auditorias da Justiça Militar receberam 6.016 denúncias de tortura. Estimativas feitas depois apontam para 20 mil casos.
>
> Presos relataram terem sido pendurados em paus de arara, submetidos a choques elétricos, estrangulamento, tentativas de afogamento, golpes com palmatória, socos, pontapés e outras agressões. Em alguns casos, a sessão de tortura levava à morte.
>
> Em 2014, a Comissão Nacional da Verdade (CNV) listou 191 mortos e o desaparecimento de 210 pessoas. Outros 33 desaparecidos tiveram seus corpos localizados posteriormente, num total de 434 pessoas.

O currículo que Bolsonaro levaria ao Planalto tinha também uma coleção de declarações machistas, racistas e homofóbicas. Bolsonaro era homofóbico assumido. Em 2011, em entrevista à revista *Playboy*, afirmou: "Seria incapaz de amar um filho homossexual. Não vou dar uma de hipócrita aqui: prefiro que um filho meu morra num acidente do que apareça com um bigodudo por aí".[9]

Na questão racial, a declaração mais conhecida ocorreu já como pré-candidato, em uma palestra no clube Hebraica, no Rio, quando comparou negros a gado. "Eu fui em um quilombo em Eldorado Paulista. Olha, o afrodescendente mais leve lá pesava sete arrobas. Não fazem nada! Eu acho que nem para procriador eles servem mais." Nessa mesma palestra, apresentou suas credenciais misóginas: "Eu tenho 5 filhos. Foram 4 homens. A quinta eu dei uma fraquejada e veio uma mulher".

Era difícil acreditar que Bolsonaro seria domesticado no poder, apesar de suas repetidas promessas, como no dia em que foi eleito presidente. Após a divulgação do resultado, fez um discurso da vitória no qual prometeu um governo "defensor da Constituição, da democracia e da liberdade". Citou Duque de Caxias, patrono do Exército, e declarou: "Vamos pacificar o Brasil".

No dia seguinte, seu filho mais velho, Flávio Bolsonaro, então deputado estadual do Rio e que acabara de ser eleito senador, declarou ao *Jornal Nacional* que o novo presidente não tinha nada de ditador nem de autoritário.

Quem acreditou nisso quebrou a cara logo no dia 1º de janeiro. Em seu discurso após a posse, diante de milhares de apoiadores na praça dos Três Poderes, Bolsonaro reapresentou suas credenciais de confronto. "Podem contar com toda a minha dedicação para construir o Brasil dos nossos sonhos. Agradeço a Deus por estar vivo e a vocês que oraram por mim e por minha saúde nos momentos mais difíceis. Peço ao bom Deus que nos dê sabedoria para conduzir a nação. Que Deus abençoe esta grande nação. Brasil acima de tudo, Deus acima de todos. Nossa bandeira jamais será vermelha. Só será vermelha se for preciso nosso sangue para mantê-la verde e amarela."

Na Redação da *Folha*, o período entre a eleição e a posse de Bolsonaro foi de cobertura em torno da formação do novo governo e de expectativa sobre como seria a relação da gestão do futuro presidente com a imprensa. O jornal decidiu se preparar para isso e debater hipóteses. As principais eram

9 Veja 11 frases..., 2018.

sobre as possíveis semelhanças entre o que viria a ser o governo Bolsonaro com aquilo que acompanhávamos à época com o então presidente Donald Trump em seu primeiro mandato e também o que o jornal havia vivido décadas antes na gestão de Fernando Collor de Mello (1990-1992).

Em uma semana, a *Folha* preparou dois seminários internos específicos sobre isso. Esses encontros na Redação são comuns para debater diferentes temas, mas naquele momento havia um certo grau de urgência, com menos teoria e mais prática.

No primeiro deles, exibiu-se a série *The Fourth Estate* ("O quarto poder", de 2018), na qual a diretora Liz Garbus acompanha o dia a dia do jornal *The New York Times* no início da gestão Trump. O americano havia declarado esse jornal como inimigo, assim como Bolsonaro fez com a *Folha*, e usava as redes sociais como fonte primária de informação, em nova coincidência (ou cópia) com o comportamento do futuro presidente do Brasil.

Veio o segundo seminário e aí um debate sobre o que foi a cobertura de Collor e o que poderia ser a de Bolsonaro. Sob Collor, houve um fato marcante na história do jornal. Certo dia a Polícia Federal entrou no jornal para uma operação de busca e apreensão sob uma alegada investigação fiscal. Aquilo foi encarado pelo jornal como uma invasão, uma afronta à liberdade de expressão e, na prática, uma tentativa de intimidação a quem desde que a campanha eleitoral de 1989 revelava um Collor além do tal famoso caçador de marajás. Collor buscou o confronto, o que Bolsonaro ensaiava fazer como candidato e como presidente eleito. A comparação na ocasião parecia fazer sentido.

No seminário, Dávila, então editor-executivo, resumiu o que deveríamos fazer sob Bolsonaro: "A *Folha* não faz nem fará oposição ao governo Bolsonaro, porque não faz oposição a governo algum. É apartidária. Noticiaremos o que for positivo e negativo no novo governo com igual destaque. Seremos críticos, mas também pluralistas, seremos investigativos, mas também propositivos".

À época, a então ombudsman da *Folha*, Paula Cesarino Costa, abordou o tema dos seminários em sua coluna dominical. Ela relativizou as comparações com Collor, já que estávamos diante de um intervalo de três décadas. "O mundo da comunicação eletrônica e da informação em tempo real e instantânea torna pré-histórico um período em que a rede mundial era restrita e os celulares eram raros", escreveu Paula, que lembrou que

Bolsonaro desafiava a imprensa de uma forma inédita e em vários aspectos. Um deles, lembrou a ombudsman, era a formação de uma equipe de governo de neófitos na política, na administração pública e/ou na mídia. "Sua eleição foi conquistada fora dos meios tradicionais: sem marqueteiro ou publicitários, quase nenhum tempo na TV, comunicação direta com os eleitores via redes sociais. Na relação com os jornalistas, em geral, os bolsonaristas abrem mão de mediadores, como assessores de imprensa ou porta-vozes profissionais." Também:

> O jornal terá de descobrir como ir além da intelectualidade que orbita a Folha, ligada tanto ao PSDB quanto ao PT. Será necessário descobrir e compreender como pensam e como agem os novos inquilinos do Planalto e quem os inspira.
>
> Jornalistas deverão renovar fontes, mudar formas de apuração, tomar cuidado com ideias preconceituosas. Como exemplo, posso mencionar a relação com dois grupos que, distantes do jornal e dos jornalistas, terão força no futuro governo: evangélicos e militares.
>
> Em suma, a Folha deve reforçar seus parâmetros para manter-se firme na prática do jornalismo crítico, plural e apartidário. Cabe encerrar com as palavras de Otavio Frias Filho (1957-2018), diretor de Redação da Folha desde 1984, em carta aberta a Collor que marcou o ápice da tensão com o poder em 1991: "Governos são tragados pelo turbilhão do tempo, mas o jornal, desde que cultive seu compromisso com o direito dos leitores à verdade, continuará a exercer seu papel de oxigenar a vida pública".

A cobertura direta do presidente da República cabe à sucursal de Brasília da *Folha*. Na capital federal, a Redação funciona em um amplo espaço no oitavo andar de um prédio em uma área central e estratégica. Da sacada, avista-se o estádio Mané Garrincha. De carro, leva-se cerca de quinze minutos até a Esplanada dos Ministérios, o STF, o Congresso e o Palácio do Planalto.

Em governos anteriores, a cobertura jornalística ocorria quase sempre concentrada no Palácio do Planalto, a sede do Executivo, onde ficam alguns dos principais ministros e onde o presidente faz suas reuniões de trabalho e seus eventos de lançamento de programas. Com Bolsonaro no poder, toda a rotina mudaria. As principais notícias do governo, por exemplo, passaram a ser divulgadas por ele mesmo por meio de notas ou de vídeos em suas próprias redes sociais, não em canais oficiais de governo. Esses avisos chegavam de surpresa, sem nenhum tipo de comunicação antecipada aos veículos credenciados. Na prática, qualquer seguidor do presidente recebia a informação no mesmo instante que os jornalistas. Isso por si só já era motivo de estresse, porque a informação estava no ar e, obviamente, não entrava de forma automática como reportagem no site da *Folha*. Era preciso ler, interpretar, escrever, transmitir o texto e publicá-lo em seguida, após uma rápida edição. A depender da importância da notícia, tudo isso já havia provocado uma corrente de tensão interna no jornal. "Bolsonaro publicou isso, temos?", "Vimos isso?", "Estamos fazendo?" e "A concorrência já colocou no ar. Cadê a nossa?" etc. A pergunta "temos?" acompanhada de um link se tornaria um gatilho poderoso para ampliar a suadeira. A chefia de São Paulo cobra o editor de Política, que cobra a chefia da sucursal de Brasília, que cobra o repórter setorista.

Esse ritmo frenético de cobrança vinha a reboque de um presidente absolutamente imprevisível. Quando quase foi expulso do Exército nos anos 1980, um relatório militar apontou Bolsonaro como de comportamento agressivo, com "falta de lógica, de racionalidade e de equilíbrio na apresentação de argumentos". Isso tudo se repetia na Presidência e contaminava a cadeia interna do jornal, que se comunicava basicamente pelo WhatsApp nesses casos, em grupos ou individualmente. O apito do aplicativo a cada mensagem de cobrança acionava um gatilho. Isso vinha carregado com o peso da notícia e quase sempre com o de um cansaço acumulado. Cada um na Redação reagia ou absorvia isso de uma forma. Era um momento no qual o tema da saúde mental não existia em debates internos. Aos poucos fomos aprendendo que sob Bolsonaro seria assim todos os dias. O dia começava, e não tínhamos ideia de como ele acabaria. As reportagens planejadas pela manhã eram jogadas fora a cada fala do presidente. Tudo mudava de uma hora para outra. A crise de hoje não era a mesma de amanhã. Todo dia era dia de crise, quando não a mesma, uma nova.

Um desafio era como elaborar títulos de reportagens coerentes com o peso do que foi dito. Apenas reproduzir a fala do presidente em uma manchete, por um lado, expunha o fato para que o próprio leitor tirasse a sua conclusão. Mas, por outro lado, servia também na prática como máquina de propaganda daquela mensagem que Bolsonaro buscava passar aos seus apoiadores. Tivemos de aprender na marra a lidar com essas situações, tentando não cair no jogo de Bolsonaro e sem deixar de informar ao leitor o que era dito. Por mais que uma declaração parecesse absurda, ela passava a ser tema de debates jornalísticos. Um presidente que diz barbaridades é uma notícia. Ignorar isso seria esconder dos leitores o que de fato ocorria no país. O nosso papel passou a ser o de filtrar as declarações e as explicar com o máximo de contexto e contrapontos possíveis. Cada fala de Bolsonaro gerava um debate interno entre editores e repórteres se aquilo era novidade, se deveria ser publicado e, principalmente, como deveria ser levado ao leitor. Muitas vezes a declaração ia ao ar de uma forma mais seca e simples e, aos poucos, ganhava contornos que permitiam ao leitor fazer a sua avaliação com base em dados concretos e naquilo que chamamos de contexto.

O jornal inteiro passou a debater e mergulhar nesse desafio. Dois exemplos ocorreram em um intervalo de uma semana em agosto de 2019. O primeiro veio na manhã de uma quarta-feira, dia 21. Na porta do Palácio da Alvorada, em entrevista aos jornalistas de plantão, Bolsonaro disse que ONGs poderiam estar por trás de uma ação criminosa para provocar queimadas nos biomas. Esse era um dos principais temas do país naquele momento, estampava manchetes e representava uma das primeiras crises do governo Bolsonaro. Os focos de incêndio colocavam nas cordas um presidente que sempre condenou as multas ambientais e fez vistas grossas ao desmatamento. O país registrava na ocasião um aumento de 83% no número de focos de incêndio em relação ao mesmo período do ano anterior. O fogo avançava também sobre áreas protegidas, como terras indígenas e unidades de conservação estaduais e federais. Naquele dia, Bolsonaro disparou: "Pode estar havendo, não estou afirmando, ação criminosa desses ongueiros para exatamente chamar a atenção contra a minha pessoa, contra o governo do Brasil. Essa é a guerra que nós enfrentamos. Vamos fazer o possível e o impossível para conter esse incêndio criminoso". Reparem que a frase vem carregada de duas características comuns em Bolsonaro: a acusação sem provas e a teoria da conspiração de que tudo gira em torno de uma perseguição contra ele.

A entrevista seguiu na mesma toada. Bolsonaro então disse que havia uma guerra do mundo contra o Brasil por causa da postura adotada pelo governo dele de críticas públicas aos europeus. "O crime existe. E nós temos de fazer o possível para que esse crime não aumente, mas nós tiramos dinheiros de ONGs. Dos repasses de fora, 40% iam para ONGs.

Não tem mais. Acabamos também com o repasse de dinheiro público, de forma que esse pessoal está sentindo a falta do dinheiro", completou o presidente.

A primeira versão do texto da *Folha* foi ao ar às 10h34, sob o enunciado: "Bolsonaro diz que queimadas podem ter sido causadas por ONGs". A equipe responsável pela homepage do jornal recebeu o link da reportagem e, às 10h36, disparou o que chamamos de "push", aquele alerta de notícia que pisca na tela do celular do assinante com ares de urgência: "Sem mostrar provas, Bolsonaro liga queimadas a ONGs e a 'governadores coniventes'". O texto passou a receber complementos e às 10h59 ganhou um novo e definitivo título: "Sem provas, Bolsonaro diz que queimadas podem ter sido provocadas por ONGs". Incluir um "sem provas" no título de uma reportagem sobre o presidente da República, naquele momento, era algo fora do comum. Uma ousadia jornalística, mas necessária diante do que ocorria sob Bolsonaro.

Outro exemplo sobre como lidar com as falas do presidente veio menos de uma semana depois, em uma terça-feira. Dois dias antes, o presidente havia endossado em suas redes sociais um comentário ofensivo à primeira-dama francesa, Brigitte Macron. Ele e Macron travavam uma troca de críticas devido às queimadas na Amazônia e que geraram uma crise diplomática entre Brasil e França. Em meio a isso, ao comentar uma publicação de Bolsonaro em sua página no Facebook, um seguidor escreveu: "É inveja presidente do macron pode crê [*sic*]". A mensagem foi publicada junto a uma imagem na qual se via uma foto de Bolsonaro e de sua esposa, a primeira-dama Michelle, abaixo de um retrato de Macron e de sua mulher, Brigitte. Ao lado das fotos dos casais, havia os dizeres: "Entende agora por que Macron persegue Bolsonaro?". O perfil de Bolsonaro então respondeu ao seguidor: "Não humilha, cara. Kkkkkkk", dando a entender que as recentes críticas de Macron ao presidente brasileiro seriam motivadas por inveja da esposa do brasileiro. Isso ocorreu em um domingo. Aí veio a terça-feira, dia 27, e Bolsonaro foi questionado por repórteres se pediria desculpas a Brigitte. O presidente disse que não a havia ofendido e, irritado diante da pergunta e da insistência dos jornalistas sobre o tema, encerrou abruptamente a entrevista, algo que passou a ser comum sempre que não gostava das perguntas ou se sentia encurralado pelos questionamentos. Desta vez, a *Folha* foi direta ao ponto já em sua primeira versão da reportagem: "Após ofender mulher de Macron, Bolsonaro diz que não a ofendeu". Eram duas informações em um mesmo enunciado.

O meado de 2019, primeiro ano do governo Bolsonaro, apresentou de forma cabal aos jornalistas o caos que seria lidar com esse presidente. Repórteres e editores eram martelados diariamente com novas crises, ataques e declarações ofensivas, por vezes distorcidas e mentirosas, e mal tinham tempo para digeri-las. Era preciso ouvir, entender e interpretar tudo aquilo rapidamente antes de entregá-lo já filtrado ao leitor. Isso nos consumia demais.

Em um intervalo de dez dias em julho de 2019, por exemplo, como escreveu a *Folha*, Bolsonaro acumulou declarações recheadas de conteúdo falso, sarcástico e preconceituoso. Naquele curto período, tome fôlego, ele: mentiu ao dizer que a jornalista Míriam Leitão não havia sido torturada enquanto presa pela ditadura militar, foi preconceituoso com os nordestinos ao se referir a eles com o termo "paraíba", negou que existisse fome no Brasil, duvidou dos dados de desmatamento divulgados pelo renomado órgão federal Inpe (Instituto Nacional de Pesquisas Espaciais), disse que o tema da preocupação ambiental era coisa de "veganos que só comem vegetais" e ainda zombou do desaparecimento durante a ditadura do pai do então presidente nacional da OAB, Felipe Santa Cruz. Tudo isso em dez dias apenas.

Aquele período da metade do primeiro ano de governo também apresentou um presidente mergulhado em uma mistura de atos e agendas de tom populista, com ataques a instituições, uso do tom violento e busca de apoio a um movimento de massa. Enquanto radicalizava nas declarações sem um motivo aparente, ele surpreendia os próprios assessores e seguranças com decisões abruptas como a de ir a jogos de futebol e fazer passeios em locais públicos. "Bolsonaro saiu do Alvorada. Não sabemos para onde. Estamos seguindo." Essa mensagem da equipe de Brasília para a chefia de São Paulo se tornava cada vez mais comum, em especial nos finais de semana. Estar de plantão aos sábados e domingos era motivo de angústia antecipada. Bolsonaro aprontaria alguma coisa, com certeza, mas ninguém sabia o quê. Era preciso tanto uma vigília atenta em frente ao Alvorada como um carro preparado para sair no encalço do presidente.

O dia 22 de junho, um sábado, foi uma verdadeira aula prática. Bolsonaro deixou o Alvorada pouco depois das 9 horas com destino desconhecido para a imprensa. Quando é assim, equipes de jornais, portais, rádios e TVs posicionadas em frente ao palácio correm para seus carros e saem em perseguição ao comboio do presidente. Nem sempre é possível segui-lo de perto, já que a escolta com carros e motos muitas vezes segura o fluxo e ganha distância. O jeito é também ficar de olho nas redes sociais do presidente para saber onde será a próxima entrada ao vivo, quase sempre pelo Facebook. Naquele dia, Bolsonaro primeiro fez exames de rotina e depois seguiu para um acanhado supermercado no setor Sudoeste de Brasília, área nobre da capital federal, onde cumprimentou clientes e funcionários e comprou xampu. De lá, passou por um clube com quadras de futebol society, onde bateu bola com alguns dos presentes, visitou o Clube do Exército e um outro ligado à Aeronáutica.

> [22/06/2019 13:15:24] Eduardo Scolese: Estamos diante de um novo Getúlio
> [22/06/2019 13:15:27] Eduardo Scolese: Novo Lula
> [22/06/2019 13:15:37] Eduardo Scolese: Precisamos escrever sobre isso
> [22/06/2019 13:15:40] Eduardo Scolese: Populismo

Eu estava de plantão. Recebi, editei e publiquei todas essas informações. Enquanto atuava nisso, trocava mensagens com Leandro Colon, o diretor da *Folha* em Brasília. Escrevi as mensagens acima para ele. A reportagem sugerida foi produzida semanas depois. Ao final dela há o relato de um ministro que, em tom de desabafo, disse à *Folha* que, apesar dos esforços da equipe presidencial, não havia jeito: Bolsonaro era "incontrolável".

Naquele dia, a *Folha* havia destacado em sua edição impressa uma reportagem sobre um novo estilo que Bolsonaro buscava adotar ao se aproximar de seis meses de governo. Em resumo, o texto apontava para um presidente mais solto no cargo, após ter promovido mudanças no primeiro escalão em busca de uma nova maneira de governar e deixar para trás a até então difícil relação com o Congresso, palco de seguidas derrotas para o governo. Manifestações de rua recentes a seu favor tinham deixado Bolsonaro de bom humor naqueles dias. Aparecia mais em público, mostrava-se menos oscilante e mais descontraído diante de apoiadores e falava mais com a imprensa. A mesma reportagem, de 22 de junho, fez uma ponderação: "Apesar de uma melhora de clima, assessores presidenciais não acreditam que ele vá adotar de forma constante uma versão 'paz e amor'".

Dito e feito. Naquele sábado de passeio por Brasília, ao parar para falar com os jornalistas, Bolsonaro partiu para cima do Congresso em suas declarações. Disse que o Legislativo passava a ter cada vez mais "superpoderes" com o objetivo de deixá-lo como uma espécie de "rainha da Inglaterra", ou seja, que reina mas não governa. "Pô, querem me deixar como rainha da Inglaterra? Este é o caminho certo?" A bronca do presidente ganhou as manchetes no final da manhã daquele sábado e, de novo, tinha como pano de fundo uma afirmação enviesada de Bolsonaro. O eixo da gritaria dele era sobre um projeto na Câmara que, segundo ele, transferiria aos parlamentares o poder de fazer indicações para agências reguladoras. Não era nada disso. Um projeto que acabara de sair do Senado estava exatamente na mão de Bolsonaro para sanção ou veto e não transferiria ao Legislativo essas indicações. Todas elas iriam seguir a cargo do presidente da República. Bolsonaro se fez de vítima, criou uma conspiração e ganhou o noticiário.

No segundo semestre de 2019, não havia mais nenhuma ilusão sobre um Bolsonaro controlável, tutelável ou coisa parecida. As crises e as declarações polêmicas surgiam aos montes e de formas inusitadas. Ainda naquele ano Bolsonaro chegou a fazer uma transmissão ao vivo nas redes sociais enquanto cortava o cabelo em horário de expediente dentro do Palácio do Planalto. Em outro dia atacou de uma só vez STF, imprensa, Igreja Católica e seu então partido, o PSL, em uma publicação em rede social. Nela, comparou-se a um leão sendo acossado por hienas. Cada hiena era identificada com um nome no vídeo divulgado pelo presidente. A *Folha* era uma delas.

Na vida real dos jornalistas, porém, Bolsonaro é quem fazia o papel de hiena em cima de nossa saúde mental. Crises diárias, volume extra de trabalho, rotina imprevisível, *fake news*, teorias conspiratórias, elogios à ditadura militar e tentativas de reescrever a história me atormentavam e me consumiam. Precisava absorver tudo aquilo e conduzir a equipe de uma forma serena e equilibrada. Bolsonaro parecia querer tirar a *Folha* do prumo. Um escorregão em alguma reportagem seria usado contra a gente. Vivíamos sob ataque, mas não era a nossa função reagir com a mesma moeda. Mais do que nunca não poderíamos errar. Todo enunciado de reportagem era debatido antes de ir ao ar. Versões e mais versões de um título iam e vinham, fazíamos ajustes e até enquetes internas antes do clique no botão "publicar". A credibilidade do jornal e de seus jornalistas estava em jogo. Adotei a política do erro zero. E isso consome.

Ao final de um dia normal de trabalho sob Bolsonaro a cabeça pulsava, tamanha a quantidade de decisões graúdas e sensíveis tomadas ao longo da jornada. Com Bolsonaro tudo vinha com a carga extra do erro zero e do conteúdo muitas vezes inacreditável do que acontecia e era dito. Cada e-mail, cada telefonema, cada mensagem de WhatsApp carregava uma ou mais decisões a serem tomadas. Decisão sobre rumos de reportagens (desde se iríamos fazê-las até que caminho tomar), reclamações de assessores de imprensa, apontamento de supostos erros nos textos por parte dos leitores, pedidos e cobranças da chefia interna, discussões muitas vezes acaloradas com outros departamentos do jornal, planejamento de coberturas especiais, atenção em todos os títulos de reportagem, pedidos de folga e de férias na equipe, recepção de autoridades em cafés ou almoços na *Folha* ou em restaurantes, conversas com repórteres e editores e o *Manual da Redação* da *Folha* debaixo do braço. Tudo deveria ser feito sem sair da linha editorial.

O dia a dia mexia com os nervos e era preciso estar zerado no dia seguinte para segurar os ponteiros na Redação. Precisava estar bem fisicamente para render no trabalho, para assimilar os golpes (tanto do noticiário como da pressão interna) e filtrá-los para que não respingassem na equipe. Adotei uma rotina rígida e autodisciplina.

O alarme do celular, sempre ao lado da cama, tocava às 5h40. Em dez minutos, já estava trocado e saía para a academia ao lado de casa. No dia anterior, camiseta, shorts, meia e tênis já estavam separados na sala. Usava também um agasalho com capuz. A preocupação era evitar qualquer tipo de friagem ou garoa de início de manhã que pudesse provocar um resfriado e, assim, atrapalhar o desempenho no trabalho. Entre 5h50 e 6h15, treinava musculação. Corria para o vestiário e, entre 6h20 e 7 horas, era a vez da natação. Ao lado da piscina, sempre estrategicamente bem posicionado estava o meu celular, ajustado no volume máximo para que, da piscina, eu pudesse ouvi-lo diante de uma eventual ligação de emergência do jornal. Dentro da água da piscina, nas idas e vindas em braçadas e pernadas em diferentes estilos, a cabeça estava no dia de trabalho. Antes, nos intervalos de descanso entre cada exercício da musculação, eu já havia passado o olho nos e-mails e visto as edições dos principais concorrentes da *Folha*, os jornais *O Estado de S. Paulo* e *O Globo*. Portanto, ao nadar, já conseguia pensar em estratégias para o dia e também quais seriam as minhas justificativas ao ser cobrado pelas reportagens A e B que estavam nos concorrentes, não na *Folha*. Ao sair da piscina, começava uma nova maratona. Olhava rapidamente o celular (vai que havia algo urgente a resolver), tomava banho, trocava-me às pressas, voltava para casa, engolia alguma coisa com um gole de café, trocava-me de novo (agora com a roupa do trabalho) e caminhava a passos rápidos por cerca de quinze minutos até o metrô. Os vagões chegavam cheios, mas era ali, em pé, que aproveitava aquela meia hora para sacar o tablet da mochila e ler os jornais do dia. O apagão de internet no trecho submerso do metrô estressava um pouco, mas não havia o que fazer. Essa correria louca das manhãs um dia cobrou seu preço. A minha pressão arterial despencou no trajeto, apaguei no vagão e me restabeleci sentado no chão já na estação Sé ao lado de seguranças do metrô. Saquei uma banana da mochila, comi ali mesmo e segui viagem.

A jornada *in loco* na Redação não dava conta das tarefas. Na volta para casa, também de metrô, aproveitava para responder e-mails que se acumulavam no fim de tarde e assim dava fluxo nas tarefas da equipe. Como Bolsonaro não tinha dia e horário para provocar crises, muitas vezes entrava em casa e já corria para ligar o computador e estender a jornada por mais tempo. Após o jantar, ainda assistia ao *Jornal Nacional* como mais uma tarefa do dia e depois passava a responder mais e-mails e mensagens de WhatsApp que se acumulavam. Como precisava de sete a oito horas de sono todos os dias, deitava para dormir sempre entre 22h e 22h30. Era uma espécie de contradição do descanso. Precisava correr para dormir e só assim me desligar do trabalho. Não conseguia descansar acordado.

Às vezes nem dormir cedo resolvia. Cansei de ser acordado com a desgraça daquele apito do aplicativo por gente da própria *Folha* que usava o WhatsApp como e-mail e descarregava mensagens depois das 23 horas. Era tentador responder a cada uma delas no dia seguinte antes das 6 horas, mas evitava rebater na mesma moeda. Cada um deles era devidamente silenciado para sempre.

Dormir com o celular ligado ao lado da cama era uma obrigação. Notícia grave não tem horário para acontecer. Foi numa madrugada de domingo de 2013 que fui acordado pela plantonista da *Folha* com a notícia de que, naquele momento, ao menos dez jovens haviam morrido em um incêndio em uma boate em Santa Maria, no Rio Grande do Sul. O número de mortes confirmadas dobrou, triplicou e se multiplicou nas horas seguintes. Ao final daquela manhã, repórteres da *Folha* baseados em Porto Alegre e São Paulo já estavam em deslocamento para o interior gaúcho. As mortes na boate Kiss chegaram a 242.

O governo Bolsonaro pode ser resumido em três etapas: 1) até a pandemia; 2) durante a pandemia; 3) período pré-eleitoral e eleitoral de 2022. O primeiro capítulo deste livro está mais concentrado nessa primeira etapa, que foi de aprendizado e também de derrapadas da imprensa. O desafio, como já apontado, era o de encontrar um rumo para uma cobertura jornalística do governo, com foco nos problemas do país sem cair na armadilha de gastar energia com aspectos superficiais da gestão. Mas como deixar de tratar desse segundo ponto se, na prática, era isso que movia o governo? O próprio presidente fazia barulho e criava crises institucionais ao tratar de política, economia, educação e saúde. Ombudsman da *Folha* à época, Paula Cesarino Costa alertou sobre isso na sua coluna semanal, em 31 de março de 2019. "Com um rol de ministros que falam demais e criam polêmicas gratuitas, com anúncios de medidas seguidos de recuos, com disputas internas de poder e sucessivas mudanças de equipe, tem sido fácil produzir um noticiário barulhento." Paula concluiu: "Tal caldeirão, no entanto, embute a armadilha de o jornal se perder no acessório declarativo e improdutivo, deixando de lado o mundo real, o impacto das ações do governo na vida das pessoas e no funcionamento das instituições".

Os ataques de Bolsonaro à imprensa e mais diretamente à *Folha* na maioria das vezes não tinha nada de acessório. Era uma estratégia para culpá-la pelos reveses do governo e minar a sua credibilidade entre os seus seguidores e, quem sabe, expandir a desconfiança a outros segmentos da opinião pública. Pesquisas do Datafolha indicaram esses efeitos. Em meados de 2012, ou seja, antes do início da atual polarização, 31% dos brasileiros diziam confiar muito na imprensa, índice que despencou para 16% na pré-campanha eleitoral de 2018 e teve uma leve recuperação, atingindo 21%, em meados de 2019, primeiro ano de Bolsonaro na Presidência. Ao mesmo tempo, aqueles que afirmavam não confiar na imprensa passaram de 18% em 2012 para 37% em 2018 e 26% em 2019. Esse pequeno fôlego registrado de 2018 para 2019 talvez se explique naquela parcela da sociedade que tenha visto no jornalismo o principal meio para fiscalizar os desmandos de Bolsonaro.

As armas do Planalto voltadas contra a *Folha* seguiam calibradas na língua do presidente. "Geralmente a *Folha de S.Paulo* começa com tudo. Toda a fonte do mal é a *Folha de S.Paulo*", disse Bolsonaro ao apresentador José Luiz Datena, na Band, no começo de sua gestão. Naquele dia, o presidente contestava reportagem do jornal que relembrava elogios feitos por ele ao ditador chileno Augusto Pinochet (1915-2006) durante recente visita ao país. Sem rodeios, Bolsonaro negava o que ele mesmo havia dito. E mais uma vez tivemos de escrever uma reportagem para desconstruir as suas falas. Nesse dia, afirmou: "Não foi falado em Pinochet, ditadura, em nada no Chile. Me aponte um áudio, um vídeo nesse sentido, não teve nada disso. A imprensa, maldosamente, um jornal bota, escreve". Aí coube ao jornal apresentar essa declaração seguida do fato de que, em uma entrevista em 2015, ainda como deputado federal, Bolsonaro havia, sim, elogiado o ditador que ficou no poder de 1973 a 1990. "Pinochet fez o que tinha que ser feito porque dentro do Chile existiam mais de trinta mil cubanos, então tinha que ser de forma violenta pra reconquistar o seu país", afirmou na ocasião.

Afora a obrigação de registrarmos as mentiras e as distorções de Bolsonaro, a sensação na Redação era a de enxugar gelo. O importante, e eu buscava passar isso para a equipe para evitar frustrações desnecessárias, era ter a ciência de que o nosso objetivo com um jornalismo de qualidade não seria mudar a opinião da sociedade sobre o presidente X ou Y, mas apresentar subsídios para que o nosso leitor, esse sim, pudesse tirar as suas próprias conclusões e se sentir bem informado. Na pandemia o resultado desse jogo de forças entre governo e imprensa talvez tenha mudado um pouco, mas trataremos disso nos próximos capítulos.

Ainda estávamos em 2019, já na reta final do ano, e a parte mais temida daquela ameaça de Bolsonaro feita no *Jornal Nacional* no dia seguinte à sua eleição, aquela que citamos no início deste livro, começou a se concretizar. A perseguição à imprensa saía do campo das declarações e do simbolismo e entrava na esfera de ações concretas, com o uso da máquina federal.

Exemplos não faltaram. Em agosto, Bolsonaro editou uma medida provisória para retaliar os jornais. A MP assinada por ele, e depois ignorada de propósito pelo Congresso para que expirasse e perdesse a validade, dava permissão a empresas de capital aberto para publicar seus balanços apenas no site da CVM (Comissão de Valores Mobiliários) ou do *Diário Oficial*, em vez de veículos impressos. Anúncios e balanços pagos eram uma importante fonte de receita dos jornais, estando aí a motivação cirúrgica da canetada do presidente. A medida em si não seria um escândalo se o objetivo claro não fosse ferir a imprensa. "Para ajudar a imprensa de papel", disse em tom irônico em São Paulo diante de empresários do setor automotivo que riram de sua declaração. Não seria a última vez que representantes do PIB ririam diante de falas autoritárias do presidente. Aquela MP de Bolsonaro atingiria em especial o jornal *Valor Econômico*, do Grupo Globo, por ser um veículo focado em economia e, por isso, mais procurado para a publicação de balanços das empresas. "Eu espero que o *Valor Econômico* sobreviva à medida provisória de ontem", afirmou, sem disfarçar a satisfação, o que repetiria horas depois em outro evento. "No dia de ontem eu retribuí parte daquilo que a grande mídia me atacou." O uso da máquina para minar e se vingar da imprensa era público.

Quem atravessasse o caminho de Bolsonaro era retaliado com a caneta presidencial. Um dia marcante dessa ofensiva ocorreria em outubro daquele ano. Num intervalo de poucas horas, primeiro anunciou o cancelamento das assinaturas da *Folha* no governo federal e, horas depois, fez ameaças aos anunciantes do jornal. Ali, de uma vez, fez lembrar os venezuelanos Hugo Chávez e Nicolás Maduro e copiou o seu ídolo Donald Trump. Falou com uma mistura de risos, frases irônicas e ataques de fúria. Aquele 31 de outubro havia começado sob tensão, com a imprensa de olho nas ameaças de Bolsonaro de não renovar a concessão da TV Globo. O presidente estava em viagem à Arábia Saudita e, no dia anterior, havia surtado em uma live feita às pressas logo após o *Jornal Nacional* ter citado seu nome em meio às investigações do assassinato da vereadora Marielle Franco, ocorrido um ano antes no Rio de Janeiro.

> [30/10/2019 09:25:17] Eduardo Scolese: Tô suando aqui
> [30/10/2019 09:25:21] Eduardo Scolese: Um caminhão nas costas
> [30/10/2019 09:25:25] Eduardo Scolese: Correndo pra caralho
> [30/10/2019 09:25:27] Eduardo Scolese: Pauta gigante

Essa foi uma troca de mensagens com a sucursal de Brasília cinco minutos antes da reunião diária de pauta com a chefia. Essa era a crise da manhã. Logo viria um tsunami. Naquele mesmo dia foi ao ar uma entrevista do deputado federal Eduardo Bolsonaro, filho do presidente, na qual ele sugeria a edição de um novo AI-5 para responder aos protestos da esquerda no país. A fala de Eduardo sobre o mais duro dos atos da ditadura militar provocou uma onda de reações duras de diferentes Poderes. Saudosista do período de repressão e de seus torturadores, o deputado recuaria mais tarde diante da reprimenda de seu pai.

Bolsonaro havia entrado ao vivo no programa de Datena daquele dia justamente para falar sobre a ideia de AI-5 proposta pelo filho. No meio da entrevista, lembrou-se da *Folha* mais uma vez. "Determinei que todo o governo federal rescinda e cancele a assinatura da *Folha de S.Paulo*. A ordem que eu dei [é que] nenhum órgão do meu governo vai receber o jornal *Folha de S.Paulo* aqui em Brasília. Está determinado. É o que eu posso fazer, mas nada além disso." E prosseguiu: "Espero que não me acusem de censura. Está certo? Quem quiser comprar a *Folha de S.Paulo*, ninguém vai ser punido, o assessor dele vai lá na banca e compra lá e se divirta. Eu não quero mais saber da *Folha de S.Paulo*, que envenena o meu governo a leitura da *Folha de S.Paulo*". Uma semana antes, Trump havia ordenado que as agências federais dos EUA cancelassem as assinaturas dos jornais *The New York Times* e *The Washington Post*, por discordar da cobertura jornalística que ambos faziam de seu governo.

Estávamos na Redação em um looping que parecia interminável. Veja a sequência: *JN* aponta citação de Bolsonaro no caso Marielle, Bolsonaro ameaça concessão da Globo, citação a Bolsonaro revela-se frágil e descobre-se que até já havia sido descartada nas investigações, Eduardo Bolsonaro fala em novo AI-5, mundo político reage, Bolsonaro desqualifica fala do filho e anuncia fim das assinaturas da *Folha* no governo federal. Havia espaço para mais. Em live nas redes sociais no mesmo dia, Bolsonaro ameaçou anunciantes do jornal. "Não vamos mais gastar dinheiro com esse tipo de jornal. E quem anuncia na *Folha de S.Paulo* presta atenção, está certo?", disse sem titubear sobre uma escancarada violação aos princípios constitucionais da moralidade e da impessoalidade na administração pública. O jornal respondeu em nota às declarações do presidente: "A Folha lamenta mais uma atitude abertamente discriminatória do presidente da República contra o jornal e vai seguir fazendo, em relação a seu governo, o jornalismo crítico e apartidário que a caracteriza e que praticou em relação a todos os governos".

> [01/11/2019 16:50:19] Eduardo Scolese: Semana duríssima
> [01/11/2019 16:50:35] Eduardo Scolese: Queiroz, hienas, AI-5, folha
> [01/11/2019 16:50:36] Eduardo Scolese: Pqp

Dias depois, Bolsonaro voltaria ao tema, agora com pedidos para que a população boicotasse produtos de anunciantes da *Folha*. "Eu não quero ler a *Folha* mais. E ponto final. E nenhum ministro meu. Recomendo a todo Brasil aqui que não compre o jornal *Folha de S.Paulo*. Até eles aprenderem que tem uma passagem bíblica, a João 8:32. A imprensa tem a obrigação de publicar a verdade. Só isso. E os anunciantes que anunciam na *Folha* também. Qualquer anúncio que faz na *Folha de S.Paulo* eu não compro aquele produto e ponto final. Eu quero imprensa livre, independente, mas, acima de tudo, que fale a verdade. Estou pedindo muito?", disse em entrevista na porta do Alvorada.

A sequência de crises naqueles dias 29 (terça), 30 (quarta) e 31 de outubro (quinta) e 1 de novembro (sexta) de 2019 é uma boa amostra do caos que era fazer jornalismo sob Bolsonaro. Em dias assim, sempre que há algo relevante no noticiário, a *Folha* manda um alerta para o celular de seus assinantes cadastrados. "Tal notícia vale push", "aquela é pushável", "essa aqui vale pushar" são expressões comuns na Redação. A notícia urgente pisca na tela dos aparelhos, e o assinante com um só clique acessa a reportagem. Nesses quatro dias caóticos, foram dezenas desses. Revisitar a sequência de alguns deles dimensiona a montanha-russa de vaivéns de crises que se entrelaçavam. A orientação era a de respirar, assimilar e mastigar tudo isso aos leitores.

29/10/2019 – 10h58

Bolsonaro admite erro em vídeo com hienas, pede desculpas e promete retratação

29/10/2019 – 23h02

Bolsonaro ataca Globo e o governador do Rio, Wilson Witzel, e nega envolvimento no caso Marielle Franco

30/10/2019 – 19h18

Bolsonaro aciona PGR para bloquear fundo partidário do PSL e tirar Bivar do comando

31/10/2019 – 07h01

Suspeito de matar Marielle Franco desmente porteiro de Bolsonaro

31/10/2019 – 12h13

Eduardo Bolsonaro diz que se esquerda radicalizar resposta pode ser "um novo AI-5"

31/10/2019 – 14h59

Manifestações de Eduardo Bolsonaro, em defesa de novo AI-5, são repugnantes e devem ser repelidas, diz presidente da Câmara

31/10/2019 – 16h22

"Quem quer que seja que fale em AI-5 está sonhando", diz Bolsonaro após declaração de filho

31/10/2019 – 18h29

Após ser desautorizado pelo pai, Eduardo Bolsonaro diz que "não existe qualquer possibilidade de retorno do AI-5"

31/10/2019 – 19h04

Bolsonaro determina cancelamento de assinaturas da Folha no governo federal

01/11/2019 – 10h51

Bolsonaro diz que não vai à posse de Alberto Fernández e nega retaliação à Argentina

01/11/2019 – 18h20

Leitores reagem a fala de Bolsonaro e defendem assinar a Folha como ato de resistência

As agressões em série de Bolsonaro à imprensa em seu primeiro ano de governo levaram a *Folha* a produzir diferentes reportagens e análises mais aprofundadas sobre o tema. Esses textos lembravam que tensões entre governos e imprensa são comuns. Um mal-estar, como lembrou uma dessas reportagens, sempre fez parte do jogo democrático, mas que, sob Bolsonaro, atingia um patamar que remetia a outros momentos da história do país nos quais governantes de turno usaram a estrutura oficial não só para intimidar mas também para destruir a imprensa.

Havia sido assim, por exemplo, com as repetidas ações violentas para impedir a circulação de jornais na Primeira República, como o caso de Arthur Bernardes contra a *Folha* em episódio citado na abertura deste livro, e mais à frente com intervenções em redações durante o Estado Novo, período autoritário com Getúlio Vargas no poder, e a ditadura militar. Foi sob Vargas que ocorreu a dura investida contra o jornal *O Estado de S. Paulo*. A polícia invadiu o jornal em 25 de março de 1940 e escalou interventores em sua sede. O comando do jornal somente seria devolvido ao jornalista Julio de Mesquita Filho em 6 de dezembro de 1945, semanas após a deposição do presidente da República. Foi por causa disso que a família Mesquita decidiu não incluir na contagem do tempo de vida do jornal os cinco anos em que esteve sob intervenção. "Em 25 de março de 1940, o jornal levava o número 21.649; em 7 de dezembro de 1945, circulou com o número 21.650. Era como se aquele hiato não tivesse existido", descreve o jornalista Oscar Pilagallo no livro *História da imprensa paulista*.[10]

Já o período da ditadura militar (1964-1985) representou uma máquina de censura não só à imprensa. Qualquer conteúdo jornalístico ou cultural que fosse na linha contrária ao gosto dos militares seria proibido e seus responsáveis ficariam sujeitos a medidas extremas, como ameaça de prisão. O clima de terror e de censura atingia jornais, revistas, livros, filmes e letras de música, entre outros. Não havia opção pacífica tanto para empresários do setor como para jornalistas, estes sempre vigiados de perto pelos censores da repressão que atuavam dentro das redações. Aderir ao regime ou atuar dentro dos limites impostos por eles era uma linha tênue. Negócios e empregos estavam em jogo, além de se manter distante dos calabouços da tortura e dos assassinatos. Durante o regime, nesse cenário, a *Folha* oscilou. Apoiou o golpe, assim como a maioria dos veículos de imprensa da época, e depois foi gradualmente assumindo posições editoriais mais independentes até aderir com entusiasmo e de modo pioneiro ao movimento das Diretas Já na reta final da ditadura.

Veio o pós-ditadura, e um episódio marcante na história da *Folha* ocorreria em março de 1990, no início da gestão de Fernando Collor de Mello na Presidência. O jornal durante a campanha eleitoral de 1989 havia feito uma cobertura crítica sobre o então candidato, revelando indícios de irregularidades em suas gestões como prefeito de Maceió e governador de Alagoas. Apenas oito dias após a sua posse, na tarde daquela sexta-feira, 23 de março, agentes da Polícia Federal e fiscais da Receita Federal invadiram o prédio do jornal sob o pretexto de uma devassa fiscal. No dia seguinte, o jornal trouxe em sua manchete principal: "Polícia Federal invade a Folha". Um editorial de Primeira Página veio logo abaixo, sob o título "A escalada fascista". O texto responsabilizou Collor pela operação

[10] Pilagallo, 2012, p. 123.

e disse que a *Folha* estava aberta à fiscalização das autoridades, mas não aceitava "intimidações grosseiras nem ameaças policiais". Collor sempre negou que tivesse qualquer conhecimento prévio sobre a invasão.

Mas e Lula e o PT? Como escrevi anteriormente, acompanhei de perto os governos Lula 1 (2003-2006) e Lula 2 (2007-2010) como repórter da *Folha*. No período, registrei e fui testemunha de diferentes atitudes truculentas do governo contra a imprensa e também contra seus profissionais, como repórteres, repórteres-fotográficos e cinegrafistas. Seguranças usavam a força para impedir que jornalistas se aproximassem do presidente. Certa vez fui levado por eles para um subsolo, em um evento da Marinha. A alegação deles era que eu havia me posicionado atrás do então vice-presidente, José Alencar, durante uma entrevista dele à imprensa naquele modelo sempre tumultuado chamado de "quebra-queixo", quando repórteres cercam a autoridade e erguem seus microfones, celulares e gravadores para registrar o que é dito. Havia sempre bate-bocas e empurrões entre repórteres, assessores e seguranças. Era uma briga de gato e rato.

Lula não se envolvia diretamente nesses arranca-rabos. Mas teve suas investidas. Em 2004, em uma visita à República Dominicana, ele falou demais e virou manchete. Passava das 20 horas em Santo Domingo, eu e demais colegas da imprensa brasileira enviada ao país caribenho aguardávamos no saguão de um hotel a passagem do presidente, que iria a um jantar oferecido pelo mandatário local. Aproveitávamos essas ocasiões para questionar o presidente sobre diferentes assuntos. Naquele dia, queríamos indagá-lo sobre uma medida provisória então recém-editada pelo governo que dava status de ministro ao presidente do Banco Central. Nem tivemos tempo para isso. Lula logo se aproximou, em uma trajetória incomum dele em direção aos repórteres, e passou a falar diante dos nossos antigos gravadores a fita. "Vocês são um bando de covardes mesmo, hein? Vocês não tiveram coragem de defender o Conselho Nacional de Jornalista", afirmou o presidente aos repórteres. "Cadê a posição classista de vocês? Não é uma coisa boa pra vocês? Não é uma reivindicação histórica de vocês? Vocês não eram nem nascidos e já se reivindicava isso." Os assessores de Lula tentaram logo amenizar o estrago, dizendo que ele estava só brincando sobre o tema. Tarde demais. Lula se referia ali ao Conselho Federal de Jornalismo, uma ideia do governo para regular a atividade jornalística que chegou a ser enviada ao Congresso, mas naufragou diante das duras reações. Também em 2004, naquela que talvez tenha sido a sua atitude mais extrema contra a imprensa, Lula tentou expulsar do país o jornalista americano Larry Rohter, do *New York Times*, após esse assinar a seguinte reportagem: "Hábito de beber do líder brasileiro torna-se preocupação nacional". O recuo de Lula veio logo em seguida, tamanha a repercussão negativa mundial diante do gesto autoritário.

Uma rotina parecida ocorreu sob os governos de Lula e de Dilma Rousseff (2011-2016). Os presidentes evitavam embates públicos e diretos com jornalistas nas entrevistas, enquanto tanto o governo como o PT buscavam maneiras para intimidar a imprensa, com sugestões de formas de controle e redução de verbas publicitárias oficiais.

Voltemos a Bolsonaro. Por que então ele era diferente em relação aos demais antecessores pós-redemocratização? O ponto principal é o de que ele não se encaixava no campo democrático tradicional. Havia sido eleito dessa forma várias vezes, mas declarava publicamente e já como presidente da República que, se dependesse dele, estaríamos sob um outro regime no país. Uma coisa é reclamar da imprensa e considerá-la uma pedra no sapato com a qual terá de conviver, outra é buscar a sua destruição e não vê-la como um ator legítimo na sociedade. Em seu início de mandato, Bolsonaro usou a caneta e agiu para destroçar os órgãos de imprensa que considerava inimigos, tentando feri-los financeiramente, como na edição da medida provisória dos balanços, como no corte de verbas publicitárias federais e com o cancelamento de assinaturas de um determinado veículo, como a *Folha*. Bolsonaro ao mesmo tempo atropelava o princípio da impessoalidade exigido pelo cargo e violava aos montes as liberdades de imprensa e de expressão exigidas pela Constituição.

As investidas de Bolsonaro para constranger e controlar a imprensa criaram asas no outro lado da praça dos Três Poderes. Também em 2019, no Supremo Tribunal Federal, o ministro Alexandre de Moraes decidiu censurar dois veículos de imprensa por causa de uma reportagem a respeito de seu colega José Antonio Dias Toffoli, então presidente do STF. A ordem de Moraes era para que os sites da revista *Crusoé* e de *O Antagonista* retirassem do ar reportagem que apontava Toffoli como aquele citado em delação do empreiteiro Marcelo Odebrecht na forma de "o amigo do amigo do meu pai". Toffoli, que trata o golpe militar de 1964 como um "movimento", tentou justificar a censura em entrevista ao jornal *Valor Econômico* publicada em 18 de abril. "Se você publica uma matéria chamando alguém de criminoso, acusando alguém de ter participado de um esquema, e isso é uma inverdade, tem que ser tirado do ar. Ponto. Simples assim." Aquela não era uma reportagem sobre algum crime, e sim sobre essa mera citação. A decisão de Moraes seria revogada dias depois diante da repercussão negativa.

No trato direto com a imprensa, Bolsonaro também demarcou bem suas diferenças na primeira parte de seu governo. A agressividade com jornalistas se tornou uma marca de entrevistas, em especial com as mulheres repórteres. Era maio de 2019, e o presidente estava em Dallas, nos Estados Unidos. Em meio a um dos eventos na cidade texana, ele saiu do hotel e parou na rua para falar com seus apoiadores. Foi quando os jornalistas brasileiros aproveitaram para lhe fazer perguntas. A entrevista quebra-queixo ali improvisada logo desandou quando a repórter Marina Dias, da *Folha*, correspondente do jornal nos EUA, questionou o presidente sobre o congelamento de verbas da educação que acabara de ser efetivado pelo novo governo. Ele não gostou da pergunta e partiu para o ataque. Disse que a jornalista tinha que entrar de novo "numa faculdade que presta e fazer bom jornalismo" e que a *Folha* não poderia contratar "qualquer uma para ser jornalista, ficar semeando a discórdia e perguntando besteira e publicando coisas nojentas por aí". A justificativa dada pelo presidente para a grosseria foi a de que a repórter deveria ter falado em "bloqueio", não em "corte" de verba – termo que o próprio Bolsonaro já havia utilizado em outros momentos durante a mesma entrevista, como lembrou reportagem escrita por Marina naquele dia. O ataque ocorreu diante de assessores, seguranças e um grupo de apoiadores que se agitavam e gritavam a cada palavra ofensiva do presidente. O clima era hostil, algo comum sob Bolsonaro, com jornalistas cercados por apoiadores no meio dessas entrevistas desorganizadas. No meio desse bolo de gente, a repórter foi pega de surpresa com o ataque, encontrou frieza para rebatê-lo com argumentos e não reagiu aos insultos. Tudo se tornava assustador diante daquele cenário. Marina havia se transformado em um alvo do presidente e estava cercada por simpatizantes que filmavam tudo. Esses, mesmo antes da entrevista, já haviam ensaiado um clima de animosidade com os jornalistas ao dividirem a mesma calçada em frente ao hotel. Na entrevista, Bolsonaro aumentou o tom de voz, e Marina teve a sensação de ver o corpo dele crescer à sua frente. Manteve-se o tempo todo concentrada e alerta ao entorno, como se antenas estivessem direcionadas para o teor da fala do presidente e para qualquer movimento daqueles bolsonaristas. Aquela entrevista seria um ensaio das que viriam mais à frente, com apoiadores exaltados contra os jornalistas e dando pitacos em meio a perguntas e respostas. Em Dallas, Bolsonaro em certo momento deixou de responder a Marina e escalou o clima de tensão e animosidade ao apontar para um homem que filmava a entrevista com um celular atrás dos repórteres. Esse, apresentado pelo presidente como especialista em orçamento, disse em voz alta que se tratava de uma "suspensão do gasto durante o período". "Aprendeu a *Folha de S.Paulo*?", disse o presidente, que encerrou a entrevista e deixou o local com assessores e seguranças. No local, restaram Marina, alguns outros jornalistas brasileiros e dezenas daqueles simpatizantes. Esses cercaram Marina e passaram a dirigir palavras grosseiras contra ela. Amedrontada, a jornalista entrou rapidamente no hotel e se refugiou no banheiro. De lá, já com a adrenalina em queda, telefonou para o jornal e desabou. Passou a chorar enquanto narrava o ataque do presidente da República. Naquele dia, Marina ainda escreveu diferentes reportagens. Uma delas foi "Folha não tem que contratar 'qualquer uma', diz Bolsonaro a repórter do jornal". Um ataque como aquele deixa marcas. É uma ressaca corporal que emenda com uma pancadaria on-line por seguidores do presidente. Ela nem saiu mais do quarto naquele dia e teve dificuldades para dormir. O consolo foi ver o destaque nas redes sociais para uma hashtag criada em seu apoio, além de ter recebido ligações e mensagens de solidariedade.

Bolsonaro chegou à Presidência com uma ampla bagagem de frases preconceituosas. Frases sexistas e misóginas estavam em uma longa lista que seguiu crescendo com ele presidente. Vira e mexe, diante dos novos exemplos, a *Folha* relembrava algumas delas, como quando disse que só não estupraria uma deputada porque ela era "feia", quando defendeu turismo sexual no Brasil e quando afirmou defender salários menores para mulheres.

O caso contra Marina Dias em Dallas ocorreu no início de 2019. Um ano depois, na mesma toada, em falas em frente ao Alvorada, ocorreram dois casos emblemáticos de ataques de Bolsonaro a duas jornalistas da *Folha*. O primeiro deles, em janeiro, quando se irritou com uma pergunta sobre o então chefe da Secom (Secretaria de Comunicação Social da Presidência), Fabio Wajngarten. A *Folha* havia revelado a relação de uma empresa dele com outras contratadas pelo governo federal, e a repórter Talita Fernandes perguntou três vezes ao presidente sobre a situação de Wajngarten no governo e se ele permaneceria no cargo. Irritado, Bolsonaro atacou a repórter e o jornal. "Fora, *Folha de S.Paulo*, você não tem moral para perguntar, não", afirmou, pedindo que outros repórteres fizessem perguntas a ele. "Cala a boca", disse em seguida em direção a Talita. A repórter minutos depois tentou questioná-lo sobre sua eventual sanção ao projeto que tratava sobre o fundo eleitoral. "Já falei que a *Folha* está fora. A *Folha* é um lixo. Eu quero saber, a *Folha de S.Paulo*, o Datafolha, eu perderia para todo mundo no segundo turno. Você não tem vergonha na cara, ainda vem aqui fazer plantão?" Além de agredir a repórter e o jornal, Bolsonaro na mesma declaração ainda mentiu sobre as pesquisas do Datafolha na eleição de 2018. No último levantamento do instituto antes do segundo turno, Bolsonaro marcou 55% das intenções de voto válidos, contra 45% de Haddad, os mesmos percentuais que viriam nas urnas.

Um mês depois da agressão a Talita veio o caso Patrícia Campos Mello. Foi essa repórter da *Folha*, na reta final da eleição de 2018, que havia revelado em reportagem que empresários bolsonaristas estavam impulsionando disparos de mensagens em massa de forma ilegal pelo WhatsApp contra Fernando Haddad, então candidato do PT. A publicação da reportagem "Empresários bancam campanha contra o PT pelo WhatsApp", perto do segundo turno, mobilizou ambas as campanhas. A de Haddad (PT) passou a denunciar indícios de crime eleitoral, e a de Bolsonaro, a rebater e distorcer as informações, com ataques ferozes à *Folha* e uma ação na Justiça contra os donos do jornal na qual seria derrotado no ano seguinte por sete votos a zero no TSE (Tribunal Superior Eleitoral). Patrícia desde então tinha virado alvo dos bolsonaristas e passado a viver um inferno, com xingamentos em série nas redes sociais. "Desde 18 de outubro de 2018", data da publicação da reportagem, "vivo num mundo bizarro", escreveu em seu livro *A máquina do ódio*.[11] Na obra, ela narra como começou a sofrer o que chama de processo de desconstrução. Passou a ser chamada de "putinha do PT", "vagabunda" e "jornalistinha comunista", entre outros, e fechou suas redes sociais após ter recebido uma ameaça contra o seu filho então de apenas 6 anos. Seu celular foi hackeado. Invadiram sua agenda de eventos e passaram a divulgá-los. "A jornalista petista vai. Vão lá." Ela cancelou tudo. Os xingamentos vinham também em casa, com gritos de vizinhos bolsonaristas. Estava perigoso, e a *Folha* contratou um motorista para que ela não andasse mais sozinha. "Fiz coberturas de guerra

---

[11] Mello, 2020.

na Síria, no Iraque e no Afeganistão. Nunca tive guarda-costas. Estava em São Paulo e precisava de segurança",[12] escreveu.

Em fevereiro de 2020, a CPI criada no Congresso para investigar o uso de *fake news* nas eleições de dois anos antes convocou Hans River do Rio Nascimento para prestar depoimento. Ele era o ex-funcionário de uma agência especializada em marketing digital que havia enviado a Patrícia planilhas, fotos e trocas de mensagens que foram usadas por ela e pelo repórter Artur Rodrigues para uma outra reportagem de 2018. Essa revelou que uma rede de empresas havia recorrido ao uso fraudulento de nome e CPF de idosos para registrar chips de celular e assim conseguir o disparo de lotes de mensagens em benefício de políticos. O depoimento de Hans River na CPI mudou de patamar quando, ao se justificar a deputados e senadores da comissão, esse disse que Patrícia havia oferecido a ele sexo em troca das informações. As declarações daquela tarde caíram como uma bomba na Redação da *Folha*. O jornal e sua repórter haviam virado notícia. E o tema era duplamente delicado, pois em sua essência envolvia uma reportagem exclusiva do jornal de 2018 e agora havia a carga pesadíssima de insinuações sexuais contra Patrícia. Eduardo Bolsonaro, deputado federal filho de Bolsonaro, aproveitou a fala de Hans River para logo em seguida difundir ofensas e fazer insinuações contra Patrícia tanto no Congresso como em suas redes sociais. "Eu não duvido que a senhora Patrícia Campos Mello, jornalista da *Folha*, possa ter se insinuado sexualmente, como disse o senhor Hans, em troca de informações para tentar prejudicar a campanha do presidente Jair Bolsonaro. Ou seja, é o que a Dilma Rousseff falava: fazer o diabo pelo poder", afirmou o deputado.

Patrícia entrou esbaforida e nervosa na Redação em direção à sua mesa, bem próxima à minha. O celular dela não parava de receber mensagens sobre a fala de Hans River. Era preciso ser rápido para produzir uma reportagem para desconstruir com provas a fala mentirosa do ex-funcionário da agência. "Eu tenho tudo aqui, vou fazer os prints", disse-me Patrícia, que logo descarregou cópias das conversas originais que teve com ele para incluirmos na reportagem. Repórteres de Brasília e São Paulo foram escalados para ajudar na produção do texto. Patrícia entraria com as provas, mas seria melhor que não assinasse diretamente a reportagem, até mesmo para preservá-la. Um primeiro arquivo com as primeiras linhas da

[12] Mello, 2020, pos. 97.

reportagem foi gravado às 17h34. O texto recebeu enxertos e adendos, passou pelas mãos de editores e do comando do jornal e foi publicado às 20h33. Entrou no ar sob o título "Ex-funcionário de empresa de disparo em massa mente a CPI e insulta repórter da Folha". O material publicado desmentia ponto a ponto o depoimento. O problema é que as insinuações de Hans River turbinadas por Eduardo Bolsonaro já haviam viralizado e eram compartilhadas aos milhares. A reportagem da *Folha* seria importante para abastecer os leitores do jornal, mas insuficiente para conter a onda de desinformação e ataques à jornalista, algo frustrante e chocante para a Redação, em especial para Patrícia. Uma enorme sensação de impotência.

A orientação geral seguia a de não reagir aos ataques por meio das redes sociais dos repórteres e responder apenas por meio de fatos publicados em reportagens. Não estávamos em guerra, pensávamos, e sim fazendo o nosso trabalho jornalístico. Afinal, segundo uma máxima que sempre ouvimos de nossos chefes, jornalista não é notícia. Mas será isso mesmo quando se ultrapassa do ponto das críticas e se atinge o escárnio? Em nota oficial no mesmo dia, 11 de fevereiro, a *Folha* rebateu os ataques.

> A *Folha* repudia as mentiras e os insultos direcionados à jornalista Patrícia Campos Mello na chamada CPMI das Fake News. O jornal está publicando documentos que mais uma vez comprovam a correção das reportagens sobre o uso ilegal de disparos de redes sociais na campanha de 2018. Causam estupefação, ainda, o Congresso Nacional servir de palco ao baixo nível e as insinuações ultrajantes do deputado Eduardo Bolsonaro (PSL-SP).

Naqueles dias, um vídeo de bolsonaristas havia viralizado com insinuações sexuais sobre Patrícia. A reboque, uma imagem trazia a legenda: "Folha da Puta – tudo por um furo, você quer o meu? Patrícia, Prostituta da Folha de S.Paulo – troca sexo por informações sobre Bolsonaro". Nas redes sociais, o chamado furo jornalístico, termo usado para se referir a uma reportagem com informação exclusiva, era usado para insinuações sexuais contra a repórter. "Ofereço o cuzinho em troca de informações sobre o governo Bozo", dizia a legenda de uma outra imagem. Uma semana após o depoimento de Hans River, Bolsonaro usou uma conversa com apoiadores em frente ao Alvorada para atacar Patrícia também com insinuações sexuais. "Ela queria um furo. Ela queria dar o furo [pequena pausa, com risos dele e dos demais] a qualquer preço contra mim." A reportagem "Bolsonaro insulta repórter da Folha com insinuação sexual" logo foi publicada e provocou fortes reações de repúdio no mundo político e na sociedade. O presidente em nenhum momento recuou e, no mesmo dia, em nova fala à imprensa, dobrou a aposta, no caso, a ofensa, e negou o óbvio. "Alguém da *Folha de S.Paulo* aí? Alguém da *Folha de S.Paulo* aí? Eu agredi sexualmente uma repórter hoje? Parabéns à mídia, aí. Não quero conversa. Eu cometi uma violência sexual contra a imprensa hoje?" O presidente então ouviu uma pergunta se mantinha a declaração que havia dado e se não achava desrespeitoso ter insultado a repórter com uma insinuação sexual. Bolsonaro se recusou a responder e abandonou a entrevista.

Patrícia até então tentava dentro do possível seguir um curso normal de trabalho, mesmo após os ataques sofridos nos meses posteriores às reportagens sobre os disparos em massa via WhatsApp. Fez coberturas quentes de Bolsonaro nas viagens oficiais dele aos EUA e à Índia. Mas, a partir desse ataque do presidente, passou a viver um inferno diário ampliado. Pela manhã, por exemplo, a simples tarefa de abrir o celular para ler as mensagens acumuladas havia se tornado um gatilho agressivo à sua saúde mental. Deparava-se com ataques de anônimos em sua caixa e com links de colegas avisando sobre postagens agressivas e ações judiciais contra ela. Enquanto isso, bolsonaristas influentes nas redes sociais minimizavam os ataques, tratando-os apenas como uma brincadeira do presidente. A falta de escrúpulos de Bolsonaro, porém, mudou o patamar desse tipo de cobertura. Um presidente da República não poderia fazer insinuações sexuais e repetir mentiras sobre uma jornalista sem que houvesse uma reação à altura. Notas oficiais e reportagens com desmentidos já pareciam insuficientes. Aquela era apenas uma primeira etapa de um governo sobre o qual estávamos aprendendo a trocar o pneu com o carro andando. Aprendemos a assimilar as mentiras de Bolsonaro e sobre como tratá-las nos títulos das reportagens. Filtramos os silenciosos casos de retrocessos democráticos para explicar de forma amarrada a degradação em curso. Entendemos que, diante do caso de Patrícia, ataques a jornalistas não poderiam continuar sendo tratados da mesma forma.

Era uma época em que Patrícia não tinha mais vontade de sair de casa. Com apoio do jornal, reagiu. No dia 8 de março, Dia da Mulher, um sábado, 24 dias após os ataques de Hans River e 18 dias após os insultos de Bolsonaro, ela publicou um depoimento impactante na *Folha* em resposta a tudo isso. "Depoimento: No Brasil, ser mulher nos transforma em alvo de ataques", dizia o enunciado do texto, com o seguinte subtítulo: "Tem gente que vê graça em linchamento misógino; o que achariam se a piada fosse com a filha deles?". No texto, Patrícia descreveu os memes agressivos e de cunho pornográfico que recebia todos os dias, apontou as mentiras de Hans River e como Eduardo as espalhou, citou as insinuações e como o presidente da República a insultou e ainda relembrou como as também jornalistas Vera Magalhães e Constança Rezende foram atacadas pela máquina do ódio bolsonarista e tiveram suas vidas e famílias expostas nas redes sociais. Nessa reação, também com apoio do jornal, Patrícia processou Bolsonaro e seu filho Eduardo pelas falas sexistas daquela semana de fevereiro. Venceu em todas as instâncias até a publicação deste livro.

A carga diária que minava física e mentalmente a equipe de Edição e Reportagem tinha a união de dois ingredientes explosivos, mesmo que em doses diferentes: o governo Bolsonaro, com seu retrocesso democrático e sua degradação política, e a cultura da própria *Folha*, uma máquina de pressão interna que teve de se adaptar aos trancos e barrancos para que não virasse um fogo amigo incontrolável em meio a esse período de forte turbulência.

A *Folha* é de 1921.[13] Chegou às bancas em 19 de fevereiro como *Folha da Noite*, e sua primeira edição circulou com oito páginas e uma foto. O jornal teve vários donos, algumas sedes e também nomes diferentes sob o mesmo grupo, como *Folha da Manhã* e *Folha da Tarde*. A fusão dos jornais do mesmo grupo só ocorreria em 1960, agora sob o nome *Folha de S.Paulo*. A sede atual, na alameda Barão de Limeira, no bairro dos Campos Elíseos, região central e que muitas vezes se mistura com as cracolândias, é a mesma desde meados do século passado. A gráfica chegou lá em 1950, e a Redação, em 1953. Os fundos da sede ficam na alameda Barão de Campinas.

A *Folha* no estilo que conhecemos hoje teve o seu pontapé inicial em 1962, ano em que os empresários Octavio Frias de Oliveira (1912-2007) e Carlos Caldeira Filho (1913-1993) assumiram o controle acionário da Empresa Folha da Manhã. O processo de modernização veio em sequência, com a impressão offset (1967) e o sistema eletrônico de fotocomposição (1971), por exemplo. Começou-se também a ser forjada a *Folha* inquieta,

[13] Pinto, 2012.

para fora e para dentro. Em 1976, em seu processo de descolamento da ditadura, o jornal abriu espaço para o debate de temas que dominavam a sociedade. Cinco anos depois, o documento de circulação interna "A Folha e alguns passos que é preciso dar" surgiu como a primeira sistematização de um projeto editorial. O texto apontava três metas: informação correta, interpretações competentes sobre essa informação e pluralidade de opiniões sobre os fatos. Um outro documento interno do tipo viria dois anos depois, em 1984, quando foi lançado o primeiro *Manual da Redação*, com normas de escrita e conduta.

O ponto de inflexão ocorreria em 1985, com a publicação do novo projeto editorial, sob a diretriz de praticar um jornalismo crítico, apartidário, moderno e pluralista. Sua implementação ocorreu acompanhada por mudanças no dia a dia da Redação, em especial com metas e cobranças às quais os jornalistas não estavam acostumados e tiveram resistência ou dificuldade de adaptação. Os que resistiram ficaram pelo caminho. A modernização em torno dos procedimentos internos e do produto final era a nova regra, sob a idealização e o pulso firme de Otavio Frias Filho, filho de Octavio, o proprietário do jornal, e então jovem diretor. Otavio, ou Otavinho, ou OFF, formas pelas quais era conhecido, comandaria a Redação do jornal sob esse mantra por 34 anos.

Trabalhar na *Folha* não é para amadores. É preciso se enquadrar em diferentes diretrizes e procedimentos. Ao mesmo tempo que é uma escola para jornalistas também é sinônimo de pressão constante pelos eixos do projeto, como furos de reportagens, textos claros e respeito ao contraditório e também à burocracia interna. O erro em um texto não pode ser corrigido às escondidas sem que o leitor seja informado disso, publicar uma reportagem sem ter ouvido o chamado "outro lado" é algo considerado grave, assim como ir a uma reunião de pauta e gaguejar ao ser questionado pela chefia sobre determinado tema pode carimbar neste jornalista por muito tempo a pecha de despreparado. O repórter que recebe missões também pode se queimar caso não a entregue da forma esperada e também no tempo combinado. O atraso no envio de uma reportagem pode causar transtornos no planejamento do site, na montagem do jornal impresso e na rodagem da edição na gráfica. O prejuízo é editorial e financeiro, por isso saber escrever bem e rápido é uma obrigação. Quem não faz isso recebe o carimbo sobre essa característica. Presenciei casos de jornalistas que perderam voos para coberturas especiais porque acordaram tarde e outros que, sob pressão, travaram em viagens a trabalho e não conseguiram escrever os textos combinados. Ficaram marcados por isso. Muitos deles foram substituídos.

A Redação da *Folha* é dividida em dois andares no prédio da Barão de Limeira. No quarto, ficam as principais editorias, como Política, Mercado, Cotidiano, Mundo e Ilustrada, além das equipes de Foto, Infografia, Vídeo, Podcast, Treinamento, Dados, Entretenimento, Saúde, Ciência e Esporte, entre outras. No mesmo andar fica a equipe da Homepage, responsável pela principal vitrine do jornal na internet. São eles que montam a página de abertura do site do jornal. Trabalham no entorno deles profissionais focados em newsletters, audiência e redes sociais. Há a bancada dos chefes, onde ficam os secretários de Redação, e atrás dela uma mesa de mármore, onde no meio da tarde a chefia se reúne para decidir os rumos finais do dia e o que vale manchete e destaque na Homepage e na Primeira Página do impresso. É a famosa "reunião do mármore", que, mesmo quando ocorre pelo Zoom, também é chamada dessa forma. Fica também no quarto andar a editoria do impresso, formada por redatores e infografistas responsáveis pela montagem da edição impressa a partir da orientação de editores e dos textos produzidos prioritariamente para o site. Nenhum texto é feito só para o impresso.

No quinto andar, há a sala de reuniões da Redação, aquela conhecida como "sala de vidro" ou "aquário". É usada tanto para reunião de editores como também por outras áreas do jornal e da Redação. Nela, há aparelho para teleconferência e uma televisão de tela ampla usada para apresentações em geral. Um dos diferenciais da sala são as cadeiras, bem mais confortáveis que as da Redação. Quem passa do lado de fora consegue saber quem está reunido ali, qual o semblante geral dos participantes e até checar o que está sendo apresentado na tela. Ao lado, estão as salas do diretor de Redação, uma para cada secretário de Redação, uma para uso da coluna Painel, focada em notas políticas, e outras duas para reuniões internas ou para receber visitas, como políticos, assessores, empresários e diferentes representantes dos Poderes e da sociedade. Quando a visita é mais graúda, elas ocorrem em sala ampla no nono andar do prédio. No quinto andar há ainda o estúdio de gravação dos podcasts, a gerência administrativa da Redação, o núcleo de Opinião (que cuida dos editoriais e de artigos) e a equipe da Folhapress (que comercializa e distribui o que é produzido de conteúdo jornalístico).

A rotina da *Folha* tem sua primeira etapa formal às 9h30, na chamada reunião de pauta, que passou a ocorrer via Zoom com a pandemia e se manteve dessa forma. A vantagem de fazê-la assim, mesmo que todos estejam presencialmente na Redação, é poder trabalhar em outras tarefas enquanto outros editores fazem as suas respectivas apresentações dos destaques do dia. Antes da Covid-19, o encontro da manhã era feito sempre de forma presencial na "sala de vidro" do quinto andar, com o representante da sucursal de Brasília via teleconferência. A reunião da manhã é comandada por secretários de Redação e dela participam os editores dos chamados núcleos quentes, como Política, Economia, Cidades, Internacional e Cultura. Há duas etapas. Na primeira rodada, cada editor faz um rápido balanço do último ciclo de notícias e aponta destaques e falhas da cobertura e o que há de interessante nos principais concorrentes. É quando apresentam os furos dados e tomados, que devem depois ser lançados em uma planilha. Isso já pode ser um primeiro ponto de atrito da reunião. Em geral, ocorre quando editores tentam emplacar isso e aquilo como furo dado, e os secretários de Redação alertam sobre possíveis furos tomados da concorrência. Quem bate o martelo é a SR. Embates nessa abertura da reunião são comuns. Um editor tem liberdade de apresentar seu ponto de vista e até de criticar decisões editoriais de superiores. Da mesma forma, os que comandam a reunião falam abertamente sobre o que consideram problemas menores ou maiores das equipes. Esticar a corda pode não ser um bom caminho, e é preciso saber a hora de tirar o pé do acelerador (no caso, das contestações). Ninguém ganha nada com um climão mal resolvido. A segunda etapa da reunião é quando o editor é chamado a falar de suas prioridades para o ciclo de notícias que já começou naquela madrugada e só terminará na próxima. É a chamada "venda" do dia. Uma venda bem feita naquela reunião abre portas. Uma mal feita pode trazer problemas em série ao editor para o restante do dia. A pauta mal compreendida ou vendida pela metade nunca mais terá a mesma atenção da chefia. Ganhará o carimbo da desconfiança e poderá ser lida com atenção redobrada quando entrar no ar. Por isso, diante de um tema espinhoso, sempre procurei deixar tópicos por escrito na tela do computador para seguir uma linha lógica e objetiva na minha vez de apresentá-lo oralmente à chefia. Não é exagero dizer que o editor precisa ser um pouco ator nessa reunião. Os editores dos núcleos mais quentes "vendem" o tema principal do dia, aquilo com potencial para ser manchete do site e capa do caderno do impresso e ainda destaques para a hora do almoço, o meio da tarde e a madrugada. São os chamados "slots" de publicação, que devem ser devidamente preenchidos em uma planilha compartilhada. Quem não o faz é cobrado durante a reunião, isso porque tanto a chefia principal como os núcleos de Homepage, Foto e Infografia precisam saber o horário previsto de publicação para que também se programem para isso. Essa reunião da manhã é a única do dia entre SR e editores e dura cerca de uma hora. A partir disso, secretários e editores passam o restante do dia falando pessoalmente ou em grupos de mensagens para afinar as prioridades.

Sob Bolsonaro, a *Folha* era vigiada de perto pelos aliados do presidente e ao mesmo tempo cobrada pelos leitores que o rejeitavam. O jornalismo equilibrado precisava se manter firme diante das pressões de todos os lados. A jornalista Paula Cesarino Costa, já citada antes aqui, fez um alerta em uma coluna de fevereiro de 2019, portanto antes de Bolsonaro completar dois meses no cargo. A ombudsman escreveu que "tempos difíceis" se anunciavam para a relação da nova gestão com a imprensa. Leitores reclamavam do que viam como má vontade do jornal com o presidente, e Paula abriu espaço nessa mesma coluna para uma manifestação do então editor-executivo sobre o tema. Dávila reafirmou na ocasião que a *Folha* não fazia oposição ao governo Bolsonaro, como não fez a nenhum outro governo: "Nosso objetivo é seguir fazendo jornalismo crítico, independente e apartidário". Ele encerrou a declaração à ombudsman mais uma vez enaltecendo as pedras fundamentais do jornal, escritas nos anos de 1980 e atualizadas ao longo dos anos seguintes por Otavio Frias Filho, seu amigo e com quem conviveu por anos no jornal.

Dávila sofria uma pressão nos bastidores desde a eleição de Bolsonaro. Era algo difuso, quase silencioso. Nada que representasse qualquer chance de mudança. Mas incomodava. Chegavam a ele, em geral de jornalistas de outras redações, colegas com passagens anteriores pelo jornal e colunistas da própria *Folha*. Esses queriam que o jornal abandonasse os princípios do Projeto Folha durante o governo Bolsonaro. Que esquecesse o apartidarismo, por exemplo. Que abandonasse aquilo que chamam pejorativamente de "outroladismo", no caso, a insistência do jornal em sempre ouvir o contraditório e buscar explicações do outro lado de alvos de críticas e acusações. As pessoas que sugeriram isso a Dávila se identificavam com a *Folha* e tinham essa abertura. Alegavam ser um momento de exceção e que o Projeto Folha poderia ser retomado depois do governo

Bolsonaro. Tipo congela agora e descongela depois. Na prática, queriam uma metralhadora apontada para o Palácio do Planalto, em um sinal verde para atacar sem critérios o novo presidente sem nenhuma preocupação ou compromisso com equilíbrio e contrapontos. As sugestões foram todas descartadas. Nem sequer foram avaliadas como possíveis. Essa pressão ocorreu no momento considerado como a maior prova de fogo do Projeto Folha. Havia no palco um presidente que desprezava as instituições democráticas como um todo, incluídas a imprensa e dentro delas a própria *Folha* e as mulheres jornalistas.

Antes da pandemia, tudo no jornal era feito de forma presencial, assim como os plantões, em geral com escala de um final de semana de trabalho para cada três de folga. O dia 19 de agosto de 2018 era um domingo tranquilo de plantão, e eu havia acabado de enviar para a gráfica as páginas da edição impressa de Cotidiano. Como de praxe, faria em seguida uma rápida revisão na edição, aguardaria a finalização da Primeira Página, iria para casa e deixaria alguém da equipe de sobreaviso até por volta da meia-noite. Um e-mail às 20h18 mudaria aquele dia e os seguintes.

> De: Sérgio Dávila
> Enviado: domingo, 19 de agosto de 2018, 20:18
> Assunto: Reunião às 21h30
>
> Caros,
> Peço que me esperem para uma reunião logo mais. O conteúdo dela e a própria reunião são sigilosos.
> Grato,
> Sérgio

Além de mim, receberam esse e-mail Gustavo Patu, Luciana Coelho, Fernando Canzian, Cristiano Pombo, Sandro Macedo, Camila Marques, Fernando Sciarra, Vinicius Mota e Roberto Dias. Estavam na lista secretários de Redação e chefes de plantão daquele final de semana. Dávila estava em casa e se deslocaria para o jornal. No caminho, já perto da sede do jornal, enviou um adendo à mensagem anterior: "Vocês podem ir para o quinto andar?".

Àquela altura, já suspeitávamos que o tema da reunião seria a saúde de Otavio Frias Filho. Um ano antes ele havia se licenciado do jornal para tratar de um câncer. No período, suspendeu a rotina de pautar e aprovar os editoriais diariamente e de participar de reuniões com o comando do jornal. Tratou com transparência a doença e seu afastamento. Ainda em 2017, Dávila avisou os editores, e esses, as equipes. Por uns dias, na ocasião, refleti sobre enviar ou não uma mensagem de apoio a Otavio. Poderia parecer uma invasão a um tema tão delicado e particular. Por outro lado, além de ocupar um cargo de confiança na Redação e estar naquele momento prestes a completar duas décadas no jornal, avaliava que qualquer gesto de empatia naquele momento poderia ajudar a fortalecê-lo. Meus contatos com ele eram pontuais, como em reuniões anuais de planejamento, os chamados "fóruns" individuais com os editores, em almoços quinzenais para debater temas e enfoques dos editoriais e nas constantes visitas de autoridades ao jornal. A ocasião na qual passei mais tempo com ele foi no dia em que visitamos instalações da Sabesp e represas do sistema Cantareira no auge da crise hídrica. Foi um tour a pedido do próprio Otavio para conhecer o mundo real de temas quentes da cobertura.

Mandei um e-mail a ele na manhã de um sábado, após ter preparado a pequena mensagem e a revisado algumas vezes no bloco de notas.

De: Eduardo Scolese
Enviado: sábado, 25 de novembro de 2017, 8:32
Para: Otavio Frias Filho
Assunto: Breve retorno

Caro Otavio,
estamos aqui na expectativa por seu breve retorno à Redação. Enquanto isso, vamos cuidando bem do jornal e dos leitores.
Forte abraço,
Scolese

A resposta do OFF veio na tarde de segunda-feira.

De: Otavio Frias Filho
Enviado: segunda-feira, 27 de novembro de 2017, 16:37
Para: Eduardo Scolese
Assunto: RES: Breve retorno

Caro Eduardo
Muito obrigado pela força e pela mensagem reconfortante.
Grande abraço
Otavio

Dávila estava com um semblante fechado quando entrou na "sala de vidro" do quinto andar por volta das 21h20 daquele domingo de plantão. Ele se sentou próximo ao centro da mesa. Fez uma fala rápida, talvez uma das mais difíceis que faria na Redação. Tenso e com voz embargada, disse que acabara de ser informado que Otavio teria só alguns dias pela frente, talvez horas. Todos permaneceram em silêncio. Dávila relatava a situação não apenas de seu superior imediato, mas de alguém que considerava um amigo. Retomou a fala e passou a dar orientações aos presentes. Deveríamos estar com textos preparados para a cobertura jornalística da eventual morte de Otavio ainda naquela noite. A reunião acabou, e cada um assumiu uma função e começou a ajudar a preparar às pressas o que chamamos de cardápio de emergência. O secretário Vinicius Mota, por exemplo, isolou-se em sua sala e, com a ajuda de Dávila, preparou uma primeira versão do texto principal de obituário, que no dia seguinte seria substituído por um mais alentado de autoria do jornalista Marcelo Coelho. Naquele fim de plantão, preparamos uma edição de reserva para o impresso, pesquisamos fotos, montamos uma cronologia de vida e carreira, selecionamos frases de destaque e links de alguns de seus textos mais marcantes e montamos um plano de repercussão. Jornalistas que estavam em casa foram avisados. Diferentes textos específicos sobre Otavio começaram a ser escritos, um sobre o histórico do jornal e o Projeto Folha, um para cada característica dele fora da *Folha* (ensaísta, autor de livros infantis e dramaturgo) e um sobre a doença específica. No começo daquela madrugada, Dávila ainda enviou uma série de outras orientações aos editores, como a de evitar em textos expressões como "lutou contra, enfrentou o câncer", optar pela expressão exata "morreu/foi vítima de um câncer originado no pâncreas" e usar Otavio na segunda menção a ele nos textos, não Frias Filho. O cardápio de textos cresceria nas horas seguintes, enquanto Otavio permanecia internado no Hospital Sírio-Libanês naquela madrugada de domingo para segunda-feira.

[20/08/2018 13:16:36] Sérgio Dávila criou o grupo "Folha 100"
[20/08/2018 13:16:36] Sérgio Dávila adicionou você

As horas seguintes, sabíamos, seriam para o que já se esperava. No início da tarde de segunda-feira, Dávila criou o grupo "Folha 100", uma referência literal ao centenário do jornal que se aproximava. Ele buscou um enunciado neutro que não remetesse diretamente ao propósito real do grupo, evitando assim desgastes desnecessários em caso de vazamento, por exemplo. Na Redação, teve gente que leu a ideia do nome como "Folha Sem", com S, em uma referência à Folha Sem Otavio. O objetivo do grupo de mensagens seria tratar da situação de Otavio, em uma semi-UTI, e da cobertura da *Folha* da fatalidade já prevista pela equipe médica e relatada aos familiares. Teríamos uma cobertura triste e sensível pela frente. Foram escalados para ela em sua maioria editores e repórteres especiais. Todos tinham algum tipo de relação com Otavio e com seus irmãos mais ligados ao jornal, Luiz (então presidente do Grupo Folha) e Maria Cristina (então editora da coluna Mercado Aberto). Nada seria publicado sem antes ter sido lido e autorizado por Dávila. A opção de comentário para os leitores também seria fechada nos textos do site, em uma medida comum em casos de obituários para evitar a exposição de eventuais postagens de ódio. Foi assim que entramos em mais um fim de noite e em uma madrugada de expectativa. Antes de dormir, tomei algumas providências. Deixei camisa, terno, gravata, meia e sapato separados na sala para, diante de eventual necessidade, não acordar minha esposa na madrugada. Deitei no sofá, com o celular posicionado ao meu lado, ligado na tomada e programado para apitar e tocar no volume máximo. Isso ocorreu momentos após Dávila ter recebido uma ligação de Judith Brito, superintendente da *Folha*.

> [21/08/2018 04:07:08] Sérgio Dávila: Caros, Otavio acaba de falecer. Estou esperando o ok dos irmãos para publicarmos os textos. Estou indo para o jornal.

Pulei do sofá, troquei-me rapidamente e telefonei para o repórter Fernando Canzian. Ele e o repórter fotográfico Jorge Araujo se deslocariam para um plantão na portaria do Sírio-Libânes. Chamei um Uber e segui para o jornal. Por mais que fosse esperada, aquela notícia era chocante. No trajeto, havia um sentimento que misturava a partida aos 61 anos de idade do Otavio marido, pai, irmão e também do que ele representava no dia a dia e na construção do que era a *Folha*. Como esse vazio seria coberto dali em diante? Um dia intenso de trabalho, porém, teria de ser o carro-chefe das preocupações daquela longa terça-feira. Passei rapidamente pela Redação. Ygor Salles, no comando da Homepage, trabalhava intensamente nos textos liberados por Dávila. Cada linha, cada título e cada foto eram olhados com atenção redobrada. Pelo WhatsApp, acompanhei também a tensão dos envolvidos até a publicação do texto que traria a informação sobre a morte de Otavio. Entre a angústia de Dávila e a suadeira de Ygor, sobrou até para o Gutenberg, o sistema interno para publicação de textos no site da Folha.

> [21/08/2018 04:59:26] Sérgio Dávila: Quanto tempo mais para entrar no ar?
> [21/08/2018 05:01:59] Ygor Salles : Não consigo resolver o problema da foto
> [21/08/2018 05:03:52] Sérgio Dávila: Subiu?
> [21/08/2018 05:04:32] Vinicius Mota: Aqui nada
> [21/08/2018 05:05:05] Ygor Salles: Já
> [21/08/2018 05:05:19] Ygor Salles: Gutenberg resolveu me foder
> [21/08/2018 05:07:59] Ygor Salles: O sistema não deixava colocar nenhuma foto

Meu papel nesse dia seria o de coordenar o trabalho dos repórteres e preparar os textos da cobertura jornalística do velório e da cerimônia de cremação, prevista para o início da tarde. Por isso, deixei logo a Redação. Pedi um Uber por volta das 5h30. Na entrada do elevador, antes de descer para o térreo, cruzei com Vinicius Mota, secretário de Redação que chegava naquele momento ao jornal. Rápidos cumprimentos e pêsames. Vinicius simbolizava um pouco ali a figura de Otavio. Cresceu no jornal sob as mãos dele desde que saiu na turma de trainees. Eram próximos. Trabalharam juntos por anos lado a lado, tanto na produção de editoriais como em ações de comando da Redação.

> [21/08/2018 05:44:26] Eduardo Scolese: Estou a caminho do local do velório (Cemitério e Crematório Horto da Paz – Rua Horto da Paz, 191, Potuverá, Itapecerica da Serra). Canzian, Gentile, Erica, Igor, Patrícia, Baltha e Marlene avisados. Todos lá 8h.

Da *Folha* até o cemitério Horto da Paz, local da cerimônia em Itapecerica da Serra, cidade da Grande São Paulo, foram quase 50 km.

Aproveitei o trajeto de uma hora para disparar mensagens de orientação aos envolvidos na cobertura e para a Redação em geral. A cerimônia de cremação de Otavio acabou pouco antes das 15 horas com uma salva de palmas de três minutos e, como relatamos em um texto daquele dia, reuniu familiares, amigos e representantes de diferentes setores da sociedade, como empresários, intelectuais, artistas, políticos e dirigentes dos principais órgãos de comunicação do país.

Duas mulheres tiveram um papel silencioso e impactante na organização às pressas da logística em torno daquela cerimônia. Ana Estela, então editora de Economia, e Juliana Laurino, então gerente administrativa da Redação. Elas se conheciam havia anos, desde que Ana Estela, como editora de Treinamento, recebeu Juliana como sua trainee. Entrosadas, cuidaram por exemplo da reserva de carros para o transporte das equipes até o cemitério, da compra das flores em nome da Redação, da recepção de personalidades e da organização e orientação para a imprensa presente ao local. Ana Estela chegou à *Folha* em 1988. Era uma agrônoma recém-formada e havia sido selecionada pelo programa de trainees do jornal. Formou-se em jornalismo enquanto já atuava na Redação e passou por diferentes funções e editorias. Em 2012, publicou o livro *Folha*, obra minuciosa sobre a história do jornal que lhe deu bagagem para, no dia da morte de Otavio, publicar um texto sobre a trajetória dele. Um texto que dava a dimensão de OFF na construção dos pilares da *Folha*.

Otavio começou cedo a se envolver com a *Folha*, de propriedade de seu pai. Frequentava a sede desde criança e, no início dos anos 1980, esteve à frente da campanha do jornal pelas eleições diretas e ajudou a esboçar o que seriam as pedras fundamentais do Projeto Folha. Otavio cobrava como pilares informação correta, interpretação competente e pluralidade de opiniões. Como descreve Ana Estela em seu livro,[14] o convite de seu pai para ser diretor de Redação veio em uma tarde de 1984, na sala da presidência, no nono andar da sede do jornal. Foi uma conversa rápida. Octavio Frias de Oliveira, conhecido como Seu Frias, disse ao filho mais velho: "Você está preparado, acho que deveria assumir". Esse nunca foi o plano de Otavio, que se formou em direito na USP e pensava em fazer carreira intelectual, acadêmica e até política. Mas aceitou, pela oportunidade

[14] Pinto, 2012.

aberta pelo pai, que comprara a *Folha* 22 anos antes. O paulistano Otavio sucedia Boris Casoy no comando do jornal e enfrentaria resistência interna como jovem diretor e filho do dono, já que passou a implantar medidas incomuns em uma Redação, como metas, avaliação e contratação por concurso. O ponto alto nos 34 anos de comando do jornal foi a criação e a consolidação do Projeto Folha. No documento de 1984, a *Folha* se declarou um jornal "crítico, pluralista, apartidário e moderno".

Se por um lado Otavio era dono de um riso silencioso e de uma gesticulação discreta, segundo o descreveu Marcelo Coelho no texto principal de obituário do amigo de décadas, por outro atuava com extrema exigência em torno do cumprimento das regras do *Manual da Redação* e do projeto editorial, em especial o equilíbrio de ideias. Ele chegava a contar o total de linhas dedicadas a cada parte em um texto e, no dia da morte de seu pai, em 2007, pediu à Redação equilíbrio na repercussão, com especial cuidado ao pluripartidarismo, sem que os textos com as declarações de pêsames pendessem para nenhum dos lados.

OFF era uma base, tanto na formulação como na presença. Atuava assim ao dar a última palavra, fosse ela de ponderação diante de uma crise ou de manutenção ou mudança de rumo em debates estratégicos. Ele falou à Redação da *Folha* pela última vez em abril de 2017, cinco meses antes de receber o diagnóstico de um câncer no pâncreas e cerca de 16 meses antes de morrer. Era um seminário a todos os jornalistas justamente sobre a nova versão do projeto editorial, recém-lançada. Nele, Otavio falou sobre os desafios da *Folha*, respondeu a perguntas dos presentes e fez reflexões sobre Bolsonaro, então deputado federal do baixo clero que ali aparecia com cerca de 10% nas pesquisas de intenção de voto. Otavio chamou aquele encontro de "ocasião preciosa" para falar sobre a nossa atividade, já que no dia a dia somos tão castigados pela pressa diante das notícias e tínhamos ali, por cerca de duas horas, a chance de refletirmos juntos e fazermos o que chamou de autoexame. Ao falar sobre o Projeto Folha, disse que ninguém na Redação estava obrigado a concordar com tudo o que nele estava escrito, mas destacou que o texto era na prática uma compilação de uma série de experiências e de tentativas e erros nos anos anteriores. E que, ali, poderíamos debater dúvidas sobre como colocá-lo em prática em diferentes ocasiões. Tratou também sobre cobertura da *Folha* na Lava Jato, operação que naquele momento estava em seu auge. Em resumo, disse que prejudicava o seu sono a possibilidade de haver injustiças escondidas no que chamou de avalanche de delações e de denúncias. Ressaltou que, naquele momento, publicávamos corretamente informações com base nas convicções dos investigadores, no caso da Polícia Federal e do Ministério Público Federal. Mas ressaltou que tínhamos o compromisso de tirar tudo a limpo nos meses e anos seguintes. "A gente está moralmente obrigado a colocar os pingos nos is."

Os exemplos de retrocessos e de ataques à imprensa na gestão Trump estavam quentes naquele momento. Otavio destacou no seminário que a *Folha* já havia enfrentado algo parecido sob Collor, citando truculência e ações judiciais contra o jornal e que, naquela época, a Redação teve de atuar em tom crítico, mas não de oposição. Apontou ainda as gestões de Jânio Quadros (1961) e de Lula (2003-2010) como exemplos de presidentes que culpavam a imprensa por tudo e buscavam demonizar o que chamavam de "elites". A eleição de 2018 só ocorreria em 1 ano e 6 meses, mas, naquele seminário, a Redação já estava atenta ao fenômeno Bolsonaro e seus efeitos na cobertura. Uma recente entrevista dele à *Folha* havia provocado uma série de reações contrárias de leitores e de colunistas do jornal. Na avaliação dessas pessoas, a *Folha* não deveria abrir espaço para quem propaga ideias reacionárias, como Bolsonaro. Otavio foi questionado sobre isso no seminário. Como então deveríamos cobrir a pré-campanha dele à Presidência? Ao destacá-lo, com espaço, estaríamos dando gás ao seu pensamento? Teríamos de tomar esse cuidado ou não? Otavio respondeu na linha do que Dávila mais à frente repetiria à Redação já sob o governo Bolsonaro. Disse que nós jornalistas devemos ter a autodisciplina de focalizar sempre os fatos, sem a pretensão de tentar definir o que é o bem e o mal. Algo, segundo ele, sempre subjetivo e sob risco de erro. Otavio disse que Bolsonaro teria sim direito a espaço no noticiário da *Folha*, não porque concordamos ou não com o que ele diz, mas porque ele representa o que pensa uma parcela da sociedade. A melhor solução, em um caso como o de Bolsonaro, prosseguiu Otavio, não seria silenciá-lo, e sim expô-lo e apontar a partir disso as suas contradições. "Nós somos jornalistas e não políticos exatamente por isso. A gente tem que ter o sangue frio." O último evento de Otavio com a Redação durou cerca de duas horas e enfatizou uma nova versão do projeto editorial sob o ângulo da importância do jornalismo profissional como antídoto para a notícia falsa e a intolerância. Visto em retrospectiva, foi na prática uma primeira aula sobre como fazer a cobertura jornalística de Bolsonaro.

Quem assumiu a direção do jornal no lugar de Otavio foi sua irmã Maria Cristina. O anúncio ocorreu em 29 de agosto de 2018 em uma nota publicada na coluna política Painel. Chamada de Cris na Redação, a jornalista era uma pessoa de bom trato no dia a dia do quarto andar. Produzia e editava de lá diariamente a coluna Mercado Aberto, com notas voltadas à economia e ao mundo empresarial, função que decidiu acumular com a direção do jornal. Sob o comando dela, o jornal passou pela reta final da campanha de 2018, pela eleição e posse de Bolsonaro e caminhava para o fim do primeiro trimestre do novo governo quando, em março de 2019, ela decidiu aceitar um pedido de entrevista feito lá atrás pela ombudsman da *Folha*, Paula Cesarino Costa. Em 10 de março, um domingo, Maria Cristina apresentava aos leitores um balanço de seus seis primeiros meses no cargo e projetava o futuro do jornal com mais diversidade em geral e uma maior equidade entre homens e mulheres. Em um intervalo de apenas cinco dias daquele mês, Maria Cristina organizou um debate interno sobre o papel das mulheres no jornal, deu entrevista à ombudsman e promoveu uma forte mexida no time do Conselho Editorial, com as saídas de Celso Pinto e Janio de Freitas e a entrada de dez novos membros, sendo sete deles mulheres. Foram anunciados para o conselho na manhã de 18 de março, uma segunda-feira, Ana Estela de Sousa Pinto, Cláudia Collucci, Cleusa Turra, Hélio Schwartsman, Heloísa Helvécia, Mônica Bergamo, Patrícia Campos Mello, Sérgio Dávila, Suzana Singer e Vinicius Mota. Para o mesmo dia estava marcado o tradicional almoço semestral entre o comando do jornal e seus editores. Nesses encontros sempre alguns dos convidados são escalados com antecedência para falar aos presentes sobre determinados temas. Isso exige um preparo especial, já que a apresentação será à chefia e aos donos do jornal. Eu estava nessa lista.

> De: Alba Bruna Campanerut
> Enviado: terça-feira, 12 de março de 2019, 15:42
> Assunto: Pauta almoço dos editores
>
> Almoço dos editores dia 18 de março, segunda-feira, às 13h, na sala de almoço do 9º andar.
>
> Pauta:
>
> - Ana Estela faz benchmark internacional de iniciativas bem-sucedidas de atração do leitorado feminino;

- Roberto Dias fala o que sabemos e o que não sabemos do nosso leitorado;
- Eduardo Scolese relata as etapas de edição de uma reportagem exemplar.

Os almoços na *Folha* com os editores ocorrem em um espaço no nono andar, próximo ao auditório de eventos. Os cozinheiros e os garçons são da casa, e as mesas eram organizadas em formato de "T", com o comando sentando-se em cadeiras no alto e ao centro, posição privilegiada para questionar e ouvir perguntas dos presentes. Esses encontros em geral começam com atraso. Os editores chegam um pouco antes, formam rodinhas de conversas no entorno da mesa e ficam no aguardo dos superiores.

Naquele dia 18, Maria Cristina foi pontual. Entrou sozinha na sala de almoço, deu boa-tarde a todos e pediu para que se sentassem. O almoço agendado para uma segunda-feira não era comum, mas isso não havia provocado burburinho antecipado dos editores. Parecia um dia normal. Só parecia. Maria Cristina iniciou o encontro sem as presenças de Dávila (editor-executivo) e dos braços direitos dele, Roberto Dias e Vinicius Mota (secretários de Redação). Outra ausência, a de Luiz Frias, não foi sentida em um primeiro momento, já que a participação dele nesses almoços não era uma constante. Editores trocam olhares e, sem tempo para especular sobre o que de fato acontecia, passaram a ouvir a diretora do jornal.

Maria Cristina deu boas-vindas ao seu advogado, até então um desconhecido dos editores e que se sentou ao seu lado, e abriu a sua fala citando números da empresa, o que é comum. Apontou para uma queda recente de circulação e publicidade e logo abandonou a leitura dos números. Disse que devia lealdade aos presentes e que precisava ser franca com todos: "Acabo de ser destituída da Direção da *Folha*".

Os editores ficaram em choque, sem reação, enquanto Maria Cristina prosseguiu. Disse que Dávila assumiria o cargo e que a destituição havia sido decidida por dois dos três sócios com direito a voto, no caso Luiz Frias e a viúva de Otavio, Fernanda Diamant. Voto vencido entre os acionistas, disse que lutaria na Justiça, mas que seria difícil retomar o cargo. Ela encerrou rapidamente a fala inicial. Eu estava sentado no início do pé do "T", com Maria Cristina à minha esquerda. Bem à minha frente estavam Suzana Singer (Treinamento), Alexa Salomão (Mercado) e Gustavo Patu (Opinião). Ao meu lado, à direita, Leandro Colon (Brasília). Entre outros, compunham ainda a mesa Luciana Coelho (Cotidiano), Paula Cesarino Costa (Ombudsman), Ana Estela (Mercado), Camila Marques (Audiência), Cesar Camasão (*Agora São Paulo*), Daigo Oliva (Mundo), Thea Severino (Imagem), Fernanda Neves (F5), Ygor Salles (Homepage), Heloísa Helvécia (Especiais), Alexandra Moraes (Ilustríssima), Paulo Passos (Esporte), Uirá Machado (SR), José Henrique Mariante (SR), Marcelo Benez (Publicidade) e Murilo Garavello (*UOL*). Esse último deixou o local logo após a primeira fala de Maria Cristina.

O início do encontro ocorreu quase no mesmo momento em que um e-mail foi disparado aos editores para anunciar o cancelamento do almoço. Maria Cristina recebeu em mãos uma cópia desse comunicado, pediu que o almoço transcorresse como combinado e disparou: "Podem servir". Os garçons iniciaram então um entra e sai da cozinha. Primeiro ofereceram tomate com muçarela de búfala, como prato de entrada, seguido de arroz, estrogonofe e batata palha. Saberíamos depois que o almoço estava previsto inicialmente para a sexta-feira daquela semana, mas acabou antecipado. Isso porque, também saberíamos mais à frente, havia sido agendada para aquela manhã de segunda-feira uma reunião dos acionistas que colocava o afastamento de Maria Cristina e a nomeação de Dávila como um dos itens da pauta. Aí foi possível associar a sequência de anúncios dela nos dias anteriores com o ocorrido ali.

O clima era péssimo. Editores se entreolhavam, e Ana Estela, a primeira escalada para falar naquele almoço, iniciou a sua apresentação. O tema era relevante, sobre como atrair mulheres para assinar a *Folha*. Os olhares, porém, estavam dispersos. Escrevi para o secretário Roberto Dias, e ele respondeu que mais tarde haveria uma reunião para explicar tudo o que estava acontecendo. Nesse meio-tempo, o WhatsApp pegava fogo na sala de almoço e na Redação. O meu aplicativo não parava de piscar com perguntas sobre o que ocorria. Jornalista ama notícia e adora fofoca interna. E ali tínhamos uma bomba.

Ana Estela encerrou a sua fala. Chegava a minha vez. Sabia que teria pela frente uma apresentação para o nada. Precisava me concentrar. Tinha quatro páginas de anotações em meu caderninho sobre o tema escalado: "quais são as etapas de edição de uma reportagem exemplar". Decidi focar meu olhar na Alexa, sentada à minha frente, na torcida para que ela ao menos simulasse atenção ao que dizia, o que ocorreu. Falei por intermináveis quinze minutos. Tratei sobre procedimentos internos, como conversas com os repórteres e preparação de textos prévios e expliquei possíveis obstáculos e sobre como gerenciar isso com a equipe.

Finalizei minha apresentação, e Maria Cristina deu algumas orientações aos editores e disse a mim e a Colon que todos os personagens deveriam ser ouvidos nas reportagens. Perguntei se ela falava de algum caso específico, e ela respondeu que depois falaria comigo sobre isso em privado. O almoço entrou na reta final, e Maria Cristina passou a responder a algumas perguntas sobre o afastamento. Lamentou em tom duro as ausências ali de Dávila, Dias e Vinicius e disse que em breve encontraria todos no dia a dia da Redação. Naquele momento, porém, um e-mail interno geral já havia circulado com a informação sobre o fim da coluna Mercado Aberto, da qual ela era editora. O afastamento dela passava a valer não apenas para o cargo, mas do jornal como um todo. Maria Cristina disse ainda que a partir daquele momento os editores deveriam seguir as orientações de Dávila. Foi aplaudida e se despediu com beijos e abraços em cada um dos presentes. O almoço terminou às 14h30, no meio do cafezinho servido pelos garçons. Chegava ao fim o mandato da primeira mulher no comando da *Folha* após 201 dias.

Até aquele momento os editores estavam municiados apenas com a versão de Maria Cristina. Deixaram o almoço e foram informados de uma reunião agendada para as 15 horas com Dávila. Havia no ar um forte clima de aflição. Os editores deveriam se mexer em busca de alguma resposta ou apenas aguardar? De qualquer forma, nem havia tempo para isso. O encontro com Dávila começaria em alguns instantes, e nos posicionamos na sala de reuniões da Redação. De dentro dela, como é toda cercada por vidros, é possível ver a movimentação de pessoas no quinto andar. Me posicionei em uma cadeira na parte central dos fundos. De lá, à minha esquerda, às 15h10, vi surgirem de uma porta lateral, um atrás do outro e de ternos escuros, Luiz Frias, Dávila, Dias e Vinicius. A sensação foi de congelamento ou algo parecido. Muitos de meus colegas presentes ali relataram depois um sentimento de alta tensão. Ainda não havia uma proximidade dos editores com Luiz, algo que mudaria nos meses e anos seguintes. Aos nossos olhos, quem entrava na sala de reuniões naquele momento era o empresário irmão de Otavio e Maria Cristina, o economista criador de PagSeguro, PagBank e *UOL*.

Luiz abriu a reunião e respondeu a perguntas. Disse de cara que não iria vender a *Folha*. Afirmou ter orgulho de o jornal estar com as contas no azul e que isso seria mantido de qualquer forma. Destacou que a Redação e a empresa como um todo precisavam se adaptar aos novos tempos em busca de uma fórmula rentável do negócio jornalístico. A reunião acabou, e um comunicado circulou para toda a Redação naquele mesmo dia.

> Caro profissional,
> Acionistas da empresa que edita o jornal Folha de S.Paulo decidiram por maioria nesta segunda-feira, 18 de março, pela nomeação do jornalista Sérgio Dávila para exercer a função de diretor de Redação.
> Há 25 anos no jornal, Dávila ocupava o cargo de editor-executivo havia 9 anos, por escolha de Otavio Frias Filho, com quem conviveu diariamente por 14 anos e de quem recebeu a missão de zelar pelos preceitos do Projeto Folha: prática de jornalismo independente, crítico e apartidário, assegurada por uma empresa com saúde financeira.
> Dávila sucede a Maria Cristina Frias, acionista que foi titular durante seis meses.
> Luiz Frias
> Presidente do Grupo Folha/Empresa Folha da Manhã S.A.

Como relataria a ombudsman em sua coluna do domingo seguinte, "Maria Cristina atribuiu sua saída litigiosa a divergências em relação a cortes de gastos e capitalização do jornal". Já Dávila, também no relato de Paula Cesarino Costa, disse aos jornalistas que a empresa havia determinado cortes desde o ano anterior e que "os acionistas decidiram pela mudança porque a então diretora vinha se recusando a fazer os ajustes necessários".

Nas mãos de Otavio, a *Folha* se tornou o maior jornal do país, líder em circulação e em audiência. Para encarar todo o restante do turbulento e ameaçador governo Bolsonaro, estava sem Otavio e acabava de passar por uma troca turbulenta de comando. Dávila, que agora na direção acumularia também o que já fazia antes no dia a dia como editor-executivo, cargo que acabou extinto, tinha a vantagem de já dominar a máquina da Redação. Na prática, seria uma nova gestão sem traumas internos. Aí veio a pandemia.

Pandemia e uma Redação em home office

Aquele 31 de março de 2020, uma terça-feira, fecharia o primeiro mês de trabalho diante de três temas explosivos para a Redação: 1) o início da pandemia da Covid-19, algo assustador e com seus reais efeitos ainda desconhecidos; 2) um Bolsonaro sem freios, em seus primeiros passos para agrupar o negacionismo e a retórica golpista; 3) a política do home office, necessária diante do avanço mortal do vírus, mas também com reflexos negativos para os jornalistas.

O 31 de março marcava também mais um aniversário do golpe militar de 1964, de novo motivo para Bolsonaro enaltecer a sangrenta ditadura que durou até 1985. Naquela manhã, em conversa com apoiadores em frente ao Alvorada, ele chamou de "dia da liberdade" a data que deu início a um período de repressão política, com torturas, assassinatos e desaparecimentos, marcado também pelo fechamento do Congresso Nacional e de assembleias legislativas.

A ditadura e as declarações simpáticas a ela pelo presidente da República, porém, não eram o principal foco de atenção da Redação naquele dia. As baterias estavam desde cedo voltadas ao zum-zum-zum sobre um possível novo pronunciamento de Bolsonaro à noite em cadeia nacional de rádio e TV. Seria o quarto só naquele mês. Em fala nos mesmos moldes na semana anterior, ele havia intensificado a estratégia de minimizar os efeitos da pandemia. Disse que, devido a um "histórico de atleta", ele não deveria se preocupar com o vírus. Se fosse contaminado, "não sentiria nada ou seria acometido, quando muito, de uma gripezinha ou resfriadinho".

O país estava mergulhado em duas crises que se uniam, a sanitária e a política, sendo a primeira sabotada pelo presidente e a segunda fabricada por ele mesmo. Os protestos contra Bolsonaro se avolumavam, entrando na segunda semana seguida de panelaços, quase sempre concentrados por volta das 20h30, horário dos pronunciamentos em cadeia nacional ou quando suas declarações e ações negacionistas apareciam no *Jornal Nacional*. O cardápio de mentiras e de falas que buscavam minimizar os efeitos da pandemia era farto. Só naquele mês de março, além do "resfriadinho", Bolsonaro já havia dito que o tema estava "superdimensionado" e que muito do que estava sendo falado era "mais fantasia". Nas palavras dele, o país não poderia "entrar numa neurose, como se fosse o fim do mundo", e estávamos diante de uma "histeria" desnecessária. Bolsonaro ignorava os alertas médicos de distanciamento e dizia que nada aconteceria com os brasileiros porque esses já estavam acostumados a mergulhar no esgoto e a seguir a vida sem efeitos colaterais. A preocupação do presidente era com a própria imagem. Buscava culpar imprensa, prefeitos e governadores diante da incapacidade de liderar o país em uma crise que exigia empatia e coordenação. No livro *Bolsonarismo: da guerra cultural ao terrorismo doméstico*,[15] o professor João Cezar de Castro Rocha apontou o paradoxo. A máquina bolsonarista estava guiada para destruir políticas públicas e combater inimigos criados por ela, não para gerir uma crise sanitária.

[31/03/2020 16:02:14] Eduardo Scolese: Pronunciamento confirmado

Disparei a mensagem acima no grupo de WhatsApp chamado "Covid-19". O comando do jornal e seus editores conversavam nele sobre a pandemia desde 18 de março. Estavam quase todos em casa, nos primeiros passos do trabalho remoto, e a crise da pandemia crescia e envolvia todas as áreas do jornal. Cada uma com seu enfoque de cobertura. O vírus e seus efeitos no dia a dia estavam juntos nas mãos de Saúde, Ciência e Cotidiano; as ações de Bolsonaro e a crise política, com Poder; as repercussões na economia, com Mercado; e o combate ao vírus e seus desdobramentos no exterior, com Mundo. Foi nesse grupo geral que postei no meio da tarde daquela terça-feira a confirmação de mais um pronunciamento de Bolsonaro. A partir disso, iniciava-se uma mobilização de diferentes áreas. A Homepage ensaiava possíveis manchetes e indicava os responsáveis da equipe para as rápidas mudanças e quem assumiria o envio do alerta para os celulares dos assinantes. Na equipe da Primeira

---

[15] Rocha, 2023.

Página do impresso, no aguardo da notícia, especulavam-se opções de manchetes e diferentes diagramações para a capa, a depender do teor da fala de Bolsonaro. O país acumulava até ali um total de 201 mortos e 5.717 casos confirmados na pandemia. Foram 42 mortes somente naquele dia. Entre a editoria de Poder e a sucursal de Brasília, os núcleos mais envolvidos diretamente com o pronunciamento que se aproximava, buscava-se uma sintonia fina para agilizar a publicação do texto com o discurso do presidente, além de produzir reportagens paralelas, como um relato dos inevitáveis panelaços pelo país, a íntegra do discurso, a íntegra comentada, um texto de análise e ainda a repercussão com o mundo político diante da declaração oficial que viria. Dentro desse planejamento, só a reportagem principal envolveria a participação de uma dezena de pessoas. Em Brasília, dois repórteres foram escalados. Um para escrever ao mesmo tempo que escutava o presidente, e outro para checar a íntegra de frases mais impactantes e conversar com a chefia para debater título e lide – o parágrafo de abertura da reportagem que deve trazer um resumo das informações mais importantes. O título seria definido a partir de duas conversas paralelas via WhatsApp. Uma só entre o editor de Poder e o diretor da sucursal de Brasília e outra no grupo "Covid-19", com pitacos mais amplos da chefia e demais editores. Da equipe em São Paulo, ainda no planejamento do mesmo texto principal, havia o responsável por receber o link de Brasília e publicá-lo, além de pessoas encarregadas de capturar a imagem de Bolsonaro no pronunciamento e jogá-la no sistema de fotos e daquelas escaladas para salvar o vídeo da fala e transformá-lo em link para incluí-lo no meio da reportagem. Um dos editores de Política teria o trabalho de releitura e rápidos ajustes, e um redator da equipe do impresso puxaria enfim o texto liberado para colocá-lo na página da edição de papel. Esse era o plano. Restava aguardar a fala das 20h30.

> [31/03/2020 20:30:44] Sérgio Dávila: Panelaço forte aqui
> [31/03/2020 20:31:24] Sérgio Dávila: Tá dobrando a aposta na distorção da fala da OMS
> [31/03/2020 20:31:26] Luciana Coelho: Meu deus
> [31/03/2020 20:31:33] Vinicius Mota: Está espalhando a falsificação do cara da OMS
> [31/03/2020 20:31:36] Luciana Coelho: Tem que subir a matéria pra submanchete, a que desmente

A fala de Bolsonaro foi ao ar pontualmente às 20h30, como ocorre em casos de pronunciamentos em cadeia nacional. À medida que o presidente falava, o diretor de Redação, secretários e editores passaram a postar no grupo suas primeiras impressões. Dávila chamou a atenção para o panelaço no seu entorno, enquanto Luciana e Vinicius alertaram para o que já havia sido notícia mais cedo naquele dia: Bolsonaro tirava de contexto declarações do comando da OMS, como se a Organização Mundial da Saúde corroborasse sua linha de reduzir a política de isolamento. As postagens no grupo ajudavam na avaliação sobre um possível título para a reportagem, mas ao mesmo tempo jogavam uma carga extra de pressão. Em um intervalo curtíssimo, era preciso tentar ler aquelas mensagens, refletir sobre cada uma delas, seguir de olho no presidente que ainda falava e iniciar um esboço de título. A ideia seria publicar uma primeira versão do texto imediatamente após o fim do pronunciamento. Um ponto a nosso favor é que o aviso de rede nacional publicado horas antes pela EBC (Empresa Brasileira de Comunicação) havia reservado na grade oito minutos para a fala. Assim, já sabíamos mais ou menos qual seria o tamanho do pronunciamento e o nosso limite. Um ponto que jogava contra é que a frase principal de Bolsonaro poderia estar reservada para o minuto final, o que mudaria não só o enunciado, mas também o lide e talvez parte importante da sequência do texto, atrasando a publicação. O jeito seria criar uma primeira versão do título e seguir o adaptando até o envio do texto. A publicação, de qualquer forma, não impediria que o enunciado e o lide pudessem ser ajustados e modificados depois, com o texto já no ar. O ideal, porém, era que isso não ocorresse, já que o alerta da notícia no celular chegaria com a primeira versão.

> [20:32:42] Leandro Colon: Gente, não posso falar aqui
> [20:32:45] Leandro Colon: Tô com Scolese fechando poder, o discurso
> [20:32:58] Leandro Colon: Já volto
> [20:33:02] Leandro Colon: Estamos correndo pelo horário

Bolsonaro seguia falando, e as mensagens pipocavam aos montes. Entre o início e o quinto minuto do pronunciamento, já haviam sido postadas 35 mensagens no grupo, vindas de onze pessoas diferentes da Redação. Iniciaram-se pitacos sobre qual deveria ser o título. "Bolsonaro esquece 'gripezinha' e muda o tom do discurso", escreveu um. "Bolsonaro ameniza tom, mas insiste em distorcer fala da OMS", rascunhou outro.

Era impossível dar conta das mensagens. Em paralelo, eu e Colon já havíamos afinado um enunciado por telefone e despachado a primeira versão do texto, publicada imediatamente ao fim da fala do presidente, às 20h37: "Em novo pronunciamento, Bolsonaro distorce OMS e volta a igualar empregos e vidas diante do coronavírus". O texto passou a ganhar ajustes e complementos a jato, com sete atualizações nos 25 minutos seguintes. Nesse meio-tempo veio pelo grupo um pedido de Dávila.

> [20:47:56] Sérgio Dávila: É o OL dele. Vamos de:
> [20:47:58] Sérgio Dávila: Bolsonaro muda o tom, fala em pacto e desafio de uma geração
> [20:48:00] Sérgio Dávila: E na LF [linha-fina]
> [20:48:33] Sérgio Dávila: Algo que tenha remédio não pode ser pior que doença em relação a medidas econômicas e, se couber, OMS

Apesar de o pronunciamento carregar de novo uma série de distorções e omissões, se comparado com o anterior, aquele da "gripezinha", parecia haver uma tentativa de demonstrar certa inflexão. Não que a nova fala fosse de um estadista mergulhado na ciência. Mas, nos moldes do que estávamos acostumados, parecia haver uma pequena mudança, como na sugestão de um pacto nacional para o enfrentamento da pandemia. Por isso a preocupação de Dávila de destacar o chamado outro lado ("OL" citado por ele na postagem), com essa nova versão de discurso do presidente.

Um apontamento como esse de Dávila é encarado ao mesmo tempo como uma ordem, mas também como algo aberto a contrapontos e recursos. Encerrada essa fase, porém, cumpra-se a ordem. Os editores já estão acostumados a esse *modus operandi* e iniciaram ali mesmo no grupo uma série de ponderações. A preocupação de alguns, como eu, seria a de não valorizar demais a nova versão de Bolsonaro e deixar em segundo plano o que sabíamos ser a sua verdadeira face negacionista e de confronto. Outros, em ressonância com Dávila, viam uma clara mudança de tom que merecia sim ser destacada.

> [20:54:56] Eduardo Scolese: Caros, acho que mudança de tom no enunciado não reflete o que foi a fala de hoje. O presidente distorceu o chefe da OMS e tratou de forma igual vidas e empregos, o que é na prática uma defesa pelo fim do isolamento, ao contrário do que todos

dizem. Ele foi menos agressivo na fala, mas falou coisas graves também. Mudar o tom parece que o pronunciamento foi perfeito
[20:57:29] Eduardo Scolese: O que acham?
[20:58:02] Sérgio Dávila: Mas há uma inflexão, Scola. Compare as duas falas, a da gripezinha, do ataque à mídia etc. e a de hoje. São quase dois presidentes diferentes. Ele sentiu o calor
[20:58:05] Luciana Coelho: Falando como alguém que enxerga do ponto de vista do combate à pandemia, concordo com Scol
[20:58:28] Eduardo Scolese: Sim, mas segue sendo um presidente completamente fora de qq eixo
[20:58:55] Eduardo Scolese: Muda o tom dá a impressão que agora ele virou um estadista
[20:58:57] Sérgio Dávila: As falas vão de gripezinha a desafio de uma geração. É inflexão, é mudança de tom
[21:00:08] Vinicius Mota: Claro que o prazo de validade de tudo o que ele diz é curto
[21:00:29] Sérgio Dávila: Sim, amanhã ele muda de novo. Mas hoje, em cadeia nacional ao país, ele mudou o tom
[21:00:37] Vinicius Mota: Mas claramente foi reprogramado para essa fala
[21:00:48] Leandro Colon: Isolado, Bolsonaro reconhece importância de pandemia e fala em desafio de uma geração
[21:01:13] Eduardo Scolese: Isolado, Bolsonaro muda tom, fala em pacto e volta a equiparar vidas e empregos
[21:01:52] Mariante: O que cabe na Primeira: Bolsonaro muda o tom, fala em pacto e desafio de geração
[21:02:00] Leandro Colon: Ele só fez isso por ter ficado isolado
[21:02:07] Leandro Colon: É efeito
[21:02:07] Sérgio Dávila: Pode ser para dentro
[21:02:10] Luciana Coelho: Deixaria o muda tom pro leitor
[21:02:26] Luciana Coelho: O que pra dentro?
[21:02:42] Sérgio Dávila: A proposta do Scolese. Na 1a e na home vamos com o abaixo
[21:02:51] Sérgio Dávila: Bolsonaro muda o tom, fala em pacto e desafio de geração
[21:03:05] Eduardo Scolese: Boa, vamos nessa
[21:03:33] Sérgio Dávila: Isolado irá na LF [linha-fina]
[21:03:38] Leandro Colon: Boa

Às 21h23, em sua 16ª versão, o texto foi mais uma vez atualizado, agora sob o novo enunciado negociado no grupo: "Em novo pronunciamento, Bolsonaro fala em pacto contra pandemia e volta a equiparar vidas e empregos". No impresso, a capa de política veio no dia seguinte com "Isolado, Bolsonaro fala em pacto e equipara de novo vidas e empregos". Já a Primeira Página destacou: "Bolsonaro muda o tom, fala em pacto e desafio de geração".

Esse debate sobre o enunciado, lido à distância, pode dar a falsa sensação de algo trivial. Mas não era. Havia muita coisa em jogo. É comum e até natural um editor se incomodar com intervenções em seu trabalho, mesmo quando necessárias. Aí é preciso assimilar se o erro de avaliação foi mesmo seu e como sair melhor da situação. Ao manter a convicção sobre o seu ponto de vista, é necessário pensar se vale mesmo a pena comprar uma briga e iniciar um debate que pode ser longo e frustrante ao final. Em situações de calmaria no noticiário, discussões como essa são enriquecedoras. Naquele dia, porém, a carga emocional estava sob alta tensão. Tudo era superdimensionado. Bolsonaro fazia e acontecia na pandemia, os salários dos jornalistas haviam sido reduzidos a partir da adesão do jornal a uma medida provisória do governo e estávamos exaustos. No meu caso, a jornada em home office começava sempre antes das 7 horas e se prolongava até 22 ou 23 horas, com interrupções aos trancos e barrancos para ajudar o filho de 5 anos na aula virtual e para almoços e jantares às pressas sempre com o celular ao lado. Naquele dia, o debate sobre o título da reportagem do pronunciamento começou quando eu já acumulava treze horas de jornada, com um noticiário pesado nas costas e uma série de decisões internas tomadas em torno da equipe. Tudo isso com o estresse extra da comunicação prejudicada. Para cada simples decisão era preciso escrever uma mensagem, nem sempre compreendida da mesma forma pelo interlocutor, ou fazer uma ligação, com tempo e energia extras. Por isso, ter conseguido naquela noite um meio-termo com Dávila sobre o meu ponto de vista foi um alívio diante das condições de temperatura e pressão. Relatei isso em um grupo paralelo restrito a alguns amigos editores.

> [21:11:43] Eduardo Scolese: Meu deus, gente
> [21:11:46] Eduardo Scolese: Que suadeira da porra
> [21:11:52] Eduardo Scolese: Sangue frio

Em situações de cansaço mental e físico, a cabeça não age como deveria. Perde-se o reflexo primordial que usamos intensamente durante o dia para evitar escorregões. Naquele interminável 31 de março, o corpo pedia uma trégua. Mas ainda era preciso uma carga extra de bateria para afinar com a equipe quais seriam os textos a serem agendados para aquela madrugada, uma estratégia relevante para abrir o dia com manchetes de potencial audiência.

Enquanto isso, o grupo "Covid-19" não parava.

> [21:39:18] Leandro Colon: Ele acaba de postar no face que não houve golpe
> [21:41:12] Eduardo Scolese: Ele sempre disse isso
> [21:41:14] Eduardo Scolese: Foda-se
> [21:41:18] Leandro Colon: Sim, sim.
> [21:41:27] Eduardo Scolese: Eita
> [21:41:34] Eduardo Scolese: Tô no grupo da chefia
> [21:41:40] Leandro Colon: Ahahahahhaah
> [21:41:51] Uirá Machado: 😂😂😂😂😂
> [21:41:55] Eduardo Scolese: Mas é isso, vamos juntar no que ele disse de manhã
> [21:42:03] Sérgio Dávila: Hahaha, não leu o comunicado dos colunistas!
> [21:42:10] Eduardo Scolese: Kkkkkkk
> [21:43:23] Fabio Haddad: Poderia ter sido bem pior, hein Scola

Dávila se referia a um comunicado interno de meses antes segundo o qual jornalistas da *Folha* e seus colunistas deveriam evitar manifestar posições político-partidárias em suas redes sociais e também emitir juízos que comprometessem a independência ou prejudicassem a imagem da *Folha*.

Um primeiro comunicado sobre o coronavírus e o trabalho em home office circulou no e-mail geral da Redação em 13 de março de 2020. Naquele dia, a edição impressa da *Folha* apontava iniciativas de empresas para lidar com o trabalho na pandemia, destacava uma foto da live do dia anterior na qual Bolsonaro e o ministro Luiz Henrique Mandetta (Saúde) apareceriam de máscara e colocava em manchete a confirmação do primeiro contágio 100% local no país. Era ainda um cenário de dúvidas sobre o que fazer e como a pandemia avançaria no país. O assunto do comunicado interno assinado por Dávila era "Coronavírus". Havia quatorze itens a serem observados pelos jornalistas, como usar álcool em gel, lavar sempre as mãos e manter o distanciamento. Alguns dos pontos tratavam dos primeiros passos para o trabalho remoto.

Aquele comunicado chegou inicialmente à Redação com alguns erros de digitação, sintoma de ter sido feito e distribuído às pressas a partir de uma junção de opiniões de editores e também de especialistas ouvidos pelo jornal.

Um dos primeiros estalos do comando da Redação sobre o que deveria ser feito com o avanço do vírus ocorreu três dias antes do comunicado. Chamada internamente de "café", uma visita institucional ao jornal do diretor-geral de um importante hospital havia sido agendada para aquele 10 de março. O bate-papo dele com os jornalistas José Henrique Mariante, então secretário-assistente de Redação, e Cláudia Collucci, repórter especial especializada na cobertura de temas de saúde, seria sobre assuntos gerais, como o SUS. Mas, diante do noticiário quente, a conversa acabou concentrada na Covid-19. Mariante e Collucci aproveitaram a presença do especialista para perguntar a ele a respeito das expectativas gerais para a pandemia e especular sobre como poderíamos nos proteger em uma Redação cheia de gente. Não era uma entrevista nem uma consultoria, e sim uma troca de ideias, como manda a tradição para esses encontros. Mariante saiu daquela conversa ciente do desafio urgente e, no mesmo dia, mandou um e-mail ao comando do jornal sobre suas impressões gerais das medidas que deveriam ser adotadas de imediato. Muito do que esboçou no e-mail foi depois incluído no comunicado à Redação, como veto a viagens de avião, dispensa daqueles com sintomas de resfriado e gripe e agilidade por ferramentas para a adoção do trabalho em home office. Outro item do e-mail também colocado em prática foi o de desligar o ar-condicionado da Redação e passar a atuar sempre com as janelas abertas.

Aos poucos, jornalistas passaram a ser convidados a atuar à distância, com auxílio de softwares para acesso aos sistemas de produção e publicação. Em primeiro lugar, foram os mais velhos, as grávidas e aqueles com alguma comorbidade. Em seguida, repórteres, de forma escalonada. Os editores foram os últimos. Na equipe de Política, comecei esse processo dois dias após o comunicado de Dávila. No domingo 15 de março, pela manhã, preparei um e-mail geral para a equipe. Antes de enviá-lo, compartilhei o rascunho para pitacos gerais no grupo "Cozinha de Poder", restrito a editores e redatores, esses últimos que atuam ao lado da chefia na edição de reportagens e colunas e na produção de conteúdo para infografia. "Cozinha" é como nos referimos na Redação a um núcleo de chefia, por isso o nome desse grupo de WhatsApp. A consulta a eles naquele dia fazia parte da rotina. Sempre procurei ouvir demais editores e os redatores da equipe antes de uma série de decisões. Fazia isso não para dividir a responsabilidade final, que seria apenas minha, mas para dar a chance ao contraditório. Muitas vezes a minha opinião inicial sobre determinado assunto perdia de goleada e seguíamos um outro rumo, tendo eu mudado ou não de opinião. Todos tinham liberdade para opinar. Houve momentos também em que, mesmo sendo minoria em uma discussão, tive de seguir a minha convicção.

No e-mail à equipe antes do início do home office, destaquei a eles que a pessoa escalada para o regime remoto precisaria cumprir normalmente a sua jornada de trabalho, como se estivesse na Redação, com horário de entrada e saída (sempre dando um alô inicial e final para a chefia, inclusive em intervalos para refeições, por exemplo). Isso seria importante, como coloquei, porque o profissional seria "chamado" da mesma forma a publicar textos e a montar galerias de imagens, por exemplo, como se estivesse na Redação. Naquele momento, o trabalho em casa era uma opção para espalhar os profissionais, evitando aglomerações, mas a decisão seria individual. "Quem preferir vir sempre à Redação terá total autonomia para isso. Basta avisar aqui", escrevi. Alertei que cafés, almoços e encontros com fontes deveriam ser suspensos imediatamente e que coberturas de eventos externos teriam de ser discutidos antes com a chefia. Pedi ao final que buscassem pautas ligadas ao tema do coronavírus na política e no Judiciário, nossas áreas de cobertura. Foi nessa mesma semana que um e-mail do RH informou sobre o primeiro caso confirmado de coronavírus na empresa. Tratava-se de um profissional da área de Publicidade que havia sido afastado dias antes. Aqueles que tiveram contato com ele foram orientados a permanecer em home office e foi anunciada uma "limpeza especial" com desinfecção no oitavo andar, onde estava esse núcleo.

A fase de adaptação das equipes ocorreu aos poucos, assim como a construção dos protocolos internos sobre sintomas, alertas, afastamento e quarentena. Logo no início da pandemia, por exemplo, decidimos internamente que a pessoa somente se afastaria da Redação caso ela própria apresentasse algum sintoma, não em casos suspeitos ainda sem confirmação de alguém em sua casa, por exemplo. Paranoias e dilemas conviveram juntos no período de home office.

O trabalho remoto foi possível também graças à agilidade da equipe de Tecnologia do jornal. Notebooks da empresa foram emprestados a cada profissional, e computadores pessoais foram adaptados. Cada um deles com um software instalado para o uso da chamada VPN, quando através da internet se cria uma espécie de túnel para conectar os profissionais de uma empresa aos seus sistemas de origem. No caso da *Folha*, com a VPN, era possível "espelhar" na tela do notebook, em casa, o que estava na tela do seu respectivo desktop, na Redação. Os terminais da Redação, por isso mesmo, deveriam permanecer sempre ligados. Nem hibernar poderiam. Avisos em post-it ou ampliados em folhas de sulfite foram colados nos terminais sob a ordem de "não desligar". Certa vez, em um momento de desatenção no home office, desliguei de casa sem querer o meu computador da Redação. Pensei que estivesse desligando o computador de casa quando na verdade estava "espelhado" dentro da tela do desktop da Redação. Começou-se então uma saga para achar algum plantonista da tecnologia na sede do jornal que pudesse descer do décimo para o quarto andar do prédio, procurar esse meu computador e apertar o botão de ligar.

O programa usado para edição do jornal impresso exigia ambas as máquinas em funcionamento. Por isso mensagens de WhatsApp como essa se tornaram comuns no começo do home office, quando os repórteres estavam em casa, e os editores, ainda no jornal: *"Pessoal, alguém acorda meu PC, por favor?"*. Já o programa de edição de textos para o site exigia apenas a VPN ligada, mas não essa sincronia com o terminal no jornal, o que tornava tudo mais ágil. Quando o repórter José Marques anunciou essa descoberta, foi aclamado em gupo interno de política. "Nossa eu não sabia", "isso deixa a coisa beeeeeem mais leve", "caraca é verdade", "meu deus minha vida vai mudar agora", "gente, obrigada, Zé, toda a minha vida até aqui foi uma mentira" e "uma nova vida começa agora" foram algumas das reações logo após essa revelação.

No dia a dia da Redação, todos têm um horário de entrada, com uma divisão entre repórteres e editores ao longo do dia. Um senta perto do outro, então pelo visual já sabemos quando cada um chega ao seu posto. No trabalho remoto, claro, isso não era possível. Então adotamos a política do "oi"/"tchau" no grupo da editoria. A pessoa que iniciava a jornada deveria dar um "oi" no grupo para anunciar que já estava on-line e disponível e, da mesma forma, um "tchau" no final da jornada para se desconectar e não mais ser acionado, a não ser em casos de urgência. Entradas e saídas para refeições também deveriam ser avisadas no grupo. O "oi" e o "tchau", porém, logo se tornaram repetitivos e, sabe-se lá por qual motivo, os repórteres começaram a adaptar as próprias saudações. Nas de início de expediente, além dos básicos "bom dia" e "comecei", surgiram "na labuta", "tripulação, decolagem autorizada", "pontapé inicial", "abrindo os trabalhos", "alô, quarenteners" e "portas em automático aqui". Nas saudações de fim de jornada, além do "boa noite" e do "encerrando", apareceram exemplos como "estou encerrando por aqui", "tbm já vou, mas tô por aqui né...", "fechando a lojinha por hoje, ok" e "pessoal, considerando ir nessa, tudo bem?".

Na quinta-feira daquela mesma semana, organizamos a primeira reunião geral da equipe pelo Zoom. Como lembrei na convocação, a ideia seria "só pra uma saudação geral". Mais do que dar ordens e passar orientações, quis reunir a turma e olhar no rosto de cada um. Se no *tête-à-tête* da Redação muitas vezes são imperceptíveis os sinais de depressão, cansaço e desânimo de integrantes da equipe, no home office isso seria um desafio extra. Como saber que alguém, em sua casa, está precisando de ajuda? Como saber o momento correto de dar um refresco na cobertura diante de um noticiário frenético de pandemia e Bolsonaro? O que deveríamos entender como sinais de que aquela pessoa não está bem? Chamar um a um de tempos em tempos e pedir conversas individuais por telefone ou em vídeo passou a ser uma rotina do home office, mesmo que a carga de trabalho impedisse uma frequência ampliada e adequada para isso.

Do prédio da *Folha*, uma sirene é acionada todos os dias às 18 horas. Como escreveu Ana Estela em seu livro *Folha*,[16] esse toque de fim de tarde é uma tradição desde os anos 1950, quando o jornal se mudou para o atual endereço. Havia sido um pedido dos profissionais do ramo gráfico, acostumados às sirenes de fábricas vizinhas à antiga sede. Ana Estela apurou ainda outras curiosidades. A sirene tem seis cornetas, é automática e fica no terraço ao lado do heliponto. Certa vez, o publisher Octavio Frias de Oliveira teria pedido para diminuir o seu volume, o que gerou reclamações de vizinhos

[16] Pinto, 2012.

já acostumados a acertar o relógio com base nela. Com o início do home office, jornalistas de Política que moravam nas imediações puderam manter o costume mesmo em casa, gostando ou não daquele sinal.

> [02/04/2020 18:02:20] Guilherme Magalhães: Acho que sou o único aqui que mora perto o suficiente da Folha pra ouvir a sirene das 18h
> [02/04/2020 18:03:55] Renata Galf: Eu também ouço
> [02/04/2020 18:29:14] Felipe Bächtold: Eu também ouço e moro a 1 km

Conversas aleatórias como essa se tornaram comuns nos grupos de mensagens do jornal. Tratar de outros temas, brincar sobre a realidade de cada um e fazer piadas internas eram uma forma de tirar o peso do desgaste do isolamento. Além da carga pesada do noticiário, os naturais transtornos da novidade do home office eram comuns e estressantes. Imagine ficar sem internet no meio da preparação de um texto, perder a VPN no horário de fluxo do noticiário ou ser surpreendido por uma falha do publicador após um longo e minucioso trabalho de edição. Uma simples falha técnica poderia ser o gatilho para a explosão mental, em que se somavam as barbaridades de Bolsonaro, o medo da Covid e o isolamento prolongado de amigos e familiares.

> [30/03/2020 21:11:49] Carolina Linhares: Não vejo a hora de voltar pra redação, acabei de perder todos os links que pus num texto
> [30/03/2020 21:12:38] Guilherme Magalhães: Meus pêsames 😫

> [31/03/2020 21:37:08] Alencar Izidoro: Notebook da Folha deu pau geral à tarde, apagou e não ligava mais. Daí acabei vindo pra cá, identificaram uma pane e estão tentando recuperar e migrar os arquivos para um novo...
> [31/03/2020 21:38:40] Guilherme Magalhães: Eita!

> [03/05/2020 21:33:52] Eduardo Scolese: Alencar, conseguiu ajustar a VPN?
> [03/05/2020 21:34:45] Alencar Izidoro: Não ainda
> [03/05/2020 21:35:14] Alencar Izidoro: Trabalhando pelo zap e e-mail e com Help Desk na linha
> [03/05/2020 21:35:27] Eduardo Scolese: Posso ajudar para a troca?

[03/05/2020 21:41:53] Alencar Izidoro: Meu VPN voltou!!!! Porra!!! Pqp
[03/05/2020 21:42:29] Alencar Izidoro: Desculpe o palavrão...
[03/05/2020 21:42:36] Alencar Izidoro: Mas estava foda...

[26/05/2020 19:04:49] Guilherme Magalhães: Gut[enberg] tá cagado mesmo
[26/05/2020 19:04:52] Guilherme Magalhães: Acabei de perder tudo aqui
[26/05/2020 19:05:12] Alencar Izidoro: 😱
[26/05/2020 19:05:18] Alencar Izidoro: O meu com pau tb
[26/05/2020 19:06:04] Guilherme Magalhães: Que inferno isso

Outro drama comum era o de mandar um pedido no grupo e ficar no vácuo por alguns minutos. A pessoa requisitada poderia estar no banheiro, em uma entrevista, ter levantado para esticar as pernas ou beber água, ter ido atender o interfone ou qualquer coisa banal. Mas, no esquema remoto em que estávamos, qualquer espera era angustiante diante de pedidos urgentes no calor do noticiário insano.

[01/04/2020 17:20:36] Alencar Izidoro: Quando eu pedir coisas aqui pra alguém e este alguém estiver enrolado pode avisar q tentamos redistribuir, beleza? (principalmente à distância muitas vezes acabamos esquecendo quem está mais ou menos livre ou não)

[16/04/2020 16:51:22] Eduardo Scolese: Vão chegar vários flashes e precisaremos de todos atentos aqui para orientações para pegar isso e aquilo
[16/04/2020 16:51:27] Eduardo Scolese: Será agitado até o fechamento

A mudança para o home office foi facilitada pela estrutura que já existia em meu apartamento. Um pequeno escritório montado num espaço de 2,70 x 1,60 m ao lado da área de serviço já estava organizado com bancada, desktop, monitor e internet, além de prateleira com livros. Estavam ali coleções sobre jornalismo, reforma agrária, história do Brasil, República Velha, cangaço, mandonismo, coronelismo e populismo, além de alguns sobre esporte e música. Usava o espaço para trabalhar à noite nas horas extras após o jornal e nos finais de semana de folga.

Com a pandemia, tive de fazer alguns ajustes nas primeiras semanas. A mais urgente veio após forte dor nas costas, já que usava no escritório uma cadeira do conjunto da cozinha. Passei a primeira semana de home office à base de anti-inflamatórios. Levei então para casa a cadeira que usava no jornal. Peguei ainda emprestado na *Folha* um computador mais veloz e um novo monitor, para que pudesse continuar trabalhando com duas telas. Também ampliei o plano de internet e comprei uma webcam e um fone de ouvido com microfone, aquele estilo headset comum para games.

O escritório que se transformou na minha Redação individual é acanhado, com uma pequena janela e na mira do sol quase o dia inteiro, o que o transforma em um forno nos dias de calor. Ventilador e resfriador de ar não dão conta da suadeira inevitável. Já no frio ficava bem agradável. Uma importante vantagem é a porta com chave, que me protegia de invasões de familiares durante reuniões on-line e quando estava em ligações com gente da equipe ou com assessores ou autoridades que me chamavam pelo celular.

Nem todos que estavam no trabalho remoto, porém, tinham essa vantagem estratégica e tinham de trabalhar em espaços compartilhados da casa, como em salas ao lado de crianças e pets. As reclamações explodiram nos grupos de mensagem da Redação: "Mano, vou acabar essa quarentena com hérnia", "eu estou destruído! botei umas almofadas, tá ridículo" e "tenho uma cadeira de escritório decente. Mas estou usando uma mesa improvisada, fica inadequado". Para amenizar os transtornos do home office, o jornal autorizou que profissionais levassem equipamentos da Redação para casa, além dos laptops. Jornalistas passaram a pegar cadeira, mouse, teclado e monitor.

Foi avassaladora a mistura: início da pandemia, presidente da República sem freios e primeiros passos do trabalho dos jornalistas em home office. O dia 15 de março de 2020, um domingo, simboliza bem isso. No meu caso era para ser um domingo de folga, mas logo cedo se transformou em um inferno. Bolsonaro ignorou as orientações de distanciamento e aderiu a um protesto na Esplanada dos Ministérios turbinado por ele mesmo. O mote oficial seria a defesa do governo, mas o pano de fundo eram ataques ao Congresso e ao STF.

Iniciei aquela jornada extra no computador de casa por volta das 8 horas. A rotina de sempre: limpar a caixa de e-mail, responder às principais mensagens, fazer eventuais ajustes nos textos publicados na madrugada, ler os jornais e portais concorrentes e, naquele dia específico, disparar orientações sobre a política de home office que se iniciava. O protesto ocorreria de qualquer forma, por isso era preciso me organizar e dar um suporte para a equipe de plantão. Por volta das 10 horas, no WhatsApp, criei o grupo "Protestos – 15.03". Ali estavam jornalistas de plantão em São Paulo, Brasília e Rio, palco dos principais atos.

> [15/03/2020 10:01:22] Eduardo Scolese: Oi, como Rio e BSB supostamente têm protestos agora pela manhã, melhor pensarmos em algo consolidado para subirmos juntos. Por isso criei esse grupo aqui.
>
> [15/03/2020 10:18:50] Eduardo Scolese: Para esse consolidado: 1) manifestantes pró-bolsonaro ignoram recomendação e fazem ato; 2) usam máscaras, ficam afastados ou todo mundo aglomerado mesmo?; 3) tem carro de som?; 4) quais os gritos de guerra? contra congresso e judiciário mesmo?; 5) o que dizem faixas e cartazes?

Preparei uma estrutura de texto com o contexto já conhecido dos últimos dias, agrupei os primeiros relatos das ruas e publiquei a primeira versão da reportagem às 10h58: "Com apoio de Bolsonaro, manifestantes ignoram coronavírus e fazem atos pró-governo".

Jornalistas da *Folha*, de uma forma geral, trabalham no esquema de um para cada quatro finais de semana. Um plantão de sábado e domingo por mês. Na pandemia com Bolsonaro, isso para mim se transformou em uma loteria. Tinha na escala os finais de semana de folga agendados, mas que somente seriam aproveitados, na prática, se Bolsonaro deixasse. Tornou-se uma rotina se iludir com uma expectativa próxima de descanso e ser atropelado por falas e andanças não programadas do presidente que criavam novas crises.

A sensação era péssima, pois, mesmo de folga, antecipava-me e me preparava para um tsunami de notícias. Não desgrudava do celular, passava horas das manhãs de sábado e domingo adiantando tarefas da semana na frente do computador e abria mão de coisas banais, como tomar cerveja no almoço e tirar um cochilo nas tardes de folga. Na minha cabeça, isso poderia atrapalhar a editoria diante de dúvidas ou me atrasar para entrar em ação em casos de urgência. Nas noites de sexta e sábado, também nada de esticar jornadas na frente da TV até a madrugada. Precisava estar de pé cedo no dia seguinte para monitorar o que viria de Bolsonaro. Era uma tensão pré-caos que desgastava demais, a mente e o corpo. Não havia descanso, e a adrenalina de uma cobertura pesada e desafiadora mantinha o ânimo em alta. Desabafei sobre isso naquele dia a um colega de plantão.

> [15/03/2020 11:20:07] Eduardo Scolese: Estou no desk desde 8h
> [15/03/2020 11:20:11] Eduardo Scolese: Vsf
> [15/03/2020 12:51:41] Eduardo Scolese: Tô voltando pro computador
> [15/03/2020 12:51:42] Eduardo Scolese: Pqp
> [15/03/2020 12:51:45] Eduardo Scolese: Inferno
> [15/03/2020 13:40:48] Eduardo Scolese: Pqp
> [15/03/2020 13:40:58] Eduardo Scolese: Tô arrebentado
> [15/03/2020 14:37:02] Eduardo Scolese: Nem almocei ainda
> [15/03/2020 19:35:56] Eduardo Scolese: Que dia infernal
> [15/03/2020 19:36:02] Eduardo Scolese: Mas acho q estamos mandando bem

Aquele 15 de março que inicialmente seria de folga teve um pouco desses ingredientes. Ao longo da semana anterior, Bolsonaro havia chegado a pedir que as manifestações contra o Congresso e o STF fossem adiadas por causa da pandemia. Tudo jogo de cena. Na manhã daquele domingo, o próprio presidente passou a estimular os atos com postagens nas redes sociais e horas depois aderiu pessoalmente aos protestos. Primeiro de carro, ao percorrer a Esplanada, e depois a pé, diante do Planalto, ao mergulhar sem máscara nos braços dos apoiadores que o aguardavam no pé da rampa do palácio.

Foi um domingo marcante, pelo menosprezo de Bolsonaro à pandemia, um símbolo de seu governo e que seria decisivo para impedir sua reeleição em 2022, e também por ter sido um de seus primeiros passos na política de ataque desenfreado às instituições, o que, mais tarde, o tornaria inelegível. Naquele domingo, Bolsonaro também escancarou outras duas marcas já em curso de sua gestão: as mentiras em geral e os ataques à imprensa. Do alto da rampa do Planalto, fez uma live em suas redes sociais na qual primeiro mentiu ao dizer que aquela manifestação não era "contra Poder nenhum". Era sim. "Contra os vírus do STF e do Congresso, álcool e fogo. Fodam-se!", dizia uma das maiores faixas. Em seguida atacou a *Folha* ao minimizar a pandemia. "Não tem preço o que este povo está fazendo aqui no dia de hoje, apesar de eu ter sugerido – não posso mandar, a manifestação não é minha – o adiamento dado a este vírus, que, se eu falar que está superdimensionado, vai dar manchete neste lixo chamado *Folha de S.Paulo*, entre outros jornais que ficam esperando uma palavra errada, no entendimento deles, ser o suficiente para atacar o governo. Não estão atacando o governo, estão atacando o Brasil."

O que Bolsonaro fez naquele dia foi inacreditável até para quem o acompanhava no dia a dia. Os jornalistas de plantão só sossegaram um pouco no começo da tarde quando ele retornou ao Alvorada.

> [15/03/2020 14:36:25] Ricardo Della Coletta: Entrou sem falar no Alvorada. Só interagiu com simpatizantes
> [15/03/2020 14:36:35] Eduardo Scolese: Booooooooooooooooooooooua
> [15/03/2020 14:36:39] Eduardo Scolese: Coloque o cadeado
> [15/03/2020 14:36:44] Leandro Colon: Ufa
> [15/03/2020 14:36:44] Eduardo Scolese: Tranca ele aí
> [15/03/2020 14:41:43] Ricardo Della Coletta: Cara, surreal

O que Bolsonaro fazia era mesmo surreal. Pessoas morriam às centenas na pandemia, enquanto ele sabotava sua própria popularidade com medidas intempestivas e criação de novos inimigos. Buscava o confronto, ignorava a comoção social, arriscava se infectar ao ter contato público sem nenhum cuidado, perdia apoio de antigos aliados e intrigava até pessoas próximas. Um possível impeachment era discutido abertamente. Naquele mesmo 15 de março, entre as centenas de comentários de leitores nos textos sobre os protestos, um deles chamou a atenção ao tentar desvendar o que se passava de fato na cabeça de Bolsonaro. Escalei dois repórteres para a missão. Eles ouviram psicanalistas de diferentes correntes, e assim pudemos publicar uma reportagem dias depois com pistas sobre aquilo. Segundo os especialistas, os discursos recentes do presidente apontavam elementos de lógica paranoica, messiânica e delirante, além de demonstrações de fragilidade e onipotência.

Esse mix incendiário de Bolsonaro atingiria seu ápice a partir de 15 de abril de 2020, um mês após o protesto antes aqui relatado. Foi nesse dia que o STF impôs uma dura derrota ao presidente ao determinar que estados e municípios teriam autonomia para decidir sobre o isolamento social em meio à pandemia. Na prática, prefeitos e governadores passavam a ter autorização para criar suas próprias regras de quarentena, definindo o que abriria e o que fecharia na crise. Bolsonaro criticava a quarentena ao alegar uma suposta preocupação sua com a economia. Aquela foi a primeira sessão do plenário do STF feita por videoconferência, marcada por uma reação dos ministros à inoperância federal no combate à Covid-19. Em seu voto, um dos mais duros daquele julgamento, Gilmar Mendes disse que Bolsonaro não dispunha do poder "para eventualmente exercer uma política pública de caráter genocida".

A guerra estava declarada, e Bolsonaro, desgovernado.

A decisão do STF que limitou os descaminhos de Bolsonaro na pandemia ocorreu em uma quarta-feira. No dia seguinte, ele demitiu o ministro Mandetta (Saúde) e anunciou o oncologista Nelson Teich em seu lugar. Mandetta defendia as recomendações de isolamento da Organização Mundial da Saúde, enquanto Bolsonaro adotava a política de ignorar a gravidade da doença, espelhando o que faziam à época Turcomenistão, Nicarágua e Belarus.

No domingo seguinte, o presidente parecia dirigir uma carreta na banguela. Eu estava de folga, mas de novo fui atropelado pelo noticiário e jogado para dentro da cobertura de um outro dia insano de Bolsonaro solto nas ruas de Brasília. Naquele 19 de abril, o presidente deixou o Alvorada e se dirigiu para a frente do quartel-general do Exército. Lá, juntou-se a um grupo de manifestantes aglomerados que atacava Congresso e STF e, com gritos e faixas, pedia intervenção militar no país. Da caçamba de uma caminhonete, Bolsonaro discursou aos presentes: "Nós não queremos negociar nada. Nós queremos ação pelo Brasil", declarou. "Chega da velha política. Agora é Brasil acima de tudo e Deus acima de todos". Aos gritos ele ainda disse que estava encerrada "a época da patifaria" e que a partir de então seria "o povo no poder".

Foi um dia em que ao menos 115 pessoas morreram vítimas da Covid, carreatas de bolsonaristas pelo país pediram a reabertura do comércio, e o presidente da República endossou um ato com pedidos de um novo AI-5 – o mais radical ato institucional da ditadura militar. A manifestação de tom golpista provocou forte reação do mundo político e jurídico. No STF, a pedido da Procuradoria-Geral da República, foi aberto o chamado inquérito dos atos antidemocráticos, mais tarde extinto e recriado sob o nome de inquérito das milícias digitais. Mensagens minhas a outros plantonistas explicam o caos.

> [19/04/2020 13:47:53] Eduardo Scolese: Não aguento mais
> [19/04/2020 14:37:45] Eduardo Scolese: Passando mal
> [19/04/2020 14:41:37] Eduardo Scolese: Tenso
> [19/04/2020 18:56:09] Eduardo Scolese: Imagine se tem condição de eu folgar de fato. Brincadeira se iludir
> [19/04/2020 20:36:03] Eduardo Scolese: Todos muito tensos
> [19/04/2020 20:36:06] Eduardo Scolese: Nervosos
> [19/04/2020 20:36:10] Eduardo Scolese: Precisamos de controle
> [19/04/2020 21:59:12] Eduardo Scolese: Dia caótico

"Abriram a porta do hospício hoje no cercadinho."

O alerta acima em um grupo restrito partiu às 9h07 da direção da sucursal de Brasília para o comando do jornal em São Paulo. Era 25 de maio de 2020, uma segunda-feira, e os jornalistas que faziam plantão em frente ao Alvorada haviam sido cercados, xingados e ameaçados por simpatizantes de Bolsonaro. Os ânimos estavam ainda mais à flor da pele porque três dias antes o STF havia tornado público o vídeo da fatídica reunião ministerial na qual Bolsonaro sugere interferir na autonomia da Polícia Federal. Parecia não haver mais condições de segurança de fazer ali a cobertura jornalística do presidente da República. Os ataques à imprensa na porta do Alvorada eram comuns, mas naquele dia extrapolaram. Repórteres, repórteres-fotográficos e cinegrafistas estavam sob ameaça. Uma reportagem assinada pelo repórter Daniel Carvalho descreveu o clima:

> Uma mulher passou pela fila dos jornalistas repetindo: "Ó o lixo, ó o lixo, ó o lixo". "Escória! Lixos! Ratos! Ratazanas! Bolsonaro até 2050! Imprensa podre! Comunistas", berrou, enquanto outros gritavam repetidamente "mídia lixo". "Sem vergonha. Vocês não mostram a realidade!", disse outra. "Eu não sei como vocês conseguem dormir à noite. Vocês não representam a população brasileira! Mídia comunista, comprada! Cambada de safados!", gritou um homem.

Jornalistas faziam plantão diariamente em frente ao Alvorada por causa do hábito de Bolsonaro de conceder ali rápidas entrevistas, quase sempre tensas e com ataques e provocações por parte dele. O local onde a imprensa ficava confinada é chamado de "cercadinho" (antes também conhecido como "chiqueirinho" e "curralzinho"). Naquele 25 de maio, apenas uma grade separava os profissionais da claque bolsonarista que se reunia no local para ouvir as palavras do presidente, fazer pedidos e posar para selfies. A fúria bolsonarista contra a imprensa, abastecida pelo próprio Bolsonaro, havia colocado alguns dos principais órgãos de imprensa sob um dilema: seguir o plantão diário no local em nome do interesse jornalístico ou abandonar essa cobertura sob a justificativa da integridade de seus profissionais? No final da mesma manhã, na *Folha*, o caso já havia subido ao nono andar, em uma referência à antiga sala do comando do jornal. Publisher, diretor de Redação e secretários de Redação tomariam a decisão. Enquanto isso, iniciei uma conversa paralela com Leandro Colon, diretor da sucursal de Brasília e responsável direto pela equipe que todos os dias passava por apuros no Alvorada. "Agressão", "pessoas descontroladas" e "isso é agressão verbal e emocional" foram alguns dos relatos dele. Eu não estava na mesa decisória deste caso, mas inicialmente expus a Colon o que seria uma posição intermediária: manteríamos a cobertura no "cercadinho", mas somente seriam escalados os repórteres que se sentissem em condições para isso. Eu falava a ele menos como editor de Política e mais como um ex-repórter que cobriu por anos o dia a dia do Palácio do Planalto nos governos Lula 1 e 2. Os embates com seguranças e assessores naquela época eram diários, mas nada que chegasse perto do clima sob Bolsonaro. Colon colocou outras ponderações e aos poucos fui mudando de ideia. "[Os repórteres] estão alertando que todos estão saindo e está ficando muito perigoso" e "é uma decisão difícil", escreveu-me naquele dia.

Em algumas coberturas, quando algum risco surge de repente no meio da pauta, a decisão final de ir ou não ao front é do repórter. Se o perigo é evidente e de conhecimento geral, o editor em conjunto com a chefia do jornal determina antes se a cobertura será ou não abortada. Isso ocorre em situações de guerra, protestos e operações policiais, por exemplo. No dia a dia no Alvorada, a pressão sobre os repórteres vinha de todos os cantos. Já falamos dos ataques da claque de bolsonaristas. Mas havia também a pressão imposta pela segurança presidencial: jornalistas eram contidos por grades e só acessavam o local após, na frente dos apoiadores do presidente, dar seus dados pessoais a agentes do GSI (Gabinete de Segurança Institucional). Não menos desgastante era a pressão jornalística daquela cobertura, no meio da pandemia, sem condição de fazer home office e diante de declarações diárias sem filtro do presidente que se transformavam em manchetes e deveriam ser enviadas imediatamente para publicação. Eram falas que mexiam com os demais Poderes e tinham potencial para criar uma nova crise. "Mande três parágrafos correndo", cansaram de ouvir os repórteres assim que passavam os primeiros relatos aos seus chefes diretos. Jornalistas de diferentes veículos pediram para ser afastados daquela cobertura. De fato, não dava mais.

"Vamos anunciar", decretou Sérgio Dávila em um grupo interno de WhatsApp. A *Folha* decidia suspender temporariamente a cobertura de Bolsonaro na porta do Alvorada até que a Presidência oferecesse segurança aos profissionais. O anúncio geral veio por meio de uma reportagem publicada naquela mesma noite: "Folha suspende temporariamente cobertura no Alvorada por falta de segurança". O Grupo Globo havia feito o mesmo naquele dia, em anúncio publicado cinco minutos antes em suas plataformas digitais. "Com a responsabilidade que temos com nossos colaboradores, e não havendo segurança para o trabalho, tivemos que tomar essa decisão", escreveu em nota Paulo Tonet Camargo, então vice-presidente de Relações Institucionais do Grupo Globo. A cobertura passou a ser feita à distância, já que Bolsonaro seguia recebendo seus apoiadores no Alvorada, e essas conversas eram transmitidas ao vivo nas redes sociais do presidente ou de seus simpatizantes. Por um lado, não havia mais a chance de questioná-lo ou contrapô-lo. Por outro lado, o presidente se sentia mais solto diante dos fãs e seguia dando declarações que rendiam manchetes e crises políticas aos montes.

Às 20h05 de 6 de maio de 2020, uma quarta-feira, um e-mail de Renata Aparecida dos Santos, secretária da Direção de Redação, chegou à caixa de entrada dos editores. No assunto, "reunião urgente, às 20h15". Na mensagem, um breve recado: "Prezados, a pedido do Sérgio Dávila, convoco os srs. para uma reunião que começará nos próximos minutos, pelo aplicativo zoom. Grata". Iniciaram-se imediatamente uma corrida para logo entrar na sala virtual, facilitada pelo fato de todos estarem em casa e on-line, e uma onda de especulações em grupos paralelos de WhatsApp sobre qual seria o tema da reunião. A desconfiança era latente: reduções de jornada e de salário. Um dia antes, em mensagem à equipe de Política, escrevi: "Por ora, nenhum pedido de corte salarial". O temor existia porque, um mês antes, o governo Bolsonaro havia editado uma medida provisória que dava às empresas a condição de reduzir os salários por um período máximo de três meses sem a necessidade de negociação sindical. A justificativa era manter os empregos diante da queda de faturamento na pandemia. No grupo que mantinha com alguns editores, iniciou-se antes da reunião um disparo de mensagens: "Fudeu", "tá zoando", "caralho", "reunião agora", "que bizarro", "manooooo" e "a conta chegou".

No grupo com os demais editores de Política, primeiro mandei o alerta da reunião e disse que voltaria a eles assim que soubesse o teor. A angústia só crescia. O e-mail de convocação chegou às 20h05, a reunião estava marcada para 20h15, e Dávila entrou na sala virtual pouco antes das 20h30. A confirmação veio em seu primeiro minuto de fala.

> [06/05/2020 20:32:13] Eduardo Scolese: Alencar, avise a turma que faremos reunião online às 21h/21h30. Toda a equipe. A hora que acabar aqui. É redução de salário mesmo.
>
> [06/05/2020 20:33:18] Eduardo Scolese: Pode avisar. 25%. A partir de 01.06. Darei mais detalhes. Pode ir vazando individualmente só pra saberem o teor da coisa.
>
> [06/05/2020 21:18:57] Eduardo Scolese: Acabando aqui. 21h30 faremos a nossa.

A notícia da redução salarial foi uma bomba de desânimo na Redação. A decisão do jornal tinha amparo legal, mas a sensação e alguns números indicavam que um outro caminho poderia ser possível. Repórteres, editores, repórteres-fotográficos, infografistas e analistas de dados estavam mergulhados na cobertura de suas vidas, que era a pandemia e suas consequências, enfrentavam jornadas exaustivas sob a tensão do isolamento e do medo da contaminação e viam o jornal bater recordes de audiência e de assinaturas digitais, comemorá-los e divulgá-los. Tudo isso em meio a crises diárias criadas por Bolsonaro e a sensação de angústia ao ver parentes, amigos e desconhecidos infectados, intubados e mortos pela Covid. Havia um outro lado sensível a ponderar: queda drástica na publicidade, na venda em banca e em assinatura impressa. Aí, no meio disso, um corte de 25% na jornada e no salário. Como poderíamos manter a qualidade de nossa cobertura da pandemia com um quarto a menos de nossa força de trabalho? Teríamos de ampliar a produção individual para compensar a redução da jornada? Como manteríamos a cabeça focada no trabalho, se teríamos de nos preocupar com as contas de casa após o corte do salário? Como repórteres que recebem o piso salarial e vivem já no limite para pagar aluguel e ajudar a família, por exemplo, teriam condições de receber ordens para serem expostos na rua sob o risco de infecção?

A mobilização que veio a seguir criaria um novo paradigma na relação entre Redação e comando da empresa sobre condições salariais e de trabalho.

O prazo era curto. Entre o anúncio do corte salarial e o início da medida teríamos menos de um mês. Salários e jornadas menores valeriam a partir de 1º de junho. Nesse intervalo seria necessário tentar reverter o desânimo das equipes, atravessar um campo pouco conhecido de uma negociação sindical para a assinatura do acordo coletivo de adesão à medida provisória e organizar uma escala de trabalho que contemplasse, de um lado, a redução de jornada e, de outro, a avalanche do noticiário.

Para complicar, uma série de episódios minava a Redação. O principal, claro, era a soma de pandemia com Bolsonaro. Infecções, crises, jornadas sem fim, folgas cassadas e tensão permanente. Havia também uma lista de casos que pareciam menores, mas que desgastavam. Um deles foi o anúncio interno, em março, de que os deslocamentos de Uber no trajeto jornal-residência passariam a ser liberados apenas a partir da meia-noite, não mais às 23h30. Na prática, para reduzir despesas, o jornal queria incentivar os profissionais a optarem pelo transporte público no retorno para casa. "Viram o comunicado do Uber? Povo tá revoltado", "clima péssimo na redação", "excelente ideia para melhorar o ambiente de trabalho", "caralho, inacreditável", "quem vai sair andando pro metrô 23h30?" e "gente, nem sem mais o q fazer. Já mandei e-mail" foram comentários que recebi em sequência imediatamente após o comunicado. Um editor resumiu bem: "É o tipo de coisa em que jornal economiza uns poucos trocados e acaba perdendo muito de outro lado (tanto pela motivação da equipe quanto porque as pessoas certamente não vão andar na rua às 23h30 pra pegar ônibus e ser assaltadas nas imediações; vão esperar até a 0h pelo Uber, acumular mais horas no banco de horas e, na prática, ter que folgar mais pra frente, desfalcando mais as equipes...)".

A medida logo se tornaria inócua, já que nos dias seguintes as equipes começaram a se deslocar para o home office e ninguém mais precisou de transporte para casa. Aquele anúncio, por um lado, serviu para ampliar a fervura na Redação. Por outro, ajudou a formatar canais transparentes entre a massa de repórteres e a direção do jornal. Os editores nesse processo atuavam como interlocutores, pois lideravam suas equipes na ponta e ao mesmo tempo ocupavam cargos de confiança do comando da empresa. Natural então que fizessem esse meio de campo, com ponderações entre as partes. Dávila deixava essa porta aberta, enquanto via o comando da empresa buscar formas de enxugar os custos, o que evitaria cortes mais à frente. Ele sabia que o bom funcionamento do jornal dependia de uma equipe motivada. Por isso, logo após o caso Uber e o início da pandemia, soltou um raro comunicado para mexer com a Redação e enaltecer seus profissionais.

SP. 25.03.2020

Da: Direção de Redação
Para: Todos os jornalistas
Assunto: Cobertura da Covid-19

Caras jornalistas, caros colegas da Folha e do Agora,

A fase mais aguda até agora da quarentena no estado de São Paulo começou ontem. Novos empecilhos de locomoção e para o exercício de atividades profissionais não estão descartados no país.

Como repórteres, na linha de frente da cobertura da Covid-19, atravessaremos dias difíceis. Agradeço o empenho e a dedicação que cada um de vocês tem demonstrado até agora.

Como escreveu a Folha em editorial publicado na primeira página da plataforma impressa de domingo último, estaremos juntos e solidários nessa travessia.

Seguiremos animados nas privações pelo espírito público de praticar uma atividade essencial e altamente demandada nestes dias: veicular a informação correta, relevante, tempestiva e bem apurada.

Esta é uma Redação altiva, aguerrida, que cresce nas crises. Ela sairá fortalecida de mais esta adversidade.

Obrigado,
Sérgio Dávila
Diretor de Redação

O comunicado foi resultado da convicção do diretor de Redação de que a pandemia seria longa e grave. A ficha dele havia caído. Até então mantinha a expectativa de que o sistema de saúde do país seria capaz de logo dissipar o pior cenário. Isso não aconteceu. Dávila precisou então fugir do padrão *Folha* de comunicados curtos e objetivos para transmitir uma mensagem que fosse ao mesmo tempo de união e que mexesse com os brios da Redação. A *Folha* costuma crescer em momentos de grandes acontecimentos, e o comunicado foi assim entendido. "Achei bom o comunicado do Sérgio", "galera vai gostar de ler isso" e "achei muito boa a iniciativa" foram mensagens que pipocaram em seguida em grupos de WhatsApp dos quais eu participava.

Em abril de 2020, mais uma pancada e um susto. Primeiro o jornal decidiu congelar por noventa dias o uso de jornalistas freelancers. Os que atuavam na Redação foram dispensados. Isso reduziu a capacidade de produção das equipes e obrigou os editores a refazerem a escala de tarefas. Essa foi a pancada. O susto veio nos dias seguintes quando um comunicado do RH que indicava a impossibilidade do acúmulo do banco de horas no home office chegou ao e-mail de todos na Redação. Foi um caos. "Gente, com esse e-mail do rh, vamos perder as horas extras e plantões que fizemos no home office?", "grupo aqui tá em chamas", "já fui pro pau", "amanhã todo mundo volta pra redação e pronto", "td mundo trabalhando loucamente", "caiu como uma bomba aqui. Editoria está sendo esfolada e essa informação causou um descontentamento gigante...". O sindicato foi acionado, e os editores procuraram o comando do jornal. Nessa espera, mais mensagens: "a pressão tem que ser rápida e grande. As pessoas estão inconformadas", "basicamente perguntar se as horas extras não serão contadas", "destacar que os editores deveriam ter sido comunicados antes" e "que todo mundo está irritado". Duas horas depois, a resposta da empresa: "as regras do comunicado não valerão para a Redação. Mandaremos *vale este* em instantes". O recuo rendeu comemoração, brincadeiras e até a simulação de uma manchete no grupo dos editores: "é isso aí, vitória da classe trabalhadora", "vitória do chão de fábrica da redação" e "RH recua após pressão de gestores".

Foi sob esse clima que se iniciou em maio uma maratona de assembleias com o sindicato após o anúncio do corte de salários que valeria para junho, julho e agosto. Os jornalistas iriam assinar a adesão de forma coletiva, não mais individual. Antes disso, porém, queriam que a empresa se comprometesse com alguns benefícios que pudessem ao menos atenuar a redução nos salários.

A etapa imediata após a confirmação do corte de salário foi a de tirar as dúvidas práticas sobre algo nunca enfrentado. Como saber exatamente qual é o corte de salário de cada um? Quando isso será decidido e divulgado? Qual será o valor da multa devida caso o profissional seja demitido durante o período de estabilidade? O plano de saúde será mantido normalmente? O esquema de plantão será mantido (uma vez por mês, sábado e domingo, com direito a um dia de folga na semana seguinte)? Se trabalharmos além do total de horas previstas, essas horas serão somadas ao saldo atual do banco de horas? Se não, haverá pagamento de horas extras? Se houver demissão durante o período da redução e houver crédito no banco de horas, elas serão pagas como horas extras? Existe a possibilidade de a redução de jornada/salário ser revogada antes do fim previsto? Haverá alguma compensação das despesas pagas pelo funcionário para trabalhar em home office (energia, internet, etc.)? Haverá demissões antes de o acordo entre empresa e sindicato ser fechado? Férias e 13º serão pagos levando em conta o salário integral ou será proporcional ao corte? O corte de salário é aplicado também à licença-maternidade?

O início das negociações se deu em duas frentes. Assembleias on-line organizadas pelo Sindicato dos Jornalistas Profissionais do Estado de São Paulo e um grupo de WhatsApp criado pelos repórteres da Redação para o qual os editores nem sequer foram convidados. Era o chamado "grupão", com gente de todas as áreas. Na época, incomodou-me nem ao menos ter sido chamado a participar. Também não quis fazer o caminho contrário de me convidar. Era preciso entender a angústia e a autonomia dos organizadores. "Se repórteres querem se organizar sozinhos e não chamaram os editores, parabéns. Podem ir à luta. Não vou pedir pra entrar onde não fui convidado", desabafei com uma pitada de ironia em um grupo só com editores. Disse que torcia pelos repórteres, que fossem em busca de suas reivindicações e que tivessem sucesso. "É o momento deles", completei em outra mensagem.

No dia 21 de maio, restando duas semanas para o início dos cortes e com nada assinado até aquele momento, pedi para ser adicionado a um outro grupo, o "Folha/sindicato". Aos poucos, sem forçar, fui tomando frente nas negociações. Tinha conversas mais diretas com a minha equipe, buscava ser propositivo no grupo com o sindicato, no qual quase todos os jornalistas estavam presentes, e iniciava também um canal com a direção do jornal. Com isso, conseguia deixar o comando ciente das tensões e das principais reivindicações e também mantinha a minha equipe alerta sobre o que tinha mais chances de avançar e o que era visto como mais complicado nas negociações. Um dos principais entraves é que promessas iniciais feitas oralmente ainda não estavam formalizadas no papel. Isso era motivo de desgaste a cada vez que a empresa respondia ao sindicato. "A resposta à ajuda para home office é um primor", "chocada com essa parte", "deve haver algum erro", "se tiver um antiácido à mão tb tô aceitando" e "eles não se comprometeram com nada. Isso ficou claro" foram mensagens no grupo com o sindicato. Enquanto isso, o "grupão" só com os repórteres pegava fogo. "Qual o clima no grupo dos repórteres? Rebelião?", perguntei a um integrante da equipe. "Chegando lá", esse respondeu.

Na tarde deste mesmo 21 de maio haveria uma nova assembleia. O tempo corria contra os jornalistas, e diferentes reivindicações ainda estavam em aberto. Entre outros pontos, estabilidade por um período maior que os três meses da medida provisória, compensação financeira adicional que preservasse a remuneração acima do piso, subsídio de R$ 150 como compensação pelos gastos com água, luz e internet no home office e controle de jornada diária com o ponto eletrônico no trabalho remoto. Foram duas horas e meia de uma assembleia que ainda contou com perrengues como queda de internet e falhas em microfones. O sindicato teve de aprender na marra a colocar de pé e conduzir reuniões com centenas de pessoas. As votações ocorriam pelo chat, e a própria adesão em massa era uma novidade para eles, acostumados a redações até então tímidas em assuntos relacionados a reivindicações desse tipo.

"Olá, pessoal: a Folha mandou nova proposta, mexendo em três itens: controle de jornada, R$ 150 para home office e a garantia provisória de emprego para quem volta de licença-maternidade", anunciou no grupo o jornalista Paulo Zocchi, então presidente do sindicato.

As boas notícias do início da tarde serviram de combustível para a assembleia, e uma nova contraproposta dos jornalistas foi preparada e enviada. O comando da *Folha* a recebeu e respondeu quase de forma instantânea para o sindicato. "Agradecemos, mas infelizmente não temos mais como conceder qualquer pedido. Assim entendemos que não obtivemos êxito em nossa negociação, seguiremos conforme a lei permite. Grato." Quem lia aquilo custava a acreditar. "E agora?", uma jornalista perguntou no grupo.

"Agora a gente se fodeu", respondeu um colega. "A posição da empresa foi de encerrar as negociações", completou o presidente do sindicato.

Seguir conforme a lei era o pior dos mundos. Basicamente, a *Folha* anunciava a retirada de sua proposta coletiva para adotar a opção de acordos individuais. Isso jogava no lixo todos os avanços por benefícios conquistados até então nas negociações com o sindicato e escancarava a possibilidade de demissão aos que não assinassem a adesão. O clima na Redação ficou tenso e imprevisível. Uma bomba-relógio. Os relatos chegavam aos editores: "gente, clima tá tenso no grupão dos repórteres", "recebo relato de radicalização. Falando em greve etc." e "tb recebi, mas parece que são só black-blocs". Fato é que não havia mais nenhuma margem para avançar na negociação. Naquela situação já seria lucro se conseguíssemos manter o que havia sido sinalizado antes e a empresa permitisse que o acordo fosse aprovado em assembleia e via sindicato. Ou seja, o comando do jornal precisaria recuar. Foi o que eu e Luciana Coelho, então editora de Cotidiano, buscamos em conversas de emergência com Dávila naquela tarde. De um lado estava o diretor de Redação que fazia a interlocução direta com quem manda nos cofres da empresa. De outro lado os editores das áreas responsáveis por Bolsonaro (eu) e pela linha de frente da pandemia (Luciana) e que tinham alguma influência sobre jornalistas que atuavam na liderança das assembleias e do "grupão". Todos os três tinham muito a perder e saímos dessas conversas com o indicativo de que uma solução diplomática nos moldes do que sugerimos seria buscada nas próximas horas.

Rolou. No início da noite o presidente do sindicato voltou ao grupo e anunciou a convocação de uma nova assembleia, para as 13 horas do dia seguinte. "A discussão da assembleia vai se dar nos seguintes termos: a empresa não vai mais mudar sua proposta. Então, temos de decidir se aceitamos a proposta feita como Acordo Coletivo ou se rejeitamos." Quem entendeu o buraco em que estávamos enfiados comemorou esse anúncio e a chance de darmos, mesmo que de forma simbólica, a palavra final.

Foi por um triz. A carta do acordo individual estava pronta para ser distribuída aos jornalistas, em mais um dia que parecia interminável. Foi nesse mesmo 22 de maio que o ministro Celso de Mello, do STF, decidiu tornar público o vídeo da reunião ministerial citada por Sergio Moro como um indício de que Bolsonaro desejava interferir na autonomia da Polícia Federal. As equipes de Brasília e de Política estavam mergulhadas nisso. Foi também nesse dia que Bolsonaro decidiu atacar a *Folha* por causa de uma reportagem segundo a qual um de seus irmãos havia tentado entrar sem máscara em um açougue no interior de São Paulo, o que contrariava as regras sanitárias locais. O presidente colocou em xeque a apuração, o que me obrigou a preparar às pressas um relatório à direção do jornal. Naquele dia troquei 71 mensagens de WhatsApp com Dávila, quase todas sobre o acordo com o sindicato. As últimas delas, porém, foram reservadas para o caso do irmão de Bolsonaro. Houve tempo ainda para rápidas impressões com a editora de Cotidiano.

> [22/05/2020 20:38:03] Eduardo Scolese: Acho que vou desabar amanhã após a assembleia
> [22/05/2020 20:38:10] Eduardo Scolese: Tá foda
> [22/05/2020 20:38:27] Eduardo Scolese: Tá foda segurar tudo isso
> [22/05/2020 20:38:37] Luciana Coelho: Tá mesmo
> [22/05/2020 21:15:44] Luciana Coelho: Repórteres aqui acham q passa amanhã. Se não passar vai ser FODA
> [22/05/2020 21:17:12] Eduardo Scolese: TEM que passar

Enfim entramos no sábado da assembleia. Naquela tarde de 23 de maio o acordo coletivo de trabalho foi aprovado. Na comparação com jornais concorrentes, arrancamos no limite algo menos ruim, como a estabilidade de um mês acima dos três meses da validade da medida e uma compensação paralela para que os salários de até R$ 7.000 fossem preservados (ou seja, haveria o corte de 25%, mas um valor proporcional seria pago em paralelo).

O saldo geral era de esgotamento e feridas.

Em 1º de junho começaria a redução de 25% da jornada de trabalho da Redação, e cada editor havia recebido carta branca para elaborar o seu plano de escala da equipe e colocá-lo em prática ao longo dos três meses seguintes, desde que se comprometesse a cumpri-lo de forma rigorosa. Cada profissional não poderia ultrapassar 136,5 horas de trabalho em junho, 142,25 em julho e 136,5 em agosto. Isso dava uma média de sete horas ao dia. Qualquer hora trabalhada além disso deveria ser compensada com folga dentro desses três meses. Não haveria margem para um faz de conta. Nem havia clima para isso. A motivação geral era para que a redução fosse feita à risca, já que os salários também estavam reduzidos.

A demanda por notícias estava altíssima, mas estávamos engessados com uma escala reduzida. A promessa do comando da Redação era reduzir os pedidos para os editores. "No grupo estavam zoando que os pedidos da SR precisariam reduzir em 25%", escreveu-me um dos editores. "Impossível", respondi em tom de brincadeira sincera.

Roberto Dias, secretário de Redação, telefonou-me naquela semana e deu a notícia de que poderíamos contratar dois jornalistas freelancers para atuar na equipe nos três meses de redução de jornada. "Ah, Dias me ligou por fora agora. Teremos dois frilas nesses 90 dias. Já chamei a Dani. Tem a Géssica também", escrevi para os demais editores de Política em tom de alívio e de comemoração.

Na condição de editor, além de amparar a equipe, tive de buscar formas de animá-la aos poucos, apresentar o ponto de vista da empresa sobre a manutenção dos empregos e imediatamente montar uma escala na qual pudéssemos reduzir as jornadas sem comprometer tanto o equilíbrio das peças.

Dávila havia dado carta branca sobre como os editores controlariam suas próprias jornadas nesses três meses de adesão à medida provisória. Aquilo que não fosse alcançado como meta no intervalo oficial de junho a agosto seria compensado depois. O controle, porém, seria obrigatório. Entrei na escala semanal de folgas, mesmo que usasse esses dias, fora de reuniões e da rotina oficial, para dar conta da burocracia e dos e-mails acumulados. No geral, foi impossível cumprir a minha meta. Terminei os três meses com um saldo de 119 horas além do planejado, que me renderam dezessete dias de folgas que foram gozadas aos poucos nos dois anos seguintes. O restante da equipe zerou as metas, com um sacrifício extra ao final de cada mês.

Ter elaborado e implementado a complicada escala de trabalho nos três meses de redução de jornada é um dos exemplos do papel de gestor que um jornalista precisa exercer em um cargo de chefia na Redação. De tempos em tempos, Dávila cobrava dos editores: "Vocês precisam ser gestores". Essa atribuição envolve uma infinidade de tarefas, sendo a principal delas reger a equipe dentro dos padrões jornalísticos da empresa. Em linhas gerais, seguir o *Manual da Redação*, uma espécie de Bíblia da *Folha*, com normas e recomendações, de diretrizes éticas a procedimentos gerais do dia a dia.

O editor ocupa um cargo de confiança da direção do jornal e tem autonomia para implementar do seu jeito o que está escrito no manual.

Com essa carta branca, sem um roteiro robotizado pelo RH, utilizei parâmetros que considero essenciais para atuação e harmonia de uma equipe. Nada está escrito em pedra nem tem a pretensão de ser infalível, mas resume os objetivos a serem buscados com base no que acumulei como repórter, no que pude observar na atuação de meus superiores ao longo dos anos e também em erros e acertos em minha trajetória em cargos de chefia.

Começo aqui pelo gerenciamento da equipe. Em resumo, temos mais notícias potenciais do que gente na Redação para transformá-las em reportagens de qualidade. Aí entra o papel do editor de filtrar o que mais interessa ao leitor e de selecionar qual força de trabalho será despejada sobre cada assunto. Não há margem para desperdício de tempo e de gente. Por isso o editor precisa ter um mapa atualizado do que acontece em sua editoria, o que cada um está fazendo e qual o prazo para a entrega de cada texto combinado. Esse mapa também ajuda diante da necessidade de mudança de rota em caso de notícias urgentes, situação que ocorria quase que diariamente sob Bolsonaro. Os editores conseguem saber quem estará mais disponível naquele momento para mergulhar em um novo tema. Para a operação dessa engrenagem, tornamos obrigatório na editoria o chamado "noite/dia", que nada mais é do que um e-mail enviado ao final do expediente no qual o repórter indica em poucas linhas aos editores quais serão suas prioridades no dia seguinte, como finalizar uma reportagem, investir na apuração de um novo tema e que estará em um café ou almoço com essa ou aquela fonte. Nesse e-mail, que precisa ser curto e objetivo, os repórteres podem indicar também que estão sem pautas quentes e à disposição caso apareça algo novo a ser coberto de forma inesperada. Ao ler cada um desses e-mails entre a noite anterior e a manhã seguinte, os editores respondem com um simples ok, indicam ajustes ou fazem novas orientações. Assim há em mãos o mapa completo da equipe, com domínio sobre aquilo que está sendo feito. Apurações de temas que não interessam aos editores são abortadas antes que se perca tempo com elas. O repórter precisa seguir sempre no rumo ajustado.

Dentro ainda do processo de gerenciamento da equipe, sempre busquei ter o entendimento de que cada repórter tem um estilo próprio, como de personalidade, agilidade e estilo de texto. Se esse profissional é capaz de oferecer um produto final de qualidade, cabe ao editor entender esse estilo, adaptar-se a ele e também fazer com que esse repórter entenda as características e orientações de sua chefia direta. Tudo isso é um ajuste fino a ser feito com transparência, bom senso e sem intercorrências que possam criar barreiras e minar confiança e hierarquia. Nessa relação entre chefia e equipe, o editor precisa controlar vaidades, evitar privilégios para esse ou aquele e também ter a sensibilidade de compreender que repórter é como jogador de futebol, com fases boas e ruins. A ruim deve ser avaliada em conjunto sobre seus reais motivos. Problemas financeiros, de saúde ou de relacionamento afetam a Redação, já que o repórter precisa de cabeça boa para ter ideias e assim render bem. Invariavelmente, após notar um desempenho abaixo do normal ou até respostas mais ríspidas incomuns como sinais de gatilho, fiz conversas individuais nas quais profissionais da equipe relataram o que acontecia com eles. Precisei apenas perguntar se estava tudo bem, e o desabafo veio em seguida como uma enxurrada.

Um bom planejamento ajuda no gerenciamento da equipe. Algo trivial e fundamental é o repórter entender o que o editor espera dele, a curto, médio e longo prazos. Isso traz segurança e eficiência. Foi-se o tempo em que na Redação havia sobra de gente, e uma série de reportagens eram apuradas, escritas e não publicadas. Algo assim nos dias de hoje, com equipes enxutas, é um desperdício que joga contra a gestão do próprio jornal. Por isso, além da cobrança por um "noite/dia" diário, o editor precisa planejar de forma minuciosa a publicação de cada texto. Trata-se de uma estratégia para que cada reportagem tenha a melhor vitrine possível tanto na Homepage do site como na edição impressa. A editoria de Política coloca no ar uma média de quinze a vinte reportagens por dia. Aquelas mais factuais, com notícias quentes, são publicadas no site assim que ficam prontas. Outras, consideradas exclusivas, são distribuídas ao longo do dia para que uma não sobreponha a outra em destaque e audiência. Essa valorização de cada texto ajuda a manter em alta a autoestima da equipe e a atingir as metas internas de audiência.

Foi-se também o tempo daquele estilo de repórter caótico, tratado como folclórico dentro da Redação. O sujeito aparecia de vez em quando com uma boa história, mas na maior parte do tempo dava trabalho com textos ruins, retornos prolixos, vai e vem em apurações e guerra de vaidades com colegas da equipe. O processo de enxugamento das Redações a partir dos anos 1990 e estabilizado em um período mais recente ajudou a descartar esse tipo de profissional. Hoje um repórter tem a obrigação de dominar todas as ferramentas do sistema de produção e edição, além de seguir os padrões básicos de convivência e planejamento. O papel de orientação é primordial no dia a dia, e o editor não tem mais tempo para atuar como babá de repórter.

E o que esperar de um repórter? Essa é uma pergunta comum em conversas com trainees da *Folha* e estudantes de jornalismo. A lista é ampla e pode variar de editor para editor. Costumo elencar a capacidade de organização como um item essencial. Isso inclui, por exemplo, assumir compromissos que possam ser cumpridos com a chefia, como o prazo para a entrega de um texto e o tamanho combinado. Tudo isso pode ser ajustado, obviamente, mas deve ser combinado antes. A capacidade de definir o que é uma pauta, qual sua ambição e o cronograma de trabalho são essenciais. A concisão é outro ponto relevante para um repórter. Isso significa escrever um texto claro e objetivo sem o drama final de não conseguir cortar os caracteres excedentes. O domínio do assunto, a diversidade das fontes, o respeito com os entrevistados, a capacidade de trabalho coletivo, a obsessão pelo contraditório e o desapego a teses prontas são também pontos fundamentais entre as características para um bom repórter. Na Redação, não temos compromisso com o erro. Ele deve ser evitado ao máximo, mas, como inevitavelmente ele acontece, deve ser corrigido imediatamente e informado ao leitor. Todos os aspectos aqui citados têm pouca relevância sem o talento e a determinação do profissional, como dominar o assunto, ter a sacada do que é interessante levar ao leitor e atuar com obstinação na busca da informação precisa e exclusiva.

Ter um chefe empolgado e qualificado na retaguarda é sempre importante. O repórter sente segurança em situações mais complicadas e isso pode ser decisivo em algumas delas. Aconteceu comigo em 2006. Era uma sexta-feira, 29 de setembro. Estávamos a dois dias do primeiro turno das eleições gerais. Eu era repórter setorista do Palácio do Planalto, acompanhava Lula em todos os cantos e não era diferente naquele dia em Brasília. De repente, chegou a notícia sobre o desaparecimento de um Boeing da Gol na região amazônica. Assim que soube da tragédia, escrevi para Igor Gielow, então chefe de reportagem da sucursal de Brasília, e me coloquei à disposição do jornal para viajar ao local do acidente. O ponto exato da queda ainda não estava claro, a aeronave não havia sido localizada e falava-se de um último contato registrado na região da serra do Cachimbo, na divisa entre o sul do Pará e o norte de Mato Grosso. O jornal topou. No dia seguinte, eu e os repórteres-fotográficos Alan Marques e Sérgio

Lima embarcamos em um jatinho fretado pela *Folha* em direção a Sinop, em Mato Grosso. Desse aeroporto saímos em um carro alugado rumo a Peixoto de Azevedo, no extremo norte do estado. Foram 200 km pela BR-163 até a chegada ao hotel já no início da noite. No dia seguinte, logo cedo, partimos os três rumo à fazenda Jarinã, onde a Aeronáutica havia montado uma base improvisada para concentrar as buscas. Subimos mais um pouco pela rodovia federal até pararmos em frente a um bar de esquina para pedirmos informação sobre o caminho até a propriedade. Não havia GPS. "É só seguir reto aqui", disse um morador, apontando para uma estrada de terra. Rodamos 300 km por seis horas floresta adentro até cruzarmos uma estrutura de madeira à esquerda que indicava a entrada da Jarinã. Daquela porteira até a sede da fazenda, foram mais 50 km em estrada de chão. Chegamos ao local por volta das 15 horas, e passei a reunir informações com os militares presentes. Na fazenda não havia telefone, muito menos sinal de celular. O sinal mais próximo estava na cidade de Peixoto de Azevedo, ou seja, a sete horas pelo menos de onde estávamos. Mesmo que saísse correndo às 17 horas, só conseguiria entrar em contato com a Redação por volta da meia-noite, com a edição impressa já concluída. Lembrando que, naquela época, o noticiário on-line era absolutamente secundário, e a informação precisava estar no papel do dia seguinte. Corri então para uma estrutura na qual funcionava a administração da Jarinã. Subi uma escada de madeira e lá estava uma espécie de gerente da propriedade. Disse a ele que pagava o que fosse necessário para usar por alguns minutos uma linha telefônica. Ele percebeu meu desespero, informou que não havia nenhuma linha disponível, mas foi gentil ao oferecer o que ele tinha em mãos: um radioamador, algo que eu nunca tinha visto e muito menos manuseado. Foi o jeito. Para minha sorte, o mesmo Igor Gielow estava de plantão quando completei aquela ligação. Naquele aparelho, é preciso apertar um botão para falar e soltá-lo para ouvir. Ainda bem que Igor sabia disso. Assim que ele atendeu, avisei que estava com um radioamador em uma fazenda no meio da floresta e que iria soltar para ele de forma rápida e picada as principais informações que havia coletado. Eram por volta das 17 horas daquele domingo e não disse ali mais do que cinco frases, sempre intercaladas com pausas para o aperto do botão e o início da fala seguinte: "Acharam a caixa-preta", "os primeiros corpos foram localizados e retirados" e "o Boeing caiu de nariz na floresta" foram algumas delas. Igor transformou aquilo em textos, e no dia seguinte meu nome assinava três reportagens da edição impressa. Ainda naquele dia soube por uma TV dos funcionários da fazenda que Lula e Geraldo Alckmin disputariam o segundo turno da eleição presidencial. Dormi no carro e peguei o caminho de volta na manhã seguinte.

O *Manual da Redação* da *Folha* tem bem mastigadas orientações para se fazer um jornalismo de qualidade. Um passo a passo bem didático. No campo da cobertura política, destaco duas delas, a informação obtida off-the-records (fora dos registros, em inglês) e o chamado "outro lado".

O off, no jornalismo, é a apuração feita com base em fontes mantidas no anonimato. Aquelas que passam a informação ao repórter, mas pedem para não terem seus nomes citados na reportagem. Na cobertura política, trata-se de um recurso importante, mas que deve ser adotado com cautela. Além disso, a informação passada em off deve ser sempre checada com mais fontes, para que esse cruzamento dê a tranquilidade ao repórter e ao editor de que a notícia tem fundamento.

Já o outro lado, ressalta o manual, é um elemento integrante da apuração, não uma mera declaração a ser registrada de forma burocrática. Ele é adotado quando o jornalista se depara com alguma informação que seja desfavorável a alguma pessoa, entidade ou governo. Uma denúncia contra um determinado político, por exemplo, que deve ser procurado e ouvido sobre os pontos levantados na apuração. O manual é bem claro sobre a relevância desse procedimento. "O repórter deve estar disposto a buscar novos enfoques, mudar sua hipótese de trabalho ou derrubar a pauta após ouvir o outro lado."[17] E prossegue: "Um bom editor se caracteriza não só pelos conteúdos que publica mas também pelas apurações que manda refazer ou descarta quando não produziram resultado de boa qualidade".[18] É comum que, logo após ser informada sobre o teor da reportagem, determinada autoridade procure diretamente o editor ou integrantes da Secretaria de Redação e da Direção de Redação para reforçar suas ponderações ou preocupações com o outro lado.

Sob Bolsonaro, esses outros lados ouvidos de forma correta somados às apurações próprias dos repórteres nos levaram a produzir reportagens de tom crítico. Há exemplos sobre as atuações do STF no inquérito das

---

[17] Manual..., 2018, p. 70.

[18] Manual..., 2018, p. 71.

fake news e do Ministério Público do Rio de Janeiro na investigação das "rachadinhas" ligadas ao gabinete de Flávio Bolsonaro na Assembleia Legislativa do estado. O outro lado feito de forma correta proporciona também uma sensação de alívio de não embarcarmos em apurações somente a reboque da concorrência e das redes sociais. Foi o que aconteceu nas polêmicas vazias em torno das compras de leite condensado pelo governo e de Viagra pelas Forças Armadas. Apuramos ambos os casos e decidimos ignorá-los por falta de relevância jornalística. O caso do leite condensado, por exemplo, viralizou a partir de postagens distorcidas. O portal *Metrópoles*[19] havia incluído o valor no meio de uma reportagem sobre gastos gerais do governo com alimentos. O dado foi tirado de contexto nas redes sociais e ganhou tração para atacar Bolsonaro. O caso do Viagra teve um caminho semelhante. A compra do medicamento pelos militares surgiu de um levantamento feito pelo gabinete de um deputado da oposição e logo ganhou as redes sociais, mais uma vez de forma distorcida.

Um repórter de Política deve manter boas relações institucionais com todos os espectros de sua área de cobertura. Por exemplo: ter canais abertos com parlamentares, governantes, dirigentes e assessores de partidos de centro, direita e esquerda. Quando falo sobre isso com novos jornalistas, cito os meus tempos de repórter especializado na cobertura de reforma agrária no início dos anos 2000. À época, tinha abertura tanto do lado dos ruralistas como dos sem-terra, um troféu diante da alta tensão do tema. Era convidado e recebido para a cobertura de um churrasco da UDR (União Democrática Ruralista), por exemplo, e tinha aval para visitar acampamentos e assentamentos do MST (Movimento dos Trabalhadores Rurais Sem Terra).

A malícia necessária para a cobertura jornalística de Política não se aprende na faculdade, e sim no dia a dia da Redação. Por isso considero que a cobertura de Cidades, não de Política, é idealmente a porta de entrada para um jornalista recém-formado. É ali que o repórter vai gastar a sola de sapato no relato sobre um buraco de rua, uma pane em semáforos, uma chacina, uma greve de motoristas de ônibus ou de professores, as consequências de uma enchente ou uma manifestação qualquer de servidores ou estudantes. O chamado jornalismo de rua fornece casca ao jornalista. Esse aprimora técnicas para entrevistas, conhece de perto o

---

[19] Lima, R., 2021.

impacto de programas oficiais, amplia a lista de fontes, ouve os problemas diretamente da população e consegue mudar o rumo de uma reportagem a partir de sua própria apuração. Muitas vezes o repórter sai da Redação com uma ideia de pauta e, quando se defronta com os fatos, percebe que há um outro caminho a seguir. O repórter que vai para a rua com uma pauta factual aprende na marra a se virar para escrever o texto e fazê-lo chegar ao editor, independentemente das dificuldades que tenha para isso. O repórter precisa apresentar a solução, não o problema.

Vivi um caso tenso na cobertura da viagem de Lula ao Haiti em 2004. O presidente queria ganhar pontos com a ONU e decidiu visitar os militares brasileiros que atuavam sob o comando do general Augusto Heleno na missão de paz no pobre e turbulento país caribenho. Meses antes, rebeldes armados haviam avançado contra a capital, Porto Príncipe, e forçado a renúncia do então presidente, Jean-Bertrand Aristide. A cereja do bolo da visita seria um jogo amistoso entre as seleções brasileira e haitiana. Era uma viagem complicada sob vários aspectos. Para o credenciamento, por exemplo, tive de passar por uma bateria de vacinação obrigatória: febre amarela, Sabin, hepatite A, hepatite B, dupla adulto, dupla viral, meningocócica A/C, febre tifoide e antirrábica. O deslocamento foi caro, e a logística, complicada. Desloquei-me primeiro para a República Dominicana, onde Lula cumpriu agenda oficial. A viagem ao vizinho Haiti ocorreria somente na manhã da visita às tropas e do jogo amistoso. Tudo em cima do laço. Eu e os demais colegas jornalistas nos deslocamos de Santo Domingo a Porto Príncipe de carona no avião reserva da Presidência, aquele Boeing da FAB (Força Aérea Brasileira) apelidado de sucatinha. Assim que desembarcamos, oficiais do Exército que faziam a segurança da comitiva informaram que somente seríamos levados aos hotéis após o jogo da seleção. Celular, ali, era um artigo de luxo. Ainda no aeroporto usei um aparelho emprestado apenas para avisar o jornal que estava em Porto Príncipe e que o envio das reportagens e um novo contato somente ocorreriam no final da tarde ou no início da noite, bem perto do prazo limite para o fechamento da edição impressa. O fuso horário jogava contra. Estávamos com duas horas a menos em relação a Brasília, e o jogo amistoso estava previsto para acabar por volta das 19 horas (horário de Brasília). Ou seja, eu teria apenas uma hora após o fim do jogo para conseguir uma conexão e enviar a reportagem a tempo de ser incluída na edição impressa. Como se tratava de uma visita presidencial envolta em uma série de simbolismos, não seria aceitável que a edição do dia seguinte da *Folha* não tivesse reportagens sobre o tema assinadas pelo enviado especial. No meu caso, seria primeiro uma tragédia profissional, sem falar na real possibilidade de ganhar o carimbo daquele que foi enviado a uma missão e que não a entregou. De terno e gravata, suava frio diante dessa possibilidade, em meio a um calor de 40 °C. Como relatei com Leonencio Nossa no livro *Viagens com o presidente*, "a cada parada do presidente, os repórteres se ajeitam num canto qualquer para digitar em seus laptops o que vai acontecendo no decorrer do dia – visita às tropas, discursos, clima na cidade, trabalho do Exército. Tudo para adiantar ao máximo o serviço e, quem sabe, entrar no hotel e ter 'apenas' o trabalho de fazer o check-in, correr para o quarto, conectar-se à internet (sabe-se lá como) e enviar os textos".[20] Quando chegamos ao estádio, fomos levados por militares brasileiros a duas cabines reservadas à imprensa. Havia cadeiras, uma bancada com dois aparelhos de telefone e uma ampla visão do gramado. Esqueçam wi-fi e internet a cabo. A primeira coisa que fiz foi conectar meu laptop na tomada e ligá-lo. A tarefa seguinte seria decisiva: testar o que aquela linha telefônica poderia nos oferecer. Primeiro tentei um telefonema a cobrar para o Brasil, pois, se não tivesse conexão pela internet, poderia ao menos ditar meu texto para alguém. Nada feito. Aquele telefone só fazia ligações locais. Restava a tentativa padrão, a de retirar a linha preta do aparelho de telefone e conectá-la diretamente ao laptop. Iniciei ali uma tentativa de conexão discada por meio de um provedor de internet local conveniado a um servidor brasileiro. Jornalistas de outros veículos ao meu lado torciam pelo sucesso da operação, pois também dependiam de alguma conexão para enviar seus textos ao Brasil. O relógio jogava contra. Cliquei no botão "conectar". De repente, uma explosão de alegria. "Aquele chiado irritante do sinal de conexão", como descrito em *Viagens com o presidente*, foi "comemorado como se fosse um gol da seleção. Pulos, gritos e abraços marcam a cena".[21]

O fato de ter sido repórter e de ter trabalhado em diferentes tipos de cobertura me ajudam, como editor, a orientar a equipe no momento de

[20] Scolese; Nossa, 2006, p. 126.

[21] Scolese; Nossa, 2006, p. 127.

uma reportagem de rua, como uma manifestação na avenida Paulista ou uma viagem presidencial. A rotina de ter atuado em Brasília na cobertura do Palácio do Planalto também me deu agilidade para escrever textos de discursos. Em 2006, em uma viagem presidencial a Sergipe, corri atrás de Lula desde cedo em quatro diferentes eventos no estado, com direito a um discurso diferente em cada cerimônia e ainda uma entrevista coletiva no meio de tudo isso. Por volta das 18 horas, quando falei com a chefia em São Paulo e combinei a produção de quatro textos, estava em cima de um palanque diante do quinto evento do dia. Para me organizar e mandar tudo, fechei comigo mesmo um planejamento a ser seguido à risca: o primeiro texto seria enviado até 18h30, outro até as 19 horas, outro até 19h30 e o último até as 20 horas. Isso daria um fluxo e uma certa tranquilidade. Deu certo. Ter passado por experiências desse tipo me auxiliam, como editor, a fazer dobradinha com o repórter que esteja no palanque da imprensa num evento oficial fora de Brasília diante de um presidente da República, quando as condições para preparar e enviar um texto são sempre mais precárias. Sob Bolsonaro, da Redação, acompanhava a transmissão ao vivo do discurso presidencial e, com um arquivo de texto aberto, redigia de forma simultânea as principais falas do presidente e já publicava a primeira versão da reportagem assim que surgisse uma primeira frase mais forte noticiosa. A vantagem era que, na condição de editor, eu escrevia, definia o título e publicava sem intermediários.

A noção do tempo para a produção de um texto e as condições de envio são essenciais no planejamento de uma cobertura. No caso já contado sobre o Haiti, tive uma dose de sorte. Em outro, desta vez na Antártida, o sangue frio foi a arma para não naufragar no meio de uma cobertura presidencial.

Estávamos em setembro de 2008, quando Lula decidiu visitar a base brasileira na Antártida, e lá fui eu enviado pelo jornal. Não há voos diretos. Por isso o deslocamento seria feito em etapas. Primeiro fiz o trajeto Brasília-São Paulo-Santiago-Punta Arenas. Essa última cidade, no extremo sul do Chile, seria o ponto de encontro da comitiva para, de lá, partirmos rumo ao continente gelado. No dia inicialmente programado para o deslocamento, a missão foi abortada minutos antes devido ao mau tempo. No dia seguinte, com a abertura da janela climática, partimos em dois Hércules da FAB. Um com Lula, a primeira-dama Marisa Letícia e alguns ministros, e outro com assessores e jornalistas. Éramos poucos, já que não havia espaço para uma ampla comitiva. Após três horas de voo, pousamos na base Presidente Eduardo Frei Montalva, mantida pelo Chile na Antártida. De lá, ainda na pista, embarquei em um helicóptero Black Hawk da Força Aérea chilena em direção à base brasileira, que nada mais era do que uma fileira de contêineres que abrigava militares e pesquisadores para períodos de estudos. Lula chegou logo em seguida em um helicóptero da Marinha brasileira e iniciou a visita ao local. A margem de tempo era curta, já que toda a comitiva precisaria retornar ainda naquele dia para Punta Arenas, onde estava estacionado o Airbus presidencial. Lula fez um tour pela base, conversou com militares e pesquisadores e parou para uma entrevista à imprensa. Deu ali uma coletiva de uns vinte minutos onde falou de tudo um pouco: tratou da crise em torno dos gastos do cartão corporativo da Presidência, prometeu ampliar os investimentos na base brasileira na Antártida, lamentou um furto de computadores com informações estratégicas da Petrobras e ainda enalteceu a conquista de um prêmio internacional pelo filme *Tropa de elite*. Lula encerrou a coletiva e se dirigiu a um espaço da base para o almoço. Uma assessora levou os jornalistas a uma sala reservada à imprensa, com cabines, computadores e uma boa conexão com internet via satélite, e deu o recado: "Assim que acabar o almoço do presidente, partimos imediatamente". Calculei que teríamos de uma hora a uma hora e meia de prazo. Em casos assim, não há negociação. Trata-se de uma questão de segurança presidencial, e nós da imprensa, como estamos de carona, temos de seguir as ordens. Mandei logo um e-mail para a chefia da sucursal de Brasília (quem estava no comando do plantão naquele dia era o jornalista Fabio Victor) e avisei que mandaria quatro textos: um sobre cartão corporativo, um sobre a base da Antártida, um sobre Petrobras e um último sobre *Tropa de elite*. Sugeri ainda mandar pequenas notas para serem editadas junto com as reportagens de política. Primeiro tirei a fita (como chamamos a prática de ouvir a fita cassete e decupar as declarações) e comecei a correr com os textos. Quando estava no meio da segunda reportagem, meu computador apagou do nada e começou a reiniciar. Absolutamente nada havia sido gravado. Fui dominado em segundos por uma corrente de calafrios. Suava desesperado, enquanto notava colegas de *O Globo* e do *Estadão* plenos ao meu lado já na reta final de suas reportagens. Tive de me recompor imediatamente. Comecei tudo do zero e fui escrevendo e mandando uma por uma. Como o almoço de Lula durou mais de uma hora, ainda me dei ao luxo de enviar as tais notinhas.

Para cobrar a equipe, é preciso dar exemplo. Ao menos em tese, isso inclui estar na linha de frente nos momentos mais tensos, dominar as ferramentas de produção e edição e defender a equipe sem vacilos nos momentos de crises e de críticas internas e externas. Em resumo, não se omitir nos momentos de adversidade nem terceirizar encrencas aos subordinados.

Não existe curso para gestor de Redação. O editor aprende na prática, com erros e acertos, escuta orientações de cima e busca referências dentro e fora do jornal para se aprimorar. Duas de minhas inspirações externas estão ligadas ao voleibol: Bernardo Rezende, o Bernardinho, e José Roberto Guimarães, o Zé Roberto, atletas olímpicos que se transformaram em referências como técnicos da modalidade e na gestão de seus grupos. Em relação a Bernardinho, costumo fazer uma analogia com a seleção masculina campeã olímpica de 2004 e tricampeã mundial (2002, 2006 e 2010). A cada título, muitas vezes conquistado no detalhe, ele cobrava mais foco e mais empenho para uma próxima competição, pois sabia da fome com que viriam os adversários derrotados. Na Redação, busco algo parecido quando emplacamos furos de reportagem. A meta é não se acomodar e imediatamente partir para novas informações exclusivas, já que, para os nossos concorrentes, a sensação de derrota momentânea vai se transformar em sede para reverter a situação. Enquanto quem lidera dá as cartas e trabalha sem pressão, quem vem na rebarba sofre para recuperar os furos até nivelar a cobertura. É um jogo psicológico, duro de enfrentar quando estamos do lado contrário. Aí entra o estilo de Zé Roberto, tricampeão olímpico, uma vez com os homens (1992) e duas vezes com as mulheres (2008 e 2012). Sua fala mansa nos pedidos de tempo em momentos de adversidade nas partidas e o jeito com que se dirige às mulheres me chamam a atenção. Zé Roberto mira a conquista do set, do jogo e do campeonato. Procuro usar um pouco dessa técnica em momentos de caos na Redação. O que adiantaria sair aos berros a cada deslize individual ou coletivo da equipe? Gravava os jogos e gostava de rever o que era dito por ele nos pedidos de tempo, quando reúne a equipe à beira da quadra e tenta tranquilizá-la: "Acalmooooou", "vamos virar essa", "é ponto a ponto".

O jornalismo, como brincamos na Redação, é uma derrota diária. Por isso superá-las é sempre urgente. Carrego do esporte ensinamentos que considero essenciais no dia a dia de uma equipe de jornalistas, como a competição externa e o trabalho coletivo interno. Cursei os ensinos fundamental e médio no Colégio Salesiano Santa Teresinha, na zona norte de São Paulo. Eram ao menos cinco quadras poliesportivas e dois campos de futebol à disposição dos alunos antes e após as aulas, sem contar os vinte minutos de recreio. Havia competições interclasses e intercolégios, e o principal evento do ano eram as olimpíadas internas, nas quais estudantes de cada série se dividiam em quatro bandeiras e se enfrentavam em diferentes modalidades por uma semana. Respirávamos competição, e os ensinamentos vinham no jogo a jogo: o par ou ímpar entre os capitães para a escolha das equipes, a indicação em voz alta de um a um dos integrantes do time, a definição entre titulares e reservas, as trocas de jogadores durante um jogo, o poder de reação em momentos de reveses dentro de uma partida, o exercício de personalidade de levantar a mão e pedir para ser um dos batedores de pênalti em uma decisão por medalha e, ao final, o aprendizado especialmente após as derrotas. Todas as experiências citadas podem ser transportadas para uma equipe na Redação, como na escolha de quem será o enviado especial a uma cobertura presidencial, no revezamento entre os repórteres na cobertura de debates, na definição sobre quem irá cobrir cada candidato em uma eleição, quem irá escrever o texto principal da pesquisa Datafolha e na assimilação do que deixamos de fazer em uma cobertura na qual fomos mal avaliados pelo comando do jornal. Se no esporte cada jogador deve estar preparado para o pênalti, o saque ou o arremesso decisivos, na Redação os jornalistas precisam estar prontos para tomar decisões sensíveis, como ao publicar às pressas pesquisas do Datafolha com título e texto recheados de números que nunca podem estar errados.

Momentos tensos da profissão formam a casca de um jornalista. Passei por alguns pequenos apuros que ajudaram nesse processo. Dois dos mais marcantes ocorreram no Pará, em coberturas quentes de conflitos agrários.

Morei em Brasília de 2004 a 2010, quando as disputas por terra ainda dominavam parte do noticiário. Os massacres de Corumbiara (1995) e Eldorado do Carajás (1996) eram recentes, a reforma agrária aparecia com destaque nas campanhas eleitorais, e o MST que havia pressionado FHC repetia a fórmula sob Lula diante da inércia do governo em cumprir as promessas históricas. Como repórter especializado nesse tipo de cobertura, mantinha no armário do quarto uma mochila pronta para viagens de emergência, pois sabia que em algum momento seria acionado para correr ao aeroporto para alguma cobertura desses conflitos. O Pará era meu destino favorito, em especial o sudeste do estado. Um voo de Brasília a Marabá é quase uma ponte aérea, em uma viagem de menos de duas horas. De lá, de carro, segue-se para locais como Eldorado do Carajás, Curionópolis, Canaã dos Carajás, Parauapebas e Xinguara. Eu torcia para que pudesse usar a mochila de emergência. Esse dia chegou em abril de 2009. Era um final de tarde de sábado, nada acontecia no plantão, até que a equipe da Agência Folha em São Paulo chefiada naquele dia pelo jornalista Jairo Marques alertou a sucursal de Brasília que um conflito entre sem-terra e seguranças da fazenda do banqueiro Daniel Dantas teria deixado feridos e possíveis mortos na região de Xinguara. Havia poucas informações, mas essas já foram suficientes para que o jornal me colocasse com o repórter-fotográfico Alan Marques no primeiro voo daquela noite para Marabá. No dia seguinte, logo cedo, partimos de carro rumo a Xinguara. Seriam cerca de quatro horas até o destino, mas na metade do caminho uma barricada do MST interrompeu a viagem. Munidos de facões, eles deixaram um assentamento ao lado da rodovia, fecharam a estrada com pedaços de madeira e passaram a proibir a passagem de veículos em ambos os sentidos. Era um protesto contra o conflito do dia anterior. Ao ver aquilo, na minha cabeça só parecia existir um relógio em contagem regressiva. O dia passava, estávamos em uma área sem sinal de celular e ainda era preciso chegar a Xinguara, apurar as versões sobre o conflito com polícia, seguranças da fazenda invadida e sem-terra, instalar-se no hotel, escrever os textos e enviá-los ao jornal até o final da tarde. Aproximei-me do ponto de bloqueio e me apresentei aos sem-terra que estavam na linha de frente da barricada. Nada feito. Ninguém passaria. A ansiedade começou a bater e optei então por um plano B. Fiz uma fala em tom de voz ampliado justamente para atingir todo o grupo que fechava a estrada. Primeiro disse respeitar a autonomia do movimento e de seu protesto. Em seguida, ponderei que a presença da imprensa em Xinguara seria a única forma de apurar e reportar o que de fato havia ocorrido no dia anterior. Que seria importante mostrarmos no jornal a situação dos feridos e ouvir os relatos de quem estava lá na hora dos tiros. Naquele momento havia baixado em mim aquele Eduardo gavião dos anos 1990 que comandava as reuniões aos novos sócios da torcida corintiana. Terminei de falar, na verdade, discursar, quando percebi uma troca de ideia entre os líderes sem-terra. Um cochichou com o outro até que um gritou: "Só passa o carro deles, pode liberar". Eu e Alan corremos para o carro e iniciamos uma lenta aproximação da barricada, desviando de pessoas e de pedaços de madeira, até que fomos vítimas de um contra-ataque de passageiros de um ônibus também parado no bloqueio. Alguns deles se revoltaram com a exceção dada à *Folha* e eles mesmos decidiram barrar o carro. "Aqui não passa. Vocês só saem daqui quando eles [os sem-terra] liberarem para todo mundo", gritou um dos passageiros que se posicionou como líder daquele motim. O clima ficou ainda mais tenso. Um outro passageiro ainda se intrometeu e fez um discurso a nosso favor e pela liberdade de imprensa, algo de arrepiar diante do local e das circunstâncias, mas que foi voto vencido. Os sem-terra só assistiam àquilo, e passamos a entrar em uma discussão que parecia interminável até que surgiu uma possibilidade de acordo. Se comprássemos alimentos para os passageiros do ônibus, esses liberariam a nossa passagem. Topamos a chantagem, colocamos o líder do motim em nosso carro, voltamos alguns quilômetros na estrada e compramos meia dúzia de garrafas de água e alguns sacos de bolacha em um restaurante próximo. Quando retornamos, a barricada já havia sido desfeita e só havia o ônibus no acostamento à espera do passageiro que estava com a gente. Em Xinguara, município a 800 km de Belém, a apuração transcorreu bem, enviei meus textos, e Alan ainda emplacou a foto da barricada na Primeira Página do dia seguinte.

Um ano antes, em abril de 2008, lá estava eu no sudeste do Pará para a cobertura de mais um aniversário do massacre de Eldorado do Carajás. Foi uma viagem programada, sem mochila de emergência, mas tensa da mesma forma. Viajei ao estado com Jorge Araujo, repórter-fotográfico também acostumado às andanças pelo Pará. Daquela vez, a efeméride continha um ingrediente que poderia se tornar explosivo: um grupo de cerca de quinhentos garimpeiros oriundos de Serra Pelada havia se unido ao MST e montado um acampamento próprio às margens da ferrovia Carajás. A promessa deles era a de, em 17 de abril, data do massacre de 1996, promover uma barricada, paralisar os trens e interromper o transporte de minério da Vale, declarada inimiga deles e dos sem-terra. Eu e Jorge chegamos dois dias antes a Parauapebas, visitamos o acampamento e preparamos uma reportagem de apresentação publicada sob o título "Tensão entre Vale e garimpo marca 12 anos de massacre". Do centro do município até o acampamento eram cerca de 30 km, sendo mais da metade do trajeto sob lama e buracos. Na cidade, a meia hora dos garimpeiros, estavam de prontidão cerca de quinhentos policiais enviados de Belém, enquanto a Vale pressionava o governo do estado para evitar de qualquer forma o bloqueio da ferrovia. A notícia da semana seria a tal barricada, por isso eu e Jorge recebemos aval dos garimpeiros e avisamos o jornal que iríamos dormir no acampamento dentro do carro alugado. Assim, pela manhã, já estaríamos posicionados. Não deu outra. Às 6h58, após uma noite com forró, jogo de futebol, culto evangélico, karaokê e concurso de dança, o estouro de um rojão foi a senha para reunir todos no centro do acampamento. Enquanto eles acordavam e se juntavam, eu e Jorge fomos convidados a nos retirar. Estacionamos o carro em um terreno ao lado, escalamos rapidamente um barranco e ficamos de olho na ferrovia. Menos de dez minutos depois veio o trem. Os garimpeiros saíram em disparada e conseguiram forçar com paus e pedras a parada da composição repleta de minério de ferro. Éramos os únicos jornalistas ali. Ignoramos o aviso de nos manter afastados, descemos correndo o barranco e flagramos a retirada do maquinista e a sequência do protesto, que durou sete horas até o desbloqueio. Passamos a noite em um hotel de Parauapebas e voltamos ao acampamento na manhã seguinte. Jorge queria uma foto de um trem passando em frente ao acampamento, por isso aproveitamos a trilha descoberta sem querer no dia anterior, escalamos de novo o barranco e nos posicionamos no alto de um morro com a visão privilegiada do acampamento e da ferrovia no mesmo ângulo. Estávamos sentados, só à espera do trem da Vale, quando de repente do nosso lado esquerdo surgiram cinco garimpeiros gigantes munidos com pedaços de pau que pareciam tacos de beisebol. Pensei: "Agora a casa caiu". Nenhum deles fazia parte do grupo de lideranças do acampamento que havia me dado entrevista nos dois dias anteriores. Eles nos cercaram e passaram a fazer perguntas sobre o que fazíamos ali. Pelo tom, tinham certeza que estávamos ali a serviço da Vale para espioná-los. Rebati a suspeita, mostrei a carteira funcional da *Folha* e o bloquinho de anotações com o logotipo do jornal. Não se convenceram e apresentaram o que consideravam uma prova: o carro que usávamos e que naquele momento estava estacionado no pé do morro tinha placa de Belo Horizonte. Na cabeça deles, bingo, um carro da Vale, que é de Minas. Expliquei que o carro era de uma locadora mineira. O cerco era intimidatório para que déssemos meia-volta e saíssemos dali. Nem reagimos nem recuamos. Dissemos que sairíamos de lá somente após a passagem do primeiro trem. Eles toparam. O trem passou, Jorge fez a foto e fomos embora.

Um repórter e um editor da *Folha* representam o jornal mesmo que não estejam necessariamente envolvidos na produção de uma reportagem. Um deslize qualquer desse profissional poderá respingar na imagem do jornal, por isso a importância da rédea curta sobre procedimentos básicos, como no comportamento em redes sociais. Ter pulso firme, porém, passa longe de ser autoritário. Esse talvez seja o ponto para a harmonia de uma editoria: a agilidade e a transparência no momento de corrigir um desvio de rota. O editor identifica o problema e faz o apontamento diretamente ao subordinado, evitando assim uma bola de neve. O editor precisa ser um facilitador para o repórter. Entender suas angústias e abrir o caminho. No esporte e na Redação, aprendi que para formar um bom time é preciso unir os profissionais mais talentosos e também aqueles que se destacam mais pela dedicação e força de vontade do que simplesmente por um dom específico. Cabe ao técnico e ao editor extrair o melhor de cada, moldar suas habilidades, aprimorar as deficiências e fazer com que todos tenham um objetivo único.

Na Redação, cada um deve ser cobrado de acordo com suas características para que possa crescer com as ponderações e agregar à equipe. Homens e mulheres, geração X ou Y, novos repórteres e veteranos de casa. Não existe uma receita geral para cada um desses grupos, já que cada profissional assimila e reage de um jeito. Um dos segredos é apontar o erro no plural, mesmo que a falha tenha sido individual, e indicar como se pode fazer de uma forma diferente em situações semelhantes mais à frente. O responsável saberá de seu erro, mas receberá a crítica de uma forma menos dramática. A crítica pela crítica em nada contribui. Na Redação, afinal, a busca é por uma cobertura que seja ampla, traga informações exclusivas e que, ao final, proporcione a satisfação do assinante e também do comando do jornal.

Fazer jornalismo na pandemia, no home office e no trimestre de jornada reduzida se transformou em uma atividade complexa e desafiadora.

Em momentos de notícias bombásticas, ter todos lado a lado na Redação faz muita diferença. Ordens, orientações e simples avisos são disparados oralmente. Todos ouvem, sabem que o colega ao lado está fazendo, e o trabalho flui naturalmente. "Eu pego o texto", "fulano fala com Brasília", "sicrano prepara um entenda o caso", "você prepara uma galeria", "você reúne os repórteres e divide as tarefas x, y e z". No home office, quando a bomba estourava, todas as orientações precisavam ser escritas, enviadas, lidas do outro lado e se tornavam mais lentas. Quando se está na Redação, o editor reúne a equipe e começa a explanar suas ideias. Ao mesmo tempo, recebe comentários e contrapontos ao vivo dos demais editores e dos repórteres. Uma linha geral é adaptada ali mesmo em busca de um produto final mais bem ajustado. Já no home office quem estava no comando tinha seus segundos de solidão para definir um plano e depois escrever cada passo e distribuí-los em grupos de mensagens ou e-mails. A pressão ia lá pra cima.

Vivemos um exemplo pesado disso logo no início da pandemia, ainda sem jornada reduzida, mas já no sistema de home office. Estávamos em 24 de abril, e meu celular tocou pouco antes das 4 horas da madrugada. Colon, diretor da sucursal de Brasília, estava na ligação para avisar que a demissão do então diretor-geral da Polícia Federal, Maurício Valeixo, havia sido publicada no *Diário Oficial da União*. A exoneração empurrava o ministro Sergio Moro (Justiça) para fora do governo Bolsonaro, o que explica um telefonema no meio da madrugada.

> [24/04/2020 03:58:05] Leandro Colon: Opa
> [24/04/2020 03:58:06] Leandro Colon: Exoneraram valeixo
> [24/04/2020 04:10:55] Leandro Colon: Q merda te acordar

Levantei, liguei meu computador e fiquei on-line pronto para colocar o texto quente no ar. A notícia seria lida por poucos naquele momento, mas o assinante teria à disposição uma manchete no ar assim que acordasse nas próximas horas. Valeixo ocupava um cargo de confiança de Moro, e Bolsonaro forçava aquela demissão para confrontar o ex-juiz da Lava Jato, que naquele momento trocava o papel de ministro superpoderoso pelo de um adversário interno.

> [24/04/2020 04:11:28] Eduardo Scolese: Opa
> [24/04/2020 04:11:31] Eduardo Scolese: Posso subir aqui?
> [24/04/2020 04:11:36] Leandro Colon: Pode sim
> [24/04/2020 04:12:28] Leandro Colon: Põe valeixo no título?
> [24/04/2020 04:12:31] Leandro Colon: Não precisa né
> [24/04/2020 04:12:35] Leandro Colon: Diretor-geral melhor

Às 4h12 a reportagem estava no ar: "Bolsonaro exonera diretor-geral da PF em meio a negociações para permanência de Moro". Deixei o computador ligado, deitei de novo e acordei às 6 horas com o despertador.

> [24/04/2020 06:20:56] Eduardo Scolese: Tomando café aqui
> [24/04/2020 06:21:11] Leandro Colon: Adrenalina a mil
> [24/04/2020 06:21:22] Eduardo Scolese: Cabeça pesada

Na pandemia, com o trabalho remoto, a sensação era a de que a gente morava dentro da Redação. Não foram poucas as vezes em que a mesma roupa servia para dormir e já embalava a jornada de trabalho do dia seguinte. No dia da queda de Moro foi exatamente isso o que aconteceu. Logo cedo o ainda ministro anunciou que faria um pronunciamento no final daquela manhã. A queda era iminente. Enquanto isso, preparamos os chamados "textos fakes", que ficam prontos apenas à espera de um clique de "publicar" do editor.

> [24/04/2020 08:26:22] Eduardo Scolese: Texto fake prontíssimo. Linkado, fotos, galerias, contexto, entenda. Só apertar o botão. "Moro anuncia demissão e deixa o governo após Bolsonaro exonerar diretor da PF".
>
> [24/04/2020 10:09:40] Leandro Colon: PODE DAR
> [24/04/2020 10:09:42] Leandro Colon: VAI SAIR
>
> [24/04/2020 10:11:29] Leandro Colon: *Chamada de voz perdida*
> [24/04/2020 10:11:45] Leandro Colon: Sobe aí!!
> [24/04/2020 10:11:48] Eduardo Scolese: NO AR

Eventos raros como esse jogam a adrenalina a mil, e a sensação de estar voando baixo em uma cobertura jornalística de um dia histórico provoca algo difícil de explicar. Trata-se da satisfação em torno de um cansaço que se mistura a furos de reportagem e recordes de audiência. É uma espécie de exaustão do dever cumprido, da sede por mais reportagens exclusivas e da reflexão sobre títulos bem-feitos e da agilidade na publicação das notícias.

> [24/04/2020 10:54:36] Leandro Colon: Valeu a pena virar a noite
> [24/04/2020 10:55:01] Eduardo Scolese: Sem dúvida

A queda de Moro foi um dos dias mais importantes da política nacional dos últimos tempos. Estava carregada de simbolismos. De um lado, aquele que como juiz liderou a Operação Lava Jato e ajudou a revelar desvios bilionários dos cofres públicos, saiu da linha para atrapalhar a ida de Lula para o comando da Casa Civil do governo de Dilma Rousseff, deu os primeiros passos para levar o petista à prisão e usou o cargo na magistratura para colaborar com a eleição de Bolsonaro ao vazar uma delação vazia do ex-ministro Antonio Palocci Filho. De outro lado, um presidente que chegou ao cargo na onda da antipolítica inflada pela Lava Jato e que havia aproveitado a cobiça de Moro para tirá-lo do Judiciário e transformá-lo em um aclamado superministro de seu governo. Àquela altura, Bolsonaro e Moro não se toleravam mais, com a fritura cada vez mais exposta do ex-juiz federal. Como de costume, o presidente da República tirava do caminho quem quisesse competir com ele nos holofotes do governo.

Todas as tardes a equipe de Política faz uma reunião de cerca de dez a quinze minutos sobre as orientações gerais do dia. Chamamos esse encontro de "passagem", pois é quando a equipe da manhã passa as coordenadas para a equipe que tocará o barco no restante da tarde e da noite. Na pandemia, fazíamos esse encontro pontualmente às 15h30. Todos sabiam que nesse horário precisavam estar on-line em voz e vídeo por meio de um link fixo que criamos no aplicativo Zoom. No dia da queda de Moro, essa reunião foi sendo empurrada até que finalmente tivemos um respiro pouco antes das 18 horas.

[24/04/2020 17:51:44] Eduardo Scolese: Reunião clássica da equipe?
[24/04/2020 17:51:50] Alencar Izidoro: Pode ser
[24/04/2020 17:51:57] Eduardo Scolese: Chamando em três min.
[24/04/2020 17:52:15] Alencar Izidoro: Beleza

Naquele dia, publicamos um total de 33 reportagens. Para cada uma delas foi preciso pensar, conferir e ajustar títulos. Cada processo desse é uma decisão a se tomar. Não pode haver erro. Tudo é frenético, e a cabeça pulsa.

[24/04/2020 19:33:53] Eduardo Scolese: Cara, que caos
[24/04/2020 19:34:06] Leandro Colon: Vim pro sofá um pouco

[24/04/2020 19:35:31] Eduardo Scolese: Tô pensando no risco de domingo
[24/04/2020 19:35:35] Eduardo Scolese: Cabeça não ajuda
[24/04/2020 19:35:43] Leandro Colon: Travou tudo aqui

No meio do caos da pandemia com Bolsonaro, assistir ao *Jornal Nacional* se tornou ao mesmo tempo uma obrigação e uma torcida para que, àquela altura da noite, não aparecesse nenhuma informação bombástica que nos obrigasse a mobilizar a equipe a correr atrás de um fato novo após as 21 horas. O início do *JN* coincidia com o horário no qual conseguia ficar alguns minutos com meu filho Rafael, então com 5 anos. Essa rotina com ele em geral durava de quinze a vinte minutos, entre levá-lo para escovar os dentes, fazer xixi, colocar o pijama e ir para a cama. O ritual incluía ainda ficar alguns minutos sentado ao lado da cama até ele pegar no sono. Nesse intervalo, eu ficava em uma espécie de breu com a Redação, sem acesso a e-mails e WhatsApp, pois o celular estava em minha mão ligado na transmissão do *Jornal Nacional*. Ainda não havia aquela opção de minimizar o vídeo e seguir olhando outros aplicativos.

[24/04/2020 20:33:29] Leandro Colon: Provas no JN
[24/04/2020 20:40:52] Leandro Colon: Cadê vc?
[24/04/2020 20:42:14] Eduardo Scolese: Opa
[24/04/2020 20:42:20] Eduardo Scolese: Tava vendo pelo celular
[24/04/2020 20:42:27] Eduardo Scolese: Colocando Rafael pra dormir
[24/04/2020 20:42:33] Eduardo Scolese: Voltando pro escritório

Nesse dia, o *Jornal Nacional* mostrou o que seriam provas de Moro contra Bolsonaro. Eram imagens de uma troca de mensagens entre eles pelo WhatsApp segundo as quais o presidente indica buscar a troca no comando da PF devido a uma investigação em curso contra deputados bolsonaristas. Sem contar os intervalos, essa edição do *JN* durou 1 hora e 31 minutos, reservada quase que inteiramente a Moro x Bolsonaro e à pandemia. Só a "escalada", momento de abertura em que William Bonner e Renata Vasconcellos batem bola com as principais manchetes, foi de 3 minutos e 12 segundos. O país registrava naquela sexta-feira mais 357 mortes pela Covid, e os casos confirmados batiam os 53 mil. "Terminou hoje de forma avassaladora a passagem de Sergio Moro pelo Ministério da Justiça do governo de Jair Bolsonaro", assim abriu Bonner a edição.

Avassaladora era também a jornada de trabalho dos jornalistas naquele dia, que calhou de ocorrer bem em uma sexta-feira, quando a equipe precisa cuidar das notícias do dia, preparar a edição impressa do sábado e ainda planejar e adiantar ao máximo a edição de domingo. As jornadas das sextas-feiras sempre contam com parte da equipe escalada para começar a trabalhar a partir do final da tarde. Eles entram nesse horário e vão até as primeiras horas da madrugada de sábado no chamado "pescoção", quando cuidam apenas da edição do domingo. Leem os textos, tiram dúvidas com os repórteres, encomendam aos diagramadores o desenho das páginas do impresso e começam a "retrancar" as reportagens, como é chamada a técnica de colocar os textos no espaço delimitado, ajustá-lo ao tamanho e incluir título, linha-fina, legenda da foto e crédito com o nome do repórter-fotográfico.

> [24/04/2020 21:26:09] Eduardo Scolese: Fazemos uma conversa rápida para bater domingo etc?
> [24/04/2020 21:26:16] Alencar Izidoro: Ok
> [24/04/2020 21:32:35] Eduardo Scolese: Vamos fazer o papo agora?
> [24/04/2020 21:32:41] Eduardo Scolese: Coisa de cinco minutos
> [24/04/2020 21:33:18] Alencar Izidoro: Beleza
> [24/04/2020 21:33:19] Bruno Lee: Por mim pode ser
> [24/04/2020 21:33:36] Guilherme Magalhães: Opa

Ao fim de uma jornada como essa, não há como apertar um botão para desligar e relaxar. O dia simplesmente acaba, e a gente desmonta e capota.

> [24/04/2020 23:01:17] Leandro Colon: Tá aí?
> [24/04/2020 23:04:14] Eduardo Scolese: Opa
> [24/04/2020 23:04:19] Eduardo Scolese: Indo dormir
> [24/04/2020 23:04:23] Eduardo Scolese: Destruído
> [24/04/2020 23:04:24] Leandro Colon: Tbm
> [24/04/2020 23:04:36] Leandro Colon: Tô um caco
> [24/04/2020 23:04:39] Eduardo Scolese: Amanhã cedo olho tudo com calma

Saúde mental em frangalhos

Vivemos a fase mais crítica da pandemia de março de 2020 ao começo de 2022, com oscilações que incluíram idas e vindas entre a Redação e o home office. O período mais drástico se concentrou entre o início do alastramento do vírus no país até meados de 2021. Foi um intervalo rotulado internamente como uma espécie de tempestade perfeita para o caos das equipes, com Bolsonaro e seus incontroláveis descaminhos negacionistas e golpistas, corte salarial por três meses para toda a Redação e recordes de mortes pela Covid sendo batidos seguidas vezes – o recorde diário ocorreu em 29 de março de 2021, com 3.541 óbitos. O presidente da República acossava a Redação diretamente com ataques ao jornal e a seus repórteres e indiretamente com um turbilhão de declarações e decisões sem freios que desgastavam o corpo e a mente de quem trabalhava com esse noticiário.

Bolsonaro puxava a fila do desgaste. Mas não era só isso. Em meio a ele e à pandemia, a *Folha* até então pouco aliviava em seus procedimentos e controles internos. Críticas e cobranças aos jornalistas que já seriam duras e constantes em tempos normais se transformaram naquele momento em algo superlativo. Nem mesmo os mais cascudos ficavam alheios aos efeitos colaterais de pedidos e cobranças proporcionais ao tamanho do noticiário. Em grupos internos de WhatsApp e nas conversas privadas entre os jornalistas, havia sinais claros de que alguma coisa precisaria ser feita, e rápido.

Havia tensão no ar: "Diazinho do capeta", "clima péssimo", "precisamos nos ajudar, assimilar as derrotas e tocar o barco", "tou puto, fora de mim, dia de merda hoje", "hoje deu deprê legal, eu nem sei mais o que pensar", "povo destruído" e "turma tensa demais".

O cansaço era latente: "Turma tá pedindo água", "tô muito cansado disso", "raciocínio comprometido, a pilha falhou", "tou exaurida", "hj eu tou me sentindo mal pra cacete, parece até que as pernas tão moles", "cabeça mal pra caramba", "exaustos, ninguém aguenta mais".

Isso se misturava a um sentimento de frustração: "Trouxa é quem pensa que consegue ter uma sexta-feira tranquila", "eu amo o meu trabalho [...] mas já está custando à minha saúde, ao meu moral e agora acho que tb à carreira", "as pessoas estão quebradas", "clima de velório", "to me matando aqui, pqp, inferno de vida, perdi meu domingo", "todo mundo de saco cheio, desânimo geral mesmo", "não sei como vou animar a galera, juro, me ajudem, sério, eu não aguento mais isso" e "desânimo em níveis cavalares".

Tensão, cansaço e frustração vinham acompanhados de estresse e dores físicas e mentais: "Dormi mal a semana inteira, acordando no meio da noite", "dia infernal, só quero respirar hoje", "estou com enxaqueca permanente há 4 dias", "estou com uma enxaqueca pulsando", "vai ser efeito dominó de burnout", "pessoas estão moralmente abaladas, e muitas têm pesadelos com a pandemia", "condição psicológica das pessoas é abalada pelo combo muita crítica/pouco elogio", "quantas decisões a gente toma num só dia? Pqp!", "não estou estressada, estou cansada", "um leão por dia, com muitas hienas ao redor", "me sinto em looping", "tenho tido crises bem ruins de ansiedade", "estou moído, estou com medo, estou ficando paranoico", "costas arrebentadas, estou imobilizado, não consigo andar", "pescoço travado, quando pilho sobe uma dor insuportável", "tô destruído, tô todo arrebentado", "bate um cansaço pesado, psicológico, ansiedade", "as pessoas estão pirando", "isso é uma loucura, a bateria tá no fim", "emocional passou do limite".

Um resumo de desabafos feitos no privado chegava ao comando do jornal por meio dos editores. O que acontecia naquele momento era algo que nunca tinha presenciado no jornal. O combo Bolsonaro-pandemia havia colocado em debate o estilo interno de gestão entre direção, comando da Redação, editores e repórteres. Aquele modelo de rédea curta criado e consolidado ao longo de décadas não precisaria passar ao menos por uma leve adaptação para estender uma mão aos jornalistas em um momento como aquele? Tirar um pouco o pé do padrão de críticas e cobranças poderia comprometer a incessante perseguição pelos furos e pela meta do erro zero? Qual seria então o limite entre dosar a pressão, aliviar o espírito geral e ganhar em autoestima e produtividade? A Redação transpirava vibração com aquela cobertura e via toda a produção ter muita leitura e repercussão. Mas queria algum sinal extra de apoio e de reconhecimento.

A *Folha* tem uma cultura crítica, não só em sua essência jornalística, de fiscalizar qualquer governante de turno. O jornal é movido por uma engrenagem interna de pressão e cobranças. Quem não suporta o ritmo é desligado ou pede para sair. Quem sobrevive e ultrapassa as barreiras leva a chamada "escola *Folha*" na bagagem para o restante da carreira. Cada um julga os prós e contras. A pressão vem no rigor da apuração e no cumprimento das regras de seu *Manual da Redação*. Os procedimentos estão todos escritos e são ensinados em programas de treinamento e na prática do dia a dia. A base está no respeito aos princípios editoriais e às diretrizes do Projeto Editorial. No caso do projeto, as orientações são para o jornal, mas dependem de seus profissionais. Ser crítico, pluralista, independente e apartidário, além de ser didático, sucinto e preciso. São 12 os princípios editoriais.[22] Alguns são básicos, como confirmar a veracidade de toda notícia antes de publicá-la. Há itens mais gerais, como abordar os assuntos com disposição crítica e sem tabus e cultivar a pluralidade, esse último ao divulgar diferentes tipos de opinião e de ângulos sobre determinado tema em uma mesma reportagem, especialmente aquelas nas quais são abordados assuntos controversos. A atuação do STF na Lava Jato e sob Bolsonaro, por exemplo, é um tema controverso e assim foi tratado. Outro item importante entre os princípios editoriais fala em manter atitude apartidária, desatrelada de governos, oposições, doutrinas, conglomerados econômicos e grupos de pressão. A vantagem de trabalhar na *Folha* é a liberdade de ser crítico com qualquer um. Isso não significa fazer campanha ou se tornar um adversário desse ou daquele, mas sim mergulhar em apurações que revelem situações inéditas para o conhecimento do público. O item 11 aponta "rechaçar censura e outras agressões à liberdade de expressão",[23] tema farto também de 2019 a 2022 sob a liderança do então presidente da República. O último ponto dos princípios fala em "identificar e corrigir com destaque erros de informação cometidos; publicar manifestações de crítica ao próprio jornal; manter mecanismos transparentes de autocontrole e correção".[24]

Todo jornalista está sujeito a erros. Quando acontecem, é preciso ser ágil e transparente na correção. Por mais difícil que seja reconhecer uma

---

[22] Manual..., 2018.

[23] Manual..., 2018, p. 14.

[24] Manual..., 2018, p. 14.

falha de apuração, o seu reconhecimento imediato e sem rodeios é a forma menos dolorosa para manter a credibilidade do jornalista na Redação e com suas fontes. No caso dos leitores, diante de um erro, a confiança no jornal é que está em jogo. Para isso, existe a seção "Erramos", em que os erros são listados, e a informação correta é passada aos leitores.

Os alertas sobre possíveis erros chegam ao editor de diferentes formas. O leitor pode mandar um e-mail para a Redação ou mesmo citá-los nos comentários das reportagens. Há uma equipe do jornal atenta a isso e que cobra as editorias. Na maioria das vezes, em caso de erros mais graves, eles chegam por meio da própria fonte citada ou de seus assessores de imprensa. O erro, em si, já é um motivo de estresse. Por isso, resistir à correção só gera desgastes internos e externos. Assimilar a falha, corrigir logo a informação e buscar entender o motivo do erro são exercícios saudáveis para superá-lo.

Na madrugada de 6 de fevereiro de 2019 cometi um erro ao tratar de forma distorcida uma informação oficial. Eram 5h15 quando fui acordado por um telefonema da jornalista de plantão Priscila Camazano. Um decreto assinado pelo então ministro Sergio Moro (Justiça) e publicado na edição daquele dia do *Diário Oficial da União* exonerava do cargo o ministro Marcelo Álvaro Antônio, do Turismo, pivô da crise das chamadas candidaturas laranjas do PSL. Ainda zonzo, orientei que escrevesse um breve texto, acionei o diretor da sucursal de Brasília pelo celular e liguei o computador.

> [06/02/2019 05:17:51]: Ministro do turismo
> [06/02/2019 05:17:54]: Caiu
> [06/02/2019 05:17:56]: Caralho
> [06/02/2019 05:18:01]: Saiu exoneração
> [06/02/2019 05:18:06]: Madrugada batucando

Dois dias antes, uma reportagem da *Folha* havia revelado que o ministro do Turismo, deputado federal mais bem votado em Minas, havia patrocinado um esquema de candidaturas laranjas no qual direcionou verbas públicas de campanha para empresas ligadas ao seu gabinete na Câmara dos Deputados. Ou seja, na minha cabeça estava ali configurada a decisão política de Bolsonaro de demiti-lo antes que a crise dos laranjas, iniciada ainda em 2018, avançasse ainda mais sobre o seu governo e o seu partido.

Pedi que Priscila publicasse a informação imediatamente. Às 5h25, a reportagem foi ao ar sob o título "Presidente exonera Marcelo Álvaro Antônio do cargo de ministro do Turismo". O texto passou a ganhar adendos e todo o contexto da crise dos laranjas até que, pouco depois das 6 horas, uma informação de Brasília dava conta de que Marcelo Álvaro ainda não havia tomado posse como deputado federal eleito por Minas Gerais. Para isso, ele deveria deixar o cargo de ministro, sendo exonerado, para assim assumir sua vaga na Câmara. Feito isso, voltaria no dia seguinte ao governo. Naquele momento, percebi que todo o barulho feito com aquela informação não fazia sentido. Tratava-se de algo banal, que talvez rendesse no máximo uma nota de registro. A reportagem já estampava as manchetes on-line da *Folha* e do *UOL*, e eu, minutos antes, havia enviado um e-mail para a chefia batendo bumbo de que a crise dos laranjas havia derrubado o ministro. Iniciei uma movimentação para baixar a bola da notícia e, como costumamos dizer, retirá-la do forno de micro-ondas. O título e o texto originais não estavam errados, e sim a forma como o fato era tratado. O enunciado foi ajustado para "Ministro do Turismo é exonerado do cargo por Bolsonaro" e em seguida para "Em ato assinado por Moro, Bolsonaro exonera ministro do Turismo". A notícia saiu da manchete e ganhou uma chamada discreta na Homepage, o que merecia.

Para evitar erros, o jornalista precisa seguir uma série de orientações sobre prática e conduta. A principal delas é o "outro lado", uma pedra fundamental do jornal. Sob Bolsonaro, houve exemplos de notícias aparentemente tentadoras do ponto de vista jornalístico mas que, após ouvir o outro lado, retiramos de pauta. Foram por exemplo os casos já citados da compra de leite condensado e de Viagra pelas Forças Armadas. Viraram memes, mas, na opinião do editor, não se sustentavam.

O jornalista da *Folha* possui uma lista de tarefas sobre práticas e condutas, todas bem explicadas no manual. As cobranças para cumpri-las aparecem em diferentes formatos. Há a reunião de pauta da manhã, a planilha de furos dados e tomados, a crítica diária feita em dobradinha pelo diretor da Redação e pelos integrantes da Secretaria de Redação, os e-mails e as mensagens diretas da chefia aos editores, a crítica da ombudsman e a avaliação semestral dos jornalistas, entre outros. Na pandemia, foi mais difícil assimilar as cobranças e tratar como natural a escassez de elogios diante do ritmo alucinante de trabalho e recordes atrás de recordes de audiência.

A "Autocrítica da Folha", como é chamado o e-mail da chefia que reúne os apontamentos gerais sobre o último ciclo de 24 horas, circula sempre no início da tarde a todos os jornalistas da *Folha*. Tratamo-la de "Crítica da SR". É o instrumento que gera mais expectativa. O repórter que julga ter feito um grande trabalho e publicado uma informação exclusiva nas horas anteriores, por exemplo, espera que sua reportagem seja citada ali. Pode ser no resumo dos destaques ou na lista de furos dados. Quando isso não acontece, a frustração é imediata. A leitura é a de que o comando do jornal não deu bola para o que esse ou aquele fez. Na pandemia, um esquecimento banal ganhava tons dramáticos. Há liberdade para que o editor recorra aos seus superiores após a circulação da Crítica, colete as explicações sobre a avaliação deles em torno da reportagem e leve-as ao repórter. Da mesma forma, o editor pode relatar à chefia seus pontos de discordância sobre a análise feita por eles a respeito de determinada cobertura. Não foram poucas as vezes em que escrevi longos e-mails com recursos desse tipo e os apaguei antes de enviá-los. Também escrevi outros, mandei e logo em seguida me arrependi diante da resposta contrária à minha expectativa. No dia a dia da Redação é preciso escolher bem as brigas para evitar desgastes desnecessários. Já existem demandas e problemas em série para serem resolvidos. O aconselhável é colocar mais um desses na prateleira somente em último caso.

Na pandemia, porém, o cansaço e o desgaste mental jogavam contra o equilíbrio e a cabeça fria necessários para uma decisão mais sóbria. Ambas faltaram a mim no dia seguinte à queda de Mandetta do Ministério da Saúde. Na minha cabeça, o trabalho de produção e de edição daquela cobertura havia sido impecável, proporcional ao volume de notícias e à dedicação da equipe. Escrevi para um amigo ao final daquele dia: "Puta edição, caralho". Mandetta caiu em uma quinta-feira. No dia seguinte, às 15h31, um e-mail de Cláudio Canuto distribuiu a Crítica da SR para todos da Redação. O tema de abertura, sob o título "O único assunto", era a cobertura da troca de Mandetta por Nelson Teich. Na avaliação da chefia, havíamos sido um pouco lentos para noticiar a queda do ministro e a fala de seu sucessor. Segundo ela, destacamo-nos com análise, repercussão na direita e entre médicos, balanço da gestão Mandetta, texto sobre a despedida dele do ministério e reportagem que apontava manobras de Bolsonaro. Além disso, segundo a Crítica, "edição impressa resultou mandettocêntrica: novo ministro não aparece em nenhum título ou subtítulo das duas primeiras páginas, que têm uma foto imensa do antigo ministro, quando a notícia era o novo". A sensação de satisfação que predominou nas horas anteriores evaporou em segundos. Um calor tomou conta de um corpo e de uma mente já em frangalhos e que queria explodir no caos de Bolsonaro misturado à pressão interna.

As palavras da Crítica carregavam a essência do estilo *Folha* de buscar tirar todos da zona de conforto. A ordem das citações parecia proposital para isso, enaltecendo os pontos negativos. Destaque inicial para a lentidão. Destaque secundário para a edição "mandettocêntrica". Destaque final, ao pé, para uma lista que iniciava assim: "Por outro lado, ficaram bons". Larguei o que fazia e escrevi uma, duas, três, quatro versões de um e-mail que mandaria ao comando do jornal. Em situações normais de pressão e estresse, uma crítica como aquela talvez nem merecesse uma réplica. Era tudo do jogo. Concordar e discordar disso e daquilo deveria ser corriqueiro. Mas estávamos longe de um padrão de normalidade. Aquela situação de reagir no impulso tinha outra dimensão. Era um impulso que durava horas, não segundos ou minutos. Enviei o tal e-mail. Expus em 247 palavras e 1.494 caracteres que a Crítica ia na contramão do sentimento da equipe, chamando-a de ducha de água fria, que o destaque a Mandetta estava em sintonia com a própria Primeira Página e a manchete do jornal ("Na pandemia, Bolsonaro demite o ministro que defendeu o isolamento"), e apontei problemas no sistema publicador de textos. Roberto Dias, que atua como uma espécie de motor da Redação, respondeu quase que imediatamente. Disse entender a preocupação com equipe e problemas técnicos e resumiu que tivemos tanto problemas como coisas boas.

Afinal, para que serviu toda aquela minha mobilização? Apenas para marcar posição? Os sinais de estresse e cansaço eram claros, mas eu não queria enxergá-los. Meu foco era apenas o de servir de para-raios da equipe, deixando tudo mastigado para que fizessem seus trabalhos sem intercorrências internas. As pressões externas, inevitáveis, já eram mais do que suficientes.

A essência de uma Redação é a comunicação. Pedidos e orientações no *tête-à-tête* simplificam os processos e melhoram o produto final. "Ganha o leitor", como falamos internamente. Na pandemia, com o trabalho remoto, parte disso se perdeu e teve de ser adaptada aos poucos, com sobressaltos e uma alta carga de desconfiança. O leitor não poderia perder.

Uma das primeiras providências foi conseguir um jeito de fazer à distância a reunião de pauta da manhã, aquela na qual a chefia cobra furos dados e tomados e os editores apresentam as prioridades do dia. A primeira opção foi anunciada por Roberto Dias em 30 de março de 2020: "Amanhã migramos de vez a reunião para o Hangouts!". A novidade durou pouco. Precisávamos de algo mais prático e sem limite de tempo e de participantes. Dois dias depois, perto das 22h30, Dias voltou aos editores: "Ideia é mudar amanhã para o Zoom. Aliás, bom todos baixarem". Eu, por exemplo, nunca tinha ouvido falar dessa plataforma. A então novidade implementada às pressas naquele momento se consolidou depois no jornal. Passou a ser possível participar da reunião por um desktop, notebook, tablet ou celular. O jornalista poderia apresentar os destaques do dia diretamente de sua mesa na Redação, de casa, do carro ou do transporte público. O Zoom foi um dos legados da pandemia na Redação. Já falaremos de outros neste mesmo capítulo.

Naquela mesma semana, Roberto Dias criou um grupo de WhatsApp chamado "SR/Poder". Ali foram incluídos como membros os secretários de Redação e o núcleo de editores de Política. A ideia inicial seria usá-lo durante os noventa dias de redução de jornada, concentrando ali pedidos, retornos, links e dúvidas gerais. Na prática, agilizar procedimentos quando estaríamos com a equipe desfalcada e distantes uns dos outros. Até então, usávamos reuniões, e-mail e ramais internos de telefone como canais de comunicação. O modelo de grupo se estendeu a outras editorias, nunca mais foi abandonado e, naquele momento, causou uma reação inicial de espanto entre os colegas. As cobranças não estariam mais divididas em canais. A partir dali seriam despejadas sem filtro por um único duto a qualquer hora do dia.

> [30/05/2020 16:15:25] Eduardo Scolese: 💣
> [30/05/2020 16:15:32] Eduardo Scolese: Grupo com SR
> [30/05/2020 16:15:44] Alencar Izidoro: Alguma ideia do que é?
> [30/05/2020 16:16:19] Eduardo Scolese: Durante os 90 dias
> [30/05/2020 18:11:53] Guilherme Magalhães: Meu deus 😨
> [30/05/2020 18:19:51] Eduardo Scolese: Inferno

Na Redação, não há uma regra escrita, mas o veto a áudios do WhatsApp é levado a sério. Muitos jornalistas deixam isso claro no recado de abertura de suas contas. "NÃO OUÇO ÁUDIO", assim mesmo, em caixa-alta, é um deles. Outro diz: "Áudio? Só se for Cartola, Candeia ou Clara Nunes". Faz sentido, afinal trabalhamos em um jornal, mas havia aí um obstáculo. Como todas as mensagens internas eram escritas, elas precisavam ou deveriam ser redigidas com cuidado para que não fossem mal interpretadas. Um comentário despretensioso ou o encaminhamento de uma tarefa por escrito poderiam ser recebidos como uma bronca ou uma cobrança injusta. Detectar e depois consertar isso no home office era ainda mais complicado.

Para amenizar o risco, minha primeira mensagem do dia a cada integrante da equipe procurava ser de afago ou simplesmente para jogar conversa fora. "Oi, Carol", "Olá, Joelmir", "Fala, Bach" era o básico. Perguntar como estavam e elogiar algum texto do dia anterior eram caminhos iniciais. Se tivesse algo mais sério a relatar, procurava sempre impor um intervalo entre a primeira saudação e essa cobrança. Não queria que o afago inicial fosse visto como algo artificial, uma espécie de subterfúgio para o que viria em seguida.

O WhatsApp se consolidou nos primeiros meses da pandemia como uma ferramenta de trabalho tão útil quanto odiada. Aquele sinal sonoro a cada nova mensagem parecia atingir diferentes partes do corpo ao mesmo tempo. O conjunto da Redação, como já falamos, estava exausto. Aquele apito de notificações então atuava como um gatilho para atingir a saúde mental já desprotegida. Um simples pedido normal de trabalho poderia ser recebido como uma bomba. Na quarentena não havia intervalos tradicionais para algum descanso longe da tela. As academias estavam fechadas, e encontros com amigos e parentes não eram aconselháveis diante do risco de contaminação.

Os jornalistas fechados em casa usavam o celular de forma ininterrupta, para o trabalho e para as relações pessoais, agora só ali concentradas. Mesmo fora do expediente, deparavam-se inevitavelmente com mensagens relacionadas ao trabalho ao acessar o aplicativo. Na mesma tela de abertura na qual havia recados de amigos ou parentes, grupos da *Folha* exibiam links, pedidos e resumos de pautas. A dificuldade de desligar de fato, mesmo em horários e dias de folga, incomodava. As mensagens pingavam entre 6 horas e meia-noite. Quem estava no plantão lia e respondia. Quem não estava lia a mensagem de qualquer forma e consumia aquilo mesmo fora do batente. Envolvia-se no piloto automático. Um simples pedido no grupo da chefia poderia provocar um debate em grupos paralelos da editoria sobre o que iríamos responder. Em momentos mais tensos, debatíamos até a redação exata da resposta, com cada termo sendo pensado estrategicamente a depender do interlocutor. Uma resposta mal dada ou mal interpretada tinha potencial para se transformar em uma longa e desgastante novela.

O WhatsApp, além de um gatilho para danos à saúde mental, também preocupava diante de um potencial conflito trabalhista. Uma série de perguntas eram feitas. Havia algo a fazer em plena pandemia para tirar o peso do WhatsApp dentro da dinâmica de comunicação da Redação? O aparelho cedido pela empresa estaria sendo usado em jornadas intermináveis? Questões como regime de sobreaviso e disponibilidade do empregado poderiam ser levantadas mais à frente em ações trabalhistas?

Foi a partir dessas questões que, no final de 2020, o jornal decidiu adotar a plataforma Discord como o meio oficial de comunicação interna. O WhatsApp ficaria em tese restrito ao uso pessoal. Mensagens individuais ou em grupos relacionados ao trabalho seriam concentradas na nova ferramenta, conhecida por reunir comunidades de jogadores on-line. Nela, existe a opção de interação por texto e chamadas de voz e vídeo, além de uma funcionalidade atrativa para o controle da saúde mental. Era possível habilitar o aviso de "ausente", "invisível" e "não perturbar" para que o profissional fosse chamado ali apenas diante da luz verde acesa como "disponível".

A mudança para o Discord em geral foi bem-sucedida, mas demorou um pouco para pegar. Houve focos de resistência. Alguns diziam estar adaptados ao método anterior e que, na prática, todos passariam a usar as duas ferramentas ao mesmo tempo, já que fontes e assessores só conversavam pelo WhatsApp. Outro ponto é que mensagens de áudio, vídeo e foto foram mantidas na plataforma anterior por uma deficiência do Discord, mais concentrado em textos e links. Houve também casos de mau uso. Por exemplo: não foram poucas as vezes em que fui acordado com uma bateria de sinais sonoros de mensagens diretas da nova ferramenta. Recados nada urgentes que poderiam ser enviados por e-mail ou em um outro horário eram despejados de forma picada em plena madrugada e apitavam no celular ao lado da cama. Acordava assustado, via que eram recados banais e demorava a dormir com a cabeça pulsando de raiva por uma noite de sono já atrapalhada. Iniciei às pressas no Discord uma operação para silenciar grupos e alguns colegas, algo semelhante ao que já havia feito no WhatsApp. Se realmente tivermos uma notícia urgente na madrugada, as pessoas iriam me telefonar, não mandar mensagem de texto ou de áudio por uma dessas plataformas.

O dia 8 de março de 2021, uma segunda-feira, caminhava sem sobressaltos. Os destaques daquela manhã eram as reportagens relacionadas ao Dia da Mulher e repercussões ainda em torno da compra de uma mansão de R$ 6 milhões por Flávio Bolsonaro em Brasília. Estávamos on-line no Zoom em nossa reunião de passagem da editoria de Política, quando pouco depois das 15h30 veio a bomba que mudaria as eleições de 2022.

O ministro Edson Fachin, do STF, em uma decisão individual, havia acabado de determinar a anulação de todas as condenações proferidas contra Lula pela 13ª Vara da Justiça Federal de Curitiba, aquela lá atrás comandada por Moro e responsável pela Lava Jato. Fachin entendeu, anos depois, que tais decisões não poderiam ter sido tomadas pela vara responsável pela operação e determinou que os casos deveriam ser reiniciados pela Justiça Federal do Distrito Federal. Lula havia sido condenado em duas ações penais, por corrupção e lavagem de dinheiro, nos casos do tríplex de Guarujá e do sítio de Atibaia. Ambas as condenações pela Lava Jato também haviam sido confirmadas em segunda instância.

Até essa decisão de Fachin, que mais à frente seria referendada pelo plenário do STF, o petista estava enquadrado na Lei da Ficha Limpa. Após a canetada de Fachin, as condenações que retiravam os direitos eleitorais de Lula não tinham mais efeito e ele poderia se candidatar nas eleições seguintes.

Largamos a reunião e nos concentramos em colocar logo no ar um texto curto e objetivo que desse a dimensão do fato. Ignoramos no enunciado o debate sobre o foro de Curitiba e manchetamos: "Fachin anula condenações de Lula, e petista fica apto a disputar eleição de 2022".

Estávamos em uma operação de guerra, e a lentidão da comunicação remota não poderia ser um obstáculo. Foi aí que uma ferramenta do Discord foi imprescindível. Iniciamos uma chamada de voz pelo aplicativo e deixamos todos os editores de Política em uma sala virtual na qual conversamos de forma ininterrupta nas horas seguintes. Aquele ambiente com áudio e microfone ligados o tempo todo era uma novidade e lembrou o da Redação. Sem precisar escrever cada um dos recados, trocamos impressões com agilidade, discutimos abordagens, definimos a divisão de tarefas e decidimos ajustes em títulos assim que os textos eram entregues pelos repórteres.

A *Folha* criou a editoria de Diversidade em abril de 2019. No comunicado em que anunciou a novidade, Sérgio Dávila escreveu que o objetivo seria o de promover a publicação de conteúdos que refletissem a variedade da sociedade e enalteceu a importância que era preciso dar para os atores historicamente marginalizados. A nova editoria tomou corpo e incrementou seus objetivos. No final do mesmo ano, já sob o comando da jornalista Alexandra Moraes, atuou com o Datafolha na elaboração de um censo da Redação. O questionário foi anônimo. O objetivo anunciado era o de identificar e ajustar problemas de diversidade e inclusão nas equipes. Entre outros pontos, a pesquisa interna detectou que a maioria dos jornalistas dizia não se sentir livre para expressar suas opiniões na Redação. Havia um buraco na receptividade de ideias. Seria esse um resquício de uma antiga e agressiva cultura das redações que mudava aos poucos, para melhor, mas ainda não de forma definitiva.

A editoria de Diversidade tinha entre as metas de 2020 atacar demandas relacionadas à questão de gênero e dar impulso a iniciativas para mudar a cara de uma Redação quase toda formada por pessoas brancas. Alexandra conversava sobre isso com uma entidade parceira e foi alertada de que não seria possível pensar na ampliação da diversidade interna enquanto prevalecesse aquele clima institucional detectado no censo interno. Como atrair grupos minoritários para uma estrutura que não parecia estar preparada para a livre expressão? Pessoas historicamente marginalizadas na sociedade não passariam pela mesma situação em um ambiente como aquele?

Seria preciso enterrar aquela cultura antiga das redações. Mas a chegada da pandemia, em março, bloqueou esse processo. Tudo foi colocado de lado por algumas semanas, até que relatos preocupantes começaram a chegar sobre a situação de jornalistas em home office. Os desabafos e os desarranjos variavam. Dificuldade para focar o trabalho em meio ao agito de crianças em casa. Apreensão daqueles que viviam com parentes idosos para não contaminá-los com o vírus. Sensação de abandono na quarentena dos que moravam sozinhos. As situações relatadas eram de sufocamento. Máscara, álcool em gel, medo do contágio, estresse e solidão. Tudo isso em meio a um cenário já agressivo com Bolsonaro e de pressão de leitores com comentários ásperos a cada reportagem publicada.

A editoria de Diversidade precisava buscar alternativas que amenizassem o drama mental geral e, ao mesmo tempo, tornassem o ambiente interno mais saudável para pensar em avanços de diversidade. Foi daí que, em junho, ocorreu a formatação para o minicurso "Oxigênio: equilíbrio emocional para jornalistas". Alexandra apresentou a ideia, e Dávila topou.

Ninguém dizia isso abertamente, mas havia um ar de ceticismo sobre o curso e sua credibilidade. Traria resultados ou seria apenas um paliativo? Atingiria uma parte significativa da Redação? Seria capaz de mudar comportamentos tóxicos? Para que o curso, se nada vai mudar mesmo?

Fiz a minha inscrição. Enquanto tentava disfarçar meus próprios fantasmas, queria aprender mais sobre como lidar com a equipe de Política e ajudá-los de alguma forma naquele momento. Era um dos poucos editores ali, ao lado de cerca de dez colegas repórteres e redatores de outras diferentes editorias. Quem comandava as aulas e havia idealizado e montado o minicurso era Guilherme Valadares, professor de equilíbrio emocional e pesquisador sobre a saúde emocional de jornalistas. Antes das aulas, ele compartilhou com a Redação uma frase dita por Bruce Shapiro, diretor-executivo do Dart Center for Journalism & Trauma, durante um discurso em 2010: "Jornalistas são uma tribo resiliente. Mas também somos vulneráveis a danos psicológicos, tanto quanto bombeiros, policiais, paramédicos ou soldados. E precisamos de treinamento, apoio psicológico e lideranças conscientes dessas questões".

Guilherme já tinha alguma ideia do que teria pela frente no minicurso. Não só pela experiência no tema e dedicação para entender a cabeça de jornalistas sob estresse, mas também com base em respostas de um questionário que circulou na Redação e ao qual ele teve acesso para preparar as aulas. As perguntas eram ricas para entender o quadro: como avalia sua satisfação geral com a vida, considerando seu momento atual? Excelente, boa, razoável, ruim ou péssima? Como avalia sua autoestima, considerando seu momento atual? Como avalia seu nível de estresse cotidiano? Como avalia seu nível de ansiedade cotidiano? Como avalia a qualidade de suas práticas de autocuidado atualmente? Como avalia a qualidade do seu sono atualmente? Você frequenta ou já frequentou um psicólogo/psicoterapeuta? Qual seu principal desafio/obstáculo emocional como jornalista atualmente? Quais necessidades você gostaria de ter supridas para que possa ter mais equilíbrio e bem-estar emocional em seu cotidiano profissional? Pensando em saúde e distúrbios emocionais, diria que existe uma cultura de silêncio entre os jornalistas, que torna mais difícil falar sobre como estão lidando com essas questões pessoalmente? Você gostaria de receber mais apoio da organização para lidar com os desafios e obstáculos emocionais da profissão? Você lida com alguma crise ou situação emocional mais grave e sensível nesse momento, necessitando medicação e/ou acompanhamento psiquiátrico? Quais suas expectativas para esse curso? O que mais gostaria de aprender e desenvolver?

Além do questionário, um seminário antes do minicurso ampliou o conhecimento do professor sobre onde pisava. Percebeu uma situação crítica de saúde mental. Profissionais exaustos, ansiosos, estressados e deprimidos que precisavam de cuidados e definiam aquilo como situações normais que faziam parte de seus trabalhos. Um ambiente que lembrava uma panela de pressão. Pessoas que pediam ajuda, mas não sabiam nem por onde começar. As aulas eram on-line. Como previa o cronograma, foi tratado nelas o que esperar ao cobrir eventos potencialmente traumáticos como a pandemia, como saber quando mudanças de humor e disposição se tornaram algo mais sério, estratégias e práticas de autocuidado sob alto estresse, para si mesmo e para a equipe, e como cultivar uma Redação emocionalmente mais bem preparada. Os relatos chegavam aos montes, e o professor dava nome às situações. Repetiu, por exemplo, a definição de burnout e seus diferentes estágios.

Havia teoria, exercícios práticos e depoimentos nas aulas. Eram trocadas impressões gerais sobre a rotina de trabalho e de casa e ocorriam debates a respeito de quais eram os gatilhos de cada um. Cada desabafo era acolhido pelos demais e fortalecia o grupo. Guilherme teve uma crise de choro ao final de uma dessas aulas, diante da intensidade dos relatos. O impacto no professor veio ao perceber como estavam machucadas as pessoas responsáveis por contar as histórias mais importantes do país naquele momento. Os seus alunos eram os que produziam reportagens para ajudar os leitores a entender mais sobre a pandemia e os ataques insistentes do presidente contra a democracia.

Nenhum dos demais participantes do minicurso era repórter de Política. Talvez tenha sido melhor assim. Quem gostaria de se abrir diante de seu chefe? Aproveitei todos os relatos para ter uma ideia geral mais aprofundada sobre as angústias diárias dos repórteres e poder depois agir para amenizá-las em minha equipe, mesmo que não fossem exatamente as mesmas situações.

O minicurso de quatro aulas, de duas horas cada uma por semana, ainda oferecia sessões diárias de meditação coletiva. Ficávamos on-line após o expediente, por volta das 21 horas. Apagávamos as luzes e meditávamos em grupo também sob o comando de Guilherme. O minicurso se propagou por meio de um boca a boca espontâneo. Em seguida, duas novas turmas foram abertas, após uma palestra de duas horas do professor para toda a Redação. O ceticismo inicial sobre legitimidade e alcance haviam sido superados.

Em 2020 ocorreram seminários sobre saúde mental, o minicurso e a implantação do Discord. A virada do ano, porém, não aliviou a pressão. As mortes na pandemia seguiram em alta, o Congresso instalou a CPI da Covid sob ordem do STF, e Bolsonaro intensificou seu processo de ataques ao Judiciário e ao Legislativo. O ano de 2021 foi aquele em que o então presidente da República disse que não haveria eleição em 2022 sem a implementação do comprovante impresso do voto. Foi o ano no qual afirmou que não cumpriria mais as decisões do ministro Alexandre de Moraes que considerasse injustas contra ele, seus aliados e seu governo. Foi o ano do 7 de Setembro golpista na Esplanada dos Ministérios, em Brasília, e na avenida Paulista, em São Paulo.

A Redação estava mais adaptada ao home office, porém mais cansada àquela altura. Para auxiliar na retaguarda, a *Folha* criou em março o "Plantão Psi". Um ano após o início da pandemia, o jornal passava a oferecer um espaço virtual e gratuito de saúde mental aos profissionais. A ideia partiu de Luciana Coelho, então editora de Cotidiano e que chefiava aqueles que estavam na linha de frente da pandemia. Eram os repórteres que iam para a rua e para os hospitais mostrar a realidade da crise sanitária. Na equipe de Luciana, mesmo aqueles que ficavam apenas no home office liam, entrevistavam e escreviam todos os dias sobre Covid e seus efeitos. Absorviam toda a carga ruim do noticiário. Luciana percebia as pessoas desmontando e sabia que os jornalistas em cargos de chefia não tinham as ferramentas para lidar com aquilo. Seria algo para outro tipo de profissional. Ela levou a proposta de atendimento psicológico a Alexandra, editora de Diversidade, que buscou o aval de Dávila, que a abraçou de imediato. Luciana havia se inspirado em *Billions*, série de TV americana na qual uma psiquiatra trabalha no escritório de um fundo de investimento. Sempre que um analista tem uma crise, pessoal ou ligada ao mercado financeiro, esse pode pedir socorro diretamente na sala da profissional.

Helena Lima, psicóloga, psicanalista e doutora em saúde pública, foi escalada para a função na *Folha*. Nos meses anteriores sob a pandemia, ela havia atuado em mutirões de terapia para familiares de vítimas da Covid e de força-tarefa de supervisão para médicos na linha de frente de atendimento. Os jornalistas da *Folha* interessados deveriam procurá-la diretamente para agendar os atendimentos sem a necessidade de autorização de seus editores. Assim, nada passaria pela chefia da Redação, justamente para preservar o anonimato de cada um. Decidi procurar Helena. Queria finalmente dividir as minhas angústias e buscar soluções para encaixar a rotina do jornal com as questões pessoais. A alta tensão do trabalho atrapalhava a plena harmonia em casa. Rafael, de 5 anos, buscava a atenção do pai, talvez a mesma que eu dava para e-mails e mensagens de WhatsApp e Discord. Mandei um e-mail para a psicóloga em 20 de abril e agendei o primeiro atendimento para um sábado de folga. Naquela época, seria impossível em um dia da semana reservar meia hora para uma sessão de terapia sem interferências. O que seria para me ajudar iria causar um efeito contrário, com mensagens e alertas de notícia piscando sem parar na tela do computador e do celular.

O pedido de ajuda à psicóloga aconteceu ainda no calor da maior crise militar registrada desde a redemocratização do país. Dias antes, Bolsonaro havia demitido o então ministro da Defesa, Fernando Azevedo, o que acarretou um pedido de afastamento conjunto dos comandantes de Exército, Marinha e Aeronáutica. Bolsonaro estava contrariado com a resistência de Azevedo por um maior apoio das Forças Armadas na defesa de medidas do governo em contraposição a políticas de distanciamento social adotadas por prefeitos e governadores na pandemia. Para o lugar dele, o presidente nomeou o general Walter Braga Netto, que trocou a Casa Civil pela Defesa.

Na mesma época, estávamos nos preparando para o início dos trabalhos da CPI da Covid no Senado, em uma cobertura de seis meses que exigiu demais da equipe e dos editores. Uma parte baseada no cerco aos integrantes em busca de informações exclusivas que chegavam à Comissão Parlamentar de Inquérito por meio de quebra de sigilos de pessoas e empresas investigadas. Outra focada nos longos depoimentos. Foram 66 no total. Cada um deles levava horas. Começavam por volta de 10 horas e seguiam até o final da tarde, com pequena pausa para almoço. Os depoimentos eram transmitidos ao vivo e exigiam concentração máxima da equipe para detectar frases de impacto, declarações novas e relevantes e contradições em relação a outros investigados pela comissão. A atenção permanente no que era dito ao longo de horas cansava o corpo e a mente. Os assuntos abordados iam da política vacinal ao negacionismo do presidente. Das ações às omissões do governo na pandemia. A cada declaração se iniciava um debate entre repórteres e editores sobre se aquilo valeria um novo texto. Em caso afirmativo, mais um debate, agora sobre qual seria o enunciado e se o texto seria publicado apenas em formato de nota ou como uma nova reportagem. Conversávamos por meio de um grupo de WhatsApp chamado "Live cpi". Nele havia repórteres e a chefia de Brasília, repórteres de São Paulo e editores de Política, além de integrantes da TV Folha, esses últimos atentos às definições de enunciados para recortar em vídeo o exato trecho do depoimento e incluí-lo na reportagem. Passávamos ali horas grudados na transmissão da CPI. Ainda estávamos em home office, e o país batia em abril um total de 380 mil mortos pela Covid, com números diários na casa dos 3.500. Para almoçar e não perder nenhum detalhe dos depoimentos, levava o tablet para a cozinha e o deixava ligado no canal do YouTube da TV Senado. Comia às pressas também ao lado do celular e logo estava de volta para a minha minirredação no apartamento.

A CPI da Covid foi um dos principais combustíveis de desgaste do governo federal. O noticiário passou seis meses infestado de documentos e depoimentos que minavam Bolsonaro. Bastava iniciar as sessões, e os fatos eram derramados sem muito esforço. Havia a comoção nacional em torno das mortes, e o cardápio encabeçado pelo negacionismo do presidente era farto, como omissão e ações distantes da ciência no enfrentamento da pandemia, iniciativas para expor a população ao vírus, propagação de *fake news*, promoção de tratamento ineficaz e desprezo para a compra de vacinas.

A comissão somente foi criada e instalada devido a uma ordem do ministro Luís Roberto Barroso, do STF. Os senadores já tinham as assinaturas necessárias, mas o então presidente da Casa, Rodrigo Pacheco, resistia. Dizia que a comissão poderia ser usada como instrumento eleitoral, no momento em que o país deveria estar focado na questão sanitária.

Senadores recorreram ao Supremo, veio a determinação de Barroso, e Pacheco a cumpriu. A CPI começou a funcionar em maio, com uma maioria crítica a Bolsonaro e aos seus métodos. A tropa de choque que comandou as ações da comissão desde o início era puxada pelo presidente do colegiado, Omar Aziz (PSD-AM), pelo relator, Renan Calheiros (MDB-AL), e pelo vice-presidente da comissão, Randolfe Rodrigues (à época na Rede-AP). A CPI foi finalizada em outubro, a um ano das eleições presidenciais. Foram 67 sessões, totalizando 370 horas, 251 quebras de sigilo e um relatório final aprovado com pedido de indiciamento de 78 pessoas, sendo Bolsonaro a principal delas. Um dos momentos mais tensos da cobertura da comissão ocorreu em julho.

> [07/07/2021 09:35:30] Eduardo Scolese: Olá, pessoal, bom dia
> [07/07/2021 09:35:38] Eduardo Scolese: Live pronto aqui
> [07/07/2021 09:37:40] Renato Machado: Bom dia!
> [07/07/2021 09:37:46] Renato Machado: Estamos prontos aqui

O depoimento marcado para aquele dia seria o do servidor público Roberto Ferreira Dias, ex-diretor de Logística do Ministério da Saúde e pivô de suspeitas de irregularidades na negociação de vacinas pelo governo federal. Ferreira Dias havia sido exonerado dias antes, logo após a *Folha* publicar entrevista na qual um policial militar de Minas Gerais disse ter recebido do servidor um pedido de propina de US$ 1 por dose para acertar a venda de vacinas para o governo federal. O servidor sempre negou o pedido de propina.

A sessão prometia, porque havia ali um potencial explosivo de adicionar um ingrediente de corrupção em um governo já desgastado pelas omissões em torno da pandemia. Dias antes, além da revelação sobre a denúncia de propina de US$ 1, Bolsonaro havia sido inserido em outra crise. Um servidor da Saúde e seu irmão, um deputado federal pelo Distrito Federal, disseram ao Ministério Público e depois à CPI que haviam alertado o presidente da República sobre supostas irregularidades no processo de compra da vacina indiana Covaxin.

Como escreveu a *Folha*, Ferreira Dias era considerado por colegas um sobrevivente no ministério. Ele havia resistido a trocas de ministro, à militarização da pasta e a um pedido para sua demissão encaminhado em outubro de 2020 pelo general Eduardo Pazuello ao Palácio do Planalto.

Ele comandava desde janeiro de 2019 o Departamento de Logística, área responsável por pagamentos de cerca de R$ 10 bilhões anuais para compra de medicamentos e outros insumos. O valor nas mãos do servidor disparou na pandemia: apenas em 2021, foram empenhados mais de R$ 30 bilhões.

O depoimento começou pouco antes das 10 horas e se manteve protocolar por um bom tempo. Senadores faziam baterias de perguntas em torno das suspeitas, e ele negava tudo. A comissão fez o intervalo do almoço e retornou por volta das 15h20. Passaram-se mais duas horas monótonas até que:

> [07/07/2021 17:26:21] Renato Machado: Prendeu?
> [07/07/2021 17:26:25] Eduardo Scolese: Pqp
> [07/07/2021 17:26:26] Constança Rezende: Jesus
> [07/07/2021 17:26:27] Ranier Bragon: Opa
> [07/07/2021 17:26:27] Eduardo Scolese: Urgente

A atitude de Omar Aziz, presidente da comissão, pegou senadores e jornalistas de surpresa. Sem mudar o tom de voz, abriu seu microfone e determinou a prisão de Ferreira Dias, sentado à sua direita. Disse que o ex-diretor da Saúde havia mentido em diferentes pontos do depoimento. "Ele vai ser recolhido agora pela Polícia do Senado. Ele está mentindo desde a manhã, dei chance para ele o tempo todo. Pedi por favor, pedi várias vezes", afirmou. "Ele vai estar detido agora pelo Brasil, pelas vítimas que morreram." Depois, ao justificar a ordem de prisão, o senador citou áudios revelados pela CNN Brasil[25] e que apresentavam contradições diante da versão de Ferreira Dias sobre o encontro com o policial militar que denunciou a propina de US$ 1.

Um dia que parecia caminhar para um final sem sobressaltos na cobertura se transformou em uma correria naquele momento. Uma rotina de mudanças repentinas e com novas crises às quais já estávamos acostumados. Torcíamos por uma trégua que nunca chegava.

Tive uma meia dúzia de sessões iniciais com a psicóloga Helena, fui liberado e incentivado a procurá-la sempre que achasse necessário. Isso não demorou a acontecer e explicarei logo à frente neste mesmo capítulo.

---

[25] Lima, D., 2021.

Nas primeiras sessões, recebi orientações relevantes sobre combinar horários de brincadeiras com meu filho e cumpri-los. Poderiam ser intervalos pequenos, mas que fossem intensos. Outra estratégia indicada seria combinar antes com Rafael que a atividade poderia ser interrompida ou mesmo adiada diante de alertas que recebesse no celular. Ao fazer esse acerto, a criança acolheria a ruptura da brincadeira de uma outra forma, menos traumática. No corredor do apartamento, fazíamos um gol a gol com uma bola leve de borracha. Era uma pancadaria de um lado para o outro, com o celular postado com a tela aberta ao meu lado. A cada bola perdida que Rafael procurava debaixo da mesa, aproveitava para dar uma geral em possíveis novas mensagens.

O que não faltou foi demanda para Helena, das mais diversas. Teve gente com apenas uma sessão, outros que passaram algum tempo e retomaram antigas terapias e outros tratamentos e pessoas que se fixaram com atendimento semanal ao longo de meses. Nas primeiras semanas de atendimento, a grade de horários prevista foi toda preenchida. A prioridade inicial foi para os repórteres de Cotidiano, aqueles que estavam na linha de frente da cobertura da pandemia. Logo em seguida, profissionais de outras áreas do jornal se encaixaram. As sessões duravam sempre meia hora, assim havia espaço para atender a dezenas de interessados. A primeira tarefa desenhada por Helena foi a de conscientizar os pacientes de que estavam vivendo um estado de luto pela perda da liberdade por causa do *lockdown*. As consequências imediatas eram comprometimento cognitivo e metabólico e pensamentos depressivos, em meio ao pavor generalizado da morte. A reconstrução da identidade de cada um seria uma das primeiras tarefas das sessões individuais.

A psicóloga levava para a *Folha* a bagagem acumulada em um ano de atendimentos semelhantes. Além do mutirão e da força-tarefa dos quais participou, Helena viu multiplicar a demanda em seu consultório durante a pandemia. As situações causadoras de desequilíbrio com as quais se deparou chegavam às dezenas. Entre outras, medo de tudo e de todos o tempo todo (estado de alerta), perda dos intervalos entre casa e trabalho, perda da companhia para refeições no trabalho, reflexões compulsórias sobre cotidiano e vida, dependência total de energia elétrica, internet e aparelhos, abismo social entre quem podia e quem não podia fazer *lockdown*, casamentos forçados, separações irreversíveis e o governo Bolsonaro destruindo a possibilidade de uma resposta nacional para a crise sanitária.

Na *Folha*, após uma primeira bateria de sessões e de conhecimento de seus novos pacientes, Helena detectou características extras em relação às de seus antigos pacientes. Havia mais intensidade e faltava um reconhecimento dos sintomas. Os jornalistas sabiam que não estavam bem, porém não conseguiam dizer claramente quais eram os motivos para isso. Os indicativos surgiram após algumas sessões. Helena estava diante de um quadro geral de estresse agudo. Todos doentes, em menor e maior graus. Além da perda da liberdade pelo *lockdown*, traziam uma sobrecarga de trabalho, com expedientes em home office sem um ponto final claro. A sensação era a de nunca desligar. Estavam em estresse pós-traumático, mas sem ter saído do trauma e sem saber quando sairiam. Os profissionais de Cotidiano receberam uma espécie de detox sensorial. Para cada notícia ruim que produzissem sobre a pandemia, algo mais prazeroso seria estendido a eles naquele dia. Por exemplo: quem atuou na produção de gráficos sobre a disparada de mortes pela Covid ganharia a sugestão de dez minutos extras debaixo do chuveiro. Na *Folha* e no consultório de Helena superlotado, Bolsonaro aparecia como uma das causas do estresse. A negação sobre a gravidade da doença, as ações para impedir a chegada das vacinas e as barbaridades ditas sem nenhum tipo de empatia com as vítimas tinham repercussão direta nos pacientes.

No final de 2021, em um e-mail que mandou de forma oculta a cada um dos atendidos, agradeceu a "confiança em me trazer seus demônios, suas loucuras, suas dores, seus sofrimentos, suas potências, seus sonhos, seus piores pesadelos" e disse ter "conseguido ao menos abrir espaços psíquicos novos em que muita coisa impensável pôde ser pensável; afetos e baús embolorados e dolorosos ganharam oxigênio e unguentos; possibilidades foram abertas e feridas puderam entrar em processo de cicatrização".

As sessões com Helena, em meio aos primeiros e mais pesados depoimentos da CPI da Covid, foram a minha primeira experiência com psicólogo. O empurrão do jornal com a abertura do plantão foi fundamental para esse passo. Jamais havia cogitado procurar um profissional do tipo mesmo tendo passado por situações pesadas de estresse e de oscilações preocupantes de humor. Repetiram-se as vezes em que, como editor, arrastava-me para o jornal, iniciava o dia angustiado, de mau humor e com poucas forças. Desdobrava-me para que nada disso fosse percebido pelos colegas e principalmente atrapalhasse a minha rotina de conversas com repórteres e chefes diretos no jornal. Tudo isso vinha e logo passava.

Poucas horas depois, como em um estalo, já estava pilhado, agitando os repórteres e sorrindo.

A palavra passaralho provoca calafrios em qualquer redação. Trata-se de uma gíria relacionada à demissão coletiva de jornalistas. Em 1991, o jornalista José Hamilton Ribeiro colocou o tema como o principal destaque da edição de março do jornal *Unidade*,[26] um tabloide publicado pelo sindicato dos jornalistas de São Paulo e do qual ele era o diretor responsável. A manchete veio em letras garrafais: "Exclusivo: Tratado geral do passaralho". E a linha-fina abaixo indicava o drama: "Este ano de 1991 está pintando como um porto favorável à aterrissagem do mais terrível fetiche das redações". Na parte interna, uma página dupla toda reservada ao tratado, com uma série de depoimentos de jornalistas para decifrar a origem e o potencial de estrago.

O tratado começou com um manuscrito anônimo: "Passaralho é um ente devorador de empregos. Ataca redações de jornal, TV e rádio; corporações afins, como agências de publicidade, cursos, assessorias de comunicação, relações públicas e privadas etc. Não obedece a estação ou períodos definidos. Dependendo de condições superiores e muito alheias à vontade das vítimas, surge em qualquer parte do ano, em voos tanto horizontais como verticais, seja em ângulo reto, diagonal ou hipotenusa. Tanto dizima partes como o todo; não discrimina sexo, cor, idade ou religião". A reportagem avança sobre o seu potencial estrago: "O passaralho chega, pega, mata, come – e segue em frente, impávido, insaciável, em busca de outras vítimas, com seu voo traiçoeiro e seu rosnar cavernoso e... lascivo". Em seguida, o texto especula sobre a origem do nome. Inclui entre as hipóteses a junção de dois momentos. O primeiro no qual as notícias em torno dos cortes se alastravam nas redações com o zum-zum-zum de "lá vem o passarinho". O segundo momento quando jornalistas irritados com as demissões passaram a achar fraca demais a simbologia de um passarinho para algo tão cruel e o substituíram por "caralho voador". Alguém então teria juntado o "passar" do primeiro com o sufixo "alho" do segundo e criado o "passaralho", uma ave impiedosa que varre o que vê pela frente. Sobre o autor da gíria, o tratado do *Unidade* apresenta uma série de hipóteses. A que aparece com força no texto aponta a façanha para Francisco

[26] Ribeiro, 1991.

Pettinati, um redator do caderno de Política da *Folha* do início dos anos 1960 e colega de jornal de José Hamilton naquele momento da carreira.

Como repórter e editor, presenciei ou atuei em diversos passaralhos. Eram comuns na *Folha* no início dos anos 2000. Alguns fatores ajudam a explicá-los. A crise conjuntural no setor é a principal delas. Em resumo, no caso dos jornais, a queda no volume de assinantes do impresso e a fuga de leitores e anunciantes para plataformas digitais. As crises econômicas no país ampliaram o problema. O alívio veio nos últimos dez anos, com o avanço das assinaturas digitais, a ampliação da demanda pelo jornalismo profissional em tempos de *fake news* e o surgimento de outras formas de buscar recursos, como na organização de eventos e outras parcerias. No caso da *Folha*, outro fator que explica demissões coletivas passadas é a mentalidade da empresa de sempre fechar no azul ou no chamado zero a zero. A meta é nunca se endividar, por mais drásticos que sejam os ajustes. O desafio dado aos gestores é o de buscar formas de o jornal andar com as próprias pernas.

O clima de passaralho é perceptível e angustiante. O sumiço dos chefes do contato direto da Redação por alguns dias seguidos era um primeiro sinal de alerta. Começava a boataria de que estariam reunidos para sacramentar as demissões e, de repente, a Redação inteira já se preparava para aquilo que nem sabia se de fato iria acontecer. Uma outra pista importante era a feição dos chefes nas reuniões de pauta. Tensão, silêncio, cara fechada. Tudo isso era usado internamente para ampliar e espalhar os rumores.

Na *Folha*, um espaço com mesas e cadeiras na Redação usado para conversas de pauta ou em momentos de pausa para uma água ou um café dava a senha para o início do passaralho. É para lá que alguns editores levavam os jornalistas para comunicá-los da demissão. Essas conversas em geral eram rápidas. Semblantes fechados, cumprimento sem jeito ao final e cada um saindo para um lado. O conjunto entregava. Quem sentava perto ou passava por perto acompanhava com atenção pelo rabo de olho. A descrição da cena se espalhava como um rastilho de pólvora. Em minutos, a Redação já estava sabendo de tudo.

Nos passaralhos, os editores conversavam entre si, e um alertava o outro se já haviam sido chamados e qual era o tamanho do corte pedido. O início do processo era oficializado para o editor quando o ramal de sua mesa tocava, e a bina do telefone apontava como chamador a secretária do comando do jornal. "Scolese, você pode dar um pulo na sala do Gentile?", disse-me em uma dessas vezes a secretária Renata Santos. Quem me esperava era Rogério Gentile, então secretário de Redação. O clima na Redação já apontava que isso ocorreria em algum momento. Pegava um bloquinho e uma caneta e seguia até a sala dele. Não olhava para os lados, mas a sensação era de estar sendo observado. A equipe de Cotidiano sabia que voltaria para iniciar as demissões.

Em geral, o processo se dava em duas etapas. A chefia inicialmente apresentava ao editor o percentual de corte de sua equipe e uma sugestão de nomes. O editor poderia retornar minutos depois para apresentar um plano B, não do percentual a ser cortado, mas de alguns outros nomes a serem demitidos. A sensação era de angústia e ao mesmo tempo de pressa para resolver tudo o mais rápido possível. Era nítido o sofrimento de todos. O medo estava na cara de editores, repórteres e redatores. Alguns prolongavam suas jornadas. Queriam saber se seriam ou não demitidos antes de ir para casa.

No meio de um desses passaralhos, quando atuava como editor de Cotidiano, abordei as redatoras Beatriz Izumino e Júlia Barbon em um espaço mais reservado da Redação. Elas caminhavam aflitas em direção ao núcleo de Arte para algum encaminhamento de infografias do dia. Chamei as duas de canto e avisei: "Vocês estão fora do corte, não se preocupem. Agora eu preciso de vocês para fechar essa edição". Antes que cada um seguisse seu caminho, Bia perguntou se eu estava bem. Quase desabei. Não estava, mas precisava me manter firme. Passaria as próximas horas longe das reportagens nesse vaivém com a chefia e na comunicação de um a um sobre os cortes.

A efetivação de um passaralho durava algumas horas, entre meados da tarde e início da noite. A ideia era resolver tudo de uma vez, sem carregar o drama para o dia seguinte. Em duas ocasiões, porém, tive de abrir exceção. Aqueles que seriam demitidos entravam às 7 horas e já haviam deixado o jornal no momento em que a lista de cortes havia sido confirmada. Não queria avisá-los por telefone nem no meio da jornada da manhã seguinte. Nesses dois casos, cheguei à Redação às 6h30 e fiz as demissões assim que chegaram ao jornal.

O passaralho é um corte de pessoal. A chefia usa um eufemismo e fala em ajustes. De um modo ou de outro é uma redução de equipe. Quem é demitido sofre o golpe imediato. Os que ficavam precisam dar conta do trabalho com menos gente disponível. Como editor e gestor me sentia estimulado com esse momento pós-passaralho a fazer valer o cargo de confiança. O primeiro momento era o de tranquilizar a equipe. Avisar a todos que a tempestade havia passado e que a partir daquele momento não haveria mais demissões. Não havia tempo a perder. O jornal é diário, e as notícias nunca dão trégua. Amparada a equipe, o próximo passo seria o de dividir as tarefas dos demitidos sem sobrecarregar os que ficaram. A chave para isso é a eficiência. Coberturas de temas secundários, com pouco interesse do leitor, eram abandonadas. Gastaríamos energia com o necessário, dando prioridade à organização interna, com qualidade e sem desperdício de tempo e de gente.

A pressão física e mental em torno de um passaralho em geral dura alguns dias. O mesmo tipo de desgaste acontece em coberturas jornalísticas de temas quentes e impactantes. Essas podem durar semanas, meses ou anos, como foi o governo Bolsonaro com um mesmo ingrediente ao longo de 1461 dias. Coberturas pesadas e prolongadas levam a uma fadiga.

Levei um susto em uma dessas coberturas no começo de 2017 quando era editor de Cotidiano. O dia 1º de janeiro começou puxado na editoria. Acompanhamos a posse dos prefeitos eleitos no ano anterior, entre eles João Doria em São Paulo, e tivemos de dividir a atenção com uma tragédia no interior de São Paulo. Em meio a uma festa de Réveillon, um homem invadiu uma casa em Campinas e matou a tiros a ex-mulher, o filho e outras dez pessoas. O assassino se matou em seguida. Estávamos em regime de plantão da virada do ano, portanto com meia equipe. Fiquei sobrecarregado na coordenação de dois temas quentes logo no primeiro dia do ano.

A cobertura do início da gestão Doria por si já seria puxada, com metas audaciosas e um prefeito que buscava os holofotes, assim como daria trabalho todo o rescaldo da chacina de Campinas. Um outro tema, porém, estourou em seguida e sufocou a editoria. No dia seguinte, pela manhã, recebemos a notícia de uma chacina de presos em Manaus. Uma briga entre facções criminosas rivais havia deixado 56 mortos naquela madrugada. Estávamos diante da maior matança em presídios desde o massacre do Carandiru, em 1992, quando 111 presos foram mortos por policiais militares em São Paulo.

Deixamos Doria em segundo plano, e mergulhamos no tema. O repórter Rubens Valente e a repórter-fotográfica Marlene Bergamo foram enviados a Manaus. Além da apuração sobre motivações e responsabilidades do caso, havia um amplo debate a ser feito sobre investimentos e modelos de sistema carcerário do país. A crueldade também atraia a atenção dos leitores. Metade dos mortos na capital do Amazonas havia sido decapitada pelos rivais.

A matança de Manaus ocorreu na noite de domingo e na madrugada de segunda-feira. Passamos a semana mergulhados no tema. Na sexta-feira pela manhã, o repórter Dhiego Maia gritou de sua mesa, meio incrédulo: "Scol, teve uma matança de presos em Roraima". Um confronto entre facções havia deixado agora 33 mortos em uma penitenciária de Boa Vista. Telefonei para o repórter Rubens Valente, que se preparava para deixar Manaus com Marlene Bergamo, e pedi que mudassem a rota e seguissem para a capital de Roraima.

Veio o final de semana, justamente o meu plantão. A cobertura das matanças parecia um rolo compressor. Dura pelo número de mortos, pela repercussão nacional e internacional e também por suas características. Tínhamos de apurar, ler e escrever sobre pessoas decapitadas e asfixiadas sob a guarda do Estado. Na madrugada de domingo, mais um caso, agora com quatro presos mortos sob as mesmas circunstâncias de Manaus. Estávamos engatando reportagens sobre tragédias uma atrás da outra.

No domingo cedo, já na Redação, telefonei ao repórter Rubens Valente para conversar sobre as apurações dele em torno do desdobramento da chacina de Boa Vista. A pauta apresentada por ele era importante. Na mesma penitenciária da chacina, disse, havia uma ala com quase trezentos detentos nas quais as "celas" eram na verdade barracos erguidos pelos próprios presos. A estrutura era toda improvisada. Algumas "paredes" eram formadas por recipientes de isopor usados para distribuir as refeições. Coloquei na manchete: "Palco de matança de 33 em Roraima abriga presos em 'favela marmitex'". Enquanto falava com Rubens pelo celular, dei três voltas inteiras na Redação. Estava acelerado pela cobertura que completava uma semana e mal conseguia ficar sentado na cadeira. Tudo aquilo parecia normal.

A crise dos presídios passou, e vieram outras. No dia 8 de setembro do mesmo ano, uma sexta-feira, fui almoçar sozinho ao lado do jornal e comecei a sentir pressão na cabeça e formigamento nos dedos das mãos. Pedi um Uber da porta do restaurante e segui para um hospital a dez minutos da *Folha*. O olhar da enfermeira ao tirar a minha pressão na triagem me deixou assustado. Ganhei um comprimido e escrevi para Bia Izumino, redatora de Cotidiano e comigo naquela chefia de plantão prolongado do 7 de Setembro. "Oi, vou demorar um pouco. Estou aqui no Samaritano. Tive um pico de pressão alta e vou fazer alguns exames de rotina." Passei por um médico, fiz exames, recebi a ordem de procurar um cardiologista e voltei para o jornal. Desde então passei a tomar dois comprimidos por dia para controlar a pressão.

Como já havia feito em 2016 durante as Olimpíadas do Rio, agendei duas semanas de férias entre o fim de julho e o começo de agosto de 2021 para assistir aos Jogos de Tóquio em casa. Mantive isso no horizonte como um estímulo para manter o gás nas semanas finais antes do descanso. Foi como se escalasse uma montanha dentro de um longo túnel. Avistar o ponto de claridade lá na frente mantinha a imunidade em alta. As Olimpíadas e a chance de desfrutá-las eram essa luz. O caminho era puxado, com obstáculos a todo o momento e que exigiam concentração diante de um cansaço acumulado.

A escalada final foi mais puxada do que eu imaginava. O motivo tem nome e sobrenome: Jair Messias Bolsonaro. O intervalo de junho a setembro de 2021 foi um dos momentos mais tensos do governo. Foi nesse período que o então presidente expôs ainda mais às claras suas intenções golpistas e provocou uma forte crise institucional.

Ele já ensaiava um discurso sem provas em que colocava em dúvida o sistema eleitoral. Em julho, promoveu uma das ameaças mais pesadas e indicou que não aceitaria outro resultado nas eleições seguintes que não fosse a sua reeleição. Na manhã de 8 de julho, em fala a apoiadores em frente ao Palácio da Alvorada, colocou em dúvida a própria realização das eleições, o que não seria atribuição do governo federal, mas da Justiça Eleitoral. Ou seja, sinalizava medidas golpistas contra o Judiciário. "Eleições no ano que vem serão limpas. Ou fazemos eleições limpas no Brasil ou não temos eleições", declarou em fala transmitida por um site bolsonarista. Em texto publicado em seguida pela *Folha*, relembramos que Bolsonaro fazia recorrentes afirmações falsas sobre as eleições, com acusações infundadas de que pleitos passados haviam sido fraudados e que ele só seria derrotado em 2022 caso ocorressem irregularidades semelhantes. A principal estratégia era a de questionar a segurança das urnas eletrônicas, sistema usado desde 1996, considerado eficiente e confiável por autoridades e especialistas e sobre o qual nunca foi apresentada uma única prova sequer de fraude. Um dia antes, Bolsonaro já havia adotado uma linha semelhante ao mais uma vez defender a adoção do voto impresso e sinalizar possíveis problemas ao Tribunal Superior Eleitoral caso isso não acontecesse. Em entrevista à rádio Guaíba, do Rio Grande do Sul, afirmou: "Eles vão arranjar problemas para o ano que vem. Se este método continuar aí, sem, inclusive, a contagem pública, eles vão ter problemas. Porque algum lado pode não aceitar o resultado. Este algum lado, obviamente, é o nosso lado, pode não aceitar o resultado".

A estratégia do presidente desde aquele momento era a de mobilizar aliados para que não aceitassem uma eventual derrota eleitoral para Lula no ano seguinte. Tanto que, no dia seguinte à fala do Alvorada, partiu de novo sem freios para o ataque. Em fala no mesmo lugar, acusou o TSE de fraude com base em teorias falsas e chamou de idiota e imbecil o presidente do tribunal, ministro Luís Roberto Barroso. "A fraude está no TSE, para não ter dúvida. Isso foi feito em 2014." Da boca do presidente mais uma vez era repetida a acusação infundada de que Aécio Neves, do PSDB, teria vencido a eleição de 2014 contra a ex-presidente Dilma Rousseff, do PT.

Bolsonaro radicalizava o discurso no momento em que aparecia atrás de Lula nas simulações da disputa marcada para o ano seguinte e as pesquisas de opinião mostravam também o aumento de sua rejeição. Naquele dia, a reportagem sobre a nova ameaça foi publicada às 11h56. Quatro minutos depois a *Folha* colocou no ar o resultado de mais uma rodada de pesquisas do Datafolha para 2022. Nela, Lula ampliava sua vantagem e marcava 58% a 31% contra o então presidente em simulação de segundo turno. Parte dessa pesquisa havia sido divulgada um dia antes, o que pode ter contribuído para o péssimo humor do presidente. Primeiro a *Folha* publicou o resultado macro do levantamento: "Datafolha: Reprovação a Bolsonaro sobe a 51%, novo recorde do presidente". Roberto Dias, secretário de Redação, deu a ideia de um segundo enunciado. Batemos isso em mensagens pelo Discord.

> [Roberto Dias – 08/07/2021 14:59]
> Imagem dá um título maravilhoso
>
> [Eduardo Scolese – 08/07/2021 14:59]
> A gente separa no site

[Roberto Dias – 08/07/2021 15:00]
Maioria vê Bolsonaro como incompetente, desonesto, falso, indeciso, despreparado, autoritário e pouco inteligente

[Eduardo Scolese – 08/07/2021 15:00]
Bom isso tipo 1h após o principal

Colocamos no ar, com uma leve adaptação: "Datafolha: Maioria acha Bolsonaro desonesto, falso, incompetente, despreparado, indeciso, autoritário e pouco inteligente". Era um momento em que estávamos em meio a uma profusão de notícias de impacto. As ameaças golpistas aconteciam às claras, o centrão silenciava, e STF e Congresso reagiam com notas e declarações de repúdio.

Havia manchetes à vontade para escolher, enquanto não havia respiro para assimilar tudo o que ocorria. Dias antes do início de minhas férias, listei os acontecimentos daquelas semanas e mandei para o grupo interno dos editores de Política. Era uma brincadeira com Alencar, que se aquecia para voltar ao batente. A ideia era mostrar tudo do que ele havia se livrado nas férias.

[18/07/2021 16:07:23] Eduardo Scolese: O BRASIL NAS FÉRIAS DO SEU MOÇO
Preparei um guia para atualizá-lo.
Abaixo, o que ele não viu enquanto prevaricava por aí.
* Dominghetti denuncia propina de US$ 1
* Diretor da Saúde é demitido
* Dominghetti reafirma tudo na CPI
* STF autoriza inquérito contra Bolsonaro
* Novos protestos pelo país pedem o impeachment de Bolsonaro
* Diretor da Saúde é preso pela CPI
* Bolsonaro ameaça não ter eleição em 2022
* Datafolha mostra reprovação recorde de Bolsonaro
* Datafolha mostra Lula ampliando vantagem para 2022
* Partidos, Congresso e Supremo reagem às ameaças golpistas
* Datafolha mostra que pela 1ª vez maioria aprova impeachment
* Datafolha mostra que 70% veem corrupção sob Bolsonaro
* PF abre inquérito contra Bolsonaro
* Bolsonaro é internado sob risco de cirurgia de emergência

* Folha revela vídeo de Pazuello negociando CoronaVac com intermediários
* Bolsonaro recebe alta

As postagens que fizemos em seguida no grupo foram um show de palpites furados sobre o que seriam as semanas seguintes. Primeiramente enalteci Alencar pela escolha a dedo daquelas três semanas. "Combinei com os russos", ele respondeu. "Já me disseram que agora é foco só na Olimpíada", completou. Ampliei em um comentário seguinte o que seria a minha torcida: "Agora é recesso no judiciário e no legislativo, foco na olimpíada e bolsonaro de molho". Insistimos na tal tese de sorte do Alencar na escolha das férias. "Acertou na mosca", escrevi. "Foi a escolha mais precisa que eu tenho lembrança", completou o editor-assistente Guilherme Magalhães.

Enquanto jogávamos conversa fora no grupo de política, Bolsonaro desembarcava em Brasília. Era um domingo. Pela manhã, o presidente havia recebido alta de um hospital particular de São Paulo após cinco dias internado sob o risco de passar por uma cirurgia devido a um quadro de obstrução intestinal. Tudo consequência da tentativa de assassinato a faca de 2018. Antes de ser liberado pelos médicos, disse: "Tô louco pra voltar pra trabalhar, rever os amigos, voltar para o seio da família e, realmente, botar o Brasil para andar".

Não foi exatamente o que ele fez.

As Olimpíadas de Tóquio, que seriam em 2020, foram adiadas em um ano por causa da Covid. Com ginásios fechados para o público, os Jogos começaram em 23 de julho de 2021, uma sexta-feira, um dia antes do início das minhas duas semanas de férias. O fuso horário do Japão e uma criança de 6 anos em casa não ajudavam muito na sintonia. Assistir às competições de madrugada e dormir durante o dia estava fora de cogitação. O jeito foi priorizar os primeiros e os últimos jogos do dia e usar as tardes para assistir a videoteipes. Como a expectativa por essa pausa no trabalho era alta, veio aí uma primeira pitada de decepção com a realidade. Do sofá de casa, comecei a preparar postagens diárias sobre os Jogos para as minhas redes sociais. Em especial com dados e histórias de basquete e vôlei. A ideia era compartilhar um pouco do que conhecia para aqueles que só acompanham esses esportes de quatro em quatro anos. A ideia era relaxar, mas o efeito foi contrário. Ao final da primeira semana, percebi que estava levando isso mais a sério do que um passatempo. Abandonei a ideia imediatamente. Não fazia sentido, de férias, estressar por causa disso. Estava aí mais um revés na tão aguardada folga olímpica.

A primeira semana de férias com Olimpíadas foi em busca de um detox do trabalho. Tentar me desconectar e realmente entrar no clima de descanso.

> [25/07/2021 08:53:13] Eduardo Scolese: Tô tentando só olhar a folha
> [25/07/2021 08:53:19] Eduardo Scolese: Desliguei Discord

Não era fácil sair de uma maratona como aquela do noticiário e de repente virar a chave por completo.

> [27/07/2021 21:04:36] Eduardo Scolese: Ainda me adaptando à folga. Leva um tempo pra se acostumar. 👍

O relato acima a um amigo sobre a tentativa de me acostumar com a folga ocorreu em uma terça-feira. O noticiário se mantinha morno, com bastante volume, mas com pouco golpismo e mais articulações políticas. Era o momento em que o centrão negociava sua entrada de cabeça no governo com a indicação do senador Ciro Nogueira para o cargo de ministro-chefe da Casa Civil. Bolsonaro estava fragilizado e cedia a chave do Palácio do Planalto ao presidente nacional do PP, o mesmo que já havia chamado Bolsonaro de fascista e dito que Lula foi o melhor presidente da história do Brasil.

A nomeação de Ciro Nogueira foi publicada na edição do *Diário Oficial da União* da quarta-feira, dia 28, mesmo dia em que um levantamento mostrou que Bolsonaro havia atacado a imprensa 87 vezes no primeiro semestre de 2021 e o STF havia rebatido o presidente sobre a pandemia dizendo que "uma mentira contada mil vezes não vira verdade". O clima era de calmaria, se comparado a outras semanas. Mas tudo voltaria ao normal no dia seguinte.

A tradicional live semanal de Bolsonaro daquela noite de quinta-feira seria considerada o seu maior ataque ao sistema de votação do país. A fala do presidente não ficou restrita às suas redes sociais. Foi também transmitida pela TV Brasil, a rede pública do governo. Jornalistas foram convidados a acompanhá-la no Alvorada, mas sem direito a perguntas durante a transmissão. A imprensa foi avisada com antecedência de que seriam apresentadas supostas provas e indícios sobre fraudes eleitorais. O que se viu, porém, foi uma coleção de mentiras mais uma vez. O presidente atacou o TSE, admitiu não ter provas de nada e trouxe só teorias que circulavam havia anos na internet e que já tinham sido desmentidas seguidas vezes. A fala ganhou a manchete impressa da *Folha* do dia seguinte: "Bolsonaro mente em maior ataque a sistema do voto". Na Primeira Página, acima da notícia sobre Bolsonaro, uma ampla foto da ginasta Rebeca Andrade na exibição que lhe rendeu a prata na final individual.

Assisti ao vivo de casa à fala do presidente e acompanhei grudado no celular e na TV a repercussão que se seguiu naquela noite e ao longo de todo o dia seguinte. Reação do TSE, especialistas apontando possível crime de responsabilidade e improbidade de Bolsonaro, bastidor sobre ministros do STF vendo fala "patética" do presidente e textos analíticos cobrando alguma posição mais firme do mundo político. A tentativa de me desligar do caos político, relaxar e só pensar em Olimpíadas tinha ido de vez para o vinagre.

A sensação era de derrota no sábado, dois dias após a live, quando decidi levar meu filho de 6 anos e meus sobrinhos, de 7 e 9, para andarem de bicicleta em algum parque próximo de casa. Ao chegar, demos de cara com o portão fechado. Escolhemos um segundo, mas nesse não havia bikes para alugar. Comecei a entrar em uma espiral de nervosismo e descontrole. Decidi então levá-los a um parque aberto em uma praça da região. Quando as crianças correram para os brinquedos, senti falta dos meus óculos e comecei a entrar em desespero. Suava diante da possibilidade de tê-los perdido em alguma das paradas frustradas anteriores. Só pensava no transtorno de agendar oculista e encomendar novas lentes. Dinheiro mal gasto e tempo perdido. Eram os óculos usados para assistir a TV. Como ver a reta final das Olimpíadas? Mandei mensagem para a minha esposa e, enquanto aguardava resposta, revirei o carro. Nada de encontrá-los. As crianças voltaram para o carro e pediram para ir embora. Não havia se passado nem dez minutos. Disseram que o parque estava um tédio. Tive um breve surto, gritei com elas e fiquei imóvel no carro. O cansaço mental que acumulava havia explodido. Acalmei-me um pouco quando o celular apitou com a resposta de minha esposa. Os óculos estavam em casa. Achei que tivesse perdido algo que nem havia levado. Respondi para ela antes de iniciar o caminho de volta:

[31/07/2021 16:23:18] Eduardo Scolese: Não estou bem

Desabei quando cheguei em casa e, na segunda-feira, procurei a psicóloga Helena em busca de algum horário extra de atendimento. Dias depois, quando passei em atendimento com ela, resumi a situação: permaneci estressado na primeira semana de férias porque não conseguia me desligar do trabalho e segui estressado na segunda semana por estar na reta final sem ter conseguido descansar e já tenso pela contagem regressiva do retorno. Escrevi para um amigo ainda naquela segunda-feira:

> [02/08/2021 10:20:42] Eduardo Scolese: Minha saúde mental está esgotada
> [02/08/2021 10:20:54] Eduardo Scolese: Inacreditável não conseguir curtir as férias
> [02/08/2021 10:21:02] Eduardo Scolese: Isso é coisa de pessoa doente

A primeira semana de agosto de 2021, a segunda e última dos Jogos de Tóquio e das minhas férias, marcou uma reação diferente do STF às investidas de Bolsonaro. Enquanto o Congresso procurava manter distância, em especial a Câmara sob o comando de Arthur Lira, o tribunal trocou as notas de repúdio e as declarações ainda diplomáticas por algo mais enfático. O presidente da República apostava no confronto. Não havia apelo do centrão que o mudasse de rota. Repetia ameaças sobre as eleições e insuflava apoiadores em atos pelo voto impresso. Naquela semana, em um intervalo de quatro dias, foram alguns os gestos simbólicos do Supremo. O primeiro recado veio de Luiz Fux, então presidente da corte. Em discurso na sessão de abertura dos trabalhos do segundo semestre, o ministro não citou Bolsonaro, mas passou o recado de que a manutenção da democracia exige "permanente vigilância" e obediências a pressupostos como atores políticos que cumpram as regras da Constituição. Fux disse existir a hora certa para erguer a voz e afirmou que a harmonia entre os Poderes não implicava impunidade. O tribunal deixava de lado as rivalidades internas e demonstrava união contra as ameaças golpistas.

Passaram-se dois dias para um novo tensionamento. O ministro Alexandre de Moraes incluiu Bolsonaro como investigado no inquérito das *fake news* por ataque às urnas, e o presidente não disfarçou suas intenções ao reagir. "O antídoto para isso também não é dentro das quatro linhas da Constituição." A fala carregava o contexto do controverso inquérito e afastava ainda mais Bolsonaro do campo da retórica, colocando-o na linha de frente de um plano de ruptura que deveria ser levado a sério por imprensa, sociedade civil organizada e demais Poderes. Fux havia chamado uma reunião com os chefes de Executivo e Legislativo para tentar colocar panos quentes na crise institucional. Diante do que fez Bolsonaro na véspera, cancelou o encontro e acusou o presidente da República de não cumprir a própria palavra.

Voltei ao trabalho em 9 de agosto, uma segunda-feira.

O que havia ocorrido nas semanas anteriores foi a semente para as condenações futuras de Bolsonaro. O presidente enfileirou provas contra ele ao insultar apoiadores, ameaçar agir fora da Constituição e colocar em xeque a realização das eleições. Ao mesmo tempo, viu o STF se unir e alertar sobre punições a ações antidemocráticas.

Aquele período foi também para mim um alerta para que mudasse hábitos e entendimentos e buscasse nunca mais passar por aquele estresse em períodos de folgas e férias. O que enfrentava longe dos holofotes da Redação era uma realidade parecida com a de diferentes colegas. Histórias se conectavam. Dias após a volta ao trabalho, eu e Daigo Oliva, então editor de Mundo, percebemos isso no meio de uma conversa. Foi um conforto saber que não estávamos sozinhos nisso. Ajudou na troca de ideias e na busca de amparo.

> [18/08/2021 15:26:06] Eduardo Scolese: Cara, não consegui aproveitar as minhas férias. A primeira semana eu não conseguia me encaixar no não fazer nada. Parece que meu corpo só funciona pilhado. Começou a dar umas crises. Depois na semana final começou a bater a depressão pré-volta
> [18/08/2021 15:27:14] Eduardo Scolese: Ou seja, isso não é vida
> [18/08/2021 15:27:37] Daigo Oliva: Cara, que loucura. Vc descreveu exatamente o que eu senti na semana passada
> [18/08/2021 15:27:46] Daigo Oliva: Quando fiquei fora pós-olimpíada
> [18/08/2021 15:27:58] Eduardo Scolese: Eu procurei a helena nas férias
> [18/08/2021 15:27:59] Daigo Oliva: Acho que nem se eu tivesse parado para escrever isso teria sido tão no alvo. Exatamente isso

[18/08/2021 15:28:07] Eduardo Scolese: Minha mulher se assustou

A essência em busca de um dia a dia mais saudável foi encarar os problemas sem ilusões. Seria perda de tempo imaginar uma trégua no ritmo de trabalho sob Bolsonaro e diante da aproximação do ano eleitoral de 2022. Passei a tratar como zero a expectativa por dias tranquilos para curtir um final de semana de folga. Existe aquela brincadeira sobre se manter bêbado para evitar a ressaca. Passei a mentalizar um ingrediente parecido: manter-me focado e pilhado o tempo todo para evitar queda de imunidade e frustrações.

Busquei perseguir esse ambiente controlado. Mapeei gatilhos que me provocavam estresse e ansiedade para atacá-los. Um deles era essa espera pela folga. Outro ponto de angústia eram os períodos de desconexão. No home office, isso acontecia basicamente no momento do banho. Aquele intervalo de cerca de dez minutos parecia durar uma hora. Acelerava tudo para sair logo e checar se havia novas mensagens e eventuais alertas de notícias ligadas a Bolsonaro. Ataquei o problema levando o celular para dentro do boxe. Ajeitava o aparelho em um suporte ao lado de shampoos e condicionadores, a uma distância segura da água, mas sempre no meu raio de visão. A tela ficava sempre aberta no aplicativo do Discord. Se chegasse algo da chefia, eu via isso na hora. Enxugava as mãos, respondia a mensagem e voltava para o chuveiro. Essa sensação de controle era o suficiente, e o banho finalmente passou a ser um momento para relaxar.

Levei essa experiência para a cozinha. A definição do cardápio e dos ingredientes para o jantar era uma forma de descansar e pensar em algo além do trabalho. Precisava fazer isso sem cair na preocupação de que algo urgente poderia estar ocorrendo enquanto lavava a louça, picava cebola ou descascava ovos de codorna. O meu horário na cozinha, entre 19 e 21 horas, coincidia com a chegada de textos factuais e com a reta final de edição da versão impressa. Gostava de ficar de olho em tudo, em especial na definição de títulos e no apontamento de prioridades. Para seguir com a estratégia de controle do ambiente, deixava o laptop ligado na mesa da cozinha com a tela aberta na caixa de entrada de e-mails. O tablet ficava apoiado na janela, ao lado dos potes de tempero, sempre ligado na GloboNews, enquanto o celular transitava entre os aplicativos do WhatsApp e do Discord. Via mensagens, alertas de notícias e e-mails assim que chegavam. Tudo dominado. Em situações mais tensas, saía correndo com o celular para o quarto. Era lá, sem interferências, que assimilava as informações para atuar com diretrizes mais precisas. A escolha de títulos exigia esse ritual de concentração e silêncio.

Cada detalhe do dia a dia tinha como objetivo final a performance no trabalho. Despertador às 5h35, treino na academia em seguida, refeições equilibradas e sono de sete horas. Precisava estar bem fisicamente para dar conta da pressão mental. Sangue frio para decisões sensíveis, agilidade diante de notícias quentes e disposição e criatividade para ditar rumos da equipe. A cobertura do governo Bolsonaro deixava a faca no pescoço. Ele nos tratava como inimigos, e não poderíamos errar em nada. O editor estava na mira e precisava manter o ritmo e dominar os temas da pauta e as ações da equipe.

Um teste de fogo para a cobertura de Bolsonaro ocorreu no 7 de Setembro de 2021. O presidente vinha embalado com as ameaças feitas contra o STF em julho e agosto e agendou para o aniversário da Independência do Brasil atos em defesa do governo e de ataques ao Judiciário. Ele cumpriria o protocolo no início da manhã no desfile militar oficial na Esplanada dos Ministérios e, em seguida, se deslocaria para dois outros palanques. Um montado na própria Esplanada, em Brasília, e outro na avenida Paulista, em São Paulo, onde seu discurso estava previsto para meados da tarde.

O clima geral dessa cobertura era de preocupação e incerteza, com uma dose de paranoia. Ninguém conseguia apostar o que aconteceria ao final daquele dia. O presidente colocaria em ação alguma medida golpista? Como se comportariam as Forças Armadas diante dos discursos inflamados de Bolsonaro? Os policiais militares do Distrito Federal e de São Paulo seguiriam à risca seus protocolos diante de milhares de manifestantes bolsonaristas ou haveria algum tipo de adesão na Esplanada e na Paulista?

Na *Folha*, o plantão para aquele feriado foi reforçado, com repórteres convocados de outras editorias para ajudar na cobertura em São Paulo. A sucursal de Brasília também estava com a elite de seus repórteres em campo. Foi uma semana de preparativos. O 7 de Setembro caiu em uma terça-feira. A sexta-feira anterior foi o último dia útil antes da escala de feriado. Na parte final da reunião de pauta com a chefia e os demais editores, despedi-me assim dos colegas: "Até quarta-feira, talvez sob um novo regime no país".

Era uma brincadeira, mas com uma pulga atrás da orelha.

A véspera dos atos, uma segunda-feira, foi tensa.

Em São Paulo, ao longo da tarde, helicópteros militares sobrevoaram a cidade em deslocamentos normais antes de um feriado com desfile. Passariam despercebidos em qualquer outro momento. O clima de alerta, porém, nos fez iniciar uma apuração assim que recebi mensagens de diferentes jornalistas: "Tem 4 helicópteros do Exército sobrevoando a Paulista" e "Eu moro do lado do quartel do 2º Exército. No Ibirapuera. Moro há 8 anos, nunca vi isso. Exército, verde-oliva". Já em Brasília o alerta foi para um quase descontrole das forças de segurança diante dos manifestantes bolsonaristas. Eles conseguiram romper o cerco policial que os deixavam fora da Esplanada e somente foram freados em uma barreira próxima ao Supremo. Temeu-se à noite e ao longo da madrugada uma invasão da sede do principal alvo do presidente. Também na véspera, Bolsonaro assinou uma medida provisória para limitar a retirada de conteúdo das redes sociais pelas plataformas. Na prática, como mostrou texto de análise publicado em seguida,[27] a medida buscava dar liberdade para os bolsonaristas sabotarem o processo eleitoral, como Donald Trump fez nos EUA em 2020.

Bolsonaro chegava isolado aos atos daquele dia, alternando um discurso golpista e o subterfúgio da defesa da liberdade. Era um clima de tudo ou nada. Com força limitada no Congresso e após ter fechado portas no STF, também enfrentava problemas no governo, como crise energética e alta da inflação. Em editorial publicado na Primeira Página daquele dia, a *Folha* titulou: "Bolsonaro é o perdedor". Nenhuma imagem na Esplanada ou na Paulista, na opinião do jornal, mudaria o apoio da imensa maioria do país à democracia. A busca seria para demonstrar força. Em entrevista à *Folha* na véspera, o professor Marcos Nobre (Unicamp) deu o caminho das pedras. Disse que Bolsonaro não daria um golpe naquele 7 de Setembro, mas que os atos seriam uma preparação para isso.

A cobertura quente dos atos teve alguns sobressaltos e foi dividida em quatro partes principais. 1) Bolsonaro em Brasília (desfile oficial e depois ato com apoiadores); 2) o presidente na avenida Paulista; 3) protestos da esquerda marcados para o mesmo dia em diferentes pontos do país;

---

[27] Mello, 2021.

4) repercussão dos discursos de Bolsonaro entre aliados, oposição, comando do Congresso e ministros do Supremo.

Seguíamos sob restrições com a pandemia. Naquele dia, editores e equipe de edição em home office, e repórteres nas ruas. Passei ainda por um contratempo extra naquele feriado. Um familiar havia morrido dois dias antes, e o mergulho na cobertura ajudou a me manter anestesiado sobre a perda. O velório foi no próprio 7 de Setembro. Fiz um bate e volta bem cedo. Deixei o carro em casa e fui de Uber, assim consegui trabalhar nos trajetos de ida e volta pelo celular. Avisei o editor-assistente Guilherme Magalhães pelo Discord assim que coloquei os pés em casa.

> [Eduardo Scolese – 07/09/2021 09:36]
> Opa, de volta. Que caos

Concentrei os diálogos naquele dia em quatro frentes. Pelo WhatsApp, uma linha direta com Leandro Colon, diretor de Brasília, e outra com um grupo que criamos apenas para aquele dia, com todos os profissionais envolvidos. Pelo Discord, os contatos diretos eram com Guilherme Magalhães, de plantão comigo no feriado, e Vinicius Mota, no comando da Redação naquele dia.

A jornada de Bolsonaro preparada e anunciada ao longo de dois meses começou por volta das 8 horas com uma rápida declaração em suas redes sociais. Não citou nenhum ministro do STF, mas disse que o país não poderia ficar refém de "uma ou duas pessoas". Era um aperitivo para o que viria. Embarcou no Rolls-Royce presidencial dirigido pelo aliado e ex-piloto Nelson Piquet, seguiu do Palácio da Alvorada para a Esplanada e acompanhou o desfile oficial. A alguns metros dali, após a parada militar, subiu em um carro de som diante de milhares de aliados no gramado em frente ao Congresso.

Os repórteres que estavam mais próximos a Bolsonaro estavam sem sinal de celular ou de internet para avisar a Redação sobre o início da fala. Tudo funcionava mal. Os mais distantes nem sequer conseguiam ver o que acontecia nem ouvir quem discursava. Da Redação, vasculhamos diferentes sites bolsonaristas, mas nenhum deles transmitia a fala do presidente, justamente pelos problemas gerais de conexão.

> [07/09/2021 10:43:44] Larissa Garcia: Ele tá falando? Não tem áudio

[07/09/2021 10:45:43] Marianna Holanda: No grupo de setoristas, tão falando que parece que ele já discursou, ou está discursando, mas ninguém está transmitindo!! Nem o Face dele
[07/09/2021 10:47:35] Larissa Garcia: Problema de sinal lá, mas ele tá falando. Ngm tá conseguindo transmitir
[07/09/2021 10:49:09] Vinicius Sassine: Ele falou já. Mas não peguei. Estava abafado e não deu pra entender
[07/09/2021 10:52:59] Leandro Colon: Ninguém deu nada. Q bizarro
[07/09/2021 10:57:12] Eduardo Scolese: Que inferno

Por volta das 11h05, o discurso entrou na rede social de Bolsonaro dividido em duas partes. Precisávamos ouvi-lo na íntegra, como se fosse uma transmissão ao vivo, e publicar uma primeira versão da reportagem assim que possível. O primeiro texto foi ao ar às 11h11 e passou a receber ajustes e complementos. "Bolsonaro faz ameaça golpista a STF e Fux em ato com milhares em Brasília" foi o enunciado final sobre a fala na qual disse que não aceitaria mais medidas do Judiciário daquilo que considera fora da Constituição. "Ou o chefe desse Poder enquadra o seu [ministro] ou esse Poder pode sofrer aquilo que nós não queremos." O recado de tom golpista foi ao presidente do Supremo, ministro Luiz Fux, em referência às decisões do ministro Alexandre de Moraes contra bolsonaristas. No trecho final de sua fala, Bolsonaro pediu que os aliados acompanhassem o que iria dizer naquela tarde no palanque da Paulista. Era a senha de que coisas piores ainda viriam.

Bolsonaro embarcou para São Paulo. Tive até tempo para almoçar antes de iniciar os ajustes finais com a equipe que o esperava na avenida Paulista.

[07/09/2021 15:45:31] Leandro Colon: Vai anunciar golpe
[07/09/2021 15:46:01] Eduardo Scolese: Para com isso
[07/09/2021 15:46:03] Eduardo Scolese: Nem brinca
[07/09/2021 15:46:10] Leandro Colon: Eu não duvido

O presidente começou a falar pouco antes das 16 horas diante de uma avenida Paulista superlotada. Desta vez conseguimos acompanhar o discurso ao vivo por diferentes plataformas, enquanto repórteres posicionados em frente ao palanque gravavam a fala, mesmo que não conseguissem enviar relatos imediatos devido a falhas de conexão. De casa, a repórter Renata Galf transcrevia as principais frases do presidente, repassando cada uma delas para mim quase que simultaneamente pelo Discord. Publiquei uma primeira versão do texto às 16h04 sob o título "Na Paulista, Bolsonaro repete ameaças golpistas ao STF e diz que 'canalhas' nunca irão prendê-lo".

Bolsonaro havia cumprido a promessa e guardado o discurso mais forte para a Paulista. As frases de improviso vieram em sequência. A cada uma delas fazíamos uma nova atualização do texto. Vinicius Mota me chamou no Discord logo em seguida.

> [Vinicius Mota – 07/09/2021 16:09]
> Exortou a que não se cumpram mais ordens do Alexandre
>
> Forte, não?
>
> [Eduardo Scolese – 07/09/2021 16:09]
> Forte
> Na Paulista, Bolsonaro exorta a não se cumprir ordens de Moraes e diz que "canalhas" nunca irão prendê-lo

Ajustei os primeiros parágrafos e publiquei a atualização com o novo enunciado: "Na Paulista, Bolsonaro exorta desobediência a Moraes e diz que canalhas nunca irão prendê-lo". A frase havia sido categórica: "Nós devemos sim, porque eu falo em nome de vocês, determinar que todos os presos políticos sejam postos em liberdade. Dizer a vocês que qualquer decisão do senhor Alexandre de Moraes esse presidente não mais cumprirá. A paciência do nosso povo já se esgotou". Esse mesmo texto foi aos poucos sendo atualizado como uma síntese do dia, ao unir os atos e as declarações de Brasília e São Paulo. Finalizamos o amarradão com a manchete: "Bolsonaro ameaça o STF de golpe, exorta a desobediência à Justiça e diz que só sai morto".

> [07/09/2021 17:37:01] Leandro Colon: Não vamos parar de trabalhar nunca mais
>
> [07/09/2021 17:37:17] Eduardo Scolese: Jamais
>
> [07/09/2021 17:37:43] Leandro Colon: Sobrevivemos
>
> [07/09/2021 17:43:29] Eduardo Scolese: Difícil respirar

Dois meses depois, acordei tenso algumas vezes na madrugada e, quando me levantei da cama naquele 8 de novembro de 2021, uma segunda-feira, sabia que teria uma semana caótica pela frente. Estava preocupado com os rumos da campanha salarial da categoria que se arrastava havia cinco meses. Uma paralisação de duas horas de jornalistas de diferentes veículos de imprensa estava marcada para a quarta-feira, dia 10. O protesto em repúdio à proposta das empresas, que parecia inimaginável antes da pandemia, consumia corpo e mente dos envolvidos. De um lado, jornalistas cansados com o acúmulo de pouco mais de um ano e meio de pandemia, jornadas exaustivas em home office e agressões e desmandos promovidos pelo presidente da República. De outro, a chefia da Redação, também cansada com todo esse contexto e agora preocupada com os efeitos e repercussões da paralisação. Um ingrediente extra deixava o clima mais nervoso. Os editores estavam no meio do fogo cruzado. Ocupavam cargos de confiança, portanto não queriam se indispor com o comando da Redação, e, ao mesmo tempo, sabiam que uma reposição salarial pela inflação acumulada seria um mínimo de reconhecimento para aquele momento.

A noite de sono turbulento se encaixava nesse contexto. Eu havia tomado a decisão de aderir à paralisação, e a principal preocupação seria a de não perder a confiança do diretor, Sérgio Dávila. Decidi por esse caminho de forma solitária e o comuniquei aos demais integrantes da equipe. Deixei claro que respeitaria a decisão de cada um na editoria e que todos estavam livres para aderir ou não ao protesto. O meu único objetivo ali era o de ampará-los.

Aquela segunda-feira próxima à paralisação se arrastava, e o clima pesou ainda mais às 11h05, quando uma mensagem de Renata Santos, secretária da direção do jornal, foi postada em um grupo restrito aos editores no Discord:

> [Renata Santos – 08/11/2021 11:05]
> Bom dia. Hoje, excepcionalmente a reunião de especiais (12h) será apenas com os editores – titulares ou interinos – e repórteres especiais. Em caso de férias ou folga, pode ir o interino no lugar. Grata pela compreensão.

O comunicado se referia à reunião de todas as segundas-feiras ao meio-dia, aquela em que os editores apresentam seus destaques da semana e os chefes da Redação engatam seus avisos gerais. O teor da mensagem deixava claro que algum recado sensível seria dado no encontro por Zoom. Dávila trataria da paralisação prevista para o meio daquela semana e faria isso diretamente àqueles que ocupavam cargos de sua confiança. Foi aí que precisei tomar outra decisão pessoal: se Dávila de fato tocasse no tema, eu pediria a palavra para anunciar que acompanharia a equipe na paralisação. Considerei dois pontos para isso. O primeiro por entender que o editor de Política não poderia se omitir naquele momento. Não era um cargo qualquer. O segundo por avaliar que seria melhor que ele soubesse assim, de forma transparente, do que ser surpreendido depois por informações de terceiros.

A reunião começou pontualmente às 12 horas. A primeira meia hora foi dedicada à rotina de sempre. Quando o último editor finalizou seus destaques da semana, Dávila abriu seu microfone às 12h32. "Lá vem", escrevi a um outro editor. Por dez minutos, ele resumiu as negociações entre os sindicatos até aquele momento, citou as propostas, indicou até onde as empresas poderiam chegar em termos percentuais, repetiu que ocupávamos cargos de sua confiança e deixou claro que, em caso de paralisação, o jornal buscaria formas para que o leitor não fosse prejudicado. Os que não aderissem seriam chamados a publicar reportagens e movimentar o site durante as duas horas previstas para o protesto da quarta-feira.

Dávila encerrou sua fala e perguntou se alguém gostaria de se manifestar. Uma parte de mim ainda hesitava, e abri meu microfone após cinco segundos de silêncio na sala virtual. Com a voz embargada, disse estar ciente de eventuais riscos que correria ao me posicionar naquele momento e destaquei a sensação de medo que dominava a Redação por causa da paralisação e de suas consequências. Engatei uma fala rápida. Ao finalizar, apontei que não havia nenhuma possibilidade de me posicionar em sentido contrário à minha equipe, diante de tudo o que estávamos enfrentando juntos naquele contexto de coberturas com Bolsonaro, pandemia e home office.

Tremia na cadeira quando fechei o microfone. Demorou um pouco para me recompor e até lembrar o que acabara de dizer. Tive ânsia de vômito e mal consegui prestar atenção na fala de Leandro Colon, que se posicionou em uma linha semelhante logo em seguida. Recebi mensagens de alguns editores e repórteres especiais que indicavam ter se sentido representados. Estávamos sob forte pressão e dominados por um longo cansaço que parecia sem fim.

A fala final de Dávila trouxe um alívio momentâneo. Ele disse que não iria perseguir ninguém e que cada um saberia o que fazer diante das situações em que iríamos nos deparar naquela semana. A reunião terminou pouco antes das 13h30. Estávamos em processo de retorno escalonado ao presencial e em seguida teria de subir ao nono andar para um almoço com o governador Eduardo Leite, do Rio Grande do Sul, que visitava o jornal. Ao final da sobremesa e do cafezinho, quando todos se levantaram para se dirigir até o elevador, aproximei-me rapidamente de Dávila e perguntei se ele poderia me receber em sua sala naquela tarde. Eu havia me exposto, sabia que havia arestas a serem aparadas e queria uma oportunidade imediata para isso.

Fui chamado duas horas depois. A conversa foi ótima. Tirei um peso gigante das costas. Repeti ali com mais calma os argumentos para ficar ao lado da equipe na paralisação que se aproximava, deixei claro que entendia a preocupação dele como gestor diante de todo aquele movimento e que não gostaria de perder a sua confiança. Ponderei que era uma situação inédita para todos nós, que estávamos pisando em ovos e que o mais importante seria sairmos mais fortes daquilo. Disse que de forma alguma queria me colocar como um contraponto a ele, que seguiria atuante nas assembleias com o sindicato e que o manteria atualizado sobre as votações e, principalmente, o clima da Redação. Dávila disse compreender e relembrou algo que sempre citava ao tratar desse tema: que ocupava o cargo mais alto da Redação, sim, mas que seu salário também seria reajustado pelo mesmo índice em negociação e que a definição sobre propostas e contrapropostas não dependia dele. Seria uma decisão do comando administrativo da empresa junto com os demais veículos de imprensa que integravam o Sindicato das Empresas de Jornais e Revistas de São Paulo, o chamado sindicato patronal.

A paralisação da quarta-feira era tratada até aquele momento como uma possibilidade, mas se transformou em um fato quase certo por volta das 18 horas ainda daquela segunda-feira. Foi quando circulou um "informe de negociação" do sindicato dos jornalistas com a nova proposta apresentada pelas empresas de jornais e revistas. Em linhas gerais, somente quem recebia o piso da categoria teria o salário coberto pela inflação. O percentual proposto, bem abaixo do que vinha sendo ventilado nos bastidores como algo possível, revoltou a Redação e frustrou os que atuavam na linha de frente das assembleias. Não havia mais nenhum argumento para adiar a paralisação. "Fudeu pra gente na quarta. Fudeu", exclamou um colega no meu WhatsApp. "Vai parar. Fudeu muito quarta", respondi. Em um grupo de editores pipocaram expressões como "povo putaço", "nossa", "puta que pariu", "agora fudeu", "inacreditável" e "clima de frustração geral".

A nova proposta patronal mudou o ambiente da Redação. Se até aquele momento a sensação era de medo diante de possíveis retaliações ou mesmo de dúvidas sobre o tamanho da adesão, de repente o clima se transformou em pressa para marcar posição. "Aqui piorou consideravelmente", relatou-me um colega sobre a temperatura em outra editoria.

O ambiente era delicado, e os editores precisavam acalmar e respaldar suas equipes. Desmarquei uma sessão com a psicóloga agendada para a manhã do dia seguinte. Escrevi para Helena: "Teremos de cancelar a de amanhã. Às 10h30 teremos uma delicada assembleia dos jornalistas sobre a reposição salarial. E não há prazo para acabar. E como vai acabar. As coisas estão bem complicadas. Na nossa próxima conversa faço um resumo dos acontecimentos ainda em curso. Vou precisar. Obrigado".

A assembleia da terça-feira, dia 9, reuniu cerca de 250 jornalistas de diferentes veículos em uma sala virtual. Representantes da *Folha* eram maioria. Havia gente também do *Estado de S. Paulo*, da sucursal de *O Globo*, do *Valor Econômico* e das editoras Abril e Globo. A proposta patronal foi rejeitada e a paralisação mantida para o dia seguinte. Um compilado organizado pelos repórteres da *Folha* indicava que a paralisação atingiria ao menos dezesseis núcleos da Redação, incluindo editores e coordenadores de Política, Mundo, Cotidiano, Ilustrada, Esporte, Podcast, Painel Político, Deltafolha, sucursal de Brasília e Agência Folha, entre outros. As equipes de Impresso, Foto e Diagramação também eram citadas dentro da adesão nessa lista informal.

Na manhã de quarta, dia da paralisação, editores e repórteres especiais foram consultados se iriam ou não aderir. Foi um contato sóbrio da chefia, bem objetivo. A ideia era saber exatamente qual seria a força de trabalho disponível. Quem não fosse parar poderia ajudar em uma editoria de emergência montada para abastecer o site das 16 às 18 horas. Na reunião daquela manhã, a chefia perguntou aos editores presentes se havia reportagens previstas para publicação às 17 horas, ou seja, no meio da paralisação. A resposta majoritária foi de "nada previsto". Alguns ainda carregavam um fio de expectativa por alguma contraproposta de última hora das empresas. Algo que buscasse impedir a paralisação. Alguns repórteres que não se sentiam à vontade para aderir pediram para entrar mais cedo e encerrar o expediente antes da paralisação. Assim não participariam do protesto, mas também não o furariam.

A jornada de notícias do dia começou puxada. Torcíamos para que tudo de importante acontecesse antes das duas horas de paralisação. O evento mais importante foi o de filiação do ex-juiz e ex-ministro Sergio Moro ao partido Podemos. Em discurso de pré-candidato no final da manhã, ele atacou Bolsonaro e o PT e defendeu a atuação da imprensa e da Lava Jato. Uma notícia importante atrás da outra pipocou em seguida. O PL confirmou a filiação de Bolsonaro ao partido, o STF decidiu por 8 votos a 2 suspender o pagamento das emendas de relator a deputados e senadores, e o então procurador-geral da República, Augusto Aras, condicionou a realização de diligências de investigação sobre autoridades citadas no relatório da CPI da Covid à análise prévia de provas sigilosas reunidas pela comissão no Senado. Com tudo isso no ar, o dia de Política estava resolvido, inclusive com reportagens suficientes para preencher as páginas do impresso. Nada de votações importantes marcadas para Congresso e Supremo para o momento da paralisação. Um evento com Bolsonaro estava previsto para as 17 horas, mas, como sempre atrasava, não seria um problema. Todos os parafusos com a equipe estavam apertados e checados. Nada poderia dar errado nas coberturas factuais. Qualquer vacilo poderia ser usado depois contra a gente e ter a mobilização salarial como justificativa.

Não chegou nenhuma contraproposta, e a paralisação começou às 16 horas. Jornalistas de diferentes veículos entraram em salas virtuais abertas pelo sindicato. Cerca de 350 se mantiveram on-line nessas salas por duas horas para debate e checagem da mobilização. Jornalistas e simpatizantes do movimento postaram em suas redes sociais o card com os dizeres: "Jornalistas em Mobilização: Queremos 8,9% De Reajuste Para Tod@s". Houve ainda um tuitaço com as hashtags #jornalistasvãoparar #jornalistassalvamvidas. No grupo de Discord da *Folha*, como combinado, cerca de nove em dez jornalistas permaneceram com o status posicionado na opção "não perturbar". Já a editoria de emergência chamada para abastecer o site durante a paralisação publicou reportagens mais frias. Nada que mudasse o impacto da mobilização.

A paralisação foi a primeira do tipo em quarenta anos. Ocorreu sob tensão, mas sem sobressaltos. A negociação entre categoria e empresas parecia estagnada, e na Redação da *Folha* havia uma mistura de sentimentos. O mais claro era o de reconhecer, sim, as dificuldades das empresas na pandemia, mas que ninguém estava ali exigindo algo fora da curva. Buscava-se apenas a reposição salarial pela inflação, de 8,9% (junho de 2020 a maio de 2021). A data base havia sido em 1º de junho, já estávamos em novembro e tudo ocorria a passos lentos. Em meio ao cenário nebuloso, havia um alento nos bastidores. Rumores davam conta de que a *Folha* carregava uma proposta melhor na manga. Assim, em último caso, se a negociação geral naufragasse, o jornal poderia chamar o sindicato e negociar algo em separado para os seus jornalistas. Mas isso naquele momento estava fora de cogitação. O que interessava era a proposta do sindicato patronal, ou seja, do conjunto das empresas envolvidas. Tínhamos uma ideia de até onde a *Folha* poderia chegar e, como éramos ampla maioria nas assembleias e quase sempre votávamos em bloco, passamos a jogar com esse trunfo.

A sede do sindicato dos jornalistas fica na sobreloja de um prédio na região central de São Paulo, ao lado da rua da Consolação e bem próximo à praça da República. Nos anos 1970, 1980 e 1990, a sua localização era considerada estratégica. Foi assim na famosa greve de 1979. Estava no coração das principais redações. *Folha*, *O Estado de S. Paulo*, TV Globo e *Diário Popular*, por exemplo, ficavam em seu entorno, o que facilitava a presença dos jornalistas. A partir dos anos 2000, porém, apenas a *Folha* seguia nas imediações, as sedes das demais empresas se distanciaram, e as assembleias se esvaziaram e permaneceram assim por anos. A partir de 2016, o sindicato iniciou um processo de reaproximação dos jornalistas com a criação de grupos de WhatsApp. Isso ajudava, por exemplo, na distribuição da pauta de reivindicações e nas chamadas para assembleias realizadas nas portas de cada empresa. Era uma forma de driblar o esvaziamento.

A pandemia mudou o quadro de adesão para outro patamar e coincidiu com a mudança do comando do sindicato. A troca da presidência ocorreu sem sobressaltos, dentro de um mesmo grupo e com candidatura única. Paulo Zocchi, da editora Abril e então com 62 anos, passou o bastão para Thiago Tanji, da editora Globo e então com 30 anos. Zocchi era um velho conhecido da *Folha*, onde atuou de 1985 a 2001. Foi diretor do sindicato de 2009 a 2015, quando assumiu a presidência, e a voz das assembleias de 2020 na implantação do home office. Tanji conheceu

Zocchi no início de sua carreira e atuou como diretor a partir de 2015. Foi eleito e assumiu o comando em agosto de 2021, em meio aos ataques de Bolsonaro à imprensa e sob a tensão da negociação salarial.

Na semana da paralisação, em novembro, a proposta das empresas era de reposição salarial pela inflação apenas àqueles que recebiam salário de até R$ 5.000. O tempo corria, e ninguém cedia. Jornalistas queriam a inflação acumulada para todos, pediam uma nova rodada de negociações, e as empresas exigiam outra contraproposta da categoria. Um lado culpava o outro, e a negociação havia travado. Em 17 de novembro, uma quarta-feira, cerca de 230 jornalistas em assembleia on-line decidiram agendar uma nova paralisação da categoria, desta vez para 23 de novembro, uma terça-feira. Os jornalistas agora se articulavam para cruzar os braços por quatro horas, das 14 às 18 horas.

As assembleias pareciam uma locomotiva sem freios. Jornalistas viviam um protagonismo inédito nesse tipo de negociação. A semente havia sido plantada um ano antes, no engajamento das negociações em torno da redução salarial e de jornada. O home office ajudava com assembleias on-line. Promover uma paralisação no sistema presencial, por exemplo, teria um outro nível de pressão. O ritmo de trabalho também tornava tudo mais tenso. Era difícil separar razão e emoção. Os discursos eram inflamados e expunham um cansaço acumulado. Uma linha dos que participavam das assembleias acreditava que apenas sob pressão as empresas avançariam. Por isso, segundo eles, uma nova paralisação fazia sentido. Alguns, talvez a reboque do sucesso da primeira paralisação, pareciam buscar a radicalização sem medir as consequências. Isso ampliava o medo nos demais. A maioria não tinha experiência em negociações. Pitadas de imaturidade e de excesso de cautela se misturavam em encontros on-line que chegavam a durar até quatro horas.

Com outra paralisação agendada, iniciou-se na *Folha* uma mobilização que envolveu diversos atores para destravar a negociação. Repórteres, editores, integrantes da chefia do jornal e o próprio diretor de Redação.

Daigo Oliva, o editor de Mundo, pediu-me uma conversa pelo telefone assim que relatei a ele pelo WhatsApp o resultado da assembleia que havia se encerrado minutos antes. Liguei, e ele propôs irmos imediatamente atrás de Dávila. Algo precisava ser feito com urgência. Formamos um grupo mais restrito de editores. Estavam nele eu, Daigo, Beatriz Peres (TV Folha), Magê Flores (Podcast), Paulo Passos (Newsletter) e Uirá Machado

(Cotidiano). A audiência com Dávila foi pedida para o dia seguinte, uma quinta-feira. Leandro Colon (Brasília) e Thea Severino (Arte) não poderiam comparecer, mas endossaram o plano. Restavam somente cinco dias para a nova paralisação.

> [17/11/2021 17:57:18] Eduardo Scolese: Puta tensão da porra
> [17/11/2021 17:57:35] Daigo Oliva: Já entreguei para deus

A conversa com Dávila ocorreu no início da tarde de quinta-feira (18) na sala de reuniões do quinto andar, aquela conhecida como "aquário". Chegamos a ela com um discurso afinado. Debatemos e redigimos uma cola com todos os termos que usaríamos diante do diretor de Redação. Todos expuseram seus pontos de vista diante da negociação em curso e deixaram claro que uma segunda paralisação teria potencial para criar feridas nas relações. Dávila conversava diariamente sobre o tema com representantes do sindicato patronal e indicou que um único caminho possível para destravar a negociação seria a apresentação de uma nova contraproposta da categoria. Teríamos de convencer os jornalistas a chamar uma nova assembleia e aprovar uma sugestão alternativa de reajuste às empresas. O gesto teria de partir dos jornalistas, nem que mudássemos apenas uma vírgula em nossa proposta.

Iniciamos então uma maratona de conversas. Cada um daqueles editores chamou reuniões de emergência com suas equipes. A ideia seria resumir a eles a conversa com Dávila e indicar o caminho possível. Senti-me naquele fim de tarde como um negociador de cúpula atrás dos principais líderes em busca de um consenso para a declaração final. Levei o celular para um canto da Redação e passei a telefonar para cada um entre aqueles da *Folha* que despontavam como líderes nas assembleias.

> [18/11/2021 18:45:41] Carolina Linhares: A fofoca corre tão solta que já soube que vc tá numa fila de ligações aí sobre isso

Falei por exemplo com Ítalo Nogueira (Rio de Janeiro), Ranier Bragon (Brasília), Carolina Linhares, Flávia Faria, Mariana Agunzi e Jairo Marques (São Paulo). Tê-los amarrados à mesma ideia seria fundamental para colocar o plano de pé. Como a *Folha* tinha um peso maior nas assembleias, uma proposta abraçada pela Redação teria vitória quase certa nas votações e não iríamos depender de outras redações. A estratégia deu certo. Mas não foi simples. O clima dos jornalistas em relação ao sindicato patronal era de rivalidade. Os espíritos estavam armados, e muitos não queriam ceder em nada nessa queda de braço. Apesar da pouca disposição para um voto de confiança para as empresas, a hesitação foi ultrapassada. Procuramos o sindicato, e um encontro em caráter extraordinário foi marcado para a manhã de segunda-feira (22), véspera da nova paralisação. O simples agendamento de uma nova assembleia foi visto como um ato de grandeza da categoria e comemorado como uma vitória. Os editores entregaram o que haviam assumido na reunião com Dávila. Era um primeiro passo para o destravamento das negociações.

> [19/11/2021 17:31:08] Eduardo Scolese: Assembleia confirmada segunda às 9h30
> [19/11/2021 17:31:48] Sérgio Dávila: Ótimo

Como a assembleia seria apenas na segunda-feira, a sexta-feira ficou voltada aos ajustes finos nas articulações. O entendimento em torno de uma nova contraproposta estava bem encaminhado na *Folha*. Mas era preciso avisar as demais redações e explicar aos colegas os motivos que nos levaram a essa correria. Todos precisavam estar bem sintonizados. Passei então a priorizar nas conversas internas a possibilidade de, na mesma assembleia de segunda-feira, aprovarmos o adiamento da paralisação de terça para quinta-feira. Assim haveria mais tempo para uma resposta do patronal e teríamos também um espaço maior para avaliá-la. Soubemos que repórteres da sucursal de *O Globo* em São Paulo também queriam essa mudança para quinta-feira. A sucursal de Brasília da *Folha*, porém, era um obstáculo. O núcleo era o mais atuante nas assembleias. Diferentes repórteres de lá como Ranier Bragon, Danielle Brant e Paulo Saldaña, entre outros, pediam a palavra e expunham suas propostas. Eram eles também que estavam na linha de frente da cobertura de Bolsonaro. Ranier, minha linha direta com a sucursal nas negociações, deixou claro que a turma de Brasília bateria o pé pela manutenção da data da paralisação. Sobre a contraposta, que era o principal em debate, disse que estavam alinhados.

> [19/11/2021 10:42:57] Ranier Bragon: Reunimos a sucursal aqui agora. Conversa foi boa, melhor do que a de ontem à noite com o povo

que tá mobilizando editoria a editoria. Avaliação geral é essa então: dar o voto de confiança, enviar uma proposta qualquer na segunda de manhã apenas para dar o pretexto que eles estão exigindo para enviar algo decente até a manhã de terça.

Um dos que também atuaram naqueles dias para reduzir a fervura foi Vinicius Mota, secretário de Redação da *Folha*. Falamos algumas vezes ao telefone e em trocas de mensagens pelo Discord. Havia uma ansiedade geral para que as propostas de patronal e jornalistas se aproximassem de um número que parecia factível para encerrar a negociação: reajuste de 8,9% para todos que ganhassem até R$ 10 mil e um fixo de R$ 890 para aqueles com salários acima disso. Disse a Vinicius que essa aproximação ocorreria, mas de forma lenta.

[Vinicius Mota – 19/11/2021 10:04]
Beleza, melhor mesmo manter o jogo andando`

A assembleia de segunda-feira começou às 9h30. Aprovada a contraproposta que previa o reajuste pela inflação para salários de até R$ 15 mil, iniciamos no encontro o debate em torno da ideia de mudança da paralisação para quinta-feira. Após vinte minutos de falas, votamos e aprovamos o adiamento. Essa era a minha prioridade.

[22/11/2021 11:49:01] Daigo Oliva: Vc achou muito ruim baixar para 15 mil?
[22/11/2021 11:49:11] Eduardo Scolese: Não, achei ótimo. Votei pelos 20 mil pra ficar do lado da Redação. Dos que falaram
[22/11/2021 11:49:39] Daigo Oliva: Taticamente foi um movimento muito esperto
[22/11/2021 11:49:39] Eduardo Scolese: Pq eu queria ganhar na fala da mudança da paralisação para quinta-feira

Uma nova assembleia seria feita na quarta-feira ou assim que as empresas respondessem. A bola então estava com o patronal.

[22/11/2021 10:50:55] Eduardo Scolese: Não está mais com a gente
[22/11/2021 10:51:03] Ranier Bragon: Isso!

A coisa andou naquela mesma tarde de segunda-feira, quando o sindicato das empresas chamou o sindicato dos jornalistas para uma reunião no dia seguinte. Isso já indicava que haveria uma nova proposta. Um alívio, pois o objetivo mais visível nas redações era acelerar os trâmites e alcançar um acordo até a manhã de quinta-feira, para assim evitar a paralisação.

Restavam dois dias para a nova paralisação. Às 17h29 da terça-feira, uma mensagem do sindicato dos jornalistas anunciou uma assembleia para o dia seguinte, às 10h30. Na postagem, informou os termos da proposta das empresas feita naquela tarde. A oferta incluía a inflação dentro da faixa dos R$ 8.000, justamente aquela que parte dos jornalistas indicava nos bastidores que poderia aceitar. Diante desses rumores, os repórteres Danielle Brant, Ítalo Nogueira e Ranier Bragon já haviam se apressado e formulado uma contraproposta. A ideia seria oferecer 8,9% para salários de até R$ 12 mil e assim forçar as empresas a chegarem ao aguardado corte na faixa dos R$ 10 mil.

As negociações andavam passo a passo, e a ansiedade tomava conta das redações. Na quarta-feira, véspera da paralisação, a assembleia dos jornalistas mais uma vez rejeitou a proposta das empresas e aprovou a sugestão formulada por Danielle, Ítalo e Ranier, com corte na faixa de R$ 12 mil. No mesmo encontro, a paralisação marcada para o dia seguinte foi mantida.

O noticiário daquele dia estava morno. Destacava-se o agendamento no Senado da sabatina de André Mendonça, após esse ter sido indicado à vaga de ministro do STF por Bolsonaro. Mas um fato relevante e simbólico tornou as negociações ainda mais tensas. Naquela tarde, o Grupo Folha anunciou o fim do jornal *Agora São Paulo*. Os motivos eram públicos: queda de circulação e publicidade. Os primeiros a saber foram os seus próprios funcionários. Dávila os avisou e chamou em seguida uma reunião com os editores da *Folha*. Nela, anunciou a abertura de um plano de demissão voluntária para eles e o objetivo de incorporar os jornalistas do *Agora* à Redação da *Folha*.

> [24/11/2021 14:52:12] Eduardo Scolese: Não tem como ter boa notícia
>
> [24/11/2021 14:52:20] Daigo Oliva: Não tem, impossível
>
> [24/11/2021 15:00:51] Eduardo Scolese: Cara, a gente não tem 1 dia de paz
>
> [24/11/2021 15:02:51] Daigo Oliva: Tou esgotado, mano

Na mesma tarde, o sindicato patronal deu um novo passo e subiu a proposta, chegando agora à faixa de R$ 9.000. O sindicato dos jornalistas então correu para chamar uma assembleia de emergência para as 21h30 daquele mesmo dia. Nela, sob o clima pesado pelo recém-anunciado fechamento do *Agora*, cerca de duzentos jornalistas reunidos até por volta das 23 horas rejeitaram a proposta patronal, mantiveram a paralisação do dia seguinte e aprovaram uma contraproposta com pedido de reajuste pela inflação acumulada para salários de até R$ 11 mil. Causou surpresa naquele dia a forte presença na assembleia de jornalistas do *Estado de S. Paulo*, algo até então inédito naquela negociação. Eles votaram em bloco pela proposta derrotada de aplicação da inflação para a faixa de até R$ 10 mil. Mas por que derrotamos a proposta que na prática era o nosso objetivo final e já tinha sido ventilada que seria o teto das empresas? A ideia majoritária é que as próprias empresas formalizassem essa proposta no papel, para que aí sim a gente pudesse avaliá-la, votá-la e aprová-la. Em resumo, havia desconfiança, e a maioria buscava o gostinho da palavra final na negociação.

O sindicato patronal recebeu a proposta dos jornalistas às 23h30, o que deu início a uma intensa e tensa troca de telefonemas. Por um momento, naquele início de madrugada, Tanji pensou que a negociação havia naufragado. Era sua primeira negociação como presidente do sindicato dos jornalistas. Ele só se acalmou na manhã de quinta-feira, com a retomada das conversas com o sindicato patronal, que apresentou uma nova proposta por volta das 11 horas. Nessa, enfim, os 8,9% de inflação chegavam à faixa dos R$ 10 mil. As empresas tinham pressa, já que a paralisação começaria em breve. A assembleia estava marcada para o meio-dia, e a aprovação de um acordo aconteceria em minutos. Antes disso, já havia comemoração no grupo de WhatsApp que reunia a direção do sindicato dos jornalistas e a Redação da *Folha*.

> [25/11/2021 11:36:37] Mariana Agunzi: Gente, foi cansativo, foi exaustivo e não chegamos na inflação para todos. Mas partimos de zero e chegamos em R$ 10 mil com PLR e com dezembro. Acho que temos que comemorar, e, principalmente: levar como lição para o ano que vem. Temos que estar juntos e não ser passivos. É isso. Valeu, gente
> [25/11/2021 11:37:18] Paulo Zocchi: Parabéns particularmente para vcs da Folha, que puxaram e pararam em massa!! Isso fez toda a diferença.

A assembleia foi rápida e acabou com uma salva de palmas on-line.

> [25/11/2021 12:38:36] Eduardo Scolese: Aprovado! Acabou! Assembleia com 324 pessoas!
> [25/11/2021 12:52:16] Sérgio Dávila: Ufa! Não sabe o peso que sai dos ombros, meu caro…
> [25/11/2021 12:52:24] Eduardo Scolese: Imagino sim
> [25/11/2021 12:52:32] Eduardo Scolese: Grande alívio rs

Eleição e transição

A possibilidade de uma disputa nacional entre o então presidente da República em busca da reeleição e um ex-presidente que havia permanecido preso por 580 dias apontava uma perspectiva histórica para o ano de 2022. Foi sob esse olhar que, em novembro de 2021, preparei e entreguei à chefia da *Folha* o planejamento de Política para o ano seguinte.

Em duas laudas, de forma resumida, apontei em tópicos as prioridades, as sugestões de reportagens especiais e de parcerias, a agenda com os principais eventos previstos para o ano, as efemérides e algumas ideias de inovação para o trabalho da equipe. Tratei das eleições no item inicial. Entre os pontos citados, "possível polarização eleitoral", "de 2018 para 2022: o que muda no combate às *fake news*", "como os adversários vão reagir ao bolsonarismo na estratégia digital" e "a direita e os militares em 2022". No item seguinte, também estavam entre as prioridades a então gestão federal e o último ano daquele mandato (2019-2022). Listei a ideia de uma série de reportagens sobre os "escombros do país sob Bolsonaro e para seu eventual sucessor" e chamei a atenção sobre como as instituições do país chegariam a 2023. Como se comportariam os militares (Forças Armadas e polícias) num ano eleitoral, "os riscos para a democracia nos possíveis dois meses finais de Bolsonaro" e "o Supremo, suas contradições, reações e ações controversas em 2022".

As prioridades indicavam o clima do país naquele momento e o que poderia vir pela frente. No início de 2022, na tradicional reunião geral e anual da Redação, Dávila fez uma fala na qual apontou os desafios para o ano. Admitiu que não seria fácil e que iríamos sofrer ataques, agressões verbais e pressão. Afirmou que, diante do modelo de jornalismo crítico da *Folha*, nosso trabalho seria colocado em xeque em diferentes momentos e por diversos atores. Elencou três prioridades para o ano. Citou a eleição nacional e a colocou como a mais importante desde a redemocratização, apontou o que poderia ser o início da reta final da pandemia no país e incluiu na lista a recém-iniciada guerra entre Rússia e Ucrânia.

A reunião geral de 2022 foi realizada pelo Zoom, ainda por causa dos efeitos da Covid-19. Dávila fez um balanço positivo das coberturas que fazíamos até aquele momento, mas, ao estilo *Folha*, disse que precisávamos melhorar em alguns pontos. Ele usou a primeira pessoa do plural, incluindo a chefia do jornal no bolo. Citou a necessidade de avanços no ambiente de trabalho e nas condições de saúde mental. O que ocorrera em meio ao home office em 2020 e 2021 tinha alçado esses temas para as prioridades da empresa. O diretor de Redação também apontou o desafio de se buscar cada vez mais uma comunicação desimpedida entre todos, sem travas, reconhecendo falhas nos últimos ciclos e cobrando um esforço geral para a mudança.

Essas reuniões gerais têm sempre um modelo parecido. Integrantes da chefia apontam prioridades para o ano e fazem um balanço do ciclo anterior, com pontos positivos e negativos. Há espaço aberto para perguntas dos jornalistas. Dessa vez o efeito Bolsonaro havia provocado ajustes nas prioridades. Nas vezes em que teve a palavra, Dávila reforçou a importância dos eixos do Projeto Editorial e dos valores da *Folha* para o ano e incluiu a defesa da democracia nos destaques. Entre as prioridades, os secretários de Redação citaram o avanço da diversidade na Redação. Entre os pontos positivos, a presença de uma psicóloga à disposição dos jornalistas.

Tratei o ano de 2022 como o mais importante da minha carreira. Teria de estar com a saúde física e mental em dia. A física era mais simples. Bastava manter a dieta regulada e a frequência diária na academia. Já a mental precisaria de ajustes e acompanhamento, já que os desafios em ano eleitoral seriam intensos, como na exigência de frieza e equilíbrio para decisões rápidas e sensíveis. Mantive sessões eventuais com a psicóloga Helena e consegui espantar o fantasma das férias de 2021, aquelas em meio às Olimpíadas. Viajei com a família para a praia em janeiro de 2022, aproveitei cada momento e nem precisei ligar o laptop que levei na bagagem em caso de alguma urgência.

Havia ainda um ajuste importante a fazer para aquele ano. A rotina diária pela manhã de levar meu filho à escola em carro de aplicativo e seguir direto para o trabalho estava provocando ondas de ansiedade, raiva e nervosismo. Era motorista que não aceitava a corrida, outro que cancelava quando já estava próximo, demora para a chegada do carro e preço sempre salgado. Tudo isso enquanto o tempo passava e as notícias e mensagens não paravam de pipocar no celular. O combo parecia uma bomba-relógio. Meu foco necessário para 2022 não permitiria esse desgaste logo no começo dos dias. Abri mão de uma aplicação no banco e comprei um carro. O investimento reduziu a ansiedade e me deu um espaço com ar-condicionado para pensar sem interferências por meia hora na ida e outra meia hora na volta do trabalho.

O cuidado para estar inteiro no ano eleitoral envolvia também absorver frustrações individuais e coletivas comuns na profissão. Sob Bolsonaro, transbordavam ingredientes para ampliar essa sensação. A rotina de desmentir as barbaridades ditas pelo presidente e de ampliar a produção de reportagens sobre a importância da vacina e da democracia, por exemplo, parecia insuficiente diante da robusta parcela da sociedade que pensava justamente o contrário. O erro, como explicava aos integrantes da equipe, seria achar que uma Redação mudaria os rumos do país com um furo de reportagem, seguidas manchetes sobre um assunto ou, mais improvável ainda, gritando em caixa-alta nas redes sociais sobre isso e aquilo. O jornalista precisava estar ciente de que seu objetivo era o de produzir reportagens relevantes para o leitor e assinante da *Folha*, o que já não seria pouca coisa. Repeti isso algumas vezes a repórteres que pareciam cansados de revelar fatos importantes e apontar problemas em políticas públicas em diferentes níveis de governo, mas que lamentavam nada mudar de fato. Houve exceções, e vivemos algumas delas nesse período com o protagonismo da imprensa.

Voltemos para um corte de 2020. Dávila passaria na estrada boa parte daquele sábado, 6 de junho. Ele, esposa e as duas filhas fariam de carro o trajeto de 480 km entre São Paulo e Uberaba para um final de semana prolongado no Triângulo Mineiro. O diretor de Redação da *Folha* assumiu o volante do carro para uma jornada de cerca de seis horas por Bandeirantes e Anhanguera. A cabeça dele, porém, estava em uma intensa movimentação do governo federal que agitava o noticiário daqueles dias. A gestão Bolsonaro havia desencadeado um processo para dificultar o acesso aos dados de infecção e mortes provocadas pelo coronavírus.

O balanço oficial que até então vinha sendo divulgado todos os dias nos finais de tarde passou a ser atrasado de propósito por algumas horas. O Ministério da Saúde, então sob o comando interino do general Eduardo Pazuello, seguia coletando os dados com as secretarias estaduais da Saúde dos 26 estados e do Distrito Federal, mas optou por fazer a divulgação do boletim nacional somente por volta das 22 horas. A ordem havia partido de Bolsonaro. Ele se incomodava com o amplo espaço que os números ganhavam à noite nos sites de notícias e nos telejornais, em especial no *Jornal Nacional*, que ia ao ar das 20h30 às 21h30.

Naquela semana de junho os atrasos ocorreram na quarta (3), na quinta (4) e na sexta-feira (5). A justificativa oficial apontava para uma alegada consolidação mais aprofundada dos dados. Além de atrasar e dificultar o acesso, o governo começou a maquiar os balanços com números menores, no momento em que mortes e infecções batiam recordes. A gestão Bolsonaro mudou a metodologia para divulgar somente quem de fato havia sido contaminado ou morto nas 24 horas anteriores. Assim passaram a ficar de fora da conta infecções e óbitos de dias anteriores cujos registros haviam sido confirmados naquele ciclo e ainda não tinham aparecido em nenhum balanço. Sumiram também dos boletins os números consolidados e o histórico da doença, e foram eliminados os links para download de dados em formato de tabela, usados por pesquisadores e jornalistas para análise da pandemia.

Na noite da sexta-feira, diante do terceiro dia seguido de atraso para divulgação do balanço, Bolsonaro foi questionado sobre o tema e incluiu sem disfarces o *Jornal Nacional* entre as justificativas. "Acabou matéria no *Jornal Nacional*", disse aos risos na porta do Alvorada. "Não interessa de quem partiu [a ordem para o atraso]. É justo sair às 22h, é o dado completamente consolidado. Muito pelo contrário, não tem que correr para atender a Globo. [É] o horário adequado. Se ficar pronto às 21h, tudo bem. Mas não vai correr às 18h para atender a Globo, a TV funerária", completou, para gargalhadas de apoiadores que o acompanhavam de perto.

O *JN* daquele dia estava em seus minutos finais quando Bolsonaro deu essas declarações. Houve tempo apenas para um rápido registro da fala na parte final da edição, mais uma vez concluída sem a apresentação do balanço oficial diário da pandemia. Bonner encerrou o telejornal com um recado: "Os espectadores da Globo podem ter certeza de uma coisa: serão informados sobre os números tão logo sejam anunciados, porque o jornalismo da Globo corre sempre para atender o seu público". Era a TV Globo ansiosa nos preparativos para um contra-ataque que viria naquele mesmo dia.

Por volta das 21h45, a emissora interrompeu a programação com um plantão extraordinário, aquele da assustadora vinheta de abertura com microfones e câmeras girando em torno de seu logotipo. O balanço com os números da pandemia havia acabado de ser divulgado pelo governo, e a Globo colocou Bonner em um plantão de 1 minuto e 38 segundos no meio da novela. "São 21 horas e 45 minutos agora pelo horário de Brasília, e o Ministério da Saúde acaba de divulgar que 30.830 brasileiros entraram nos registros oficiais de casos de Covid-19", disse o apresentador ao abrir o plantão e citar em seguida os 1.005 óbitos daquele dia. Bonner apontou outros dados e finalizou o plantão de carona em uma audiência superior à que havia encerrado o *JN* minutos atrás: "Nós dissemos que vocês teriam esses números assim que fossem anunciados e estamos aqui cumprindo o que nós dissemos".

Na manhã seguinte, Dávila iniciou a viagem para Uberaba matutando em busca de alguma solução para o impasse em torno do apagão de dados. A *Folha* e seus assinantes não poderiam ficar reféns de um governo que sonegava informações básicas sobre a pandemia. A tentativa de esconder dados e informações sobre a Covid vinha em uma crescente desde a saída de Mandetta do ministério, em abril. Com ele ainda no cargo, os boletins eram publicados sempre às 17 horas. Sob o seu sucessor, Nelson Teich, a divulgação mudou para 19 horas. Quando o ainda interino Pazuello cumpriu a ordem de Bolsonaro e jogou o balanço para perto das 22 horas, o país completava cem dias desde a confirmação do primeiro caso de infecção e tinha a trágica média de uma morte a cada minuto. As entrevistas diárias com diferentes integrantes do governo para explicar as ações de enfrentamento à pandemia também foram abandonadas. Não havia nenhuma expectativa real de que a ocultação de dados seria passageira.

No trajeto em direção a Minas Gerais, o diretor de Redação da *Folha* mentalizou primeiro uma opção caseira. O jornal havia acabado de criar o Deltafolha, uma editoria com jornalistas e analistas especializados em dados, e esse núcleo poderia reunir e divulgar os números contabilizados diariamente pelas 27 secretarias de saúde dos estados e do DF. Dávila, porém, logo descartou a ideia diante de um risco: seria natural que outros veículos de imprensa fizessem o mesmo, e qualquer discrepância entre os dados poderia confundir os leitores e dar munição ao governo Bolsonaro para desqualificá-los.

O estalo veio em seguida, após duas horas de viagem, quando passava pelo município de Leme e fez a costumeira parada em um restaurante erguido por uma família suíça às margens da Anhanguera. A ideia de Dávila seria formar uma espécie de consórcio entre alguns dos principais veículos de imprensa e, com seus respectivos núcleos de dados, fazer frente ao apagão promovido pelo governo Bolsonaro. Do próprio restaurante, com mais de sessenta anos de tradição e famoso por seus croquetes, ele iniciou os primeiros contatos. Primeiro consultou Luiz Frias. O publisher da *Folha* se animou com a ideia e pediu para que seguisse em frente. Os secretários Roberto Dias e Vinicius Mota foram na mesma linha. O primeiro executivo de fora a abraçar a parceria foi Ali Kamel, então diretor-geral de jornalismo da Globo. Dúvidas importantes surgiram e passaram a ser debatidas em um grupo de WhatsApp que já existia para conversas esparsas sobre congressos e outras iniciativas do setor e contava também com Alan Gripp (jornal *O Globo*) e João Caminoto (*O Estado de S. Paulo*). Aqueles tradicionais órgãos de imprensa deveriam assumir uma função de governo? Quais poderiam ser as consequências para cada um deles? Ali Kamel e Alan Gripp levaram a ideia a João Roberto Marinho, que também deu aval à parceria. *UOL*, *g1* e *Extra* também aderiram de imediato ao consórcio.

Aquele sábado pegava fogo em torno do tema. Ministros do STF e integrantes do Congresso criticavam o apagão dos dados do governo, enquanto os comandos da Câmara dos Deputados e do TCU (Tribunal de Contas da União) admitiam colocar seus técnicos para fazer o trabalho abandonado pela gestão Bolsonaro. De Leme, Dávila deu a ordem em um grupo com os editores.

> [06/06/2020 10:19:45] Sérgio Dávila: Temos de virar a manchete do site para a manipulação de dados declarada do ministério da Saúde. Vamos consolidar as últimas declarações num texto e manchetar home/pushar.

Pushar significa mandar o push, o alerta de notícias que pisca no celular. Assim foi feito. A edição impressa do dia seguinte, um domingo (7), levou a manchete: "Governo Bolsonaro passa a sonegar dado sobre Covid-19".

Os executivos dos veículos que formariam o consórcio colocaram os seus respectivos editores de dados para executar a ideia nos dias seguintes. No final da mesma tarde, Dávila anunciou a novidade aos editores da *Folha*.

> [06/06/2020 18:21:11] Sérgio Dávila: Caros, Folha, Estado e O Globo farão um pool para levantar o número de mortos por conta própria via respectiva editoria de Dados

Pela *Folha*, a execução ficou sob a coordenação do jornalista Fábio Takahashi, que se notabilizou por reportagens na área de educação e tinha acabado de assumir o comando do Deltafolha. Ainda no sábado, ele recebeu as primeiras orientações por meio do secretário Vinicius Mota. Era preciso coordenar e dividir as ações com os colegas dos demais veículos, em uma estrutura horizontal de comando. Cada redação assumiu um grupo de estados para coletar os dados diários com as respectivas secretarias de Saúde. Buscavam-se os números diretamente nos sites dos órgãos ou por ligações e mensagens diretas com assessores de imprensa. Uma planilha compartilhada era atualizada com esses números, e cada veículo produzia o seu próprio texto, com divulgação diária acertada sempre para um mesmo horário.

Na manhã de segunda-feira, dia 8, a parceria foi tornada pública em reportagens simultâneas nos veículos participantes. "Veículos de comunicação formam parceria para dar transparência a dados de Covid-19", apontava o enunciado. "O governo federal, por meio do Ministério da Saúde, deveria ser a fonte natural desses números, mas atitudes recentes de autoridades e do próprio presidente colocam em dúvida a disponibilidade dos dados e sua precisão", informou trecho dessa mesma reportagem. Às 20h03, o primeiro balanço foi ao ar: "Brasil tem 849 mortes por coronavírus em 24 horas, revela consórcio de veículos de imprensa; são 37.312 no total". O subtítulo completava a informação: "Levantamento feito por jornalistas de g1, O Globo, Extra, Estadão, Folha e UOL junto às secretarias estaduais de Saúde mostra ainda que houve 19.631 novos casos de Covid-19 em um dia; são 710.887 no total". O consórcio de veículos de imprensa atuou por 965 dias, tendo suas atividades encerradas em janeiro de 2023, pós-Bolsonaro.

Outra situação emblemática do papel decisivo da imprensa no período ocorreu no final de 2020. Na época, o STF começava a julgar uma ação com pedido de reinterpretação da Constituição para que fosse possível a reeleição dos presidentes da Câmara e do Senado dentro de uma mesma legislatura. Os interessados eram o deputado Rodrigo Maia e o senador Davi Alcolumbre. Eles haviam sido eleitos presidentes da Câmara e do Senado em fevereiro de 2019, estavam na reta final de seus mandatos de dois anos no comando do Legislativo e queriam a chance de serem reconduzidos aos cargos na eleição marcada para fevereiro de 2021. A tentativa de mudança a dois meses da eleição era escandalosa, sem margem para uma dupla interpretação da Constituição. Segundo o artigo 57, parágrafo 4º da Carta, "cada uma das Casas reunir-se-á em sessões preparatórias, a partir de 1º de fevereiro, no primeiro ano da legislatura, para a posse de seus membros e eleição das respectivas Mesas, para mandato de 2 (dois) anos, vedada a recondução para o mesmo cargo na eleição imediatamente subsequente". Apesar disso, o Supremo indicava seguir pelo caminho da manobra. Para a maioria dos ministros do tribunal, segundo informações de bastidores, o que pesava era o fator político, não jurídico. Seria estratégico para eles a manutenção de Maia e Alcolumbre no comando das Casas devido à postura deles em defesa do tribunal diante dos arroubos de Bolsonaro. Na *Folha*, sem meias palavras, passamos a tratar o caso nas reportagens como uma tentativa de drible e de atropelo à legislação.

O julgamento ocorria no chamado plenário virtual, no qual os ministros têm dez dias para depositar seus votos por escrito no sistema. Nesse modelo, eles não precisam se expor ao vivo na TV Justiça. A cada voto publicado no site do tribunal, a imprensa faz a soma, divulga o placar parcial, aponta os argumentos apresentados e lista aqueles que ainda restam votar. O julgamento começou em uma sexta-feira. No primeiro dia, Gilmar Mendes, Dias Toffoli e Alexandre de Moraes votaram a favor da reeleição dos dois, Kassio Nunes Marques defendeu apenas a possibilidade de recondução de Alcolumbre, enquanto Marco Aurélio e Cármen Lúcia votaram contra a reinterpretação da lei. Gilmar, o relator, defendeu que o Congresso pudesse alterar a regra internamente por uma mudança regimental sem a necessidade de aprovação de uma PEC (proposta de emenda à Constituição).

Veio o final de semana de plantão, com todos os olhares para qualquer atualização de votos no site do STF. No sábado, foi a vez de Ricardo Lewandowski. Ele elevou para quatro o total de ministros a favor do drible, enquanto Rosa Weber se posicionou contra. "Rosa vota contra drible na

Constituição, e placar no STF é de 4 a 3 por brecha à reeleição de Maia e Alcolumbre" foi o enunciado final daquele dia.

Como o tribunal é formado por onze ministros, bastariam mais dois votos para formar maioria em torno do drible completo e apenas um voto para liberar a manobra somente de Alcolumbre. Avaliei que não dava para ficarmos de braços cruzados no aguardo disso. Foi a partir da particularidade do plenário virtual que decidimos atuar para ao menos expor os ministros que estavam prontos para depositar seus votos para beneficiar aliados no Congresso. Os últimos a votar seriam Luís Roberto Barroso, Edson Fachin e Luiz Fux, esse último o presidente do Supremo. Fachin, segundo as apurações da reportagem, seria um voto certo contra a mudança da regra. Barroso e Fux seriam mais sensíveis à pressão externa para vetar a manobra. Se fossem reeleitos, Maia e Alcolumbre seguiriam no comando de Câmara e Senado até fevereiro de 2023.

No domingo cedo, abri um arquivo de texto e comecei a escrever uma reportagem de apresentação da reta final do julgamento. Procurei o chefe de plantão em Brasília, o jornalista William Castanho, e afinei com ele os últimos ajustes. Colocaríamos no ar uma reportagem com amplo destaque para nomear um a um aqueles que poderiam sacramentar a manobra. Todos os leitores saberiam nas mãos de quem estava a decisão do provável drible. Quais ministros iriam ignorar a Constituição e promover uma mudança na regra com base em uma conveniência política? Ministros seriam mais uma vez influenciados pela opinião pública ou se manteriam fechados com o atropelo? O texto ficou pronto antes das 12 horas, negociei um destaque com a Homepage e publiquei em seguida: "Fux, Barroso e Fachin terão votos decisivos sobre drible à Constituição por reeleição de Maia e Alcolumbre".

Restavam ainda sete dias de julgamento, mas Fux, Barroso e Fachin agiram em conjunto ainda naquele domingo.

> [06/12/2020 22:57:55] Eduardo Scolese: Opa
> [06/12/2020 22:58:04] Eduardo Scolese: Mais votos
> [06/12/2020 22:58:09] William Castanho: Sim, sim
> [06/12/2020 22:58:11] William Castanho: Estou correndo aqui

Por volta das 23 horas, os três publicaram seus votos quase que simultaneamente no sistema do tribunal, divergiram da tese de Gilmar e enterraram a tentativa de manobra.

[06/12/2020 23:12:43] Eduardo Scolese: Fux votou
[06/12/2020 23:16:21] William Castanho: 6 a 5
[06/12/2020 23:22:51] William Castanho: Grita quando subir, já tenho contexto e estamos tirando o conteúdo dos votos
[06/12/2020 23:24:18] Eduardo Scolese: Vou juntando
[06/12/2020 23:54:13] Eduardo Scolese: UOL manchetando o nosso

"STF barra tentativa de atropelo à Constituição para reeleição de Maia e Alcolumbre no Congresso" foi a manchete que varou a madrugada e amanheceu no site na segunda-feira, 7 de dezembro. Maia e Alcolumbre deixariam as presidências de Câmara e Senado dois meses depois.

A lei determina que governadores que desejam disputar qualquer outro cargo devem renunciar aos seus mandatos seis meses antes das eleições. É a chamada desincompatibilização. Em 2022, com o primeiro turno marcado para 2 de outubro, os interessados deveriam deixar os seus postos até 2 de abril. João Doria, eleito em São Paulo em 2018 com apoio de Bolsonaro e que se transformou em adversário do presidente logo nos primeiros meses de mandato, programou um evento de despedida do Palácio dos Bandeirantes para a tarde de 31 de março, uma quinta-feira. Ele receberia prefeitos de todo o estado, aliados e secretários e passaria o bastão ao vice, Rodrigo Garcia, para iniciar em seguida sua pré-candidatura pelo PSDB ao Palácio do Planalto.

Uma eventual mudança de rumo de Doria nem sequer constava como possibilidade nas apurações da imprensa até aquele momento. Todos os acordos políticos entre dirigentes de partidos estavam costurados com esse único cenário, e todas as reportagens davam como certa a saída de Doria e a posse de Rodrigo, que disputaria no cargo a reeleição em outubro.

Algumas pistas sobre uma possível refugada de Doria começaram a surgir bem tarde na quarta-feira, véspera da planejada saída, em apuração da repórter Carolina Linhares. Mas ninguém confirmava nada. Eram até ali apenas fragmentos de informação sobre algo que naquele momento parecia difícil de acreditar. Havia também pistas no ar, como detectaram assessores mais próximos do governador. Doria tinha fama de superorganizado e ainda não havia planejado sua mudança do palácio nem se despedido dos secretários na última reunião geral de governo. Uma das fontes disse à repórter que a revista *Veja* teria apuração sobre o caso e que publicaria algo nas horas seguintes. Como eu tinha ido dormir bem antes do início de qualquer rumor, levei um susto quando pela manhã abri o e-mail no elevador a caminho da academia.

> De: Livia Marra
> Enviado: quinta-feira, março 31, 2022 01:27
> Para: Eduardo Scolese
> Assunto: SCOL/IMPORTANTE
>
> Falaram pra Carol que Veja teria a info que Doria vai desistir e estaria rolando uma reunião agora.
> Carol disse q uma fonte não confirmou nem desmentiu. E que no jantar desta noite tinha zero clima de desistência.
> Carol ainda tava insistindo pra ver se conseguia algo, mas achava difícil que, sendo verdade, falariam na madrugada.
> Espero que seja uma madrugada tranquila, mas a ver como começa seu dia.

Esse foi o primeiro dos e-mails de Lívia. Um segundo já trazia o link de reportagem da *Veja*[28] publicada na madrugada. O texto da revista teve inicialmente o título “Crescem os rumores de que Doria pode desistir de disputar a presidência”. Pouco depois a mesma reportagem foi atualizada para “Racha no PSDB pode fazer João Doria desistir de disputar a presidência”.

Da academia, às 6h15, no intervalo entre os exercícios, vi pelo celular que uma importante fonte aparecia on-line no WhatsApp. Mandei um “bom dia”, encaminhei o link da *Veja* e perguntei: “Faz sentido?”. Ele nem respondeu e já me telefonou. Não era uma possibilidade. Era fato. Saí correndo da academia, liguei correndo o computador e comecei a escrever um texto curto sobre a desistência para colocá-lo logo no ar. Às 6h29 publiquei a primeira versão, com um título mais cauteloso: “Doria cogita desistir da candidatura à Presidência e seguir no Governo de SP”. Minutos depois, com Fábio Zanini e Igor Gielow se somando à apuração, avançamos para “Doria avisa que vai desistir de tentar Presidência e abre crise no PSDB”.

---

[28] Racha no PSDB..., 2022.

Doria alegava não ter a garantia de que o PSDB confirmaria sua candidatura ao Planalto, por isso achava melhor seguir no governo. O recuo se transformou em uma espécie de tema único da imprensa. Manchetes e toda a repercussão empurravam o tucano para as cordas. Nos bastidores, ele foi avisado de que, se ficasse mesmo no cargo, poderia sofrer um processo de impeachment e veria seu governo paralisado na Assembleia Legislativa. Sofreu pressão de todos os lados, recuou e renunciou ao governo paulista naquela tarde. Às 17h37, assinantes receberam o alerta de notícia: "Doria recua, mantém intenção de se candidatar ao Planalto e renuncia ao Governo de SP".

Sob Bolsonaro, tivemos de aprender a lidar com diferentes e novas modalidades de coberturas jornalísticas. Os anúncios oficiais pelas redes sociais, as mentiras e distorções como rotina, as aglomerações na pandemia, os atos antidemocráticos, as lives semanais e as declarações turbulentas no cercadinho do Alvorada. Isso sem contar a dificuldade geral na relação institucional entre governo e imprensa. Na reta final do governo, entraria nessa lista a cobertura das motociatas, um tipo de passeata com motocicletas.

A primeira nesse modelo ocorreu em maio de 2021, no Dia das Mães. Bolsonaro reuniu centenas de motociclistas para um passeio em Brasília. Houve aglomeração deles em frente ao Alvorada e quase ninguém usou máscara. Na *Folha*, o ato foi registrado como uma "caravana de motociclistas". O termo "motociata" seria agregado ao noticiário nas semanas seguintes, com a repetição desses desfiles em diferentes cidades. Foi aí também que os motociclistas passaram a ser rotulados como mais um grupo majoritariamente bolsonarista, assim como já eram evangélicos, ruralistas e armamentistas, por exemplo.[29]

O presidente da República promovia esses passeios tanto em viagens oficiais, no trajeto do aeroporto em direção ao local do evento, como em protestos específicos. Em São Paulo, foram duas grandes motociatas, uma em junho de 2021, em meio a uma forte onda da pandemia, e outra em abril de 2022, na pré-campanha eleitoral. As duas receberam o nome de Acelera para Cristo, o que seria uma versão sobre duas rodas da evangélica Marcha para Jesus. Ambas renderam a manchete principal da edição

[29] Zanini, 2021.

impressa da *Folha* do dia seguinte. "Bolsonaro faz motociata e ataca isolamento em SP" foi a de 13 de junho de 2021. "Bolsonaro ataca acordo entre TSE e WhatsApp" apontou o enunciado da Primeira Página de 16 de abril de 2022 sobre a fala do presidente no meio da motociata.

Essas coberturas exigiram reforço de equipe, trabalho dobrado e doses de sorte e tensão. Deslocamos repórteres para os pontos de concentração e chegada das motos e, com isso, ficamos a postos para eventuais entrevistas e, principalmente, discursos do presidente. O problema, porém, estava no trajeto. Eram horas de angústia sem a certeza de que algo poderia estar acontecendo. Um acidente, uma confusão, uma declaração importante em alguma parada. Não havia como estar ao lado do presidente no percurso. Contávamos com as redes sociais de Bolsonaro e de apoiadores que postavam vídeos ou arriscavam uma transmissão ao vivo em cima das motos. Na motociata de 2022, a manchete do dia saiu de uma fala do presidente em uma dessas paradas no trajeto. Não estávamos lá. A sorte é que a declaração a um de seus apoiadores foi transmitida pela Jovem Pan, emissora que à época se notabilizou pela linha editorial de apoio ao governo Bolsonaro e que, por isso, tinha acesso privilegiado a ele. Na declaração, criticou o acordo entre WhatsApp e TSE que adiava para após o primeiro turno das eleições o lançamento de uma ferramenta que permitiria criar grupos com milhares de pessoas.

Essas duas motociatas em São Paulo reuniram milhares de pessoas e duraram horas. Na de 2021, em um sábado, Bolsonaro e seus apoiadores rodaram 130 km em um bate e volta a Jundiaí em cerca de 6.700 motos. Isso provocou o fechamento completo da rodovia dos Bandeirantes por quatro horas. Na de 2022, na Sexta-Feira Santa, foram cinco horas de bloqueio na mesma rodovia. O trajeto entre São Paulo e Americana teve cerca de 3.700 motocicletas. Esse modelo de evento era uma tentativa de demonstração de força, em meio ao isolamento político do então presidente e dos dados negativos em pesquisas de avaliação de governo e de projeção para a eleição. Bolsonaro queria a foto de uma rodovia superlotada. Teve isso em ambas, com imagens de impacto. Do lado da imprensa, a cobertura não se justificava pela simples notícia de um passeio do presidente. A motociata de 2021, por exemplo, contou com um ingrediente que a tornou ainda mais noticiosa: foi organizada diante de uma nova onda de avanço do vírus. Não por acaso, Bolsonaro a promoveu na capital do estado governado por João Doria, um de seus principais críticos sobre a gestão da pandemia. O governador se apresentava como aliado da ciência, das recomendações médicas e da busca pela vacina, enquanto Bolsonaro mantinha o desprezo pelo avanço da Covid. Aquela motociata carregava o símbolo de ser uma punhalada em qualquer expectativa por um gesto de empatia do presidente. Na véspera do passeio, o Brasil havia registrado 2.215 novas mortes por Covid e 86 mil novos casos da doença. Enquanto desfilava e causava o bloqueio de uma das principais rodovias de São Paulo, o total de mortes no país na pandemia batia 484,4 mil.

Um dos desafios desse tipo de cobertura era o de estimar a quantidade de participantes, para que houvesse algum contraponto aos exageros divulgados pelos organizadores. Na motociata de 2021, cronometramos o tempo de passagem entre a primeira e a última moto e publicamos um texto ainda durante o passeio: "Com milhares, motociata com Bolsonaro em rodovia leva 15 minutos entre início e fim de seu pelotão". Assim como fotos e vídeos, essa era uma forma de ao menos dimensionar o tamanho do desfile para os que acompanhavam as postagens do jornal em tempo real. Os dias seguintes à motociata foram uma guerra de números. O Governo de São Paulo anunciou a estimativa de doze mil motos feita pela Secretaria Estadual da Segurança Pública, enquanto parlamentares bolsonaristas falavam em 1,3 milhão de motocicletas. Segundo eles, aquela teria sido a maior motociata do mundo e entraria para o livro dos recordes, informação falsa negada pelo próprio Guinness World Records. Os bolsonaristas mesmo assim insistiam no recorde e acusavam a gestão Doria de subdimensionar seu real tamanho. Já a imprensa mostrava que a frota total de motos da cidade de São Paulo era de 1,2 milhão de veículos e que, portanto, já estava claro que o volume propagandeado pelos organizadores estava inflado. Faltava, porém, algo mais definitivo sobre o tema. Procurei a assessoria do governo paulista e pedi acesso às imagens feitas de helicóptero pela Polícia Militar e usadas para chegar ao número estimado de doze mil motos. Queríamos refazer a conta com a ajuda de especialistas. Não vieram as imagens, mas o pedido rendeu algo melhor. No meio da semana, ainda no calor da repercussão, tivemos acesso aos dados do sistema de monitoramento do pedágio pelo qual passou a motociata. Esse aparelho é usado na auditagem das praças de cobrança e consegue detectar cada massa metálica que passa pelos sensores. A reportagem publicada com destaque apontou a passagem de 6.661 veículos durante a motociata e foi uma pá de cal na guerra de números.

A sorte é um elemento importante em algumas coberturas, em especial nas mais caóticas. Exemplos disso ocorreram nas motociatas. Contamos com uma dose dela também na cobertura do 1º de maio de 2022. A tensão entre Planalto e Supremo se mantinha em alta temperatura, e o presidente da República havia convocado apoiadores a aderirem aos protestos contra o STF marcados para Brasília e São Paulo. A mistura de Bolsonaro com manifestações na Esplanada dos Ministérios e na avenida Paulista nos remetia às falas golpistas do 7 de Setembro de 2021. Preparamos a equipe para mais um dia com potencial de caos, com discursos e repercussões quentes no Dia do Trabalho. Um dia antes, em evento oficial, Bolsonaro deu o recado: "[Aqueles] que, porventura, irão às ruas amanhã, não para protestar, mas para dizer que o Brasil está no caminho certo. Que o Brasil quer que todos joguem dentro das quatro linhas da Constituição. E dizer que não abrimos mão da nossa liberdade". O clima de acirramento contava com episódios recentes. O principal deles havia sido o perdão de pena concedido por Bolsonaro ao deputado Daniel Silveira, após o aliado ter sido condenado à prisão pelo STF por ataques a ministros da corte. Um outro combustível para os protestos foi uma declaração do ministro Barroso, dada dias antes, segundo a qual as Forças Armadas eram orientadas a atacar o sistema eleitoral. Ele não citou Bolsonaro, mas o recado havia sido claro ao presidente da República e causou rápida reação. O então ministro da Defesa, general Paulo Sérgio Nogueira de Oliveira, chamou de "irresponsável" e "ofensa grave" a afirmação do ministro do STF.

Na manhã do 1º de maio, em Brasília, Bolsonaro apareceu no protesto, mas não discursou. O evento estava esvaziado, e o presidente parecia seguir a sugestão de aliados de não colocar mais lenha na fogueira. Foi um alívio, mas a tensão seguia alta. O presidente poderia estar guardando o principal para a avenida Paulista, de onde entraria em transmissão de vídeo por meio de um telão. Não havia confirmação de que de fato ele falaria aos manifestantes ou em qual ponto da avenida nem em qual caminhão de som isso ocorreria. Qualquer declaração do presidente naquele momento poderia dar início a uma nova crise entre Poderes. Quem estava na cobertura da *Folha* no local era a repórter Victoria Azevedo. A fala do presidente estava prevista para meados da tarde, e ela buscava informações sobre como e onde isso ocorreria. Tudo chegava a ela de forma desencontrada. O jeito foi chegar cedo à Paulista e buscar um melhor posicionamento perto de um dos telões. De casa, no plantão, fiquei na retaguarda com diferentes abas abertas no computador. Uma delas sempre no Facebook de Bolsonaro. Outra na Jovem Pan, essa com mais acesso ao entorno presidencial. Outra na CNN Brasil, cuja sede na avenida Paulista poderia ajudar, e outra na GloboNews.

> [01/05/2022 12:40:00] Eduardo Scolese: Estarei aqui vendo tudo (se tiver transmissão). [Fique] o mais perto possível do bolsonaro. Do telão
> [01/05/2022 13:07:33] Victoria Azevedo: Ok. Vou descobrir onde tem telão

Victoria passou a caminhar pela Paulista em busca de alguma pista sobre onde seria transmitida a fala do presidente. De lá, mandou relatos sobre o clima na avenida e o que manifestantes exibiam em cartazes e faixas. "Bolsonaro exerça seu poder constitucional" e "Tribunal Superior Eleitoral é um partido político inimigo do Brasil" eram algumas das frases estampadas. Quem também estava na Paulista pela *Folha* era Fábio Zanini, editor do Painel. Ele buscava apurações para a sua coluna, mas poderia ser acionado em caso de algo mais grave na manifestação. Ele havia me avisado um dia antes.

13h, 14h, 15h e nada de Bolsonaro. Até que Victoria começou a pipocar mensagens em série no meu WhatsApp. Pelo ritmo e tom da repórter, senti que estávamos em apuros.

> [15:15:58] Victoria Azevedo: Scol
> [15:16:01] Victoria Azevedo: Bolsonaro falando???
> [15:16:03] Victoria Azevedo: Tô vendo de longe
> [15:16:06] Victoria Azevedo: Posso ir pra perto do telão
> [15:17:46] Eduardo Scolese: Nada aqui
> [15:17:59] Victoria Azevedo: No caminhão do Nas Ruas
> [15:18:01] Victoria Azevedo: Tentando chegar perto
> [15:18:44] Eduardo Scolese: Tô no face dele, na cnn, na pan e na globonews
> [15:18:48] Eduardo Scolese: Nada por aqui

Bolsonaro poderia estar discursando ao vivo e não tínhamos a menor ideia se isso era fato, o que ele dizia e se era apenas a projeção de uma imagem de arquivo do presidente rodando em um telão aleatório na Paulista. Chequei de novo a Jovem Pan. Nada ali, assim como na CNN Brasil, na GloboNews e nas próprias redes sociais do presidente. Não fazia sentido Bolsonaro falar ao vivo em um telão a apoiadores sem transmitir isso ao mesmo tempo aos seus milhões de seguidores nas plataformas on-line. Não fazia sentido, mas foi justamente o que havia acabado de acontecer. O que Victoria viu de longe era, sim, o discurso do presidente previsto para aquele dia.

[15:24:53] Victoria Azevedo: Zanini gravou
[15:24:54] Victoria Azevedo: O bolsonaro

Zanini estava próximo do telão e havia conseguido gravar o áudio da fala do presidente. O som estava péssimo, por causa do barulho dos apoiadores e da distância entre ele e o caminhão de som. Ele mandou o áudio para Victoria, que me encaminhou. Coloquei um fone de ouvido e passei a tentar transcrever o que Bolsonaro havia dito. Nem quem estava na avenida tinha conseguido ouvir direito.

[15:32:16] Eduardo Scolese: Zana
[15:32:18] Eduardo Scolese: Acho que só vc gravou bolsonaro
[15:32:21] Eduardo Scolese: Vou te assinar aqui
[15:32:25] Eduardo Scolese: Vic me passou áudio
[15:32:29] Eduardo Scolese: Ninguém transmitiu
[15:33:02] Fábio Zanini: Opa. Beleza

O discurso em vídeo foi curto, de cerca de cinco minutos, o que facilitou para publicar rapidamente uma primeira versão da reportagem. Enquanto finalizava a tarefa, passei por redes sociais, TVs e demais sites concorrentes e vi que nada ainda havia sido publicado. Um episódio com dose de sorte se transformava em algo exclusivo.

[15:35:48] Eduardo Scolese: Zana salvou a pátria
[15:35:51] Eduardo Scolese: Boa
[15:35:53] Eduardo Scolese: Subindo aqui
[15:36:25] Victoria Azevedo: Ótimo
[15:36:26] Victoria Azevedo: Ufa
[15:37:03] Eduardo Scolese: Pan levou furo do zanini
[15:37:05] Eduardo Scolese: Pqp

A primeira versão do texto foi publicada às 15h35: "Bolsonaro enaltece em vídeo apoiadores em ato contra STF e TSE na Paulista". Troquei o WhatsApp pelo Discord e avisei a equipe da Homepage sobre o novo texto. A jornalista Suzana Petropouleas era a plantonista da vez.

> [Eduardo Scolese – 15:47]
> Nem a jovem pan deu
> Nem o face do bolsonaro
> Zanini estava na frente do telão e gravou a bagaça
>
> [Suzana Petropouleas – 15:48]
> Já foi o push há 5 min e acaba de entrar na manchete
> SR pediu "enaltece apoiadores"
>
> [Eduardo Scolese – 15:48]
> Show
>
> [Suzana Petropouleas – 15:49]
> Atualizando
>
> [Eduardo Scolese – 15:49]
> Bolsonaro entra ao vivo e enaltece apoiadores em ato contra STF e TSE na Paulista

Não havia nenhuma frase de impacto ou de novas ameaças. O destaque se justificava pelo simbolismo de o presidente da República ter feito um discurso ao vivo a partir do Palácio da Alvorada para manifestantes que estavam na Paulista para atacar o Judiciário. O gesto ganhou a manchete do jornal impresso do dia seguinte: "Bolsonaro participa de ato contra o STF e reforça a tensão". O 1º de maio foi no sábado. Eu teria o domingo de folga.

> [18:53:33] Victoria Azevedo: Valeu pelo plantão. Kkk a gente sofreu
> [18:53:42] Eduardo Scolese: Meu deus
> [18:53:44] Eduardo Scolese: Tá foda
> [18:53:55] Eduardo Scolese: Amanhã eu folgo pra pensar no planejamento da eleição
> [18:53:57] Eduardo Scolese: "Folga"
> [18:54:19] Victoria Azevedo: Nossasenhora
> [18:54:31] Victoria Azevedo: Bom "descanso"
> [18:55:09] Eduardo Scolese: Ahahaha valeu

O planejamento em torno de uma eleição nacional não ocorre de repente nem a partir de um único projeto ou relatório. A montagem e o treinamento da equipe nos anos e nos meses anteriores é um dos passos. A harmonia com a chefia e o entendimento acerca do que o jornal espera são outras etapas importantes no processo. Na reunião geral da Redação, em março, o comando do jornal já havia indicado dois desafios para o nosso trabalho naquelas eleições. Produzir uma cobertura jornalística que fosse ao mesmo tempo equilibrada e que investigasse a fundo as principais candidaturas.

Uma eleição nacional envolve a cobertura da disputa presidencial, das corridas aos governos estaduais, da troca de parte dos senadores e da definição da nova Câmara dos Deputados e das novas Assembleias Legislativas. O campo potencial de cobertura é inalcançável. Por isso, um primeiro passo é definir quais serão as prioridades, ou seja, aqueles temas que buscaremos acompanhar de perto. Em 2022, além da eleição, teríamos de seguir atentos a tudo o que acontecia no governo federal. Entre os candidatos nacionais, prioridade para Bolsonaro, Lula, Ciro Gomes e Simone Tebet. Na eleição paulista, Rodrigo Garcia, Fernando Haddad e Tarcísio de Freitas. Nos demais estados, foco nos maiores colégios eleitorais e na leitura política das alianças entre os partidos. Diversidade eleitoral foi outro tema destacado, com atenção às candidaturas por gênero e cor da pele em meio à implementação de cotas. Incluímos na lista os chamados serviços eleitorais, que são textos mais didáticos para, por exemplo, informar o leitor sobre prazo de cadastramento de biometria e como funciona a eleição para o Legislativo. Destacamos repórteres também para o monitoramento de arrecadação e gastos de campanha e as estratégias para a propaganda de rádio, TV e internet.

Cada eleição tem uma característica própria. A municipal de 2020, por exemplo, ocorreu em torno da pandemia da Covid. Campanha e votação sofreram mudanças por causa do vírus. Justiça Eleitoral, candidatos, imprensa e eleitores se adaptaram a novas regras e recomendações. Até a data da eleição daquele ano foi adiada. Já a eleição de 2022 se apresentava sob o holofote potencial das *fake news* e de uma variedade de ramificações, muitas delas estimuladas pelas mentiras do presidente. Por isso, no planejamento da cobertura, destacamos para um mesmo núcleo temas como segurança das urnas eletrônicas, atuação do TSE, judicialização das campanhas e comportamento dos eleitores nas redes sociais, além de ações, omissões e recomendações das plataformas, as chamadas big techs. Uma das iniciativas foi a criação do "Observador Folha/Quaest", com o objetivo de rastrear tendências eleitorais no WhatsApp e no Telegram. O projeto surgiu a partir de troca de ideias da equipe da *Folha* com pesquisadores da Quaest, sob o comando de Felipe Nunes, CEO do instituto e parceiro do jornal em diferentes iniciativas. O plano seria monitorar grupos públicos de mensagens e extrair deles pautas a partir das tendências do que era dito pelos eleitores.

Outra estratégia do planejamento foi abrir mão de algumas séries de reportagens, aquelas nas quais nos debruçamos sobre um determinado tema e publicamos textos separados ao longo de dias e semanas. A produção de uma série exige tempo do repórter e do editor e mão de obra de outras editorias, como Foto, TV Folha e Arte, além de uma briga por espaço na Homepage e nas páginas do papel. Recebemos diversas sugestões de novas séries, mas decidimos abrir mão da maioria delas. O noticiário factual, sabíamos de antemão, exigiria demais. Editores e repórteres precisariam estar livres para mergulhar em novas crises e dar conta de obrigações sensíveis e sempre presentes no calendário eleitoral, como pesquisas, debates e sabatinas.

Finalizada e aprovada a lista de prioridades, o próximo passo foi esboçar como essa cobertura seria feita diante da capacidade do jornal, tanto de equipe como de orçamento disponíveis. Para coberturas de fôlego como as eleições, o editor conta sempre com reforços internos. São repórteres e editores cedidos de outras editorias à equipe de Política apenas para o período de campanha. Funciona assim: o editor prepara uma lista de convocações e a submete à Secretaria de Redação. A chefia avalia nome a nome, conversa com os respectivos editores afetados (aqueles que terão de ceder gente) e apresenta uma contraproposta, sempre com um ou outro ajuste. É comum também o editor ter uma verba extra disponível para contratar reforços temporários para o período, em geral jovens jornalistas recém-saídos do programa de treinamento. A maioria dos reforços fica à disposição de agosto a outubro. Assim, na prática, o time para as eleições conta com as equipes de São Paulo e Brasília, além dos correspondentes e colaboradores nas capitais.

Com o mapa da equipe fixa e dos reforços em uma mesma planilha, define-se inicialmente quem fica na edição e quem vai para a reportagem. O eixo de edição inclui coordenação dos repórteres e gerenciamento de núcleos específicos, como planejamento de reportagens e séries especiais, cobertura da propaganda de rádio, TV e redes sociais, eleições estaduais, diversidade eleitoral, *fake news* e pesquisas, além de burocracias sensíveis como elaborar escalas de plantão de feriados e finais de semana e gerenciar orçamentos de viagens para os repórteres que irão seguir os candidatos pelo país.

No eixo de reportagem, a primeira etapa é definir quais profissionais serão os responsáveis por cada um dos candidatos. São os chamados carrapatos, aqueles repórteres que irão seguir os passos do candidato, como em eventos de rua, debates e entrevistas. São esses que precisam apresentar sugestões de pauta específicas e terão de responder à chefia caso a concorrência traga algo sobre ele que ainda não tenha sido publicado pela *Folha*. Os carrapatos são definidos para as eleições a presidente e a governador de São Paulo. As demais disputas estaduais são acompanhadas pelos correspondentes nas capitais. Apesar da definição dos carrapatos, todos os repórteres da equipe ficam livres para sugerir reportagens gerais.

Ainda na fase do planejamento, é preciso esboçar a distribuição dos profissionais para as diferentes funções em que serão escalados. É depois dessa etapa que se tem um mapa completo para a cobertura das eleições. Para 2022, formamos uma equipe fixa com cerca de trinta pessoas somente em São Paulo. Para organizar tarefas e horários de cada um deles, preparamos uma planilha com diferentes abas. Na primeira delas, nome de cada um e algumas informações complementares: se atuariam na produção ou na edição, se eram originais de política ou reforços de outras editorias e quando cada um desses agregados iria estrear na equipe. Eles se apresentariam de forma escalonada, de julho a setembro. Uma segunda aba ficou para a escalação dos repórteres mais focados em assuntos gerais e no plantão do site. Fixamos horários para que sempre tivéssemos gente disponível entre 7h e 0h para publicar textos quentes, produzir galerias de fotos e editar reportagens. Cada um deles também foi escalado para funções específicas, como na atuação em núcleos de propaganda eleitoral, serviço aos eleitores e diversidade, além da atualização de cada uma das páginas especiais de Política dentro do site da *Folha*.

Bolsonaro passou os quatro anos de seu mandato acossando alguns dos princípios básicos da democracia. Difundiu mentiras sobre o sistema de votação, ameaçou impedir a realização de eleições, buscou boicotar a compra e a distribuição de vacinas e tomou medidas para prejudicar o trabalho da imprensa, entre outros. Mas foi a organização e a participação em dois atos, em um intervalo de menos de dois meses de 2022, em que cavou as condenações que mais à frente o tornariam inelegível por oito anos.

O primeiro deles ocorreu em 18 de julho, quando reuniu dezenas de embaixadores estrangeiros no Alvorada para repetir teorias da conspiração e mentiras sobre urnas eletrônicas, desacreditar sem provas o sistema eleitoral, promover novas ameaças golpistas e atacar ministros do Supremo. Quem presidia o TSE era o ministro Edson Fachin. Ele sucedia Luís Roberto Barroso no cargo e seria substituído antes das eleições por Alexandre de Moraes. O tribunal naquele momento era bombardeado por questionamentos das Forças Armadas sobre o funcionamento das urnas. Os militares faziam coro à cruzada do presidente, e a ofensiva dava sinais de algum resultado. Segundo pesquisas do Datafolha, o percentual de eleitores que diziam confiar nas urnas havia recuado de 82%, em março, para 73%, em maio daquele ano.

O encontro com os embaixadores durou cinquenta minutos, foi transmitido pela TV Brasil e teve apenas o discurso de Bolsonaro. Antes de ouvi-lo, os representantes dos países assistiram em um telão a imagens de algumas motociatas do presidente. Parecia uma tentativa de demonstrar ao mundo que o mandatário brasileiro tinha apoio popular. Indicava também ser parte de uma justificativa caso fosse derrotado por Lula em outubro. Na reportagem em que relataram o evento, os repórteres da *Folha* apontaram que, em sua fala aos embaixadores, "Bolsonaro adotou um tom manso, como se buscasse dar um verniz de seriedade a mais um punhado de ilações sem provas ou indícios ao sistema eleitoral, no momento em que aparece distante do ex-presidente Lula nas pesquisas de intenção de voto".

"Dia da Mentira." Foi com esse título que a chefia da *Folha* abriu a crítica interna que circulou por e-mail na Redação às 16h02 do dia seguinte. O destaque era para a cobertura do ciclo anterior em torno da fala de Bolsonaro aos embaixadores.

> Robusto e mais analítico nosso conjunto sobre a pantomima presidencial com os embaixadores. Acertadamente cravamos "mentira" em título desde o início, demonstrando factualmente a intenção do presidente de usar informações falsas e logo oferecendo o contraponto do

> delegado da PF que desmente as declarações sobre a vulnerabilidade do sistema (faltou só um ponto a ponto das mentiras). Tivemos boa análise, repercussão e a avaliação de diplomatas do caso, que marca uma nova fase no clamor golpista de Bolsonaro, além de um #hashtag ágil (título inicial chocho, porém, teve que ser revisto). Agora é preciso entender o impacto do episódio dentro e fora do país, com bastidores e possíveis desdobramentos da crise.

O impacto foi duro. Menos de um ano depois, em junho de 2023, o já ex-presidente Bolsonaro seria condenado e declarado inelegível por oito anos pelas mentiras e pelos ataques ao sistema eleitoral feitos naquele dia aos embaixadores. Foram 5 votos a 2 no plenário do TSE.

O segundo ato em que Bolsonaro cavou sua inelegibilidade ocorreu 51 dias após a fala aos embaixadores. Foi no 7 de Setembro, data que marcou o Bicentenário da Independência. Em 2022, o evento da pátria foi preparado pelo presidente com mais contornos eleitorais do que golpistas. Bolsonaro seguia bem atrás de Lula nas pesquisas e temia perder eleitores moderados. No feriado de 2021, em falas em Brasília e São Paulo, havia mirado mais o STF e ameaçado não cumprir decisões de Moraes. Recuou em seguida e se recolheu por alguns meses até retomar sua artilharia contra o Judiciário.

No feriado de 2022, Bolsonaro preparou palanques em Brasília e no Rio de Janeiro. De novo, queria uma foto para compartilhar em suas redes e demonstrar força. Pela manhã, diante de uma multidão na capital federal, fez uma fala em tom eleitoral e com pedidos de votos, além de repetir ataques a outros Poderes. O caminhão de som do qual discursou estava estacionado no gramado da Esplanada dos Ministérios, diante do Congresso, ao lado de onde minutos antes o presidente havia participado do desfile militar. O público do primeiro só precisou caminhar alguns metros para engrossar o segundo. À tarde, em comício em Copacabana, repetiu o tom eleitoral, atacou Lula e mais uma vez repetiu ameaças ao Supremo. O desfile militar que tradicionalmente ocorria pela manhã na avenida Presidente Vargas foi transferido por ordem de Bolsonaro para a tarde em Copacabana, onde seus apoiadores costumavam promover manifestações. Ambos os eventos tiveram o golpismo naturalizado com faixas e cartazes com pedidos de intervenção militar contra o Supremo.

Encerrados os atos de Brasília e Rio e com textos separados sobre cada um deles já publicados, chegava o momento de respirar, conversar com editores e repórteres, preparar reportagens de repercussão política e de consequências jurídicas e pensar em um enunciado que amarrasse tudo o que havia ocorrido naquele dia. Outra preocupação seria a de não minimizar o tom golpista, mas deixar claro que esse ficou abaixo das falas do ano anterior. Fiz essa ponderação em um grupo interno da equipe no Discord.

> [Eduardo Scolese – 07/09/2022 18:28]
> @Alencar Izidoro @Paulo Passos acho que vale uma atenção especial tanto no texto principal do dia como nesse da comparação entre 2021 e 2022 para não amenizarmos o golpismo. Tentar ser mais relatorial. Neste ano não citou ministros, não atacou urnas nem ameaçou não cumprir decisões judiciais, mas fez ameaças e foi golpista na primeira fala do dia

No 7 de Setembro de 2021, como já apontado no capítulo anterior, quem teve a sacada do enunciado final foi Vinicius Mota, com "Bolsonaro ameaça o STF de golpe, exorta a desobediência à Justiça e diz que só sai morto". Vinicius estava de novo no plantão de 2022, desta vez com todos no presencial da Redação. Levei a ele uma proposta de título que amarrasse alguns aspectos importantes: o presidente usou o feriado nacional para comícios eleitorais, ignorou nos palanques o Bicentenário da Independência, repetiu ameaças (apesar de um tom menos golpista) e se viu de novo em um cenário de isolamento. Vinicius topou e fomos assim no site: "Bolsonaro captura o 7 de Setembro com comícios, machismo e ameaças repetidas". Na linha-fina, como é chamado o subtítulo, completamos com: "Presidente reduz golpismo de 2021, aumenta conservadorismo e ignora bicentenário; Congresso, Judiciário e rivais se afastam". A edição impressa do dia seguinte adotou a mesma linha: "Bolsonaro captura 7/9 com ameaça, machismo e comícios".

Ainda naquele 7 de Setembro colocamos no ar reportagem que apontou quais crimes eleitorais Bolsonaro poderia ter cometido naquele feriado ao usar os festejos em favor de sua campanha à reeleição. Por exemplo: afrontar o princípio constitucional da impessoalidade na gestão pública e cometer abuso de poder econômico e de autoridade, desequilibrando assim as forças em uma disputa eleitoral. Tudo isso virou molho de uma ação no TSE que pouco mais de um ano depois levou a uma nova condenação de Bolsonaro. Em outubro de 2023, foi de novo declarado inelegível por oito anos, agora pelo uso eleitoral do 7 de Setembro de 2022. O placar de 5 votos a 2 se repetiu, com a maioria apontando abuso de poder e promoção de campanha com dinheiro público no Dia da Independência.

Na reunião geral da Redação de 2022, ocorrida em março, o comando do jornal reforçou a importância de a *Folha* incomodar todas as principais candidaturas nas eleições que se aproximavam. Não seria nenhuma novidade. Trata-se de um princípio do jornal ser crítico com todas as vertentes dentro de uma cobertura específica e que funciona quase como um piloto automático entre repórteres e editores. Por isso, destacou-se também que essa ânsia pela crítica fosse acompanhada pelo equilíbrio. Um equilíbrio tanto no processo de produção de uma reportagem específica, sendo criterioso na apuração, ouvindo todos os lados e abrindo espaço ao contraditório, como na quantidade de reportagens críticas sobre os diferentes lados envolvidos. Não há uma contabilidade numérica para isso, como um placar eletrônico na Redação, mas o controle interno é rígido em busca desse ambiente. Editores são alertados pela chefia, e repórteres são cobrados pelos editores. Se na previsão de pautas da semana temos reportagens críticas programadas sobre o candidato X, é preciso correr para equilibrar essa balança em relação ao candidato Y. Uma opção, por exemplo, é adiar a publicação de reportagens sobre o candidato X até que avancem as apurações sobre o candidato Y. É preciso evitar a impressão de que o jornal esteja fazendo campanha contra esse ou aquele. Tudo isso faz parte de uma tentativa macro de controle. Mas crises e notícias urgentes aparecem a cada momento. Nada quente deixa de ser publicado. Ninguém também vai sair produzindo reportagens que possam ser falhas ou forçadas contra esse ou aquele personagem ou instituição apenas para cumprir a desejada meta do equilíbrio. A credibilidade do jornal está sempre em jogo. Uma reportagem esquentada e com erros pode colocar parte disso a perder. Em uma disputa eleitoral, o equilíbrio entre candidatos dentro da produção do jornal não precisa ser necessariamente diário nem sobre os mesmos aspectos. O importante é o balanço geral de toda a cobertura.

Na eleição de 2022, enfrentamos críticas ao sermos confrontados com supostos dilemas e contradições. O eixo dos questionamentos passava por

Bolsonaro. Por exemplo: se formos críticos a Lula, estaremos ajudando a reeleição de Bolsonaro? Se produzirmos reportagens críticas a Lula, estaremos o comparando a Bolsonaro? Esses tipos de questionamento chegavam tanto pelo leitor comum como pelos leitores influentes com acesso a editores e outras pessoas com cargos de chefia. Eles se incomodavam com a artilharia do jornalismo crítico da *Folha* também voltada a Lula e sua candidatura. O temor, diziam, é que, ao praticar a ferro e fogo seus princípios editoriais, a *Folha* estaria menosprezando o momento delicado e o risco à democracia que uma potencial reeleição de Bolsonaro poderia representar ao país.

Internamente tínhamos a convicção de que uma coisa não tinha relação com a outra. Era possível sermos críticos sobre ambos sem, ao mesmo tempo, cometer a chamada falsa equivalência entre eles. Isso era repetido em reuniões do editor com a chefia e do editor com seus repórteres sempre que chegavam as cobranças de fora. Para ser crítico com Bolsonaro, havia uma fartura de temas disponíveis. Os eixos para essas reportagens eram o negacionismo na pandemia e o golpismo, com todos os seus desdobramentos e consequências que se atualizavam a cada ataque ou ameaça às instituições. No caso de Lula, os temas eram outros, mas também fartos para um jornalismo duro em relação a ele. Eram exemplos disso os escândalos de corrupção na Petrobras que independem da avaliação sobre os métodos da Lava Jato e a herança econômica e social que a sua apadrinhada, Dilma Rousseff, deixou para o país.

Bolsonaro e Lula eram candidatos muito diferentes, como afirmou a *Folha* em editorial. Não precisávamos igualá-los para ser críticos a ambos. Bolsonaro usava a mentira como uma ferramenta de trabalho, era fã de torturadores da ditadura militar e buscava minar as instituições e a democracia. Lula não se igualava a ele nesse ponto, tendo passado oito anos no Palácio do Planalto com seguidas mostras de respeito ao jogo democrático, como também escreveu a *Folha* em editorial. O petista, por outro lado, era nebuloso sobre os rumos que daria à economia, colecionava gafes e falas preconceituosas e acumulava declarações simpáticas a ditaduras de esquerda pelo mundo, por exemplo. Tudo isso era noticiado. O leitor é que saberia ler e interpretar, sem a necessidade de o jornal tomar partido, criticar apenas um lado e esconder os problemas do outro.

Um caso emblemático ocorreu a doze dias do primeiro turno, quando a *Folha* sofreu duros ataques ao relatar com destaque como era vago o plano de governo de Lula até então. "Lula descumpre promessa e faz campanha 'cheque em branco' sobre plano de governo", apontou título de reportagem publicada como principal destaque de Política. À época, o PT ainda não havia colocado no papel propostas que vinham sendo citadas nos discursos e nos programas de rádio e TV do petista. Lula apresentava poucos números e detalhes. Em troca, como descreveu a reportagem, oferecia um alegado compromisso a partir do legado de seus dois mandatos no Planalto, daí o "cheque em branco" no enunciado da reportagem. A promessa, feita em junho, era a de que um plano de governo robusto estaria no ar até agosto. Não aconteceu. Quem lia somente os comentários dos leitores abaixo da reportagem poderia entender que a culpa disso era do jornal.

> "Que barbaridade essa manchete. Absurda mesmo."
> "Lula não fez tal promessa. A Folha e a Faria Lima estão exigindo que ele faça! Se querem governar, indiquem candidato e vençam as eleições, caso contrário é golpe!"
> "O que a Folha quer, que ele engane o povo com promessas mirabolantes? Deixem de demagogia. Nem ele ou qualquer candidato pode prometer coisas objetivas, já que até pra administrar uma quitanda é preciso sentar na barraca."
> "O maior e mais urgente programa é garantir a continuidade da democracia, que hoje se encontra ameaçada. Para isso, é preciso impedir que o atual governo continue, pois, caso contrário, não haverá um país para governar."
> "Interessante essa manchete da Falha, no dia seguinte de mais uma pesquisa com possibilidade de Lula no primeiro turno. Coincidência? Jornalismo pra favorecer a turma da Faria Lima?"

Para esse mesmo perfil de leitores, entre os comuns e os influentes, produzir reportagens críticas ao Tribunal Superior Eleitoral e ao Supremo Tribunal Federal no auge da campanha também poderia auxiliar Bolsonaro em sua candidatura à reeleição.

A essência do jornalismo está na busca pela crítica. Os repórteres e os editores são movidos por isso. Quem pensa o contrário quer fazer política, não jornalismo. TSE e STF eram atores relevantes da disputa, com ações decisivas em torno dos candidatos, por isso deveriam ser escrutinados.

Ainda em meados de 2021, quando Bolsonaro engatava sua cruzada contra o sistema eleitoral e repetia ataques e ameaças ao Judiciário, a *Folha* mostrou em reportagem que o modelo de urna eletrônica usado no Brasil sem comprovante do voto impresso somente era replicado da mesma forma em larga escala em Bangladesh e no Butão. A reportagem destacou essa informação, citou que a maioria dos países utilizava máquinas atreladas às urnas para imprimir o comprovante, apontou outros países que seguiam o modelo do Brasil, mas em menor escala, e lembrou que nunca houve nenhuma evidência de fraude nas urnas gerenciadas pelo TSE. Naquele momento, o Congresso debatia justamente uma proposta para adoção do comprovante impresso e que mais à frente seria derrotada em plenário. A reportagem virou combustível para Bolsonaro e aliados, que usavam a credibilidade da *Folha* a seu favor sempre quando lhes era conveniente. O presidente repetiria essa informação ao longo de meses. Usou essa reportagem inclusive no discurso aos embaixadores que o tornaria inelegível. Se a *Folha* fosse partidária e fizesse um jornalismo preocupada com o resultado das eleições, talvez nem sequer publicasse uma reportagem como essa. O leitor merecia receber a informação. "Mais uma daquelas matérias que me conduzem àquela indagação recorrente: por que ainda desperdiço meu dinheiro assinando a Folha!?"

O debate sobre o sistema de voto estava contaminado justamente por mentiras e distorções feitas por Bolsonaro. O eixo das declarações dele não girava em torno de uma alegada preocupação com a segurança do sistema, mas de teorias da conspiração segundo as quais teriam ocorrido fraudes em eleições passadas e isso poderia ocorrer de novo em 2022. Segundo especialistas citados em diferentes reportagens, a impressão do voto como comprovante de checagem das eleições seria sim um avanço. As eleições já são auditáveis por meio de registros eletrônicos. Haveria então uma segunda forma, o comprovante impresso, além do software atual. O debate, porém, estava interditado por culpa justamente do presidente da República.

Em abril de 2022, portanto seis meses antes das eleições, outra reportagem sobre o TSE e as urnas eletrônicas causou indignação em parte dos leitores. A *Folha* apontou possível falha estatística na definição do número de urnas que seriam submetidas aos testes comuns antes das votações.

O debate do texto estava em torno do número de equipamentos utilizados para se ter ou não uma amostragem correta em relação às mais de quinhentas mil urnas a serem usadas no dia da eleição. "TSE amplia urnas para testes, mas estatísticos veem falha em amostra" foi o título da reportagem, que buscou deixar claro que nunca houve registro de fraude em urnas e que o objetivo dos testes era elevar a segurança e a transparência sobre a votação eletrônica, especialmente diante de mentiras e suspeitas infundadas de fraude espalhadas por Bolsonaro. Muita gente não entendeu assim e viu a *Folha* a serviço do presidente da República.

> "A Folha sendo a Folha. Acho que, desde 1996, não lia uma matéria tão extensa da FS sobre o tema. Por que será?"
> "A cada matéria que dá sustentação aos golpistas, mais se impulsiona o golpe. Um desserviço à democracia feito por este jornal."
> "Qual é, Folha? Aderiu à campanha contra as urnas eletrônicas? Que manchete é essa? Um jornal a serviço da democracia?"
> "Um jornal a serviço da democracia? Uma manchete capciosa, cheia de má-fé."
> "Dá para entender que há segurança nas urnas eletrônicas. Nenhum dos técnicos desacreditou delas. No entanto, o objetivo da Folha, da forma como trata o assunto, é trazer tumulto às eleições."

Reportagens críticas ao Supremo também eram motivo de reação de leitores. Esses viam a *Folha* a serviço de Bolsonaro e de seus aliados que atacavam as instituições. Um desses casos ocorreu em agosto de 2022. Na ocasião, o ministro Alexandre de Moraes havia acabado de ordenar uma série de medidas contra oito empresários bolsonaristas que participavam de um grupo de WhatsApp no qual haviam sido publicadas mensagens de teor golpista. Em uma delas, um empresário disse preferir um golpe à volta do PT ao poder. Os empresários tiveram de prestar depoimento, foram alvo de mandados de busca e apreensão, sofreram o bloqueio de contas em redes sociais e tiveram decretada a quebra de sigilo bancário e telemático. As medidas eram controversas e mereceram um amplo debate. A *Folha* primeiramente foi ouvir especialistas. Em resumo, eles fizeram ressalvas às determinações de Moraes e ponderaram que uma simples conversa no aplicativo de mensagens não é crime, mas que o contexto poderia justificar aquelas medidas. O problema é que tudo era falado em tese pelos especialistas, já que as ordens e suas justificativas se encontravam sob sigilo. Sabia-se apenas que o pedido havia partido da Polícia Federal no âmbito do inquérito das milícias digitais, investigação que mirava uma suposta organização criminosa responsável pela disseminação de *fake news* e por ataques às instituições. Tudo seguia em sigilo até a *Folha* descobrir a partir de fontes da Polícia Federal que as medidas contra os empresários tinham como base apenas a reportagem do *Metrópoles*[30] que revelou os diálogos, mas sem nenhuma outra diligência preliminar. A *Folha* destacou: "Moraes teve reportagem como única base para decisão contra empresários bolsonaristas". Os leitores vieram em seguida.

> "Amanhã a FSP terá de se retratar."
> "Lembrando que a FSP apoiou coisas ainda mais injustificáveis, durante a Lava Jato, como a prisão de suspeitos até que se obtivesse alguma confissão e entrega de futuros 'acusados'."
> "FSP, vcs parem com isso. Estão questionando as ações do TSE e do ministro Moraes prá desmoralizá-lo e fazê-lo murchar. Isso é muito perigoso."
> "Ué não estou entendendo a essa reportagem e a intenção da FSP, o que mais precisa haver contra a democracia para que a suprema corte tome as devidas providências."
> "Ué... a Folha de SP se vendeu?"
> Um ano depois, Moraes alegou ausência de justa causa e arquivou o inquérito contra os empresários.

A proximidade das eleições mexia com a saúde mental de brasileiros de todos os espectros políticos. Era algo visto para além dos intensos preparativos da Redação para a cobertura do segundo semestre de 2022. Repórteres e editores levavam relatos de situações de agravamento da tensão a partir de casos de colegas, conhecidos e familiares fora da bolha do jornalismo. Os mais afetados, segundo psicólogos e psiquiatras, eram mulheres, pessoas negras, com menor escolaridade e baixa renda, além de minorias, como LGBTQIAPN+ e indígenas. Contribuíram para isso a polarização e a pandemia, além do avanço da desigualdade. A simples divulgação de pesquisas de intenção de voto era um dos gatilhos para

[30] Amado; Lima; Ghirotto, 2022.

episódios de ansiedade, angústia, paranoia e depressão relacionados à eleição presidencial.[31]

O instituto Datafolha surgiu em 1983, na ocasião como um braço da *Folha*. Levava o nome de "departamento de pesquisas e informática" e atuava basicamente como uma ferramenta para os jornais do grupo. Com o tempo, o instituto ampliou suas atribuições, tornou-se independente sob o guarda-chuva do Grupo Folha e, além de pesquisas eleitorais, passou a produzir levantamentos sobre opinião e comportamento para diferentes clientes do mercado, nunca para partidos e candidatos. Em 2022, estava no epicentro da cobertura das eleições e era alvo de ataques sempre que o resultado de uma pesquisa não agradava a esse ou a aquele candidato. Bolsonaro liderava as agressões, em especial quando os levantamentos o apontavam distante de Lula nas projeções de votação. O instituto era chamado por ele de "Datafake".

O auge dessa ofensiva ocorreu em Brasília no comício do 7 de Setembro, menos de um mês antes das eleições: "Nunca vi um mar tão grande aqui com essas cores verde e amarela. Aqui não tem a mentirosa Datafolha. Aqui é o nosso Datapovo. Aqui, a verdade, a vontade de um povo honesto, livre e trabalhador". O presidente insinuava diante de uma multidão de apoiadores que aquela seria uma amostra do real apoio que teria nas urnas e que as pesquisas que o apontavam em segundo lugar eram mentirosas.

O comportamento hostil do presidente influenciava seus radicais seguidores. Assim como mentiras e ilações sobre as urnas contaminaram parte da população sobre o sistema eletrônico de votação, ataques aos institutos inflamaram os ânimos contra pesquisadores que faziam entrevistas de campo.

A hostilidade que já tinha se apresentado nas eleições presidenciais de 2018 cresceu contra as equipes do Datafolha logo após o discurso de Bolsonaro no 7 de Setembro de 2022. Em apenas um dia da semana seguinte, foram dez registros contra pesquisadores em diferentes regiões do país. A intimidação ocorria de diferentes formas, como na tentativa de filmá-los e gritos com xingamentos, acusando o instituto de ser esquerdista e comunista. Eram pessoas que buscavam interferir na pesquisa. Aproximavam-se e tentavam atrapalhar uma outra entrevista.

---

[31] Brandino, 2022.

Os ataques viraram notícia. Não era mais possível silenciar diante da selvageria. Reportagem da *Folha* reuniu alguns dos casos ocorridos a reboque da fala de Bolsonaro. Em Goiânia, por exemplo, um entrevistador foi empurrado por um homem que se identificou como bolsonarista e que disse não querer um profissional do Datafolha nas redondezas. Em uma cidade do Rio Grande do Sul, um pesquisador foi levado para averiguação por um policial que se identificou como eleitor de Bolsonaro. Dias antes, em Belo Horizonte, uma entrevistadora foi perseguida na rua e machucou o joelho ao cair na tentativa de escapar da hostilidade de homens que ameaçavam levar o seu tablet. No Rio de Janeiro, um motorista chegou a avançar com o carro sobre a calçada para assustar uma pesquisadora. Na vizinha Belford Roxo, um homem perseguiu uma pesquisadora até dentro do ônibus no qual ela buscou refúgio diante das ameaças que começaram na rua. Em São Paulo, um bolsonarista se aproximou de uma pesquisadora do instituto e, enquanto gravava a cena, passou a usar expressões como "Datafolha lixo", "pilantragem do Datafolha", "canalha", "sujo", "mentira", "falsa", "falcatrua".

Pesquisadores passaram a pedir dispensa do trabalho, enquanto coordenadores do Datafolha tinham cada vez mais dificuldades para formar equipes para as pesquisas seguintes. Recusas e desistências se avolumavam por medo. Diferentes casos que chegavam ao comando do instituto eram de policiais e guardas civis que aproveitavam a farda para intimidar os pesquisadores. A orientação aos que seguiam no trabalho de campo era evitar cair em provocações, não revidar as agressões e guardar o crachá e o tablet e deixar o local diante de ameaças ou um simples cerco suspeito. Baixada Fluminense, muito também pela presença do crime organizado, e interior de São Paulo, potente polo bolsonarista, eram as regiões mais sensíveis para o trabalho dos pesquisadores do Datafolha.

Um dos gatilhos para o início de atos de hostilidade nas ruas ocorria quando o agressor pedia para ser entrevistado e tinha o pedido negado. Pesquisadores do instituto não entrevistam quem se oferece. Eles são treinados para que os entrevistados sejam escolhidos de forma aleatória e dentro de pontos mapeados no planejamento da pesquisa, isso após sorteio de municípios e de bairros. São utilizadas também cotas proporcionais de sexo e idade a partir de dados de IBGE e TSE. Isso é fundamental para que a amostra seja representativa dos eleitores do país e permita um alto grau de confiança e uma margem reduzida de erro para a pesquisa.

No final da manhã de 21 de setembro, o secretário Roberto Dias me encaminhou pelo WhatsApp a foto da primeira página de um registro policial feito no final da tarde do dia anterior. A ocorrência apontava possíveis crimes de injúria e lesão corporal de duas pessoas contra um pesquisador do Datafolha no município de Ariranha, no interior de São Paulo.

> [21/09/2022 10:54:22] Roberto Dias: Pautaria matéria, sob embargo?
> [21/09/2022 10:55:13] Eduardo Scolese: Pqp

O jornalista Marcelo Toledo, correspondente em Ribeirão Preto, foi escalado para iniciar as primeiras apurações com a polícia. Em seguida, procurei a diretora do Datafolha, Luciana Chong, em busca de mais informações sobre o caso. Segundo ela, o boletim de ocorrência teria omitido algo relacionado a uma possível facada.

> [21/09/2022 11:05:45] Eduardo Scolese: Parece que rolou facada
> [21/09/2022 11:05:52] Eduardo Scolese: Chong vai me avisar logo mais
> [21/09/2022 11:05:54] Roberto Dias: Eita

Cerca de cinco horas de carro separam Ariranha da cidade de São Paulo. O pesquisador deixou o pequeno município pela manhã e se deslocou diretamente para a sede da *Folha*, aonde chegou por volta das 16 horas. Chong me avisou, desci um lance de escadas e entrei na sede do Datafolha, no terceiro andar do prédio. Calmo e amparado pelos colegas do instituto, o profissional passou a narrar o ataque sofrido. Ele carregava as marcas das agressões na cabeça, nas costas e nos braços. Disse que entrevistava um eleitor da cidade quando um bolsonarista se aproximou e, aos gritos, passou a exigir que também fosse ouvido para a pesquisa, o que foi negado. "Só pega Lula" e "vagabundo" foram termos gritados pelo homem no meio da rua. Como descreveu reportagem da *Folha*, o ataque começou pouco depois, assim que o pesquisador finalizou sua entrevista. Ele foi atingido pelas costas, e o tablet que usava, derrubado ao chão. Quando o pesquisador tentou reagir, passou também a ser atacado pelo filho do agressor. Socos e pontapés somente foram interrompidos com a ação de vizinhos. Foi quando o bolsonarista entrou e saiu de sua casa, em frente ao local, e ameaçou partir para cima com uma peixeira – ele foi contido pelo filho. O pesquisador foi atendido em um pronto-socorro da cidade e liberado em seguida.

Mantivemos o nome dele em sigilo para preservá-lo de possíveis retaliações. Logo após a reportagem ter ido ao ar, o presidente do Senado, Rodrigo Pacheco (PSD), solidarizou-se com o pesquisador. "Manifesto minha solidariedade ao pesquisador do Datafolha que foi agredido, de forma covarde, enquanto realizava o seu trabalho em Ariranha, São Paulo, em mais um ato suspeito de violência política", escreveu em suas redes sociais.

O país vivia uma onda de violência ligada às eleições. Assassinatos, agressões e ameaças com motivação política se acumulavam desde o período de pré-campanha. O caso mais emblemático de violência havia ocorrido em julho, quando um policial bolsonarista invadiu uma festa de aniversário e matou a tiros um eleitor de Lula em Foz do Iguaçu, no Paraná. Chamavam a atenção também repetidos casos de assédio eleitoral, com empresários bolsonaristas pressionando funcionários a votarem no então presidente da República. No ecossistema das eleições, como relataram Felipe Nunes e Thomas Traumann no livro *Biografia do abismo*,[32] valia espalhar mentiras, defender o indefensável e romper com amigos e familiares para evitar a vitória do adversário.

Foi sob esse clima que o país chegou ao 2 de outubro de 2022, dia da votação do primeiro turno para presidente e governadores e também para a escolha de deputados estaduais, deputados federais e senadores. Havia sido até ali uma campanha nacional na qual pouco se falou de economia, educação e segurança pública, temas comuns em disputas anteriores. A saúde teve espaço, mas por causa da pandemia e da vidraça do discurso antivacina de Bolsonaro. A corrupção apareceu a partir da memória dos escândalos de corrupção relacionados ao PT e dos esquemas de "rachadinha" investigados no entorno da família do presidente. Também a reboque de Bolsonaro se falou muito sobre democracia, institutos de pesquisa, segurança das urnas eletrônicas e papel dos militares na administração pública e na segurança das eleições. A imprensa cobriu motociatas, caminhadas, carreatas, propaganda eleitoral no rádio, na TV e nas redes sociais, debates, sabatinas, comícios e entrevistas nos formatos tradicionais e em podcasts, além de postagens e lives dos candidatos. Medo, violência, assédio eleitoral, busca do voto dos evangélicos, papel das big techs e peso das emendas parlamentares na disputa por vagas no Congresso foram outros destaques da corrida eleitoral.

---

32 Nunes; Traumann, 2023.

Na Redação da *Folha*, a véspera do primeiro turno foi de ajustes no planejamento para a cobertura do dia seguinte e de publicação da última pesquisa do Datafolha antes da eleição. O trabalho de campo dos pesquisadores se estendeu até a tarde de sábado para que o resultado do levantamento fosse o mais quente possível. Foram ouvidas 12,8 mil pessoas em 310 cidades do país. A pesquisa havia sido contratada pela *Folha* e pela TV Globo. As tabelas chegaram ao mesmo tempo aos e-mails dos editores do jornal e da TV, e o resultado foi publicado por ambos logo em seguida, pouco depois das 18 horas. "Datafolha: Lula chega ao 1º turno com 50% dos votos válidos; Bolsonaro tem 36%" foi o enunciado da *Folha*. Com base nessa e em outras pesquisas, deixamos textos adiantados para o dia seguinte a partir de dois possíveis cenários que se desenhavam: um de cobertura sobre a definição de um segundo turno entre Lula e Bolsonaro, o que nos parecia o mais provável, e um a respeito da vitória do petista já no primeiro turno, uma possibilidade real que também apareceu em pesquisas divulgadas naquele mesmo dia pelos institutos Ipec (51% a 37%) e Quaest (49% a 38%).

O domingo de eleição avançou com poucas turbulências até o fechamento das urnas. O destaque do noticiário foram as longas filas provocadas pelas dificuldades do eleitor com o sistema de biometria, tema que sumiu dos sites e telejornais após o fechamento das urnas e o início da apuração. Da Redação, no final da manhã, tive de lidar com um pequeno curto-circuito com telefonemas e depois uma conferência em áudio com assessores e advogados de Lula. Eles reclamavam do enunciado escolhido pelo jornal para destacar uma decisão de Alexandre de Moraes tomada a pedido da campanha petista. O ministro do STF e então presidente do TSE havia acabado de determinar que o portal *O Antagonista* removesse de suas plataformas um texto a respeito de interceptações feitas pela Polícia Federal em presídios que indicavam o voto em Lula de Marcos Willians Herbas Camacho, o Marcola, chefe da facção criminosa PCC. A decisão de Moraes falava em conteúdo "sabidamente inverídico" e se estendia à rádio Jovem Pan, aos perfis nas redes sociais de Bolsonaro e de seus filhos, Eduardo e Flávio Bolsonaro, e a perfis de outros aliados do presidente. Tratei o caso como censura no título, a equipe de Lula não gostou e pediu a conferência via WhatsApp para apresentar seus argumentos contrários. Ouvi as ponderações de assessores e advogados, reportei o caso à chefia e decidimos manter o enunciado original: "Moraes determina censura a reportagens sobre suposto elogio de Marcola a Lula".

Fechadas as urnas, o que vimos com o andamento da contagem dos votos foi o avanço de Bolsonaro bem acima do percentual apontado um dia antes pelo Datafolha. Lula fechou o primeiro turno com 48,43%. Ficou perto de uma vitória no primeiro turno e também com índice parecido ao apontado um dia antes pelo instituto (50%). Já Bolsonaro cravou 43,20% nas urnas, contra os 36% que registrou um dia antes na pesquisa.

O clima no jornal azedou naquele fim de tarde e início de noite. A sensação era como se um tsunami liderado pelo presidente e por seus aliados do Congresso surgisse no horizonte e se aproximasse com ânsia para devastar a credibilidade do jornal e do instituto. Sabíamos que o assédio e as distorções seriam violentos nos próximos dias. A angústia parecia estampada no rosto da equipe, que trabalhava para colocar de pé um novo plano de cobertura. Muito do que havíamos planejado para aquele dia se perdera. A notícia a ser interpretada era a força de última hora da direita nos estados e no Congresso e traduzir isso sob os efeitos de um segundo turno nacional que já começava bem mais equilibrado do que as pesquisas haviam indicado.

O desenho para a conspiração estava pronto a partir de um entendimento equivocado sobre pesquisas eleitorais. Existe uma confusão estimulada por parte dos políticos de que os resultados de pesquisas de vésperas devem ser repetidos nas urnas. Pesquisa, porém, é uma fonte de informação para o eleitor, não algo que busque projetar o resultado da eleição. Não é prognóstico. Quando feita na véspera, é um retrato daquele dia, não do dia da eleição. Por isso, na Redação, repete-se faz tempo que eleição é como se fosse um filme, e cada pesquisa, um frame desse filme. O frame da véspera não é o mesmo frame do dia da votação e da contagem dos votos. Fora essa distorção, fato é que o movimento de crescimento de Bolsonaro não havia sido detectado pelas pesquisas de véspera, e setores do Executivo e do Legislativo poderiam usar isso como combustível nas quatro semanas que separavam o primeiro do segundo turno.

Bolsonaro tratou logo de iniciar essa cruzada. Em entrevista em frente ao Alvorada no final da noite do domingo de eleição, o presidente disparou contra os institutos de pesquisa. Disse ter vencido o que chamou de "mentiras" do Datafolha e prosseguiu: "Eu acho que se desmoralizou de vez os institutos de pesquisa", afirmou, ao poupar naquele momento as urnas eletrônicas. A fala do presidente foi ecoada por seu ministro das Comunicações, Fábio Faria. "O problema grave da eleição foram as pesquisas. Foi muito grave." Esse cobrou apuração sobre a atuação dos institutos. "Vamos fazer, saber o que tinha por trás delas. Vamos fazer essa investigação, na Câmara ou em algum lugar."

Nessa primeira entrevista após o primeiro turno, Bolsonaro parecia desanimado. Falou manso por cerca de 25 minutos. Enquanto aliados de Lula estavam impactados com a aproximação do presidente e temiam uma virada dele no segundo turno, esse parecia alheio a isso. A verdade é que a ficha do presidente havia caído sobre uma realidade que ignorou ao longo de sua campanha. A partir de informações de bajuladores no governo de que os principais institutos de pesquisa sempre estiveram equivocados e que pesquisas internas apresentavam um cenário oposto, o presidente acreditava que apareceria em primeiro lugar após a apuração. Ele só pensava em conspirações em torno das urnas eletrônicas e era alimentado o tempo todo por assessores do governo e militares sobre a certeza da vitória. A parte mais técnica e menos estridente da campanha tentava alertá-lo do contrário, mas sem efeito. A visão que teve da multidão que o acompanhou no 7 de Setembro na Esplanada o fez reforçar essa tese de superpoderoso. Por isso, naquele fim de domingo diante do Alvorada, Bolsonaro estava menos empolgado com a chance de virada no segundo turno e mais assustado com a quase vitória de Lula no primeiro turno. Lula ficou a 1,8 milhão de votos de vencer a eleição naquele dia, com Bolsonaro 6,2 milhões de votos atrás.

Luciana Chong estreou no Datafolha em 1992 como pesquisadora temporária. À época era estudante de letras na PUC e buscava uma forma de renda enquanto estivesse na faculdade. Foi contratada em definitivo dois anos depois, passou pelos cargos de analista de pesquisas e coordenadora de projetos até que, em março de 2022, foi convidada para assumir a direção-geral do instituto.

Assim como a Redação, Chong e sua equipe se assustaram com o resultado de Bolsonaro no primeiro turno. Na noite de domingo foi bombardeada por pedidos de entrevista para que explicasse a diferença entre a pesquisa de véspera e o resultado final nas urnas. Nem ela nem seu entorno tinham uma resposta pronta. Tinham confiança no trabalho feito até ali, mas era preciso respirar, esfriar a cabeça, estudar os dados e identificar um diagnóstico. Recusou os pedidos de entrevista e disse que somente iria se manifestar no dia seguinte. Foi para casa pouco antes da meia-noite, após ter recebido também mensagens de respaldo do comando do jornal, que acompanhava o dia a dia do instituto e confiava em seus métodos.

A pressão estava pesada. A manhã de segunda-feira foi toda dedicada a buscar respostas e esclarecimentos para apresentá-los ao público. Era preciso ser transparente o quanto antes não apenas com os assinantes da *Folha*, mas com a massa de eleitores que tinham acompanhado as pesquisas do Datafolha ao longo de toda a campanha pelas redes sociais e por diferentes veículos de imprensa. Chong pulou de reunião em reunião com sua equipe e com o comando do jornal e se convenceu de que não havia um erro metodológico, e sim uma série de fatores, entre internos e externos, que poderiam explicar a diferença entre a intenção de votos em Bolsonaro na véspera (36%) e o resultado final da eleição (43%).

Um desses pontos tinha a ver com a recusa de eleitores bolsonaristas de participar de entrevistas de campo do instituto. Como o presidente incentivava uma campanha contra o Datafolha, muitos de seus eleitores negavam pedidos de entrevista quando abordados aleatoriamente nas ruas pelos pesquisadores. Isso prejudicava a amostra da pesquisa e forçava o instituto a apertar alguns parafusos antes da divulgação do levantamento, as chamadas variáveis de controle. O alto volume de recusas fez o Datafolha mudar um procedimento que adotava desde os anos de 1990. A orientação até então era a de não abordar pessoas nas ruas que estivessem com camisetas e bonés de partidos e de candidatos, uma iniciativa para evitar qualquer tipo de viés na pesquisa e que inicialmente foi motivado pelo comportamento da militância petista. Em 2022, porém, para compensar as inúmeras negativas de bolsonaristas, o Datafolha passou a permitir que ao menos eleitores com a camisa amarela da seleção brasileira fossem abordados e entrevistados por seus pesquisadores.

Não é possível mensurar o peso de cada fator para a diferença entre os percentuais de Bolsonaro. Mas, além das recusas de entrevistas pelos eleitores do presidente, lista-se um conjunto deles, como a tradicional onda da direita na reta final da disputa, a decisão de voto de última hora e um movimento de antecipação de voto do segundo turno conhecido como voto útil. Ou seja, eleitores que haviam declarado intenção de voto em Simone Tebet e Ciro Gomes teriam votado em Bolsonaro para impedir uma possível vitória de Lula no primeiro turno. Outros pontos podem ter mexido com os eleitores nas horas finais da disputa, mas não eram quantificáveis, como mutirões em igrejas evangélicas, impulso das redes sociais, assédio eleitoral e *fake news* como a de que aposentados seriam obrigados a votar para uma prova de vida no INSS.

A equipe de Política e a chefia do jornal pararam o que estavam fazendo às 16h46 daquela segunda-feira quando Luciana Chong apareceu ao vivo na GloboNews. Levantei-me da cadeira e me posicionei de pé diante da TV. Seria a primeira declaração pública do Datafolha, pouco menos de 24 horas após o fechamento das urnas. Nas horas anteriores, a pressão e os ataques tinham crescido via Palácio do Planalto e Congresso. O ministro-chefe da Casa Civil do governo, Ciro Nogueira, por exemplo, pregou boicote às pesquisas antes mesmo de ter ouvido qualquer tipo de explicação dos institutos. "Depois do escândalo que cometeram, todos os eleitores do presidente Bolsonaro só têm uma resposta às empresas de pesquisa: não responder a nenhuma delas até o fim da eleição!!!", afirmou em suas redes sociais. "Assim, ficará desde o início provado que qualquer resultado é fraudulento! Elas erraram absurdamente, criminosamente ou não? Somente uma investigação profunda poderá revelar." O deputado federal Arthur Lira, presidente da Câmara dos Deputados e um dos principais líderes do centrão, afirmou que seria preciso penalizar institutos de pesquisa que tivessem cometido erros. "Há muita especulação. Tenho recebido muitos pedidos de CPI, mas não acho que seja o caso. Precisamos penalizar os institutos que erram, sim. Alguma coisa precisa ser feita. E estou falando de qualquer instituto, não de um específico." Tanto Ciro Nogueira como Arthur Lira carregavam na essência de suas críticas o erro de comparar as pesquisas de véspera com o resultado das urnas. Havia no ar do mundo político uma mistura de oportunismo eleitoral e de simples desconhecimento sobre o tema, em uma cruzada comum contra os institutos nas últimas décadas que incluem desinformação e censura, como pedidos de abertura de CPIs, apresentação de projetos de lei e ações judiciais para proibir ou restringir as pesquisas eleitorais.

Nos doze minutos em que permaneceu ao vivo na entrevista à GloboNews,[33] Chong respondeu com tranquilidade a todas as perguntas, enalteceu a credibilidade do instituto e a importância das pesquisas para a sociedade e resumiu o conjunto de fatores que podem ter contribuído para o salto de Bolsonaro na reta final, com destaque para o voto útil. Seu esperado bom desempenho na entrevista foi recebido com alívio na Redação, já que havia passado por uma prova de fogo. O cenário fora de lá, porém, em nada mudou. *Folha* e Datafolha seguiam com a faca no pescoço. Lira repe-

---

[33] "Voto envergonhado...", 2022.

tiu suas críticas e passou a admitir a abertura de uma CPI das pesquisas, o Ministério da Justiça de Bolsonaro encaminhou à Polícia Federal um pedido de abertura de inquérito sobre o tema e a campanha do presidente acionou a Procuradoria-Geral Eleitoral e o TSE contra os institutos. No Datafolha, os procedimentos para pesquisas do segundo turno foram passados a limpo um a um, sem alterações em nenhum dos eixos de metodologia.

Pesquisas do Datafolha mobilizam diferentes setores do jornal, cada um com seu respectivo papel para o funcionamento da engrenagem. A etapa inicial é a definição do calendário, com as datas dos levantamentos no primeiro e no segundo turnos. Isso passa pelo caixa disponível na *Folha*, que vai contratar uma quantidade de pesquisas a partir do orçamento preparado pelo instituto.

Cada nova pesquisa envolve uma sequência de procedimentos. O primeiro deles é a formulação do questionário, ou seja, das perguntas que serão feitas aos eleitores. Isso ocorre em parceria entre Datafolha e *Folha*. Nas eleições de 2022, quem fez esse meio de campo foi Roberto Dias, secretário de Redação do jornal. Ele foi o interlocutor direto da Redação com o instituto. Recebia as propostas de perguntas dos jornalistas e afinava cada uma delas com os responsáveis pela pesquisa. Cada termo usado é levado em consideração nas revisões. Qualquer erro na formulação pode inviabilizar a questão com os pesquisadores já em campo. As perguntas também não podem carregar nenhum tipo de viés, ou seja, termos que possam estimular alguma resposta do eleitor. Questões são repetidas em todas as pesquisas para que seja possível, por exemplo, comparar a evolução dos candidatos a cada rodada. O tamanho do questionário também é definido a partir das ponderações do Datafolha. Perguntas novas prolongam a entrevista, o que no auge da disputa presidencial de 2022 era pouco recomendável diante dos ataques sofridos pelos pesquisadores. Todo esse processo de definição do questionário tem prazo para ser concluído. Isso porque, para que o Datafolha possa sair a campo na data programada, a pesquisa precisa ser registrada antes na Justiça Eleitoral.

A próxima etapa começa na editoria de Política logo após a definição do questionário. O editor analisa pergunta por pergunta e elabora uma proposta de possíveis reportagens com potencial para render títulos separados na Homepage. Em cada rodada das pesquisas eleitorais para presidente havia um bloco fixo desses textos, como intenção de voto, avaliação do governo Bolsonaro, rejeição dos candidatos e opção de segundo voto. Eram colocadas no ar também reportagens com infográficos sobre a evolução dos candidatos por diferentes segmentos. Por exemplo: veja a intenção de votos a presidente entre católicos evangélicos, veja a intenção de votos entre os mais pobres e os mais ricos, veja a intenção de votos entre brancos, pardos e pretos, e veja a intenção de votos em cada região do país. Essa proposta seguia para conhecimento da chefia, enquanto, na editoria, repórteres eram escalados para assumir a responsabilidade por cada um dos textos. Esses já iniciavam os preparativos, como deixar um arquivo gravado e recheado com trechos de contexto que não dependiam do resultado da pesquisa. Ao mesmo tempo, integrantes da equipe de Política davam os primeiros passos para a produção dos infográficos em parceria com a editoria de Arte. Estruturas eram adiantadas com dados de pesquisas anteriores para que restasse apenas a inclusão dos percentuais do novo levantamento.

Com os pesquisadores nas ruas, em um trabalho de campo que em geral dura dois dias, o Datafolha apresentava um cronograma de entrega da pesquisa. É quando a Redação passa a saber oficialmente em qual horário cada tabela de resultados será enviada e, principalmente, qual o horário definido para a publicação de cada tema. Esse último ponto era o mais sensível porque as pesquisas eram feitas em parceria com a TV Globo, e tanto a emissora como o jornal deveriam segui-lo sem margem para erro. Ambos recebiam as tabelas exatamente ao mesmo tempo. O Datafolha até agendava o envio desses e-mails para reduzir qualquer margem de falha. Já na Redação havia todo um cuidado para que esses textos não fossem publicados sem querer antes do horário acertado. No sistema usado para a produção de textos há o ícone “não publicar”. É uma caixinha que sempre precisa estar clicada em casos assim.

O cronograma do Datafolha era o elemento final para a atualização do plano de textos da pesquisa, agora com os horários da chegada das tabelas e da previsão de publicação. Cada repórter passa a saber o tempo que terá disponível para receber a tabela, olhar os números, finalizar o texto e entregá-lo para o editor. Se a entrega da tabela ocorre às 17h30 e a publicação está marcada para as 18 horas, o repórter deve soltar o texto pronto em cerca de quinze minutos. No tempo restante, outros integrantes da equipe revisam todos os números da pesquisa, incluem os infográficos e liberam o texto para que o editor possa dar uma última olhada e agendá-lo para o horário combinado.

A chegada da tabela no e-mail do editor é a primeira etapa quente da correria em torno da publicação de uma pesquisa eleitoral. Quando restavam dez minutos para o horário estipulado, já me posicionava concentrado diante do computador. Era como se fosse um piloto de avião nos ajustes finais de procedimentos antes de uma decolagem. Checava item por item, como funcionamento do e-mail, eventuais mensagens de última hora no WhatsApp e no Discord e posição dos repórteres escalados em suas mesas. Repetia em voz alta o que cada um dos editores deveria fazer a partir da chegada das tabelas. Todos eles já sabiam de cor suas tarefas, mas a repetição era uma forma de aliviar a tensão e deixar a editoria toda antenada. Os que não estavam diretamente envolvidos com a pesquisa também sabiam que deveriam permanecer de sobreaviso no entorno diante de qualquer imprevisto.

A tensão aumentava a cada minuto. Nada poderia dar errado com as tarefas combinadas e, assim como os leitores, editores e repórteres ficavam ansiosos para saber os resultados da pesquisa. Enquanto minhas mãos suavam no aguardo das tabelas, o que sempre fazia sucesso no site da *Folha* era a reportagem de apresentação da pesquisa, algo como "Confira nova pesquisa Datafolha para presidente às 18h desta quarta-feira". Eram textos curtos, com um serviço básico ao leitor. A alta expectativa pelos resultados somada aos mecanismos de busca transformavam esses textos em líderes de audiência, muitas vezes superando em cliques a própria reportagem com os dados quentes da pesquisa.

O Datafolha sempre envia as tabelas para um grupo restrito de pessoas. É uma política antiga para reduzir riscos de vazamento dos dados antes da publicação dos textos. Assim que esse e-mail surgia na caixa de entrada, eu anunciava a chegada em voz alta, enquanto encaminhava as tabelas apenas para editores e repórteres envolvidos. Todos ouviam e já atualizavam seus e-mails. Era o início de uma contagem regressiva com inúmeras tarefas.

Enquanto repórteres corriam para preparar e finalizar seus textos em poucos minutos, os editores preparavam opções de títulos. Cada editor já sabia sobre qual recorte da pesquisa iria propor o enunciado. Eu, por exemplo, cuidava do título principal da corrida presidencial. Em seguida reunia todas as sugestões e batia uma a uma com Roberto Dias. Esse dava pitacos, e rapidamente havia uma lista de enunciados aprovados. O próximo passo era enviá-los aos repórteres para que já finalizassem os seus textos com os títulos. Toda essa etapa entre a chegada das tabelas e a batida de martelo sobre os títulos durava cerca de dez minutos. O tempo avançava, e as equipes seguiam em ritmo acelerado na produção e na revisão de infografias. Essa produção era ao mesmo tempo rápida e cuidadosa. Nenhum número poderia estar errado.

Duas frentes principais se desenrolavam após a definição dos títulos. Em uma delas o editor encaminhava os enunciados para os integrantes da Homepage, para que eles já pudessem preparar a página principal do site a ser colocada no ar assim que os textos do Datafolha fossem publicados. Essa conversa se dava em um canal fechado do Discord, para que ninguém da Redação que não estivesse diretamente envolvido soubesse antes os resultados da pesquisa. A outra frente abrangia os demais editores. Esses iniciavam a cobrança aos repórteres para a entrega dos textos. Assim que o recebia, o editor conferia o enunciado e já agendava o texto para o horário previsto de publicação. Feito isso, lia a reportagem com um pouco mais de calma e fazia os ajustes de edição. O texto já estava programado, e isso era uma preocupação a menos. Cada texto agendado gera um link no sistema de publicação, e cada um desses links era enviado pelo editor à equipe da Homepage. Era a etapa final para a finalização da página principal do site.

O prazo se aproximava do fim, enquanto editores e repórteres se revezavam nos textos em ritmo frenético para conferir os dados e incluir as infografias. Uma tarefa não menos importante nesse momento era a de também verificar se as fotos de destaque nos textos estavam compatíveis com os enunciados. Usávamos o expediente de mosaicos, aquela imagem montada a partir da colagem de fotos lado a lado dos candidatos. Por exemplo: se a pesquisa apontasse Lula à frente de Bolsonaro, essa montagem deveria ter o petista do lado esquerdo, ou seja, em primeiro lugar, com o então presidente ao lado, à direita. Ambos deveriam estar com um semblante parecido. Ou ambos sérios ou ambos sorridentes. Essa imagem é aquela que aparece quando o link da reportagem é compartilhado em grupos de mensagens ou em redes sociais, por isso não pode dar margem para teorias sobre ajudar ou atrapalhar esse ou aquele candidato. Com tudo isso resolvido, restando de dois a três minutos para a hora H, cada editor gravava as últimas atualizações e liberava os textos para serem publicados automaticamente.

Ao longo das eleições, tivemos diferentes experiências de intervalo entre a chegada das tabelas e a publicação dos textos. Na véspera do primeiro turno, por exemplo, o cronograma não previa nenhum prazo. A publicação seria imediata, em um salve-se quem puder. A tabela chegou às

18 horas daquele sábado. Foi o tempo de abrir o arquivo, atualizar os percentuais no título e no primeiro parágrafo e publicar o texto em seguida. Para aquele dia montamos um esquema de guerra entre os editores, sob alguns riscos. O repórter Igor Gielow deixou pronto um texto base sobre a pesquisa. Como Lula liderava com certa folga nas rodadas anteriores, a reportagem entregue por ele uma hora antes da chegada das tabelas manteve essa estrutura, restando para preencher apenas os percentuais de Lula, Bolsonaro, Tebet e Ciro. Tudo seria feito às pressas, já que o *g1* receberia os dados ao mesmo tempo e também agiria dessa forma. Havia riscos. Se Bolsonaro aparecesse empatado com Lula, por exemplo, perderíamos tempo refazendo a estrutura de enunciado e de primeiras linhas.

Para viabilizar esse processo no menor tempo possível, montamos o seguinte esquema: 1) três horas antes da publicação bati uma proposta de enunciado com Roberto Dias: "Datafolha: Lula chega ao 1º turno com xx% dos votos válidos; Bolsonaro tem xx%"; 2) pedi ao Datafolha que copiasse os demais editores de Política no e-mail com as tabelas, para que eu não perdesse segundos preciosos com esse encaminhamento; 3) o texto preparado por Igor ficaria aberto na tela do meu computador, e eu faria a inclusão dos percentuais dos candidatos; 4) cada um dos editores nas mesas ao meu lado – Alencar Izidoro, Lívia Marra e Daigo Oliva – ficou responsável por checar e gritar um a um os percentuais. "Tantos por cento pra Lula" e "tanto pra Bolsonaro".

Assim que chegaram as tabelas, os três passaram a falar os números em voz alta. Enquanto eu digitava cada percentual no texto, os repetia em voz alta para que eles conferissem se era isso mesmo. Incluí os percentuais, li e reli a jato enunciado e primeiro parágrafo. Entre a chegada da tabela e a publicação do texto, foram dois minutos. Às 18h02, estava no ar: "Datafolha: Lula chega ao 1º turno com 50% dos votos válidos; Bolsonaro tem 36%".

Todo esse processo é desgastante. No segundo turno, também pela pressão que havia contra os institutos, foi possível alargar esse intervalo para reduzir as chances de erro. Para a pesquisa da véspera do segundo turno, por exemplo, tivemos dez minutos entre a chegada do e-mail e a publicação do texto.

O intervalo entre o primeiro e o segundo turnos foi de quatro semanas que pareciam intermináveis. Como as etapas de votação se dão sempre no primeiro e no último domingo do mês de outubro, o calendário de 2022 ajudou a espalhar os turnos por quase um mês. Dias 2 e 30. A sensação na cobertura jornalística foi de vários eixos dentro de uma única disputa, marcada também pelo jogo sujo das campanhas. "Esgoto sai das redes sociais e domina debate na eleição", titulou a *Folha* ao resumir a reta final daquela eleição.

O primeiro eixo do segundo turno foi a tentativa de intimidação dos institutos de pesquisa. O segundo, a corrida por novos apoios. Lula levou para o seu palanque a então senadora Simone Tebet, do MDB, terceira colocada no primeiro turno. Ciro Gomes deu apoio envergonhado ao petista, mas não aderiu à campanha nem mesmo citou o nome do candidato ao anunciar que seguiria a orientação de seu partido, o PDT. Quem também atuou no segundo turno ao lado de Lula foi Marina Silva, que havia rompido com ele anos antes. A campanha petista quis mostrar Tebet e Marina como símbolos de união e conciliação para derrotar Bolsonaro, em uma estratégia que havia se iniciado meses antes com a colocação do ex-governador Geraldo Alckmin na vaga de vice, em articulação revelada em novembro de 2021 pela colunista Mônica Bergamo, da *Folha*, em um dos principais furos jornalístico da eleição.

Já Bolsonaro recebeu apoio dos governadores dos três maiores colégios eleitorais do país. Cláudio Castro (PL) e Romeu Zema (Novo) puderam se dedicar à campanha do então presidente, após terem sido reeleitos no primeiro turno no Rio e em Minas Gerais, respectivamente. Já Rodrigo Garcia (PSDB), governador paulista, aderiu depois de ter ficado em terceiro lugar na primeira etapa da disputa de São Paulo, atrás de Tarcísio e Haddad.

Um terceiro eixo da disputa de segundo turno foi o protagonismo de Alexandre de Moraes na presidência do TSE. O ministro se transformou em um dos principais personagens da eleição ao centralizar decisões, sendo algumas delas controversas. Ele endureceu o enfrentamento das *fake news* pelas plataformas digitais, determinou a retirada de conteúdo de sites jornalísticos, proibiu ataques entre candidatos com base em informações que ele considerava imprecisas e mandou investigar a campanha de Bolsonaro após essa alardear sem provas supostas irregularidades de rádios com a veiculação das inserções de propaganda eleitoral. Bolsonaro e seus aliados dizem que o TSE tornou a campanha desequilibrada a favor de Lula. Por um lado, citam como exemplos as canetadas de Moraes e a proibição pelo tribunal de o presidente utilizar em suas propagandas eleitorais os discursos feitos em setembro em Nova York, na Assembleia

Geral da ONU, e em Londres, diante de apoiadores, em viagem na qual participou do funeral da rainha Elizabeth II. Por outro lado, ignoram as armas que o então presidente usou no cargo para tentar se reeleger, como uma série de medidas econômicas e sociais sob uso da máquina e apoio do Congresso, além da mobilização de empresários que atuaram diretamente para alavancar a campanha do presidente por meio da prática criminosa do assédio eleitoral contra seus empregados.

A campanha de Bolsonaro viveu um looping na reta final da disputa. No dia 22 de outubro, um sábado, portanto a oito dias da votação do segundo turno, o clima entre assessores e aliados era de comemoração pelo que naquele momento consideravam uma provável reeleição. Bolsonaro participava do início de uma live que duraria quase 24 horas com a participação de ministros, parlamentares, lideranças evangélicas e personalidades como o jogador Neymar. Os chamados trackings da campanha passaram a apontar Bolsonaro à frente de Lula, e assessores do presidente recebiam ligações de amigos petistas dando os parabéns pela virada nas pesquisas internas. O show para a festa da vitória também já estava contratado, com a dupla sertaneja Mateus e Cristiano, aquela do jingle chiclete "Capitão do povo".

Todo esse clima, porém, mudaria no domingo, dia 23. A chamada superlive de Bolsonaro seguia no ar, em sua reta final. Enquanto o presidente recebia Gusttavo Lima e o cantor defendia o armamento da população, os principais veículos de comunicação do país estampavam em suas manchetes a investida de Roberto Jefferson contra policiais federais. Ao reagir naquele dia a uma ordem de prisão determinada por Alexandre de Moraes, o aliado de Bolsonaro disparou dezenas de tiros de fuzil e lançou granadas assim que os agentes bateram em sua porta no interior do Rio de Janeiro. Dois deles ficaram feridos com os estilhaços, e a viatura da PF teve os vidros quebrados e a lateral perfurada por bala. Jefferson não se rendia, e Bolsonaro recebeu uma ligação com um pedido desesperado de um integrante da campanha: "Presidente, o senhor precisa acabar com isso. Dê uma ordem para acabar".

A euforia do dia anterior havia se transformado em desespero. Jefferson se rendeu no início da noite, enquanto Bolsonaro chamava o aliado de bandido e mentia para tentar se desvincular dele. "Bolsonaro mente e agora nega até ter foto com Jefferson, mas tem; veja imagens" foi um dos títulos da *Folha* sobre o tema naquela tarde de domingo. O estrago na campanha estava feito e se somaria a outros na reta final de campanha, como a revelação de que o ministro Paulo Guedes (Economia), também com a certeza da reeleição, planejava anunciar logo após o segundo turno um plano que excluía a correção automática pela inflação tanto do salário mínimo como das aposentadorias. A informação revelada na *Folha* pelas jornalistas Idiana Tomazelli e Julianna Sofia ganhou vida própria nas redes sociais e obrigou Guedes e Bolsonaro a uma sequência de declarações para negar o plano na última semana de campanha.

A lista de tarefas na Redação para a semana final de uma campanha eleitoral inclui produção de pautas especiais, novas pesquisas do Datafolha e cobertura quente de debates, sabatinas, entrevistas e propagandas eleitorais no rádio e na TV, além de uma série de burocracias internas.

Uma das tarefas mais relevantes está na montagem do cardápio de pautas para as edições impressas de domingo (dia da votação) e de segunda-feira (com os resultados). Isso porque a chefia do jornal precisa debater com antecedência dois pontos sensíveis: o número de páginas disponíveis nesses dois dias e o horário do fechamento das edições, ou seja, até que momento a Redação pode enviar as páginas prontas para que as rotativas na gráfica iniciem o trabalho de impressão. O horário máximo estipulado costuma ser o de meia-noite. A partir dessas definições, os editores em Política fazem o planejamento em conjunto com repórteres, sucursal de Brasília e Agência Folha. Nem todas as reportagens produzidas e publicadas no site cabem na edição impressa, e isso não é um problema. Para o papel é feita uma curadoria dos melhores textos pelos editores.

Nos dias de votação tanto no primeiro como no segundo turnos, todos os editores e repórteres do jornal ficam à disposição da editoria de Política para que sejam escalados em diferentes núcleos de cobertura. É preciso indicar a função e o horário de entrada para cada um deles. Cabe ao editor também apontar à Gerência Administrativa o número de carros a serem alugados com motorista para repórteres e repórteres-fotográficos no dia da votação. O uso de carros de aplicativo nesse dia, devido a atrasos e cancelamentos comuns, não é o ideal para seguir os principais candidatos de um ponto para o outro. Além disso, não menos importante para o editor de Política é indicar ao setor administrativo a quantidade estimada de lanches a serem servidos na véspera e no dia da votação. É tradição na *Folha* a oferta de alimentação em coberturas pesadas. Sanduíches de metro, pizzas, bolos e refrigerantes são colocados em uma mesa para que todos se sirvam. É o editor quem define esse horário.

Todo esse planejamento já faria parte de uma cobertura normal de eleição. O final de semana que se aproximava, porém, estava longe desse clima comum. Uma das preocupações era sobre como Bolsonaro e seus aliados poderiam reagir a uma eventual derrota para Lula. No plano de cobertura para o domingo de votação, repórteres foram escalados para se espalhar pelas regiões da avenida Paulista, em São Paulo, e da Esplanada dos Ministérios, em Brasília, logo após o início da contagem dos votos. Repórteres na Redação também estariam em contato permanente com alguns dos organizadores do ato pela democracia realizado em 11 de agosto, em São Paulo, na Faculdade de Direito do Largo do São Francisco. Esses poderiam alertar sobre possíveis denúncias que chegassem a eles de atos contra urnas e livre direito ao voto.

Ao longo da semana final de campanha, Dávila repetiu aos editores uma preocupação extra que tinha para a tarde de apuração dos votos. Exigia de todos os envolvidos um comportamento profissional de isenção, sem manifestações de comemoração ou de fúria a favor ou contra qualquer candidato, nem em gestos e falas nas coberturas de rua e dentro da Redação nem em postagens emocionadas em redes sociais que pudessem manchar a imagem do jornal. Haveria cerca de duzentas pessoas em uma cobertura quente, por isso apertar as rédeas em torno dos princípios da *Folha* valeria a pena.

Na véspera da mais importante eleição desde a redemocratização, a prioridade na Redação era o Datafolha nacional. As tabelas chegariam às 18 horas, e o texto principal com os percentuais de Lula e Bolsonaro deveria estar no ar exatos dez minutos depois. De novo adiantamos as reportagens e deixamos abertos apenas os percentuais a serem preenchidos após a chegada dos resultados. Às 18h10, publicamos: "Datafolha: Lula tem 52% dos votos válidos contra 48% de Bolsonaro na véspera da eleição". A edição em torno desse texto teve preocupações extras provocadas a partir dos ataques feitos logo após o primeiro turno. O "véspera de eleição" no enunciado procurava indicar que os números eram uma fotografia do sábado, não uma projeção para o domingo. Na reportagem, um parágrafo dava mais detalhes sobre isso: "A pesquisa é a última fotografia feita pelo Datafolha antes do pleito e não configura uma previsão de resultado. Mudanças de rumo de última hora não são incomuns, com fenômenos como a própria votação de Bolsonaro no primeiro turno, acima do nível declarado pelos eleitores na véspera, apesar da alta rejeição do mandatário". A manchete da edição impressa de domingo teve a mesma cautela, com o "indica" no título: "Na véspera, Datafolha indica Lula com 52%; Bolsonaro tem 48%". Tanto o Ipec (54% a 46%) como a Quaest (52% a 48%) divulgados naquele dia também indicaram a vantagem de Lula.

Menos de uma hora antes da chegada das tabelas do Datafolha houve um agito na Redação. Vídeos com a deputada federal Carla Zambelli correndo com uma arma em punho pelas ruas de São Paulo começaram a pipocar nas redes sociais e nos celulares da equipe. O repórter Guilherme Seto, da coluna Painel, foi o primeiro a colocar um texto no ar. Às 17h18, o alerta foi disparado aos assinantes: "Carla Zambelli saca e aponta arma para pessoas em São Paulo; veja vídeo". Quem não estava mobilizado para o Datafolha passou a correr atrás dos desdobramentos desse caso, que se transformou no segundo principal tema daquele dia, somente atrás das pesquisas de véspera. O *Jornal Nacional*, menos de doze horas antes do início da votação, reservou seis minutos para Zambelli, tratada na abertura e em diferentes momentos da reportagem como "deputada bolsonarista". O conjunto de imagens dela perseguindo um homem negro no meio da rua era repetido, e o caso, tratado como um crime, já que ela acabara de desrespeitar uma resolução do TSE que proibia o porte de arma nas 24 horas anteriores e posteriores às eleições. "Eu não respeito resolução ilegal", disse aos jornalistas a deputada, que declarou ter agido em legítima defesa e ter sido vítima de um circo armado contra ela. Bolsonaro, entusiasta do armamento da população, nunca perdoaria uma das mais fiéis aliadas pelo desgaste provocado à sua candidatura naquele dia.

Ainda no sábado passamos um pente-fino no plano de cobertura do dia seguinte. Quem acompanharia os principais candidatos e políticos relevantes nos locais de votação, quem estaria com eles no momento da apuração dos votos, quem buscaria rescaldos do caso Zambelli e quem cuidaria de cada texto, das infografias e das galerias de fotos. Tínhamos prontos dois planos de cobertura, um para Lula eleito e outro para Bolsonaro reeleito.

Por mais estressante que fosse uma cobertura jornalística como um dia de votação e apuração de Bolsonaro x Lula, os mais otimistas diriam que a vantagem é a de que essa sempre tem horário para terminar. As urnas em tese são fechadas às 17 horas, a apuração avança nas horas seguintes, e o vencedor é conhecido no início da noite. Reportagens semiprontas são atualizadas e publicadas, os candidatos falam sobre os resultados, e as páginas da edição impressa são enviadas para a gráfica no máximo até a meia-noite. Já para os pessimistas, que também podem ser chamados de realistas, trata-se de um dia interminável, com desdobramentos que podem durar semanas, meses e anos.

O domingo de segundo turno, dia 30, começou sob tensão. Não havia como relaxar como em outras eleições pelo menos até o fechamento da votação e o início de apuração. Desde cedo as equipes estavam posicionadas na Redação e nas ruas para acompanhar os momentos dos votos do presidente e do ex-presidente e monitorar possíveis conflitos entre militantes pelo país. Logo cedo, fiz uma postagem no grupo "Poder" de WhatsApp, conhecido como "grupão" e que reúne quase toda a Redação.

> [30/10/2022 07:15:14] Eduardo Scolese: Bom dia, pessoal! Bom trabalho para todos nós. Dia longo. Concentração e equilíbrio. Obrigado

No paralelo, logo após publicar a mensagem acima, recebi mensagens de Camila Mattoso, jornalista que havia assumido a direção da sucursal de Brasília em janeiro de 2022 na vaga de Leandro Colon. Ele deixara o jornal a pedido para outros desafios na carreira após dez anos na empresa. Já Camila acumulava uma trajetória de ascensão ao se destacar como repórter em São Paulo e Brasília e ter assumido depois a função de editora da coluna Painel. Seria a primeira mulher no cargo de comando da principal sucursal da *Folha*. A pressão em torno do noticiário era amenizada com a relação de parceria e entrosamento afinado com Camila. Teríamos um dia daqueles pela frente.

> [30/10/2022 07:16:26] Camila Mattoso: Bom diiiiiia
> [30/10/2022 07:16:30] Camila Mattoso: Bom trabalho!!!!!!
> [30/10/2022 07:16:42] Eduardo Scolese: É hooooje
> [30/10/2022 07:16:44] Eduardo Scolese: Bom dia
> [30/10/2022 07:16:48] Eduardo Scolese: Chegou a hora
> [30/10/2022 07:16:54] Eduardo Scolese: Não tem como correr kkkk

No início daquela manhã o destaque do noticiário estava em mais um conflito do TSE com os bolsonaristas. Em decisão da noite de sábado, Moraes havia proibido a realização de qualquer operação pela Polícia

Rodoviária Federal contra veículos utilizados no transporte público de eleitores e vetado a divulgação pela Polícia Federal do resultado de operações relacionadas às eleições. O pedido à Justiça Eleitoral havia partido de aliados de Lula, sob a justificativa de possível uso da máquina federal a favor de Bolsonaro em uma disputa tão acirrada. O temor fazia sentido, e Moraes alertou sobre o risco de crime eleitoral e de responsabilização criminal dos dirigentes das corporações.

A Polícia Rodoviária Federal ignorou a determinação de Moraes e iniciou uma sequência de blitze em especial no Nordeste, região onde Lula teve ampla vantagem sobre Bolsonaro no primeiro turno. Vídeos de eleitores barrados em estradas e impedidos de votar começaram a circular nas redes sociais. O primeiro alerta chegou à equipe de Política pelo editor de Interação:

> [Naná DeLuca – 30/10/2022 11:05]
> @poder Psc esse vídeo tá circulando no twitter.

A apuração foi avançando, assim como a certeza de que algo gravíssimo acontecia. O número de abordagens da PRF até o início da tarde em todo o país já superava em cerca de 70% o registrado ao longo de todo o domingo de primeiro turno. A sucursal de Brasília obteve dados quentes das operações daquele dia com fontes internas da corporação. O Nordeste, base de Lula, concentrava 49% das ações de fiscalização contra ônibus. Avisei a Homepage.

> [Eduardo Scolese – 30/10/2022 13:06]
> Chegando essa manchetável: "PRF prioriza transporte de passageiros, multiplica abordagens e descumpre decisão de Moraes"

Aquela ideia sonhada de um dia calmo que pegaria fogo somente a partir da apuração já tinha ido para o espaço. Estávamos no meio da tarde já sob a forte tensão de algo que não era lateral nem desapareceria do noticiário após o fechamento das urnas eletrônicas. O diretor-geral da PRF responsável pelas blitze era Silvinei Vasques. Na véspera, ele havia pedido voto a Bolsonaro pelas redes sociais e apagado em seguida a publicação. Na tarde de domingo, diante da afronta às determinações do TSE, foi convocado por Moraes a comparecer à sede do tribunal. Saiu de lá por volta das

15 horas com a promessa de que interromperia as operações. Caso contrário, seria preso.[34] Disquei o ramal de Camila Mattoso e falamos sobre o que acontecia. Comentamos que, se Bolsonaro vencesse a eleição, seria fatalmente cassado mais à frente pelo conjunto da obra, agora com um ingrediente golpista extra proporcionado pela Polícia Rodoviária Federal naquele domingo de votação.

A contagem dos votos pelo sistema do TSE começou como previsto pouco depois das 17 horas. Dois textos base para anunciar o resultado já estavam prontos nas mãos de Alencar Izidoro e Daigo Oliva. Uma reportagem para Lula eleito pela terceira vez e outra para Bolsonaro reeleito. Como esperado, o então presidente apareceu à frente bem no início da contagem em tempo real, às 17h10, assim como ocorrera no primeiro turno. O ritmo mais acelerado do processamento e do envio dos votos à central do TSE pelas regiões Sul e Sudeste, base mais forte de Bolsonaro, seria uma explicação para isso. Mas ninguém tinha certeza de nada. Quem poderia garantir que Lula iria virar sobre Bolsonaro? Quem poderia cravar que Bolsonaro não ampliaria sua vantagem em relação ao petista com o avançar da apuração pelas demais regiões? O parâmetro que tínhamos em mãos era a pesquisa de véspera do Datafolha que indicava uma eleição cabeça a cabeça. No primeiro turno, por exemplo, Lula largou atrás na apuração do TSE e somente ultrapassou Bolsonaro às 20h02, com 70% das urnas apuradas.

Entre 17h e 18h30, a Redação permaneceu quase que estática à espera de algum sinal mais efetivo sobre o resultado. Foi um intervalo de descanso não programado, após o ritmo puxado mais cedo pelas blitze da PRF. Quem mais trabalhou nesse intervalo foi o núcleo responsável pela cobertura das eleições estaduais, com os primeiros resultados sendo colocados no ar com menos de uma hora de apuração. Os que esperavam o resultado presidencial aproveitaram a brecha para avançar sobre a mesa com sanduíches de metro.

Em meio à contagem oficial do TSE, a *Folha* carregava um trunfo e tanto para as eleições a presidente como para as de governador de estado. O Datafolha conseguia projetar os resultados com base na evolução da contagem dos votos, e assim o jornal antecipava aos seus leitores quem seriam os eleitos.

---

[34] Alexandre (podcast), 2023.

[30/10/2022 18:43:12] Camila Mattoso: Tá perto de projeção?
[30/10/2022 18:43:19] Eduardo Scolese: Ainda não
[30/10/2022 18:43:28] Eduardo Scolese: Tenso

Na contagem oficial do TSE, Lula começou a se aproximar lentamente de Bolsonaro. Isso ocorreu assim que os votos de Norte, Nordeste e Centro-Oeste passaram a chegar em maior volume à central da Justiça Eleitoral. A virada no placar em tempo real ocorreu às 18h44, com 67% das urnas apuradas. A partir disso, a Redação passou a ficar toda mobilizada, cada um diante de seu computador, para um eventual alerta de projeção do Datafolha. Lula ampliaria a vantagem? Bolsonaro teria fôlego para aplicar uma virada diante do petista na contagem final dos votos?

Além dos textos sobre a projeção do Datafolha com Daigo, havia uma série de outras reportagens complementares a serem publicadas assim que o vencedor fosse definido. Cada editor tinha uma lista delas em mãos. O meu papel naquele momento era quase que exclusivo para aguardar a projeção do Datafolha, em um sinal de fumaça branca que seria dado em algum grito pela chefia do jornal. Os secretários Roberto Dias e Vinicius Mota e o diretor Sérgio Dávila estavam posicionados em seus lugares, a alguns metros da editoria de Política. Várias vezes eu levantava e passava por eles para sondar sobre o trabalho de projeção. De sua sala em Brasília, longe desse clima de movimentação da Redação, a diretora da sucursal estava ansiosa para dar os próximos passos da cobertura quente e pautar a equipe de rua.

[30/10/2022 18:53:17] Camila Mattoso: E agora?
[30/10/2022 18:54:42] Eduardo Scolese: Quase lá

Uma laje dos anos 1950 separa a Redação da *Folha* da sede do Datafolha no prédio de número 425 da alameda Barão de Limeira. O jornal está no quarto andar, e o instituto, no terceiro. Naquele domingo, um Datafolha ferozmente atacado durante as quatro semanas anteriores atuava sob um acúmulo de pressões. Uma delas girava em torno do resultado final das urnas, que mais uma vez seria comparado com a pesquisa de véspera pela opinião pública. Outra estava nas condições de saúde de seu núcleo de comando. Um surto de Covid em um evento externo no começo daquela semana havia atingido parte de seus coordenadores. A linha de frente do Datafolha atuava durante a apuração dos votos por meio de uma teleconferência a partir de uma sala de reuniões. Parte na sede do jornal, entre elas Luciana Chong, e outra de casa, entre elas a combalida Renata Nunes, diretora de pesquisas que se desdobrava para superar os sintomas do coronavírus. Ela estava no instituto desde 1989, quando foi contratada como estatística, e sabia da importância daquele dia para a história do Datafolha.

Um novo programa para a projeção dos resultados era utilizado pelo instituto naquele dia 30 de outubro. O sistema desenvolvido pela equipe de Tecnologia da empresa havia estreado no primeiro turno e recebido alguns ajustes para a etapa decisiva de votação. Em linhas gerais, o programa recebe os dados do TSE, estado por estado, e projeta o resultado final a partir do peso do eleitorado em cada unidade da federação. Esse sistema leva em conta o quanto já entrou de voto, quantos faltam entrar e de onde eles virão.

Pouco antes das 19 horas, o programa indicou a vitória de Lula. Luciana Chong, Renata Nunes e o restante da equipe de plantão do instituto fizeram algumas rápidas contas, voltaram aos dados do TSE e viram que o grosso de votos que ainda restava para entrar no sistema de apuração estava na Bahia, ou seja, um estado para Lula ampliar ou ao menos manter sua vantagem, não para Bolsonaro revertê-la. Já era possível cravar a vitória do petista a partir da projeção do instituto. Chong escreveu uma mensagem de WhatsApp para Roberto Dias e anunciou a ele a projeção. Dias quis saber se poderíamos cravar. Passaram-se alguns minutos, e o ramal dela tocou. Agora era Dávila na linha. "Tem certeza?", perguntou a ela o diretor de Redação. "Sim, temos confiança", respondeu Chong. Dávila disse então que falaria com Luiz Frias, publisher da *Folha*. Jornal e instituto estavam sob pressão e não poderiam errar naquele momento, por isso a cautela extra de todos os envolvidos.

Fui chamado ao mesão da chefia. Dávila, Dias e Mota falavam sobre a projeção. A metros dali, Daigo estava com o texto da vitória de Lula pronto à sua frente, com o mouse posicionado para a publicação a qualquer momento. Dávila se levantou e recebeu o aval de Frias em ligação que fez da varanda do quarto andar. Retornou à sua mesa e disparou: "Vamos em frente". De lá, gritei para Daigo publicar. Eram 19h07 do domingo, e a Homepage disparou o alerta:

> **LULA ELEITO**
> Lula vence Bolsonaro no segundo turno, projeta Datafolha

Naquele momento, com 89,11% das urnas apuradas, Lula tinha 50,51%, e Bolsonaro, 49,49% dos votos válidos. A equipe do Datafolha seguia em sua sala de reuniões, com Chong preparada para um eventual retorno da ligação de Dávila. Estavam com a TV ligada e souberam por ali que a projeção deles já estava no ar. A GloboNews interrompeu abruptamente a apresentação da apuração dos votos ao Governo de Pernambuco e colocou a jornalista Natuza Nery na tela: "Interrompemos para uma notícia importante e urgente: o Datafolha projeta a vitória de Luiz Inácio Lula da Silva nessas eleições. Então, repetindo, o Datafolha acaba de projetar a vitória de Lula sobre Bolsonaro nessas eleições".

A confirmação oficial do TSE para a vitória de Lula veio somente às 19h58. Aí bastou reduzirmos o título da reportagem que já estava no ar. "LULA É ELEITO PRESIDENTE PELA 3ª VEZ, PROJETA DATAFOLHA" mudou para "LULA É ELEITO PRESIDENTE PELA 3ª VEZ", assim mesmo, em caixa-alta. Definido o vencedor, a sequência da noite foi de bastante trabalho, mas sem pontos de estresse. Bolsonaro, por exemplo, não deu as caras. As luzes do Palácio da Alvorada se apagaram às 22h06, e o ajudante de ordem, Mauro Cid, avisou aos amigos que ele havia ido dormir, o que noticiamos: "Bolsonaro vai dormir, e aliados descartam contestação de resultado após vitória de Lula". Ele havia acabado de fazer história ao se tornar o primeiro presidente a perder uma disputa por reeleição no país. A festa com Lula na avenida Paulista e a de seus apoiadores na Esplanada dos Ministérios também ocorreram sem incidentes. Um dos acontecimentos mais relevantes daquela noite havia acontecido menos de meia hora após a confirmação do resultado oficial. O deputado Arthur Lira, presidente da Câmara, líder do centrão e apoiador de Bolsonaro, fez um rápido pronunciamento no qual defendeu a lisura das eleições que se encerravam e disse que os resultados jamais deveriam ser contestados. O recado era para Bolsonaro e seus aliados que passaram a campanha atacando o sistema eleitoral e colocando os resultados em xeque mesmo antes de revelados.

A noite avançou na Redação sob um sentimento geral de cansaço e ao mesmo tempo de missão cumprida, em especial após a confirmação do resultado final e sua proximidade com as pesquisas de véspera. Os 100% das urnas apontaram 50,90% para Lula (60.345.999 votos) e 49,10% para Bolsonaro (58.206.354 votos). O Datafolha havia indicado 52% a 48%, com margem de erro de dois pontos percentuais, para mais ou para menos. Em uma eleição tão polarizada, a fotografia da pesquisa da véspera se manteve intacta na votação de fato do dia seguinte. Naquele fim de noite ainda gravei a edição quente do *Café da manhã*, o podcast da *Folha* colocado no ar na madrugada seguinte.

> [30/10/2022 22:42:34] Camila Mattoso: Ooeeeee
> [30/10/2022 22:43:18] Camila Mattoso: Só pra agradecer, viu. Valeu aí a parceria!
> [30/10/2022 22:44:31] Eduardo Scolese: Ooooopa
> [30/10/2022 22:44:35] Eduardo Scolese: Espetáculo, companheira
> [30/10/2022 22:44:39] Eduardo Scolese: Estava gravando o Café

Havia sido um domingo com 85 reportagens publicadas pela editoria de Política, além de dezenas de postagens em nosso espaço para cobertura ao vivo e 47 alertas de notícias sobre o tema que chegaram aos celulares dos assinantes. Cheguei em casa já no início da madrugada de segunda-feira. Ainda houve tempo para uma rápida troca de mensagens com Dávila. Falamos sobre a satisfação com o comportamento equilibrado da Redação naquele dia. Todos focados em suas funções, orgulhosos da cobertura e sem manifestações extras.

> [31/10/2022 00:55:08] Dávila: E parabéns pelo conjunto da obra
> [31/10/2022 00:55:57] Eduardo Scolese: Obrigado, meu caro. Agradeço muito a paciência e a parceira/cobranças sempre em alto nível!

A saúde mental estava mais bem controlada em 2022. A volta ao trabalho presencial, o foco na cobertura das eleições e as providências tomadas a partir das experiências desagradáveis de 2020 e 2021 ajudaram nesse processo. Tive uma rápida e quase invisível recaída dois dias após o segundo turno, quando o volume do noticiário se mantinha quente com os rescaldos das eleições, os preparativos do novo governo e a expectativa em torno de um primeiro pronunciamento de Bolsonaro sobre o resultado das eleições. Estava na manhã de terça-feira, dia 1º de novembro, e levei meu filho para a escola antes de seguir para a *Folha*. Desta vez, em vez de deixá-lo diretamente na portaria, estacionei o carro alguns metros à frente e o acompanhei caminhando até a entrada. Ao voltar para o carro, coloquei a chave na ignição e tentei dar a partida. Nada. A chave nem sequer girava. Parecia travada. O carro não respondia a nenhum comando. Eram por volta de 7h10 e comecei a suar frio. Vinha à cabeça o temor de uma sequência que poderia ser interminável com acionamento do seguro, chegada do guincho e traslado até a oficina. Essa agonia se somava ao volume gigantesco do noticiário previsto para aquele dia. Precisava ler textos já publicados, editar outros e publicá-los em seguida, conversar com a coordenação de Brasília e com os correspondentes nas capitais, preparar a pauta do dia, lançar as prioridades em uma planilha e ler os jornais e os sites concorrentes, nos quais ficaria atento a diferenciais e eventuais informações exclusivas. Tudo isso deveria ser feito antes da reunião de pauta das 9h30 com a chefia e demais editores da qual iria participar. Estava tão embalado com o ritmo sem freios da cobertura eleitoral que aquele desvio de rota que se apresentava com a falha do carro havia provocado um desespero injustificado. Eu não estava mais no comando da situação, e isso explicava a reação. Telefonei para a seguradora em meio a um estado de nervos que afetava o raciocínio e a memória. A atendente quis saber onde eu estava para enviar um mecânico. Eu simplesmente não sabia responder. Tinha esquecido até o nome do colégio do meu filho. Saí do carro com o telefone em mãos e fui salvo pelo porteiro da escola, que me passou o endereço completo. O editor estava em pane, e isso passou com a ajuda de um laptop. O carro se transformou em uma pequena Redação. A pane do carro também passou rápido. O mecânico chegou logo e bastou trocar a bateria ali mesmo para resolver o problema. Antes das 8h30 estava no jornal.

O sentimento no pós-eleições era de leveza e de missão cumprida. Em uma cobertura tão vigiada como essa, a equipe ter passado intacta sem um erro relevante era motivo de comemoração. O trabalho do jornal foi colocado em xeque várias vezes, como previu Dávila. Também era motivo de alívio o cumprimento de metas de audiência, o impulso para a conversão de assinaturas e a atuação sem sobressaltos em prioridades institucionais, como no planejamento e execução de pesquisas do Datafolha, além de sabatinas e debates da *Folha* em parceria com o *UOL*. Em resumo, foi uma cobertura com equilíbrio, sem falsa equivalência, com destaque para eventos extensos e tensos, como o 11 de agosto e o 7 de Setembro, furos relevantes, séries de reportagens e olhar crítico tanto sobre as decisões de STF e TSE como da atuação das big techs. Na quarta-feira, dia 2, preparei um e-mail de agradecimento à equipe e o disparei no início da tarde.

> olá, essa é uma mensagem de parabéns e de agradecimento.
> aqui estamos pós-eleição. O dia que nunca chegaria enfim chegou e já passou.
> foram três meses de uma equipe reforçada que matou um leão por dia. Cada dia foi de um extremo desafio, cada dia com suas angústias, suas pressões, suas crises. Pressão pelo erro zero a todo o momento. Passamos intactos nesse ponto. E as mobilizações históricas para cada Datafolha? Um mais desafiador que o outro, com operações de tabelas, textos, infos, enunciados, links, publicações e vendas que envolviam um time gigante. Tudo perfeito, com suadeira e frio na barriga. Longas jornadas muitas vezes, é verdade, plantões intermináveis, debates, sabatinas, portarias, quebra-queixos, galerias, links, pau de jaz, pau de gut. Cansa só de lembrar.
> A maior eleição presidencial da história tentou empurrar a imprensa para a defensiva, mas fizemos justamente o contrário. Com equilíbrio e sem afobação, demos muitos furos de impacto. Alckmin na vice do Lula, recuo do Doria, prédio do Tarcísio, Paraisópolis, a série da Codevasf. Na reunião com editores na última segunda-feira, Sérgio Dávila fez uma fala nessa linha. Citou todas essas matérias, mas também falou de nossas séries de reportagens, como Raízes Presidenciais, Nós de SP e Nós do Brasil, Governo sem Controle, Nem um centímetro demarcado, Bem-estar eleitoral, liberdade de expressão. Ele enalteceu a frieza, a coragem e o empenho de todos.
> O balanço é incrível, graças a cada um de vocês.
> parabéns e vamos para a próxima.
> bjs e abraços,
> scolese

Nas primeiras horas da campanha do segundo turno, Bolsonaro foi questionado em frente ao Palácio da Alvorada sobre o que faria caso perdesse a disputa eleitoral. “Eu pretendo, quando não for reeleito, cuidar da minha vida.”

Não foi o que aconteceu. Fechadas as urnas, Bolsonaro levou cerca de 45 horas para quebrar o silêncio. Antes, ainda tentou uma conversa informal com alguns ministros do STF. Convidou apenas Gilmar Mendes, Luiz Fux, Kassio Nunes Marques e André Mendonça para um papo no Alvorada. Como mostra o livro *O Tribunal*,[35] de Felipe Recondo e Luiz Weber, não rolou. Ou iriam os onze ministros ou nenhum. Alexandre de Moraes deu o argumento final: "Enquanto o presidente não aceitar publicamente sua derrota, é impossível estabelecer qualquer diálogo com o Supremo".[36] Quando decidiu se manifestar, falou por cerca de dois minutos na residência oficial ao lado de ministros e aliados e em nenhum momento fez um reconhecimento claro da derrota. Preferiu jogar mais lenha na fogueira. Foi evasivo sobre os bloqueios de estradas por aliados que se espalhavam naquele momento pelo país. Disse apenas que esses eram "fruto de indignação e sentimento de injustiça de como se deu o processo eleitoral". Para não ser responsabilizado pelas barricadas, adotou um jogo de palavras. Disse que os métodos de protestos pela direita não poderiam "ser os da esquerda, que sempre prejudicaram a população, como invasão de propriedades, destruição de patrimônio e cerceamento do direito de ir e vir". Em nenhum momento, porém, pediu diretamente o fim dos bloqueios, o que somente faria em vídeo divulgado no dia seguinte. Na rápida declaração no Alvorada, durante a qual não permitiu perguntas dos jornalistas, ainda disse: "As manifestações pacíficas sempre serão bem-vindas".

No livro *Como salvar a democracia*,[37] Steven Levitsky e Daniel Ziblatt lembram que, no mundo da política eleitoral, a derrota costuma ter um alto custo e traz recriminação interna, mancha reputações, enfraquece líderes e às vezes inviabiliza carreiras. Eles mostram que nos EUA isso não se aplicou aos seguidores de Trump. No Brasil, os de Bolsonaro reagiram da mesma forma, como se estivessem em um universo paralelo. No dia seguinte à fala do pós-derrota no Alvorada, seguidores do presidente captaram a senha e começaram a se mobilizar para atos e acampamentos golpistas em frente aos quartéis. Um movimento que não tinha nada de pacífico e muito menos de democrático, já que o seu mote era um golpe militar para impedir a posse de Lula. Esses se espalharam pelo país sob o incentivo do presidente, a conivência das Forças Armadas e um olhar de pouca preocupação por parte do Judiciário. Nas semanas seguintes, a

[35] Recondo; Weber, 2023.

[36] Recondo; Weber, 2023, p. 14.

[37] Levitsky; Ziblatt, 2023.

violência promovida por bolsonaristas escalou tanto em rodovias como na porta de unidades militares. Foram registrados casos de sequestro, agressão a pedradas e sabotagem a abastecimento de água.

Na *Folha*, esses atos promovidos por bolsonaristas eram acompanhados de perto pela reportagem, tiveram destaque na cobertura e foram um sucesso de audiência. A preocupação de Dávila, porém, era mantê-los fora das manchetes, evitando assim transformá-los no principal assunto do momento. Ele havia batido o martelo em torno dessa diretriz em reunião com Luiz Frias, Roberto Dias e Vinicius Mota. Na visão dele, os bolsonaristas acampados ou em barricadas representavam uma franja diante dos milhões de eleitores do presidente que já haviam virado a página ao assimilar a derrota para Lula. Diante dos recursos limitados da Redação, os canhões para a produção de reportagens deveriam estar voltados naquele momento para o novo governo Lula que se formava, com novos ministros e propostas de gestão, não para a gestão derrotada de Bolsonaro que tinha data para sair. Era preciso mudar a chave. Além disso, ao dar um peso excessivo para os acampamentos golpistas no noticiário, na visão de Dávila, o jornal poderia dar credibilidade a uma reviravolta, a algo que não fosse a posse de Lula.

Em novembro e dezembro, enquanto Lula montava seu governo, permaneceu no ar um clima golpista. Não de algo factível, já que não haveria apoio nem da sociedade civil nem dos Estados Unidos, por exemplo, mas de algo violento que buscasse ao menos atrapalhar a posse do presidente eleito. No feriado de 15 de novembro, por exemplo, acompanhamos e noticiamos uma das cenas mais deprimentes do movimento golpista. Bolsonaristas se deram as mãos, ajoelharam-se e, em uma corrente humana, abraçaram o Comando Militar do Sudeste, em São Paulo, para em seguida rezar um pai-nosso e uma ave-maria por um golpe militar contra Lula. Como registrado pela repórter Paula Soprana, alguns se emocionaram e choraram. Publicamos um vídeo junto com a reportagem para que os leitores acreditassem no que estava escrito.

Nesses dois meses, Bolsonaro permaneceu recluso na residência oficial e ajudou a alimentar a chama antidemocrática nas raríssimas vezes em que se manifestou. A principal dessas falas ocorreu diante de apoiadores em frente ao Alvorada no dia 9 de dezembro. Em discurso de quinze minutos, fez uma série de insinuações ao afirmar, por exemplo, que as Forças Armadas eram o último obstáculo para o socialismo. Era justamente o que pediam os bolsonaristas nas portas dos quartéis. A *Folha* titulou "Bolsonaro quebra silêncio e atiça apoiadores com discurso dúbio", e o tema ganhou chamada na Primeira Página do impresso do dia seguinte, quando a manchete foi para confirmação de Fernando Haddad no Ministério da Fazenda, e a foto principal, para o choro de Neymar após a derrota para a Croácia nas quartas de final da Copa do Mundo.

A fala do presidente havia sido recheada de recados golpistas e mereceu outros investimentos do jornal. Publicamos o vídeo completo do discurso para que o leitor pudesse se aprofundar e tirar as suas próprias conclusões e preparamos nos dias seguintes uma nova reportagem, desta vez incluindo comentários ao longo da íntegra do discurso. Puxamos assim o enunciado: "Nada está perdido; leia discurso comentado de Bolsonaro sem citar Lula" e completamos na linha-fina: "Fala ambígua na sexta quebrou silêncio de 40 dias e busca manter base radical mobilizada com referências às Forças Armadas".

O discurso de Bolsonaro indicava que ele não havia desistido da Presidência e ainda tinha esperança de se manter no cargo. Isso só poderia ocorrer por meio de um golpe, e ninguém da imprensa sabia o que de fato rolava nos bastidores. Somente meses depois, admitido pelo próprio Bolsonaro, soube-se que ele discutia com assessores e militares formas de impedir a posse de Lula. Uma das medidas aventadas foi a de promover uma intervenção federal no TSE, sacando Alexandre de Moraes e realizando novas eleições. Debateram também outras possibilidades golpistas, como decretar estado de defesa ou de sítio e avançar com uma intervenção militar a partir de uma interpretação equivocada do artigo 142 da Constituição, segundo a qual as Forças Armadas seriam um poder moderador entre os Poderes. Esse último ponto era cobrado publicamente por parlamentares bolsonaristas,[38] inclusive em sessão no Senado transmitida ao vivo naquele período de transição.

Sem apoio de Exército e Aeronáutica, nenhuma das propostas golpistas avançou. Enquanto isso, bolsonaristas organizados em acampamentos diante dos quartéis radicalizavam cada vez mais. Apenas três dias após a fala dúbia de Bolsonaro no Alvorada, seus apoiadores tentaram invadir a sede da Polícia Federal em Brasília para protestar contra a prisão de um aliado e vandalizaram em seguida as ruas da capital federal. Atearam fogo em veículos, depredaram postes de iluminação e tentaram derrubar um

[38] CTFC discute a fiscalização..., 2022.

ônibus de um viaduto. Tudo isso ocorreu na mesma noite em que Lula foi diplomado pelo TSE. Dias depois, na véspera de Natal, a Polícia Civil do Distrito Federal prendeu um bolsonarista que havia planejado explodir um caminhão de combustível perto do aeroporto. O objetivo do plano seria o de provocar um caos para a decretação de estado de sítio seguida de intervenção militar no país.

A soma desses acontecimentos levou parte dos aliados a sugerir que Bolsonaro saísse de cena. Em uma dessas conversas, o ainda presidente da República ouviu um pedido enfático de um aliado para que deixasse o país antes da posse de Lula. O pedido veio enquanto outra parte dos mais próximos ainda insistia com teses golpistas, em especial a assinatura de uma intervenção baseada no artigo 142. Bolsonaro então embarcou para os Estados Unidos em 30 de dezembro, desprezando o rito democrático de passar a faixa ao sucessor.

A viagem de Bolsonaro foi motivo de um pequeno alívio na Redação. Quem sabe teríamos os dias finais de ano e uma posse com menos risco de confusão. Foi o que aconteceu em 1º de janeiro. Sem sobressaltos, Lula percorreu a Esplanada dos Ministérios, passou pelo Congresso, subiu a rampa do Palácio do Planalto, colocou a faixa e, do parlatório, falou aos apoiadores.

Os dias depois da posse foram de notícias quentes com as primeiras ações do governo Lula. Reservei um tempo também para afinar burocracias internas, como planejamento das prioridades do ano e definição do plano de folgas e férias da equipe. Trabalhei por alguns dias e iniciei um período de férias, agora sem as sombras da pandemia e de Bolsonaro.

Despedi-me dos colegas e reservei o primeiro dia sem trabalho para arrumar as malas. Na manhã seguinte, eu, minha esposa Renata, meu filho Rafael e os sobrinhos Liz e Daniel pegamos a estrada rumo a um hotel-fazenda no interior de São Paulo. Nada de laptop na bagagem. Chegamos ao local no início da tarde. Passei pela recepção, deixei as malas no quarto e, enquanto o restante da família se arrumava, saí sozinho de camiseta, bermuda e chinelo para uma rápida volta pelo hotel. Tinha pressa para aproveitar cada momento. Acomodei-me no alto de um pequeno morro com vista para um campo de futebol. Sentei no chão gramado, retirei o celular do bolso e o coloquei ao meu lado. A cabeça estava leve, em um momento de rara tranquilidade para respirar e apreciar a paisagem. Passaram-se alguns minutos e vi que o celular acendia e apagava sem parar. Pareciam ser alertas de notícia. Mesmo com preguiça, resolvi dar uma olhada. Era um domingo. Era o 8 de Janeiro.

Agradecimentos

Para escrever este livro, de 2023 a meados de 2025, contei com incentivo, respaldo e auxílio de muita gente. Uma retaguarda que remete à que tive de 2019 a 2022 durante a turbulenta gestão de Jair Bolsonaro na Presidência da República. Os agradecimentos aqui, portanto, referem-se aos momentos tanto como editor de Política da *Folha* como autor deste livro.

Renata, minha esposa, é a chave de tudo. Foi testemunha dos momentos mais complicados e atuou sempre com carinho e firmeza para consertar os descaminhos que se apresentavam diante das pressões. Bruna e Rafael, meus filhos, acompanharam tudo de perto. A presença deles foi confortante.

Sérgio Dávila foi o primeiro a saber do livro. O apoio dele foi imediato, sem condicionantes. Contribuiu com suas lembranças do período e aprovou meu afastamento do jornal por algumas semanas para que pudesse mergulhar na reta final do projeto. Agradeço também a Roberto Dias e a Vinicius Mota, presentes nos capítulos desta obra e no dia a dia da *Folha*.

Beatriz Peres, Daigo Oliva, Fábio Zanini, Luciana Coelho e Paulo Passos são ombros uns dos outros no dia a dia da Redação. Foram uma base importante nos períodos mais turbulentos narrados neste livro, além de leitores atentos e críticos das primeiras versões do livro.

Felipe Nunes se mostrou um entusiasta do projeto. Foi ele que me levou a Rejane Dias dos Santos, do Grupo Editorial Autêntica. Essa se animou com a ideia do livro logo nas primeiras conversas por mensagem e, dias depois, bateu o martelo quando nos encontramos por acaso em uma livraria de São Paulo. Na editora, agradeço ainda a Arthur Carrião, Cecília Martins, Diogo Droschi, Núdia Fusco e Lívia Martins.

Ana Estela de Sousa Pinto é uma referência na *Folha*. Escreveu uma obra de rara pesquisa sobre a história do jornal, compartilhou comigo parte de sua apuração e esclareceu dúvidas. Registro aqui a minha admiração.

Alexandra Moraes, Daniel Carvalho, Guilherme Valadares, Helena Lima, José Henrique Mariante, Luciana Chong, Marina Dias, Patrícia Campos Mello, Paulo Zocchi, Renata Nunes e Thiago Tanji reservaram parte de seu tempo para relembrar histórias daquele período. Todos os seus relatos foram preciosos.

Os colegas de Brasília merecem destaque. Foram bravos na linha de frente. Leandro Colon é um amigo de antes das redações. Como diretor da sucursal, foi um parceiro de trincheira. Meu carinho especial também a Camila Mattoso, Julianna Sofia e toda equipe da sucursal. Agradeço a todos os demais núcleos da *Folha*. Cito especialmente a turma da Agência Folha, sempre parceira.

Alan Gripp, Alan Marques, Claudio Canuto, Constança Rezende, Fábio Takahashi, Fabio Victor, Graciliano Toni, Inês Castilho, João Caminoto, Magê Flores, Mariana Agunzi, Naief Haddad, Ranier Bragon, Sérgio Lima, Victoria Azevedo e William Castanho ajudaram de alguma forma no projeto. Meu agradecimento a cada um deles.

A dívida que tenho com os que passaram pela editoria de Política nos quatro anos sob Bolsonaro é impagável. Os que ficaram só um pouco, como Daniela Arcanjo, Daniela Mercier, Denise Perotti, Fabiana Schiavon, Gustavo Fioratti e Maeli Prado, e os que encerraram antes seus ciclos, como Carolina Moraes, José Marques e Walter Nunes.

A equipe de reportagem desse período passou por desafios incontáveis. Cada um deles tem histórias aos montes para contar. Cito Artur Rodrigues, Felipe Bächtold, Flávio Ferreira, Joelmir Tavares, Paula Soprana, Priscila Camazano, Tayguara Ribeiro e Victoria Azevedo. Agradeço a Ricardo Balthazar, com quem aprendi muito e brilhou na série sobre a Vaza Jato, e a Igor Gielow, pela parceria de tanto tempo. Peço licença aqui para uma pergunta: o que seria de mim sem Angela Pinho, Carolina Linhares, Géssica Brandino e Renata Galf?

Bruno Lee, Fernando Pedroso, Flávia Faria, Guilherme Magalhães, Gustavo Simon, Lívia Marra, Lucia Boldrini (em memória), Matheus Tupina e Tiago Ribas foram peças fundamentais do núcleo de edição e testemunhas próximas do que passamos. Alencar Izidoro, parceiro de tantos anos, merece um destaque à parte. Sem a sua retaguarda e seu equilíbrio tudo teria sido mais complicado. Valeu, seu moço.

Por fim, para um registro histórico, a lista em ordem alfabética de repórteres e editores que atuaram na editoria de Política nas eleições de 2022:

Angela Pinho
Alencar Izidoro
Anna Virginia Balloussier
Artur Rodrigues
Bruno B. Soraggi
Carlos Petrocilo
Carolina Linhares
Catia Seabra
Daigo Oliva
Daniela Arcanjo
Eduardo Scolese
Felipe Bächtold
Fernando Pedroso
Flávio Ferreira
Géssica Brandino
Heloísa Lisboa
Igor Gielow
Joelmir Tavares
Júlia Barbon
Lívia Marra
Marcelo Toledo
Mariana Zylberkan
Matheus Tupina
Patrícia Campos Mello
Paula Soprana
Paulo Passos
Priscila Camazano
Renan Marra
Renata Galf
Tayguara Ribeiro
Tiago Ribas
Victoria Azevedo

Referências

Livros

Amado, G. *Sem máscara: o governo Bolsonaro e a aposta pelo Caos*. São Paulo: Companhia das Letras, 2022.

Avritzer, L; Santana, E; Bragatto, R. (Orgs.). *Eleições 2022 e a reconstrução da democracia no Brasil*. Belo Horizonte: Autêntica, 2023.

Avritzer, L; Kerche, F.; Marona, M. (Orgs.). *Governo Bolsonaro: retrocesso democrático e degradação política*. Belo Horizonte: Autêntica, 2021.

Barbosa, M. (Org.). *Pós-verdade e fake news: reflexões sobre a guerra de narrativas*. Rio de Janeiro: Cobogó, 2019.

Barros, T. Z. de; Lago, M. *Do que falamos quando falamos de populismo*. São Paulo: Companhia das Letras, 2022.

Carvalho, L. M. *O cadete e o capitão: a vida de Jair Bolsonaro no quartel*. São Paulo: Todavia, 2019.

Dieguez, C. *O ovo da serpente – Nova direita e bolsonarismo: seus bastidores, personagens e a chegada ao poder*. São Paulo: Companhia das Letras, 2022.

Franco, B. M. *Mil dias de tormenta: a crise que derrubou Dilma e deixou Temer por um fio*. Rio de Janeiro: Objetiva, 2018.

Levitsky, S.; Ziblatt, D. *Como salvar a democracia*. Rio de Janeiro: Zahar, 2023.

Manual da Redação: Folha de S.Paulo. São Paulo: Publifolha, 2018.

Mello, P. C. *A máquina do ódio: notas de uma repórter sobre fake news e violência digital*. São Paulo: Companhia das Letras, 2020.

Nunes, F.; Traumann, T. *Biografia do abismo: como a polarização divide famílias, desafia empresas e compromete o futuro do Brasil*. Rio de Janeiro: HarperCollins, 2023.

Pilagallo, O. *História da imprensa paulista*. São Paulo: Três Estrelas, 2012.

Pilagallo, O. *A História do Brasil no século 20 (1920-1940)*. São Paulo: Publifolha, 2022.

Pinto, A. E. de S. *Folha*. São Paulo: Publifolha, 2012. (Folha explica)

Recondo, F.; Weber, L. *O Tribunal: como o Supremo se uniu ante a ameaça autoritária*. São Paulo: Companhia das Letras, 2023.

Rezende, B. *Transformando suor em ouro*. Rio de Janeiro: Sextante, 2010.

Rocha, J. C. de C. *Bolsonarismo: da guerra cultural ao terrorismo doméstico – Retórica do ódio e dissonância cognitiva coletiva*. Belo Horizonte: Autêntica, 2023.

Scolese, E; Nossa, L. *Viagens com o presidente: dois repórteres no encalço de Lula do Planalto ao exterior*. Rio de Janeiro: Record, 2006.

Starling, H.; Lago, M.; Bignotto, N. *Linguagem da destruição: a democracia em crise*. São Paulo: Companhia das Letras, 2022.

Victor, F. *Poder camuflado: os militares e a política, do fim da ditadura à aliança com Bolsonaro*. São Paulo: Companhia das Letras, 2022.

Vizeu, R. *Os presidentes: a história dos que mandaram e desmandam no Brasil, de Deodoro a Bolsonaro*. Rio de Janeiro: HarperCollins, 2019.

Arquivos da *Folha de S.Paulo*

Arquivo das autocríticas diárias.

Acervo de seminários e reuniões gerais da redação.

Pesquisas internas sobre o perfil do leitor.

Pesquisas internas sobre perfil da redação.

Reportagens

Há uma série de reportagens da *Folha* mencionadas ao longo do livro. Não faria sentido citá-las uma a uma aqui, já que estão todas disponíveis no acervo digital do jornal (acervo.folha.uol.com.br). Da mesma forma, reportagens e edições de telejornais da TV Globo e da GloboNews (disponíveis em: g1.com.br, globonews.com.br e globoplay.globo.com). A seguir, a lista de veículos de imprensa e órgãos consultados para este livro, além de algumas reportagens específicas as quais decidi mencionar separadamente.

Veículos de imprensa e institutos

Band

CNN Brasil

Crusoé

Datafolha

Folha de S.Paulo

G1

GloboPlay (TV Globo e GloboNews)

Ipec

Jornal Unidade (Sindicato dos Jornalistas Profissionais no Estado de São Paulo)

Metrópoles

O Antagonista

O Estado de S. Paulo

O Globo

Quaest

Veja

Reportagens específicas

Alexandre (podcast). Apresentação, reportagem e roteiro: Thais Bilenky. Produção executiva: Trovão Mídia e Revista Piauí. São Paulo: Estúdios Nanuk; Trampolim, 2023. Disponível em: https://piaui.folha.uol.com.br/radio-piaui/alexandre/. Acesso em: 18 jul. 2025.

Amado, G.; Lima, B; Ghirotto, E. Exclusivo: Empresários bolsonaristas defendem golpe de Estado caso Lula seja eleito; veja zaps. *Metrópoles*, 17 ago. 2022. Disponível em: https://www.metropoles.com/colunas/guilherme-amado/exclusivo-empresarios-bolsonaristas-defendem-golpe-de-estado-caso-lula-seja-eleito-veja-zaps. Acesso em: 18 jul. 2025.

Brandino, G. Bem-estar eleitoral (série de reportagens). *Folha de S.Paulo*, 2022. Disponível em: https://www1.folha.uol.com.br/folha-topicos/bem-estar-eleitoral/. Acesso em: 18 jul. 2025.

CTFC discute a fiscalização das inserções de propagandas politicas eleitorais. *TV Senado*, 30 nov. 2022. Disponível em: https://www12.senado.leg.br/tv/plenario-e-comissoes/comissao-de-transparencia-governanca-fiscalizacao-e-controle-e-defesa-do-consumidor/2022/11/ctfc-discute-a-fiscalizacao-das-insercoes-de-propagandas-politicas-eleitorais. Acesso em: 18 jul. 2025.

Jardim, L. Dono da JBS grava Temer dando aval para compra de silêncio de Cunha. *O Globo*, 17 maio 2017. Disponível em: https://oglobo.globo.com/politica/dono-da-jbs-grava-temer-dando-aval-para-compra-de-silencio-de-cunha-21353935. Acesso em: 18 jul. 2025.

Lima, D. Áudios colocam em xeque versão de encontro acidental entre Dominghetti e Dias. *CNN Brasil*, 07 jul. 2021. Disponível em: https://www.cnnbrasil.com.br/politica/audios-revelam-encontro-de-dominghetti-com-ex-diretor-da-saude/. Acesso em: 18 jul. 2025.

Lima, R. Mais de R$ 1,8 bilhão em compras: "carrinho" do governo federal tem de sagu a chicletes. *Metrópoles*, 24 jan. 2021. Disponível em: https://www.

metropoles.com/brasil/mais-de-r-18-bilhao-em-compras-carrinho-do-governo-federal-tem-de-sagu-a-chicletes. Acesso em: 18 jul. 2025.

Mello, P. C. MP de Bolsonaro que limita retirada de conteúdo da internet dá liberdade para sabotar processo eleitoral. *Folha de S.Paulo*, 06 set. 2021. Disponível em: https://www1.folha.uol.com.br/poder/2021/09/mp-de-bolsonaro-que-limita-retirada-de-conteudo-da-internet-da-liberdade-para-sabotar-processo-eleitoral.shtml. Acesso em: 15 jul. 2025.

O artigo em VEJA e a prisão de Bolsonaro nos anos 1980. *Veja*, 30 jul. 2020. Disponível em: https://veja.abril.com.br/coluna/reveja/o-artigo-em-veja-e-a-prisao-de-bolsonaro-nos-anos-1980/. Acesso em: 18 jul. 2025.

Racha no PSDB pode fazer João Doria desistir de disputar a presidência. *Veja*, 31 mar. 2022. Disponível em: https://veja.abril.com.br/coluna/maquiavel/crescem-os-rumores-de-que-doria-pode-desistir-de-disputar-a-presidencia/. Acesso em: 16 jul. 2025.

Rangel, R.; Coutinho, M. "O amigo do amigo de meu pai". *Crusoé*, 11 abr. 2019. Disponível em: https://crusoe.com.br/edicoes/50/o-amigo-do-amigo-de-meu-pai/. Acesso em: 18 jul. 2025.

Ribeiro, J. H. Tratado geral do passaralho. *Unidade*, n. 111, mar. 1991.

Tomazelli, I; Sofia, J. Plano de Guedes prevê salário mínimo e aposentadoria sem correção pela inflação passada. *Folha de S.Paulo*, 19 out. 2022. Disponível em: https://www1.folha.uol.com.br/mercado/2022/10/plano-de-guedes-preve-salario-minimo-e-aposentadoria-sem-correcao-pela-inflacao-passada.shtml. Acesso em: 18 jul. 2025.

Veja 11 frases polêmicas de Bolsonaro. *Folha de S.Paulo*, 06 out. 2018. Disponível em: https://www1.folha.uol.com.br/poder/2018/10/veja-11-frases-polemicas-de-bolsonaro.shtml. Acesso em: 18 jul. 2025.

"Voto envergonhado não foi determinante nesta eleição", diz diretora do Datafolha. *G1*, 3 out. 2022. 1 vídeo (11 min. e 39 seg.). Disponível em: https://g1.globo.com/globonews/globonewsmais/video/voto-envergonhado-nao-foi-determinante-nesta-eleicao-diz-diretora-do-datafolha-10993198.ghtml. Acesso em: 18 jul. 2025.

Zanini, F. Por que o presidente Jair Bolsonaro tem tanta popularidade entre motoqueiros? *Folha de S.Paulo*, *Blog Saída pela Direita*, 13 maio 2021. Disponível em: https://saidapeladireita.blogfolha.uol.com.br/2021/05/13/por-que-o-presidente-jair-bolsonaro-tem-tanta-popularidade-entre-motoqueiros/. Acesso em: 18 jul. 2025.

Este livro foi composto com tipografia Adobe Garamond Pro e
impresso em papel Off-White 70 g/m² na Formato Artes Gráficas.

CB078418

Andréa Krug

Vai encarar?

Literare Books
INTERNATIONAL
BRASIL · EUROPA · USA · JAPÃO

Presidente do conselho:
Maurício Sita

Presidente:
Alessandra Ksenhuck

Vice-presidentes:
Cláudia Pires e Julyana Rosa

Diretora de projetos:
Gleide Santos

Consultora de projetos:
Daiane Almeida

Coordenadora editorial:
Amanda Moura

Assistentes editoriais:
Emerson Xavier e Júlia Almeida

Capa e gráficos:
Mafe Krug

Design editorial e diagramação:
Gabriel Uchima

Revisão:
Margot Cardoso, Angélica Mendonça, Miriam Gimenes e Juliana Ravelli

Impressão:
Printi

Dados Internacionais de Catalogação na Publicação (CIP)
(Câmara Brasileira do Livro, SP, Brasil)

Krug, Andréa
Vai encarar? : o guia definitivo da sobrevivência na liderança / Andréa Krug. -- São Paulo : Literare Books International, 2025.

ISBN 978-65-5922-974-1

1. Autorreflexão 2. Desenvolvimento humano 3. Gestão de negócios 4. Liderança 5. Sucesso 6. Transformação I. Título.

24-236816 CDD-658.4

Índices para catálogo sistemático:

1. Liderança : Comportamento organizacional : Administração 658.4

Eliete Marques da Silva - Bibliotecária - CRB-8/9380

Literare Books International.
Alameda dos Guatás, 102 – Saúde – São Paulo, SP.
CEP 04053-040
Fone: +55 (0**11) 2659-0968
site: www.literarebooks.com.br
e-mail: literare@literarebooks.com.br

MISTO
Papel | Apoiando o manejo florestal responsável
FSC® C196274

Dedicatória

Como não acredito em máquina de descontaminação de meio ambiente, porque somos um só, este livro sobre liderança vai para meus irmãos, todos mais novos, mas que me ensinaram que comando e controle não são de todo ruim. Vai para minhas sobrinhas e sobrinhos, que me ensinaram que liderança é influência, afinal, só batizei uma, mas virei "madi" de todos. É para minha filha, sem dúvida meu maior desafio de liderança. Ela me ensina todo dia que essa não é uma questão de cargo – ser líder é uma missão, sem romantismo ou glamour. Principalmente, vai para aqueles que são minha maior inspiração: meus pais, que me ensinaram o valor do exemplo nessa complexa atribuição.

Agradecimentos

Este livro é dedicado a todos os líderes, formais ou não, que tive ao longo de minha experiência profissional. Todos foram fonte de ensinamento, de como fazer e, algumas vezes também, de como não fazer, e este é um aprendizado valioso. Em especial, agradeço àqueles que liderei, principalmente para os que fui um mal exemplo, para quem ensinei mais o como não ser. E não posso deixar de reconhecer a importância dos milhares de alunos que tive ao longo dos últimos anos, que confiaram em mim, abriram o coração, expuseram suas dores e vulnerabilidades e me fizeram compreender que liderança não é tão sexy assim; e que, por melhor que seja a intenção, as ações geram consequências contrárias e muitas vezes não condizentes com o que se espera de um líder. Este livro é um guia prático, sem glamorização ou santificação desse lugar, para aqueles que assumiram para si a missão de desenvolver pessoas.

Prefácio

Sacolejando em uma estrada em obras no interior do Amazonas, Andréa e eu aproveitamos as horas de viagem para repassar as apresentações dos dias seguintes.

Seriam dois dias de trabalho em uma obra gigantesca pelo Brasil profundo. Dezenas de líderes nos aguardavam. O material era extenso, o desafio, complicado. Havia alguma tensão no ar.

E aí passou um filme na cabeça.

Começa em um cenário completamente diferente. Um hotel bacana da zona sul do Rio, de frente para a praia. Andréa estava em seu habitat natural: o palco. Eu, compondo a plateia de novos líderes de uma organização ávida por mudanças.

A identificação foi imediata.

Definitivamente aquela não era mais uma palestra de alguém deitando regras e louvando suas grandes façanhas da carreira.

Era conversa dura sobre o que vinha pela frente. Realidade escancarada, nua e crua. Era papo reto sobre a responsabilidade de ser líder, com demonstrações práticas de situações que certamente surgiriam em nossas rotinas.

Como dar feedbacks? Na outra mão, como ouvir feedbacks? Como lidar com o erro? Como entrevistar um candidato a um emprego? Como desligar alguém? Como criar um ambiente colaborativo? Como conviver com diferentes pontos de vista?

Ali, de repente, dei-me conta de que estava recebendo algo valioso e que não havia encontrado nos meus primeiros anos como executivo: um manual, um guia prático de como comandar equipes.

Sofri na pele a situação clássica que abre este livro. Passei quase instantaneamente do "Oba, virei gestor!" para o "Epa, virei gestor...". O melhor briefing que recebi foi "Parabéns, você agora é chefe. A partir de amanhã será conhecido como 'aquele fdp'.".

Vai encarar?

Entre o hotel chique e o sacolejo amazônico, Andréa segue me ensinando. E ainda ganhei o privilégio de estar ao seu lado em vários workshops com lideranças, Brasil afora, conhecendo outras realidades, revendo conceitos, mudando convicções imutáveis.

É este manual que está em suas mãos agora.

Parabéns, você agora é chefe. Aproveite cada linha a seguir.

Fabio Seixas,
Jornalista, gestor e cocriador, com Andréa Krug, do workshop "Papo veloz, o que a Fórmula 1 tem a ensinar para as organizações".

Introdução

Todo mundo quer virar líder, porque ganha mais, tem benefícios melhores, manda mais, tem mais visibilidade, mais chance de reconhecimento. Mesmo depois de ter entrado em cena o trabalho híbrido, os *squads*, as pirâmides hierárquicas mais horizontais e as empresas da nova economia, a liderança permanece como um lugar sexy em que muitos querem estar. E isso de que as novas gerações não desejam esse lugar não é bem assim... Elas até questionam bastante, mas, do mesmo modo que as gerações passadas, amam reconhecimento e têm a mesma vaidade de ocupar um lugar em que possam ser referência, ser escutadas.

A verdade é que, a despeito do desejo ou da geração em questão, a grande maioria não está preparada para ocupar esse espaço. Assumir um cargo de gestão é a mais difícil das transições de carreira que os profissionais enfrentam. Costumo dizer que toda pessoa que é promovida para um cargo de liderança passa por essas três fases:

- **"Oba, virei gestor!" –** quando está no auge da empolgação com a notícia da promoção.
- **"Epa, virei gestor..." –** quando se dá conta de que o buraco é mais embaixo e que ela não se preparou para liderar pessoas.
- **"Ufa, continuo gestor..." –** toda vez que consegue se segurar no cargo, mesmo não dominando totalmente a função de líder.

Essas fases são muito comuns na primeira experiência como gestor, mas não são exclusividade de líderes de primeira viagem. "Oba", "epa" e "ufa" acompanham aqueles com bastante tempo de jornada. Não é para menos. Ser gestor é lidar com uma montanha-russa de emoções que, além das responsabilidades e expectativas pertinentes ao cargo, envolve a vida de pessoas –

e sair-se bem nisso é um divisor de águas na carreira. Como diz Claudio Fernández-Aráoz, sócio e membro do comitê executivo da Egon Zehnder, "a capacidade de tomar grandes decisões sobre pessoas é o fator mais preponderante para o sucesso profissional de um executivo". Interessar-se por gente, portanto, é essencial a um gestor de sucesso. E é nesse ponto que eu posso ajudar você.

Foi da vontade de ajudar as pessoas em suas escolhas profissionais que, ao me formar em psicologia, não optei pela clínica. Decidi atuar em organizações corporativas a fim de fazer delas um ambiente de desenvolvimento e crescimento dos indivíduos. Posso dizer que era um projeto ambicioso em um momento que existia apenas o Departamento Pessoal. Mas consegui seguir meu propósito e ele é o que direciona meu trabalho há mais de 35 anos. Como toda trajetória profissional, a minha também teve inquietações e mudanças de rota. Assumi a missão de auxiliar as empresas a decidir estrategicamente sobre pessoas, saber colocar o profissional certo no lugar certo e a desenvolver ambientes de trabalho de alto engajamento e performance, gerando um ciclo virtuoso em que ambos, tanto pessoas quanto empresas, ganham, alcançando seus objetivos de negócio ou de sua carreira, individualmente.

Há cerca de 15 anos, no entanto, migrei de dentro de uma empresa para a minha consultoria. Isso aconteceu quando comecei a questionar meu papel dentro de uma organização. Qual era, afinal, meu real grau de contribuição? Naquele momento, eu estava trabalhando em uma empresa que passou por um dos maiores processos de fusão do País. Por mais que utilizássemos uma série de recursos para amenizar o impacto na vida das pessoas, acompanhei de perto mais de três mil desligamentos em cerca de seis meses. Participar disso foi o que me fez questionar onde estava aquela Andréa cheia de ideais e propósito. Será que ela havia se perdido?

Nessas idas e vindas de pensamento, decidi abandonar o conforto do mundo corporativo, no qual o salário caía na conta todo fim de mês e eu não precisava saber quanto custava o meu plano de saúde e o da minha filha. Fiz minha virada consciente, com propósito mais firme e fortalecido: ajudar a curar a dor da alma do líder.

A maioria dos líderes que conheci até hoje é movida pelas melhores intenções, desejam dar seu melhor, se emocionam, se orgulham tal qual um pai/uma mãe quando efetivamente contribuem para o desenvolvimento de um subordinado. Neste livro, quero ajudar você a trilhar esse caminho, cumprindo essa missão de forma leve, para que consiga exercer essa função tão importante, sabendo exatamente o que esperam de você. Ser líder não é fácil, mas com as ferramentas certas e o conhecimento, você poderá chegar a resultados que nunca imaginou. Mais do que isso, poderá se apaixonar por essa função ao ver o impacto positivo que ela pode ter na vida das pessoas. Assim, não será apenas sucesso e reconhecimento que virão. Virá também a sensação de missão cumprida.

Bora se tornar um líder melhor?

Andréa Krug

Depoimentos

Andréa Krug é uma verdadeira catalisadora de transformações. Quando estava como diretor de operações na Globo, testemunhei seu impacto notável ao treinar nossos líderes. Sua abordagem pragmática e direta ao ponto é revigorante, livre de qualquer mimimi. Andréa guia cada indivíduo em um poderoso processo de autorreflexão e responsabilização. Os líderes saem de seu treinamento revigorados, prontos para liderar com confiança e eficácia. Sua influência é inegável e este livro sobre liderança será uma fonte valiosa de *insights* para qualquer líder em busca de excelência!

Gleiber Morato – CEO na Neoflow

Considero Andréa uma presença dinâmica e inspiradora em todos os projetos que se envolve, com uma energia contagiante que traz muita motivação para todos nós. Sua competência técnica na condução de programas de treinamento e consultoria é notável, proporcionando resultados excepcionais. Aqui na Globo, temos inúmeros *cases* de sucesso com Andréa que corroboram este meu testemunho. Como líder de uma área de prestação de serviços internos, sua contribuição com o treinamento dos colaboradores no módulo de Atendimento ao Cliente fez e ainda faz toda a diferença para alcançarmos nossos objetivos com excelência.

Maurício Gonzalez – Diretor do Centro de Serviços Compartilhados Globo S.A.

Trabalhei com Andréa e pude ver sua atuação apaixonada e disruptiva na formação de líderes e nos programas de jovens talentos. Ela é assertiva, fala o que tem que ser dito e assim leva os indivíduos a refletirem e assumirem a responsabilidade por suas escolhas.

Flávia Maria Bittencourt – Managing Director Latin America/ Board Member – Adidas

Acredito que o trabalho de potencializar a habilidade na comunicação com o outro seja seu maior trunfo. Ensinar a forma de dizer nos liberta para falarmos o que quisermos.

Rodrigo Sant'Anna – Humorista e CEO da produtora Os Suburbanos

Andréa é empolgante. Seus programas de desenvolvimento conduzem as pessoas a boas reflexões e ampliação de repertório. É bem conectada com tendências e tem profundo conhecimento das ferramentas de liderança para profissionais de diferentes áreas e níveis de senioridade.

Kleber Racy – CHRO/People & ESG Diretor na Mills

Participar do programa de Trainee Executivo da Oi, sob a liderança de Andréa Krug, foi transformador. Com sua expertise em RH, Andréa nos guiou a atingir nosso potencial máximo, integrando crescimento pessoal aos objetivos empresariais. Sua abordagem inovadora criou uma cultura de liderança apta a superar desafios do mercado. A paixão de Andréa pelo desenvolvimento de talentos reflete-se em resultados excepcionais, estabelecendo-a como referência em formar líderes diferenciados.

Ex-*trainees* da Oi, atuais CEOs, diretores e empresários

O que falar da "mãe lora"? Nossa aventura na Oi foi mais que um treino: foi uma revolução liderada pela Krug. Com sua mágica em RH, ela nos desafiou a quebrar regras "burras" e ir além. Misturando sonhos e estratégia, Andréa criou uma cultura na qual excelência e diversão andam juntas (sim, ela nos mandou para a Amazônia para fazer um projeto de fibra óptica!). Aprendemos a ser sérios sem perder a leveza, transformando-nos em líderes prontos para qualquer desafio. Andréa não é só nossa mentora; é a prova viva de que o impossível é só uma questão de perspectiva.

Alexandre Dedavid – Fundador da Mycelium Consultancy

Sua rara combinação de atitude, habilidade, conhecimento e experiência faz com que Andréa tenha um impacto muito transformador por onde passa. Partindo da estratégia de negócios e passando por todo o desenvolvimento de lideranças, desdobramento em cultura e atração de talentos, suas ideias fogem ao *status quo*, proporcionando resultados significativos que dispensam fórmulas prontas e desafiam os padrões do mercado. Ela foi responsável por influenciar algumas gerações de líderes que hoje trilham carreiras brilhantes, inspiradas por seus ensinamentos e, principalmente, por suas provocações. Você pode ter todos os atributos para ser um grande profissional, mas, sem coragem, o impacto tende a reproduzir padrões que ela faz questão de questionar com prazer.

Paulo Emediato – CMO & Ecosystem, Oxygea Ventures

Andréa Krug

Andréa desempenhou um papel fundamental na transformação digital da Funcional, guiando workshops práticos com nossa liderança. Sua abordagem "mão na massa", promovendo conversas francas, e a rica experiência com desenvolvimento organizacional nos ajudaram a explorar e aprimorar as dinâmicas de equipe, contribuindo significativamente com nossos resultados. Sua habilidade em aplicar conhecimentos executivos de forma tangível foi imprescindível para nosso sucesso.

Bruno Henrique de Macedo Machado – VP de Transformação Digital na Ânima Educação (CTO) e Membro do Conselho na Funcional Health Tech

Para mim é quase indescritível a felicidade de ver este livro sendo publicado. A visão de mundo e as contribuições da Andréa Krug para a formação de liderança são um guia inspiracional ao qual todo líder deveria ter acesso. Andréa tem a capacidade de inspirar e mostrar, de forma didática, como um profissional pode se tornar um grande líder que, conforme afirma Klaus Schwab, "tem cérebro, visão, alma, valores e um coração". No passado, quando eu tinha apenas muita vontade e um sonho de ser gestor, foram as metacompetências dela que me permitiram ser notado e ganhar uma trilha possível para o meu sucesso. Andréa segue me inspirando e me ajudando a ver na calmaria e na turbulência o caminho para o meu futuro desejado.

Vinicius Silva – Diretor Sênior de Transformação Digital da CiX – Citizen Experience

Andréa tem uma admirável capacidade de ler os mais variados ambientes, suas nuances, perfis, e de engajar o time para a entrega da estratégia. Inteligente, experiente, direta, segura e orientada a resultados, Andréa domina os diversos caminhos da transformação organizacional e o faz com distinta habilidade e técnica por meio da mudança do estado de consciência de cada indivíduo, tanto no que se refere ao seu papel como dono de parte quanto como de parte do todo.

James Guerreiro – CEO da Brametal

Andréa teve um papel fundamental no fortalecimento da cultura da nossa empresa, que passou por grandes expansões nos últimos anos e precisou rever muitas práticas e rituais. Sua escuta ativa e a capacidade de absorver rapidamente as características principais da organização, transformando esse conhecimento em um produto a ser disseminado dentro da companhia, foram de grande valor. Sua dedicação incansável e sua habilidade em capacitar os líderes da empresa têm sido verdadeiramente inspiradoras.

Ana Carolina Cavalcante Reis – Superintendente de Gente e Gestão no Grupo Equatorial Energia

Conheci Andréa durante uma fase desafiadora, marcada pela fusão na empresa e iminentes desligamentos. A habilidade única da Andréa em conduzir esse momento delicado com humanidade, respeito e profissionalismo deixou uma marca indelével em todos nós. Sua postura inspiradora mostrou que, mesmo em meio à turbulência, é possível manter a integridade e o cuidado com as pessoas. Uma líder verdadeira, cuja influência transcende o ambiente de trabalho.

Lener Jayme – Presidente da Equatorial Energia Goiás

Andréa Krug

Acompanho a trajetória da Andréa Krug, que ao longo de sua jornada destacou-se por trabalhar com líderes e desenvolvê-los de maneira única. Desde os estágios iniciais de sua carreira até as posições de destaque em grandes corporações, sua trajetória foi marcada por uma abordagem inovadora e criativa na aplicação de ferramentas essenciais para a evolução da liderança. Ao proporcionar *insights* valiosos e estratégias práticas para orientar escolhas de equipes criteriosas, estabelecer comunicação eficaz, fornecer feedback construtivo e realizar delegações habilidosas, este livro se tornará uma referência para aqueles que buscam se destacar em suas jornadas de liderança.

Ângela Estellita Lins – Psicóloga, professora no COPPEAD (UFRJ)

Andréa é aquela que divide a experiência das pessoas no antes e no depois de sua chegada. Intensa, vibrante, destemida, engraçada e incansável são adjetivos que a vestem bem e são percebidos em todas as suas relações. Ela é da construção coletiva e, ao mesmo tempo, de traço único e individual. Aquela que com sua própria história e vivência faz o outro se divertir, aprender e se sentir desafiado. E na minha vida pude viver e sentir toda essa Andréa! Ao longo de minha história, ela esteve presente como conselheira, parceira, fiel escudeira, tutora, desbravadora e tantos outros papéis para me fazer melhor.

Ela é aquela que transforma as ideias em ação e é também quem cria, diz o que precisa ser falado e gera os desconfortos que são necessários. E, agora, fico feliz em saber que, além dos que têm o privilégio de ter Andréa, muitos outros poderão acessar suas histórias, seus conteúdos e sua divertida narrativa sobre o cotidiano desse mundo do trabalho. E, para mim, é um prazer traduzir isso para o papel e compartilhar minha admiração por ela.

Anna Leticia Azevedo – Diretora de Pessoas e Cultura – Zhouse

Vai encarar?

Conviver com a Andréa é estar sempre aprendendo a se reinventar! Ela tem a criatividade e a coragem de buscar o novo continuamente, pensando em um mundo do trabalho melhor e mais humano. Compreende a força do lúdico para tornar a aprendizagem um prazer. Traz suas propostas de forma aberta e construtiva, por conhecer o poder da cocriação e de criar um ambiente onde todos podem. Tivemos momentos incríveis como parceiras, porque trabalhar com ela é uma oportunidade de ver como seu conhecimento está sempre disponível a todos e ao desenvolvimento das organizações.

Régia Barbosa – Superintendente de Desenvolvimento Organizacional e Cultura – Neoenergia

Andréa Krug, uma profissional excelente e com enorme experiência, destaca-se como uma palestrante apaixonada, engraçada e incrivelmente inteligente. Com certeza é uma das melhores da atualidade. Ela aborda temas complexos de forma provocativa, tornando-os acessíveis e relevantes, inclusive para a alta liderança. Nossa superparceira, desde 2018, quando tivemos a oportunidade de ter desenvolvido dezenas de projetos extraordinários envolvendo gamificação. Andréa Krug é uma referência única, capaz de transformar desafios em oportunidades, deixando sua marca no cenário do T&D.

Andressa Pinheiro & João Luiz Zaggia – Sócios Proprietários do Grupo TH

Andréa é uma parceira para lá de especial! De percepção aguçada, consegue compreender rapidamente o contexto e propor métodos e instrumentos para atender a necessidade de curto, médio e longo prazos. Em alguns momentos, a abordagem é emocional e arrebatadora, mas faz parte de um jeito singular de provocar reflexões e até mesmo de "sacudir" o que está há algum tempo, estrategicamente, adormecido. Isso acontece sem ser pesado, ao contrário, é docemente hilário, como devem ser os instantes de redescoberta. Andréa Krug é uma profissional que atua em várias frentes e disponibiliza, em tudo que faz, inteligência, experiência e paixão em se superar.

Flávio Rogério – Diretor de RH da Brametal

SUMÁRIO

Parte 2: As escolhas do líder

Parte 3: O dia a dia

Parte 4: Balanço de consequência

Conclusão

Parte 1: Sobre o que é a liderança

Capítulo 1

A nova vida do líder

Em um passado não muito remoto, o líder tinha direito a cartão de visita, a sala fechada e à coisa mais desejada em uma organização localizada em grandes centros urbanos: a vaga no estacionamento! Esse era o pacote glamour que esperava uma pessoa promovida a um cargo de gestor. Os tempos são outros, sentar-se na cadeira de chefe não inclui mais necessariamente esses símbolos. O que mudou de lá para cá?

Muita coisa.

A liderança cada vez mais é função, e não apenas cargo. Vemos que a pirâmide organizacional tem se achatado e, com isso, o poder está distribuído. Hoje, muitas pessoas trabalham em rede, em *squads* – termo corporativo que se refere a uma equipe de trabalho autônoma e multifuncional, geralmente composta por profissionais de diferentes áreas e habilidades. Essas equipes são responsáveis por um projeto específico e têm autoridade e autonomia para tomar decisões relacionadas a ele. Os *squads* são conhecidos por sua agilidade e colaboração, já que seus membros trabalham juntos para alcançar metas comuns de forma eficiente. Essa é uma tendência que vem ganhando espaço, mas não significa que as lideranças saíram de cena. A nova lógica é: times se formam para resolver problemas e a liderança se alterna de acordo com o que precisa ser resolvido.

Haverá cada vez menos cargos hierárquicos, mas, até mesmo nos contextos mais disruptivos, eles existirão. Por exemplo, as empresas da chamada nova economia continuam a ter um CEO e o C-Level que se reporta a ele, e assim sucessivamente. O que mudou, então? A diferença é que ser líder não é mais exclusividade de um cargo, da tal da liderança formal. As palavras que melhor definem liderança no cenário atual são influência e exemplo. Portanto, quem vai assumi-la – seja de maneira formal ou informal – precisa ter essas habilidades. Além disso, existe um pacote de desafios dos tempos atuais dos quais um líder deve dar conta.

Tempos disruptivos pedem líderes inspiradores

O que faz a diferença em uma organização são as pessoas. Com as mudanças constantes e em velocidade exponencial acontecendo no mundo, com tecnologias disruptivas que trazem concorrências não lineares aparecendo a todo momento, o que trará a sobrevivência das organizações é ter uma visão sistêmica, antecipar o que vem pela frente, tomar decisões rapidamente, se adaptar e reagir, no mínimo, na mesma velocidade da mudança. Diante desse cenário de incerteza, talentos serão o grande diferencial competitivo. Eles são capazes de ler nas entrelinhas, de criar soluções mesmo na ausência de recursos e de ter na mão todas as variáveis para decisão disponíveis. E o papel da liderança é primordial nesse processo, uma vez que cabe ao líder não só desenvolver e inspirar as equipes para que elas possam entregar resultados alinhados aos objetivos estratégicos, mas porque é fundamental a preparação de novos líderes, para que, assim, a organização enfrente com menos turbulência os desafios do ambiente de negócios.

Atração e retenção de talentos é papel da liderança

Uma empresa faz promessas com quem ela se relaciona e, quando essas são cumpridas, se inicia uma relação baseada na confiança. O líder é o principal elo entre as promessas da empresa, ou seja, entre a marca empregadora e os colaboradores. Portanto, é função dele assegurar atração e retenção de um time talentoso. Há uma máxima que diz: “as pessoas não deixam as organizações, elas deixam seus líderes”. Isso porque um gestor é quem está no front em diversos momentos da verdade, que reforçam ou destroem o posicionamento da marca empregadora. Ao entrevistar um candidato, dar um feedback a um colaborador e mesmo ao desligá-lo, ele tem um impacto direto na construção e percepção da marca. É papel do líder conseguir atrair, reter, treinar e engajar os perfis mais brilhantes, que vão garantir a melhor performance. As organizações precisam atrair os melhores talentos – e vamos combinar que cada vez mais os melhores estão escolhendo onde querem trabalhar – e é o líder quem faz isso acontecer.

Ser líder em um mercado multigeracional

Vivemos uma realidade em que hoje, simultaneamente, temos representantes de várias gerações bem distintas convivendo nas organizações. A discussão vai além do ano de nascimento das pessoas. São os costumes, os movimentos sociais, a demografia e a tecnologia que impactam a relação dessas gerações com o trabalho. Mesmo com postos de trabalho sumindo, essa configuração permanecerá no jogo por um bom tempo.

Cada geração tem o seu valor e um líder precisa não apenas enxergar isso, como criar um ambiente em que os colaboradores valorizem a diversidade, certos de que fazer parte de um time com pessoas de outras gerações alavanca a possibilidade de encontrar novas soluções. Pontos de vista e experiências diferentes são muito poderosos para gerar *insights* e construir uma nova saída para velhos problemas.

Gosto deste quadro que ajuda a entender o perfil de cada geração:

GERAÇÃO FLOW*

Freedom	Há um novo conceito, uma nova relação do que é trabalho. O que vale são as experiências.
Learning	O aprendizado se dá no dia a dia, a experiência como meio de desenvolvimento.
Officeless	Novos formatos: híbrido, remoto, *anywhere*, *anytime*.
Well-being	"A gente não quer só comida, a gente quer comida, diversão e arte...". Trabalho tem que ser meio de vida, não meio de morte.

* Fonte: Futuro S.A. (André Souza)

No entanto, cabe ressaltar que essa questão de gerações é uma discussão interminável... Acredito que o alfabeto latino junto do romano não serão suficientes para dar conta das classificações geracionais. A futurista Amy Webb, na 17ª edição do seu relatório de tendências, apresentou-nos a Geração T, que significa transição (*transition*). Segundo a autora, as incertezas dos tempos atuais geram uma ansiedade crescente em pessoas das mais diversas gerações e, portanto, estamos todos em um processo de transição, em um ponto de mudança, alavancado por novas tecnologias, que nos conectam independentemente da geração ou do ano de nascimento.

A esse ponto de vista acrescento uma percepção particular: costumo dizer que, de fato, temos apenas duas gerações. Os que nasceram antes do momento que as mulheres queimaram sutiãs e os que nasceram depois. Até então, elas cuidavam da casa, criavam seus filhos. A partir daquele momento dito da emancipação feminina, elas foram à luta, correram atrás do seu lugar no mercado e, por isso, tiveram menos filhos, em idades mais avançadas, e a maternidade foi, na totalidade ou em parte, terceirizada. A partir daí, temos uma geração de filhos de mães culpadas. Lembro de uma vez quando era responsável pela área de Desenvolvimento na América Latina de uma grande organização. Minha filha tinha dois ou três anos e, quando cheguei tarde da noite em um hotel em Santiago, no Chile, abri a mala e encontrei o brinquedo favorito dela lá. Chorei a noite inteira abraçada àquele brinquedo e não voltei com uma, mas com duas malas. Uma cheia de culpa em formato de brinquedos...

O fato é que, independentemente do ano ou da letra, demograficamente temos menos jovens no mundo (em muitos países, observa-se a pirâmide invertida, no Brasil inclusive). As pessoas vivem mais e, portanto, terão uma vida produtiva mais longeva. E, pasmem: pessoas ainda são o diferencial de uma empresa.

Logo, o mercado é e seguirá por um tempo sendo multigeracional. E líderes precisarão compreender que não há uma geração melhor que a outra, e sim habilidades que foram mais facilmente desenvolvidas em uma do que em outra geração; que a experiência ainda conta, sim, mas não é o único fator a ser considerado; e que o mais sensato é aproveitar o que cada um tem de melhor.

Capítulo 2

“Opa, virei gestor!”

Em um belo dia, você, que era mais um colega do time, jogava bola com a rapaziada, participava dos *happy hours* – e até falava mal do chefe no cafezinho –, de repente, vira o gestor. Fica feliz, claro, com o reconhecimento, a promoção, o status, o aumento de salário. Inevitável comemorar: "Oba, virei gestor!". No entanto, a alegria dura pouco para quem pensa que tudo será como antes. Não será. Eu sei que a grande maioria dos líderes de primeira viagem acredita que uma vez colega, sempre colega. Doce ilusão... Falando a real, o contexto muda quando você se senta na cadeira de chefe. A começar pelas relações no trabalho. Basta alguns dias com o novo status corporativo para entender que nada – ou muito pouco – será como antes. E que até alvo das conversas de cafezinho poderá se tornar. Isso é um balde de água fria para a maioria das pessoas que assumem um cargo de liderança. E é só o começo da encrenca.

O choque de realidade completo se dá quando cai a ficha de que ser líder não é bem aquilo que imaginávamos. Participei de uma vasta pesquisa* para entender como se dá a transição para um cargo de liderança, e entre as questões que nortearam o estudo estavam:

- Quais são as expectativas que as pessoas têm antes de virarem gestoras?
- O que, ao assumir a posição, vira motivo de angústia?
- Por fim, independentemente do tempo em que a pessoa ocupa posição de liderança, o que permanece como um desafio?

Tivemos mais de 4 mil respondentes, todos líderes, sendo que 89,5% da amostra possuía nível superior completo, quase 50% com a idade entre 32 e 46 anos e 65% com uma equipe de até 10 subordinados. Os detalhes estão no infográfico a seguir:

* "Pesquisa 1ª gestão" realizada pelas consultorias LAB SSJ e Clave, com o apoio da Etalent.

Vai encarar?

Perfil de amostra

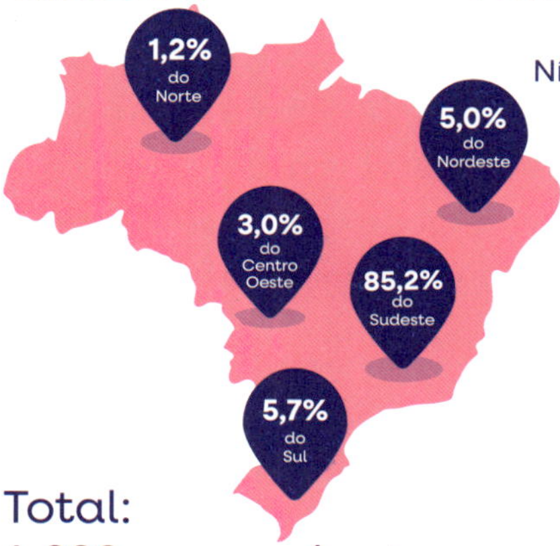

Total:
4.392 respondentes

Profissionais da área de Humanas	62,9%
Nível de escolaridade superior	89,5%
Têm pós-graduação	51,0%
Têm entre 32 e 46 anos	49,8%
Têm até 10 subordinados	65,1%
Homens	64,5%
Mulheres	35,5%

A conclusão foi de que, na prática, ser gestor e desempenhar o papel com desenvoltura não é fácil para a maioria dos profissionais, sejam eles novatos ou experientes. E há um ponto que se mostrou como uma questão problemática para todos os níveis de liderança: as pessoas. Olhando os resultados em detalhes, vimos que o desenvolvimento do time gera, num primeiro momento, expectativa; depois, uma angústia; e permanece como um desafio, como você pode ver no quadro a seguir.

Expectativa antes de assumir a 1ª gerência

- Ter mais desafios e responsabilidades relevantes.
- Ter mais acesso a decisões estratégicas.
- ***Ter que desenvolver pessoas.***

Angústias nas *primeiras semanas* como gestor

- Conseguir alcançar os resultados e atender às expectativas do meu gestor.
- ***Ter que cuidar do desenvolvimento e da carreira dos meus colaboradores.***
- Ter que assumir mais riscos.

Desafios mais relevantes para *gestores novatos* X *gestores experientes*

- Saber lidar com conflitos.
- Estimular colaboração na sua equipe.
- ***Desenvolver pessoas.***

Na pesquisa, promovemos alguns grupos focais para entender melhor por que "desenvolver pessoas" foi o principal desafio citado tanto por líderes novatos quanto por aqueles que já eram há mais tempo. Sente só alguns depoimentos que escutamos:

- "Para mim, é uma travessia. Não paro de pensar como vou atravessar esse precipício de sair do operacional e passar a desenvolver as pessoas. Como construir essa ponte é sobre o que tenho pensado."
- "Ainda estou sofrendo em deixar de fazer o que eu fazia como técnico e ter que começar a orientar os outros. Esse período de transição e desapego é mais difícil, mas acho que vai acontecer naturalmente."
- "Você acordar gerente é superlegal, mas eu acordo no susto. Minha cabeça não para. Como fazer essa transição? Ainda não tenho a estrutura e tenho o dilema de ter que delegar aos poucos. Sinto falta de ter uma estrutura, mais apoio, para me sentir mais confiante. Como é muito recente, tenho a expectativa de que com o tempo as coisas vão melhorar."

Essa dor do gestor é muito comum, porque geralmente chegamos no lugar de liderança porque somos muito bons fazendo algo e nos destacamos tecnicamente em alguma coisa. No entanto, quando nos sentamos na cadeira de gestor, a verdade que ninguém nos contou surge rapidamente. Logo percebemos que o arsenal técnico, o conhecimento e a experiência acumulada, por si só, não são suficientes. Os desafios se tornam outros. As novas atribuições, a nova equipe, outros líderes, as expectativas por resultado... tudo parece maior e mais complicado de lidar. Ou seja, aquilo que sabíamos fazer e que nos fez subir de nível na hierarquia organizacional não é o que passa a ser requerido! É nesse momento que o "Oba, virei gestor" se torna "Epa, virei gestor".

Vai encarar?

Diante da falta de um direcionamento claro de como agir, muitos gestores adotam o que chamo de "Modo de Liderança Zeca Pagodinho". Assim como o sambista canta, muitos líderes atuam como se entoassem os versos "deixa a vida me levar, vida leva eu". Agem como se não fosse necessário tomar as rédeas da liderança, ancoram-se na fé de que com o tempo tudo se resolve, mas não é bem assim que as coisas funcionam. Vemos muitos gestores veteranos que continuam convivendo com os mesmos desafios, sem compreender o que é a responsabilidade de um líder. O risco é o de acabarem virando o tal líder tóxico, que apresenta os seguintes comportamentos:

- Repassa a pressão, gerando desmotivação e medo na equipe.
- Tem posturas autocráticas, e não tem abertura ao diálogo com a equipe.
- Impõe o que deve ser feito e não se preocupa com o impacto de suas decisões nas pessoas.
- Atua no microgerenciamento.
- Não ouve.
- Não fornece feedback.
- Culpa a equipe quando algo dá errado.
- Não é um bom modelo. Segue o estilo "faça o que eu digo, mas não faça o que eu faço".

A cilada da microgestão

Novos gestores raramente compreendem, de fato, suas responsabilidades ao assumir o novo papel. Muitas vezes continuam a se comportar como colaboradores individuais, competindo com subordinados diretos na forma de executar as tarefas ou colocando-se como "amigos" deles. Talvez por isso, os desafios da primeira transição sejam os mais críticos. Os profissionais promovidos, técnicos acostumados a investir seu tempo e suas habilidades na realização de uma determinada tarefa, terão que gerenciar outras pessoas (e não apenas uma), além de um conjunto de tarefas. Então, parece estranho ter que deixar atividades, responsabilidades e formas de atuar que lhe valeram o cargo de gestor. Essa é uma mudança de chave difícil de assimilar. A tendência é assumir o cargo e continuar trabalhando da mesma maneira.

Enquanto não entendem que liderança é a habilidade de desenvolver pessoas e trazer resultados por meio delas, líderes despreparados continuam trabalhando do mesmo modo que faziam antes de liderar, executando tarefas em vez de apoiar o time a executá-las. Se você fica fazendo planilha e cobrando resultados sem se envolver no dia a dia do time, sem entender os desafios nem encontrar soluções junto das pessoas, certamente está vivendo essa dificuldade de virar a chave para o modo líder de verdade. Dá para entender o motivo que leva o líder a agir assim: a cobrança por resultados que vem do andar de cima da organização. Sem saber usar as ferramentas capazes de envolver o time a atingir as metas, o líder atua na microgestão, se fechando em seu mundo e achando que liderar é dizer exatamente o que e como fazer (isso quando não faz junto) e ficar olhando os números de cada um – a tal da produtividade.

Já ouvi muito líder dizer assim: "Como vou admitir que não sei que diabo é isso?"; "Tenho medo de que as pessoas me questionem"; "Eu tenho medo de errar, de fracassar...". Freud explica muito bem esse comportamento. Isso é pura psicanálise. Todas as vezes que você vai para um lugar em que se sente inseguro, quanto mais você se sente assim, mais você vai tentar controlar. É fato que quanto mais inseguros estamos, mais controladores ficamos. Já repararam como pessoas que têm medo de avião costumam ter rituais para embarcar? Se você começar a observar como as pessoas entram no avião, você chora de rir. Algumas dão dois tapinhas na fuselagem antes de entrar, outras passam pela porta pisando dentro com o pé direito; tem ainda – talvez o mais típico – os que fazem o sinal da cruz. Na cabeça da pessoa, essa é a atitude que fará a viagem ser segura. E ela sequer raciocina que quem controla o avião não é ela, é a tripulação. Se cair, todo mundo morre. Não tem jeito. Ainda assim, as pessoas seguem achando que controlam o incontrolável.

Todo mundo é, em alguma medida, inseguro sobre si mesmo. Aliás, proliferam teorias sobre isso. A mais famosa delas é a síndrome do impostor que, em linhas gerais, se refere à sensação de que não somos bons o suficiente, uma espécie de medo de ser avaliado negativamente ou estar exposto em alguma situação em que dará vexame ao não saber a resposta. Todos nós temos a necessidade de manter uma imagem positiva sobre nós mesmos e, quando essa autoimagem é ameaçada, a solução para o conflito interno e inconsciente passa justamente por aumentar o controle.

Junto da insegurança costuma vir o medo, que entra em conflito com a necessidade de sentir segurança. Essa dicotomia, esse ciclo perverso, em muitos casos nos torna ansiosos. A ansiedade pode, sim, ser protetora e ajudar a nos mantermos longe de riscos. Mas, às vezes, ela dispara alarmes falsos. No líder, costuma gerar uma necessidade de colocar pressão no time. Ansioso, enfia os pés pelas mãos e cria ambientes inseguros. Em vez de trazer as pessoas para junto dele, ele mata todo mundo.

Nesse percurso, o gestor sente o golpe de algumas decepções. Certamente, você já ouviu frases como essa nos corredores da empresa: "Ele ganha 30 vezes mais do que eu, você acha que vou me matar de trabalhar para ele ganhar bônus? Esse é um problema dele, não é meu". Fica fácil, com essas poucas reflexões, concluir que a transição para um cargo de liderança seja talvez o maior desafio enfrentado na carreira.

Ao assumir uma liderança, você precisa reaprender a pensar, sentir e agir dentro de um contexto totalmente novo. A competência técnica que leva o indivíduo para o lugar de referência em determinado assunto, que é, sim, o primeiro passo para a liderança, é só um pedaço pequeno da história. A partir dali, o que de fato se valoriza são suas atitudes, suas habilidades para lidar com o time e a gestão de tempo; e são esses atributos que farão com que haja sucesso ou fracasso nesse caminho. A fase do "Epa, virei gestor..." pode até dar vontade de desistir; mas ainda não tome nenhuma decisão precipitada; a sua vida de líder pode melhorar. Para isso, vou contar exatamente o que é preciso fazer.

Capítulo 3
Por que liderar vira uma encrenca?

Quantas pessoas você conhece que têm um cargo de liderança, mas não são líderes de fato? E o contrário? Quantas pessoas você conhece que não têm um cargo de liderança e são líderes fabulosos? Basta essa constatação para entender que liderança não é um dom, mas uma habilidade. E habilidades somente são desenvolvidas quando estamos expostos às tarefas, aos desafios que as requeiram. Somente lidando com a situação e agindo diante do fato é que saberemos como fazer. Portanto, não é preciso esperar o cargo para ser líder. Esse é um papel que pode ser exercitado tanto por aqueles que almejam essa posição quanto para líderes que querem formar sucessores, expondo o candidato a situações como cobrir as férias de um gestor ou mesmo assumir o lugar de treinador do time de futebol da escola dos filhos. Atividades simples, mas eficazes, que irão ajudar a preparar o indivíduo para a liderança. Estudar, fazer o curso, se preparar, são ações fundamentais; mas sem o exercício, a prática, não se sabe como a atividade é de fato. Não basta saber, tem que saber fazer. Se, por exemplo, o gestor faz um treinamento de feedback, mas não pratica, não vai desenvolver a habilidade de dar e receber feedback. Quantas pessoas passam boa parte da vida fazendo cursos de inglês e não conseguem se comunicar no idioma? Isso é porque estudam, mas não praticam. Uma pessoa só tem certeza de que sabe nadar na hora que atravessa a piscina sem se afogar. Se apenas conhece os movimentos do nado, ainda não sabe nadar. Você só sabe ser líder quando lidera alguma coisa ou alguém. Antes disso, só domina o conceito.

As empresas também deveriam conversar sobre o que é ser líder. No entanto, abrem pouco espaço para essa discussão e, consequentemente, para uma escolha consciente do indivíduo. Não há conversa para explicar as atribuições do gestor, nem perguntam para o colaborador se ele quer ser líder – entende-se que todos querem ser gestor. É preciso criar trilhas e espaços alternativos para que seus colaboradores tenham mais intimidade com o que é liderar, bem como outras opções que de fato funcionem e que não sejam a tão propagada – e pouco eficiente – carreira em Y.

Na pesquisa que fizemos, descobrimos que a maioria dos gestores é promovida sem nenhum tipo de treinamento formal de liderança. Apesar das grandes organizações investirem frequentemente em programas de formação, raramente são um processo preparatório para liderar. Isso porque há uma crença de que certas habilidades já estariam presentes e de que basta identificá-las no processo seletivo para o cargo de liderança. Não preparar os futuros líderes é um equívoco, e é por aí que a encrenca começa.

Embora grande parte do desenvolvimento de um gestor aconteça na prática, pela experiência no trabalho, não há dúvidas de que ele precisa ter uma compreensão clara do que é esperado em seu novo papel. Raras são as empresas que, em caso de processos internos, selecionam líderes com competências para tal. Outra tendência e erro comum? A escolha, geralmente, parte do próprio líder, que indica o subordinado à promoção. Ora, se temos boa parte da liderança atuando mais nos aspectos técnicos/operacionais da função, a tendência é que o indicado seja alguém que atenda a esse critério. Quando ele coloca outro técnico como líder, cria um círculo vicioso que faz perdurar a dor.

Parece claro: se o cargo de liderança ainda dá destaque, prestígio e um salário mais alto, a lógica é colocar nele as pessoas com melhor desempenho... técnico. Parte-se do princípio de que o indivíduo mais preparado tecnicamente, o melhor executor será, naturalmente, o melhor gestor. E assim se dá a maioria das transições para a carreira executiva. Continua a lógica que funciona até um determinado estágio da carreira: profissionais crescem na estrutura por apresentar bons resultados e competências técnicas. Aí está o grande erro, pois quanto mais uma pessoa sobe, menos será requerida por sua habilidade técnica. Será que o CEO de uma companhia aérea sabe dirigir um avião?

E o CEO de empresas de trem ou metrô sabe conduzir um trem? Outro erro que vem de carona nessa lógica equivocada de promoção de gestores é achar que tempo de casa faz um líder. Acredita-se que quem está há mais tempo na função é o mais preparado, tem todas as respostas.

Não se leva em conta se a pessoa está a fim de lidar com o principal desafio da liderança: cuidar das pessoas. Em alguns casos, até perguntam ao indivíduo se ele quer ocupar a posição de liderança, mas se a resposta é uma negativa, se o indivíduo diz que não tem interesse, rapidamente ele é taxado como *loser*. Fica meio "queimado", rotulado de acomodado, não é elegível a mais nada. Por mais de uma vez já encarei situações em sala de aula, em uma turma com mais de 20 gestores, nas quais, logo no início, ao falar do que é requerido da liderança, um dos presentes levantou a mão e disse: "Dá pra desistir?". Nas vezes em que lidei com isso, sempre imaginei o tamanho da dor da pessoa a ponto dela trazer a questão para esse tipo de fórum...

Diante desse cenário, dá para entender por que boa parte das pessoas tem exemplos de líderes que não necessariamente são ruins, mas que só sabem responder a perguntas técnicas. Líderes que de fato não conduzem o time na busca das soluções; muito pelo contrário, eles mesmos respondem às dúvidas. É comum que tanto o gestor que fez a promoção quanto o RH e o próprio colaborador promovido tenham certeza de que ele sabe o que vai fazer. Como se a gestão fosse simplesmente uma sofisticação das habilidades técnicas. Mas o pulo do gato é sair do fazer para passar a orientar o que fazer.

Quem não muda o modo de trabalhar não vai conseguir ser um bom gestor, não se torna líder, não faz a transição, não faz a passagem. E, quando o líder não faz a passagem, ele entope o *pipeline*, conforme demonstra a Teoria do Pipeline de Liderança, desenvolvida por Ram Charan, Stephen Drotter e James Noel, sendo os dois últimos executivos de Recursos Humanos, responsáveis por formação e planejamento de sucessão da liderança na

General Electric. Esse modelo foi baseado no trabalho "Encruzilhadas Críticas de Carreira", desenvolvido por Walter Mahler e pelo próprio Drotter. Além da área de desenvolvimento da GE ser considerada uma referência mundial à época, vale dizer que o CEO da ocasião era ninguém menos do que Jack Welch. Para se ter a dimensão do impacto dessa teoria, ela foi responsável por eleger Jack Welch como o "CEO do Século" pela revista Fortune. Esse modelo é largamente replicado nas organizações mundo afora, que obviamente fazem algumas adaptações, mantendo na essência seus fundamentos.

Pipeline, em sua tradução mais literal, é tubulação. Quando um surfista executa a manobra de equilibrar-se na prancha dentro de uma onda, ele vence o *pipe*, o tubo. O *pipeline* da liderança descreve um caminho a ser seguido para o desenvolvimento de líderes, tal qual fosse uma tubulação mesmo. Em uma tubulação, cada vez que é necessário mudar a direção do líquido que está sendo transportado, usa-se algo popularmente conhecido como "joelho" para que o fluxo possa seguir, apesar das curvas existentes, em sua mudança do caminho. Nessa teoria, não é diferente. A cada estágio, o gestor irá enfrentar desafios específicos. Esses estágios, essas curvas, podem ser obstruídos caso os gestores, ao mudarem a direção, não assimilem a mudança em si e insistam em operar da forma como operavam no estágio anterior. Entre cada estágio há, portanto, uma curva, um joelho, um ritual a ser vencido, que, caso não seja cumprido, a tubulação entope... Portanto, gestores que não compreendem a mudança literalmente entopem, obstruem o *pipeline* e não obtêm os resultados que deveriam com o seu time.

Capítulo 4
Vire a chave para o modo líder

Ser bem-sucedido como um gestor requer uma grande mudança de mentalidade e atitude. Em primeiro lugar, você precisa entender que exercer um cargo de liderança implica, acima de tudo, se relacionar com pessoas, porque, seja para a entrega de curto, médio ou longo prazo, precisará delas. Segundo uma referência ainda muito válida no mundo da gestão, Peter Drucker, os grandes executivos deveriam gastar mais tempo gerenciando pessoas e tomando decisões. Por mais que a tecnologia sempre traga mudanças na forma como executamos nosso trabalho, ainda são os seres humanos o único meio que faz com que uma organização alcance os seus objetivos. Para tal, precisamos de pessoas engajadas e preparadas para o trajeto. Esse, portanto, é o principal papel e responsabilidade de um líder: obter resultados por meio de seu time.

O que não falta neste mundo são teorias sobre liderança. Esse tema é objeto de estudo das principais universidades e teóricos mundo afora há mais de um século. Mais recentemente, as teorias evidenciam a importância de entender a dinâmica do time, como ele se comporta e em que estágio o grupo se encontra, buscando paulatinamente a evolução para o estágio seguinte – conforme a teoria conhecida por Liderança Tribal. Cada vez mais o líder deverá sair do foco em tarefas e aumentar o tempo investido no desenvolvimento das pessoas. É demandado dele uma visão global, independentemente da área que ocupa, entendendo o impacto do que produz na sociedade.

E, ainda mais recentemente, diante da infindável sopa de letras que tentam dar conta de explicar os novos tempos – VUCA (*Volatility, Uncertainty, Complexity, Ambiguity*), MUVUCA (*Meaningful, Universal, Volatility, Uncertainty, Complexity, Ambiguity*), BANI (*Brittle, Anxious, Non-linear, Incomprehensible*)... – vem para o jogo o chamado método ágil. Ele pressupõe a assunção do mindset ágil, nada mais do que o modo de encarar o mundo dos negócios das empresas da chamada nova economia e/ou daquelas que buscam um processo de transformação digital, estratégia mais do que necessária para sobreviver no mundo de incertezas e mudanças que vivemos. A agilidade, ao contrário do que o senso comum nos leva a imaginar, é o modo Darwiniano de gerir, e não o "lá vai maluco", o fazer correndo. A agilidade se caracteriza por adaptação, resiliência e aprendizagem contínua, inclusive com os erros. Esse método foi concebido por uma rapaziada desenvolvedora de software em 2001 que queria fugir do padrão vigente, burocrático, cheio de documentação e lento, que minava a possibilidade do risco e da criatividade. Esse grupo colocou suas ideias no papel e em um documento que ficou conhecido como o manifesto ágil, composto por 12 princípios e 4 valores, que citarei na sequência:

- **Indivíduos e interações mais que processos e ferramentas.**
- **Software em funcionamento mais que documentação abrangente.**
- **Colaboração com o cliente mais que negociação de contratos.**
- **Responder a mudanças mais que seguir um plano.**

Claro que há aqui um foco de quem trabalha no desenvolvimento de software, mas é importante compreender o peso das relações, a colaboração, e não a hierarquia, o mando como forma de operar, o clientecentrismo, internos ou externos, e a simplificação dos processos como pontos fundamentais. Líderes que adotam esse método compreendem a importância de simplificar processos, que devem ser desenhados com os clientes, e não para eles. A mudança é uma constante e, quanto menos rigoroso e burocrático for o processo, mais fácil fica modificá-lo. Não há método, processo ou norma que se sobreponha aos indivíduos e à força que as relações entre eles exercem.

Além do foco nas pessoas, a liderança exige uma série de habilidades que um técnico não tem ou não necessariamente irá desenvolver. Dá uma olhada neste quadro:

LÍDERES	ESPECIALISTAS
Criam e quebram regras	Conservam regras
Criam e inovam	Implementam e aprendem
Iniciam a mudança	Suportam a mudança
Inspiram outras pessoas	Recebem inspiração e informação
Direcionam	Atuam

O foco do líder então deixa de ser a microgestão e passa a ser a priorização do time e a entrega dele como um todo. Para ser líder, tem que gostar de gente, não basta tolerar. Tem que realmente estar preocupado em constantemente ampliar suas capacitações humanas. Isso porque seu papel e sua responsabilidade são atuar como agente da transformação e, principalmente, entender sua relevância na inspiração e no engajamento do time. A equipe tem que ser chamada a decidir, deve ser empoderada; e a delegação é uma poderosa ferramenta nesse processo.

Além de direcionar o caminho, garantindo que o resultado seja entregue, é esperado que lide com questões mais abrangentes, não só de natureza técnica, e, ainda por cima, cuide da própria reputação. Um gestor precisa se conscientizar sobre si mesmo e estar disposto a realizar as mudanças e adaptações necessárias que o contexto e a função exigem. Para isso, tem que estar focado no presente, compreendendo que liderança é um processo evolutivo.

Vai encarar?

Voltando à Teoria do Pipeline da Liderança, de Ram Charan, o processo do desenvolvimento como líder passará por desafios em três áreas muito específicas destacadas nesta e na próxima página:

- **Habilidades usadas para liderar:** novas responsabilidades demandam o aprendizado de habilidades que não haviam sido necessárias até o momento. Por exemplo, uma coisa é utilizar suas próprias habilidades, sejam elas técnicas ou não, para realizar uma tarefa. Outra coisa, completamente diferente, é ser hábil para influenciar alguém a executar uma tarefa, a tempo e a contento.
- **Gestão do tempo:** um líder precisa de tempo para fazer, planejar, ensinar a equipe e acompanhar a execução das atividades. Sendo assim, deve deixar de focar seu tempo em sua produtividade e passar a alocá-lo nas atividades voltadas à orientação do time e planejamento das atividades em si.

Certa vez, tive a oportunidade de organizar um evento para a liderança de uma das empresas em que trabalhei e trouxe Ram Charan em pessoa para falar sobre a Teoria do Pipeline da Liderança. Era uma grande e expressiva organização com mais de 500 líderes distribuídos nos mais diversos estágios de *pipeline.* Por ser responsável pela organização do evento em si, de vez em quando, dava um “confere” no almoço privado, negociado com a palestra, do qual Charan participava. Em uma dessas espiadas, pude ouvi-lo contar que a cada seis meses, um dos maiores gestores da história, o tal do Jack Welch, escrevia uma carta de próprio punho (não era e-mail, era carta manuscrita) a cada um dos executivos líderes de unidades de negócio, de todos os negócios, mundo afora, dando feedback acerca do desempenho do executivo ao longo desse período. Na mesma hora, os executivos começaram a trocar entre si olhares e sorrisos de canto de boca, o que foi notado por Ram Charan, que perguntou se tinha havido algum problema no entendimento. Um dos executivos à mesa ponderou que isso era algo impossível, inimaginável na nossa realidade. Disse ainda que queria ver se Jack Welch estivesse no dia a dia do Brasil, com todas suas intempéries de ordem econômica e política, se ele realmente teria tempo para isso. De pronto, Ram Charan respondeu que o tempo necessário para fazer, planejar, ensinar e acompanhar variam em cada etapa de carreira e que, quanto mais se sobe, menor deve ser o tempo gasto na execução em si e maior na orientação e no planejamento das atividades. Mas os executivos, que tinham plena convicção do que falaram, insistiram em enumerar mazelas da nossa realidade, tentando provar o quanto eram diferentes e ímpares. Ram Charan, então, explicou que, se há alguma dúvida se um líder está ou não obstruindo o *pipeline*, basta que ele verifique como está alocando seu tempo.

- **Valores:** essa área pode parecer etérea e abstrata, mas são eles, os valores, que fazem com que o líder mude sua perspectiva e passe a dar importância às pessoas e, mais do que tolerar, aprecie a gestão de seu time. O grande desafio das organizações é assegurar que as pessoas em posição de liderança aprendam a trabalhar no nível para o qual foram promovidas e se desapeguem de habilidades, administração do tempo ou valores próprios do nível anterior. O líder deve ser instigado a gostar mais de analisar situações de negócio, do que efetivamente tocá-las no dia a dia. Se ele não acredita que o tempo gasto com o planejamento e o desenvolvimento de pessoas é a melhor forma de administrar seu cotidiano, não irá conseguir nem desenvolver as habilidades e muito menos gerir o tempo da maneira como deveria ser.

Vai encarar?

Boa parte das organizações nacionais utiliza três estágios para demonstrar a evolução de desenvolvimento de um líder: gestor de time, gestor de gestor e gestor de unidade funcional. Dessa forma, os principais ritos de passagem são os seguintes:

DIMENSÕES	HABILIDADES	GESTÃO DO TEMPO	VALORES
De gestor de si mesmo para gestor de time.	Conseguir direcionar e motivar o outro a realizar o trabalho.	Alocar o tempo na orientação e no direcionamento das atividades.	Acreditar que o tempo investido em planejar e orientar é sua responsabilidade.
De gestor de time para gestor de gestor.	Saber selecionar pessoas e designar-lhes atividades administrativas e de liderança, e não apenas técnicas.	Livrar-se de atividades individuais.	Sentir prazer em gerenciar pessoas.
De gestor de gestor para gestor de unidade funcional.	Desenvolver novas formas de comunicar-se com o time. Delegar a responsabilidade de supervisionar diversas tarefas operacionais.	Entender necessidades de pares; "correr" atrás de recursos e adorar perspectiva de longo prazo.	Sentir prazer em gerenciar assuntos desconhecidos, e não apenas os que já são familiares.

As ferramentas de liderança neste livro têm como propósito preparar você para algo que é uma constante na vida do gestor: tomar decisões e fazer escolhas. Uma vez que seu papel a partir de agora é desenvolver pessoas e fazer com que elas entreguem ainda melhor do que você, torna-se sua missão escolher quem vai fazer o quê, como, quando e onde.

Existe uma coisa que se chama Ciclo de Vida do Colaborador. Ele inclui as etapas da gestão das pessoas, desde o momento em que chegam no time até o momento que essa relação acaba. Todas as etapas estão permeadas pelas escolhas do líder. É ele quem traz a pessoa, a coloca em uma função e define como será o dia a dia dela, o que vai delegar, como irá desenvolvê-la, como vai se comunicar, orientar, dar feedback e, se não der certo, demitir. Ser líder é tomar esse tipo de decisão o tempo todo, escolhendo, renunciando e assumindo a responsabilidade. E, para dar boas-vindas a você nesse mundo das escolhas, que envolvem a vida e o trabalho de outras pessoas, convido você a esquentar os motores já tomando uma decisão sobre a vida de uma profissional.

CASE DA MARCIA

Visão geral

Você é o líder do Grupo Refresh Ice, empresa nacional, administrada pela família Bordallo. A empresa, especializada na produção e venda de sorvetes, nasceu do sonho do casal Júlio e Patrícia de ter um negócio próprio. A Refresh Ice tem como diferencial a produção de sorvetes mais saudáveis, ou seja, sem gordura hidrogenada ou conservantes artificiais. Outro diferencial é a gama de sabores, principalmente frutas típicas brasileiras. A empresa tem 400 funcionários.

Você é o líder de marketing do grupo há apenas alguns meses. Anteriormente, ocupava uma posição de analista de marketing. Hoje terá uma reunião com Marcia Campos, uma colaboradora de sua equipe. Além dela, você tem quatro colaboradores diretos. Embora seu desempenho inicial tenha sido muito bom, recentemente vem se deteriorando.

Marcia Campos

Marcia faz parte da sua equipe de pesquisa de mercado. Iniciou na empresa há cinco anos, como estagiária, e hoje ocupa a posição de analista sênior. Logo que assumiu a posição de gestor, você ficou impressionado com seu conhecimento sobre o negócio e o mercado. Ela foi fundamental na pesquisa de mercado para a mudança do direcionamento estratégico da empresa.

Embora todos os membros da equipe sejam especialistas em marketing, Marcia goza da reputação de expert no negócio organizacional. Frequentemente ela é convidada para participar de reuniões estratégicas para dar sua visão e contribuir com seu conhecimento.

O recente desempenho de Marcia Campos

Reconhecendo as habilidades da Marcia, você incentivou os membros da equipe a desenvolverem uma nova campanha para reposicionamento da marca e a direcionou como líder técnica do projeto. No começo, ela cooperou e parecia gostar do desafio de "liderar" os demais, porém, sua atitude mudou gradualmente.

Agora, ela reclama frequentemente que está muito ocupada para ajudar os demais ou responder a perguntas. Fica impaciente ou sarcástica quando pessoas com menos experiência pedem ajuda. Uma vez, ela deixou que a Fernanda Back, uma colaboradora inexperiente da equipe, cometesse um erro grave de metodologia de pesquisa. Isso causou um impacto negativo na avaliação dos novos produtos, resultando em um enorme erro no posicionamento da campanha de marketing, gerando distorções e aumento do orçamento inicial.

Marcia também está se tornando mais isolada. Ela não contribui nas reuniões, a não ser para fazer comentários debochados. Nas últimas semanas, membros da equipe reclamaram várias vezes que ela hesita em realizar algumas tarefas da área, porque acha que essas tarefas "simples" devem ser realizadas pelos membros mais inexperientes.

Treinamento em liderança

A mudança de atitude e comportamento da Marcia o preocupa. Você tinha planejado inscrevê-la na "Academia de Liderança Refresh Ice", um programa especial de treinamento de duas semanas. Os colaboradores devem participar desse programa a fim de serem considerados para promoção a posições de liderança. Ontem foi o último dia de inscrição. Devido à mudança de desempenho da Marcia, você está em dúvida se deve inscrevê-la, uma vez que ela pediu para ser considerada e não participar pode piorar ainda mais sua motivação. Se não for esse, o próximo programa será daqui a seis meses.

Resumo do colaborador: Marcia Campos

- Trabalha para a Refresh Ice há cinco anos.
- Casada, mãe de uma filho; o marido sofre doença crônica, impedindo-o de trabalhar frequentemente.
- Estudou marketing na faculdade; saiu com média 8,5.
- Atualmente frequenta, duas vezes por semana, pós-graduação; continuar com o ritmo atual, completará em dois anos. Média 8.
- Participou de vários seminários organizados pela empresa sobre produtos, negócios etc.
- Refresh Ice é a única empresa que trabalhou.
- Depois de um ano e seis meses junto à Refresh Ice, pediu promoção, enumerando as seguintes qualificações: "Eu me dou bem com as pessoas; conheço o trabalho e consigo que as pessoas trabalhem comigo; sou melhor qualificada no conhecimento sobre o negócio".
- Submeteu de novo o pedido no mês passado.

Avaliação de desempenho

Recebeu um aumento significativo, por mérito, um ano após integrar a Refresh Ice. Paulo Alves (o antigo líder) classificou o desempenho da Marcia como "excepcional". Seus comentários incluíam:

- Dá bons exemplos.
- Sugere melhorias na organização de tarefas e pessoas.
- Conhece o negócio, sistemas de pesquisa, mercado, concorrentes, produtos.
- Expert em regulamentos.

- "Muito produtiva, conto com ela para trabalhos difíceis".
- Os demais frequentemente pedem sua opinião.
- Algumas vezes desvia-se das práticas e dos procedimentos estabelecidos, porém, seu jeito é normalmente melhor que a solução-padrão.

Sua tarefa

Você pediu a Marcia para vir hoje ao seu escritório para uma reunião. Qual seria sua decisão em relação a ela?

A. Demitir Marcia.

B. Obter o compromisso dela de melhorar seu desempenho.

C. Inscrevê-la no curso a fim de prepará-la para uma futura posição de liderança.

A tática a ser usada é de escolha sua. Defina sua estratégia para endereçamento dessa conversa com a Marcia. Faça um X na sua decisão.

Agora, siga a sua leitura para ter acesso às ferramentas essenciais que vamos explorar nos próximos capítulos e volte à sua decisão sobre Marcia ao final da leitura. Então, avalie se mantém seu veredito ou se muda de ideia.

Capítulo 5
Autoconhecimento: será que você tem perfil para liderar?

Se você tivesse apenas uma chance para descobrir se será um bom líder ou mesmo para saber como pode melhorar sua liderança, meu conselho seria o seguinte: invista no seu autoconhecimento. Quando estamos falando da decisão de ser líder, é importante saber que você não lidera o outro se não liderar antes a si mesmo. Por isso, o primeiro passo é saber onde manda bem, onde escorrega na casca de banana, quais são seus interesses e suas motivações. Vamos começar, então, com uma autoavaliação para entender o quanto está pronto para o desafio de ser gestor.

Você saberia responder com convicção às seguintes questões?

- No que mando bem?
- No que mando mal?
- O que entendo que passará a ser exigido de mim como líder? Isso é algo tranquilo para mim? É uma fortaleza que tenho, uma característica fluida? Sim ou não?

Veja que não estamos falando sobre o quanto você gosta de ser líder ou deseja esse lugar, nem mesmo o quanto tem se preparado para isso, fazendo cursos e MBAs. Não acredito em perfis ideais de líderes, em características que servem para qualquer organização, que se aplicam a qualquer contexto. Se houvesse um, eu já teria desenvolvido o teste, patenteado, e este livro seria sobre isso.

Lamento ser eu a pessoa que vai dar essa má notícia: você não é bom em tudo. Mas também tenho uma notícia libertadora: e nem precisa ser! A melhor chance que temos de desenvolver uma carreira vitoriosa é quando investimos naquilo que temos de melhor e fazemos com que isso seja ainda mais diferenciado, excepcional. Ou seja, o caminho é focar no que somos bons para sermos ainda melhores. Para a maioria de nós, não foi exatamente isso que aprendemos. O que nos foi passado é que precisamos focar naquilo que não temos, a fim de completar as lacunas do que falta e nos tornarmos profissionais completos. Como se todos fôssemos realmente capazes de ser bons em tudo... Isso não é verdade. Temos, sim, que entender onde não mandamos bem para compreender que esse é o nosso limite, e assim escapar das "cascas de banana". Mas só seremos bem-sucedidos quando focarmos no que somos realmente bons e fizermos isso ser incrível.

Muitas são as ferramentas existentes no mercado que nos ajudam a ampliar nosso conhecimento acerca de nós mesmos. Para ajudar você nessa investigação, conheça a seguir determinados aspectos do seu "eu" que podem influenciar e contribuir na decisão sobre sua carreira.

Sua personalidade

Nossa personalidade é uma espécie de padrão, mais ou menos constante, de sentimentos, emoções e comportamentos que costumamos apresentar nas mais diversas situações. Ela se relaciona com aquilo que chamamos de identidade. Ao reconhecermos essas características mais estáveis, entendemos isso como nossa identidade.

A personalidade se transforma com mais facilidade no período compreendido entre a infância e o início da vida adulta. Quanto mais entendemos esse traço como nossa identidade, menor será a possibilidade de mudá-lo. Mas é sempre importante entender por que queremos mudar algo em nós. Esse é um processo até possível, mas de longo prazo e difícil.

São vários os instrumentos que se propõem a fazer um inventário do comportamento do indivíduo em relação a alguns fatores de sua personalidade. Via de regra, tais instrumentos se caracterizam por apresentar um questionário no qual o respondente deve indicar sua preferência a partir de uma lista. O resultado revela como o indivíduo se situa dentro dos fatores medidos.

Nos últimos anos, esse tipo de instrumento tem sido bastante questionado porque o que os estudos demonstram é que as mudanças no comportamento acontecem com maior frequência do que se imagina. A variabilidade emocional, por exemplo, não é mais vista como um desses traços da personalidade. É fato que não pensamos, sentimos e nos comportamos da mesma forma em casa como no trabalho ou quando saímos com amigos. Nossa variabilidade emocional é muito mais influenciada pelo contexto do que um traço imutável de nossa personalidade.

Por isso é que conseguimos com mais facilidade adaptar nosso comportamento de acordo com nossa compreensão do meio no qual estamos inseridos. Outro fator fundamental é o grau de maturidade de nossa inteligência emocional, que permite o equilíbrio das emoções, o controle dos impulsos, possibilitando ao indivíduo canalizar suas emoções de maneira adequada.

O fundamental é compreendermos que pessoas não são boas ou ruins, certas ou erradas; determinadas características não são melhores que outras. Rotular é bobagem! Aceitar a si mesmo é o primeiro passo para gerenciar sua carreira.

Qual é o impacto da sua personalidade em sua carreira?

Nossa personalidade é responsável pela forma como percebemos nós e o mundo.

A aceitação do que você manda bem e do que não manda tão, então, é fundamental nas suas decisões acerca de sua carreira.

Seu cargo deve exigir o que você tem de melhor.

Procure por ocupações que requeiram as principais características de sua personalidade. Por exemplo: se você é extrovertido, expansivo e cheio de energia, profissões que demandem contato intensivo com outras pessoas são seu número.

Quando se trata de carreira, não existem características que sejam melhores que as outras e, sim, atividades que demandam aquilo que são nossas principais características.

Vai encarar?

Suas motivações

Ninguém motiva ninguém. A motivação é uma força interior, uma das habilidades de nossa inteligência emocional. É uma energia que nos impulsiona em determinada direção, visando ao atendimento de um conjunto de necessidades.

Segundo Edgar Schein, em sua Teoria de Âncoras de Carreira, a cada setênio (intervalo de sete anos) temos uma espécie de direcionador que rege a nossa carreira. Trata-se de uma perspectiva de carreira interna (do indivíduo).

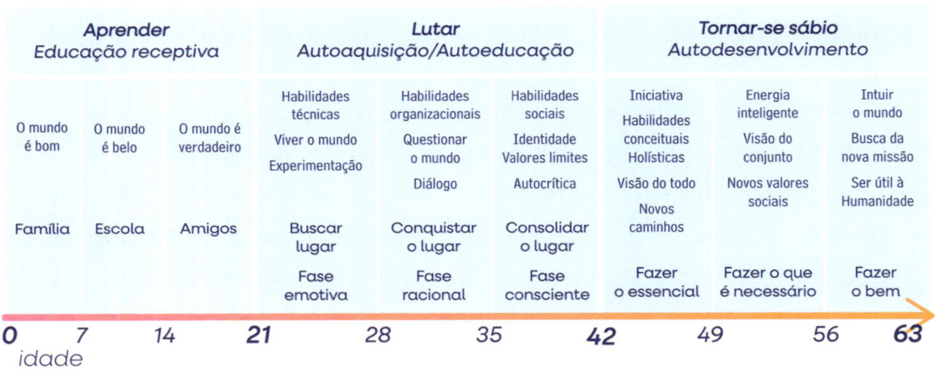

Ao contrário de nossa personalidade, cujas principais características mudam pouco, nossas motivações de carreira mudam de acordo com nossa perspectiva interna, a partir de como entendemos cada um dos setênios. As âncoras de carreira são, portanto, "uma combinação de áreas percebidas de competências, motivos e valores das quais não abrimos mão, e que representam o nosso próprio eu", norteando e suportando nossas decisões.

Ao todo, são oito âncoras de carreira: Técnica-Funcional, Autonomia e independência, Criatividade empreendedora, Segurança e estabilidade, Gerência-Geral, Desafio Puro, Senso do dever e Estilo de Vida.

Técnica-Funcional • Conhecimento. • Especialização. • Trabalho técnico. • Conteúdo intrínseco do trabalho. • Realizações. • Oportunidades de desenvolvimento. • Capacidade de influir.	**Autonomia e Independência** • Independência. • Fazer as coisas à sua maneira. • Pouca tolerância e subordinação. • Procura de liberdade de ação. • Mudança/Variedade. • Trabalho autônomo ou por projetos.
Criatividade Empreendedora • Desafios criativos constantes. • Desenvolvimento de novos negócios. • Necessidade de poder e liberdade. • Evidência pessoal e reconhecimento.	**Segurança e Estabilidade** • Previsibilidade e segurança financeira. • Atmosfera positiva de trabalho. • Trabalhar com os outros. • Lealdade. • Identificação com a organização.
Gerência-Geral • Poder. • Reconhecimento. • Status. • Responsabilidade por decisões. • Atingir o topo. • Gerenciamento e liderança. • resultados através dos outros.	**Desafio puro** • Superação de obstáculos. • Competição. • Procura constante de desafios maiores. • Motivação está na autossuperação. • Solução de problemas. • Mudança/Variedade.
Senso de dever • Ajudar os outros. • Servir à sociedade. • Necessidade de influenciar a organização ou sociedade na direção de seus valores. • Compartilhamento de seus valores. • Influência.	**Estilo de vida** • Integração do trabalho com estilo de vida total. • Estética. • Equilíbrio. • Saúde. • Crescimento pessoal. • Independência. • Valorização da vida pessoal e familiar.

Assim como nossas características de personalidade, compreender os atributos e as vulnerabilidades de nossas motivações faz com que nossas decisões sejam mais assertivas, que "conversem" com aquilo que de fato é importante para nós.

Quando aquilo que nos motiva fala com uma característica de nossa personalidade, o comportamento decorrente se potencializa. Por exemplo: se temos um indivíduo fortemente orientado a atingir objetivos, que tenha características de competitividade e uma âncora de Desafio Puro, facilmente poderá se caracterizar como o que costumam chamar no mundo organizacional de "trator". Ele entrega o resultado, mas o custo é alto.

Por outro lado, indivíduos de natureza muito relacional, com forte orientação para pessoas, que tenham uma âncora dominante de Senso de Dever, podem ter muita dificuldade para endereçar conversas difíceis e promover balanço de consequências, postergando decisões mais complexas, acendendo vela cara para defunto barato. Para o gestor, ele está sendo justo, mas no time acontece o oposto: um sentimento de injustiça; afinal tem-se que "carregar" alguém.

Seus interesses

Nossos interesses mudam durante a vida. Dificilmente desenvolvemos bem tarefas pelas quais temos baixo interesse. Lembre-se de que estamos falando de interesses, e não de habilidades. Você pode gostar muito de arte, mas não ter habilidade para esculpir.

O professor John Henry Holland, da Universidade de Michigan, desenvolveu um teste bastante utilizado em processos de orientação vocacional, que ajuda a identificar o interesse a partir de seis tipos. São eles: realista, investigador, artístico, social, empreendedor e convencional.

O alto interesse em uma área, normalmente, faz com que a aquisição da habilidade necessária para ela seja facilitada e com certeza muito mais prazerosa. Mas não é porque você ama andar de moto que irá se realizar em sua carreira sendo um motoboy; não é porque você ama cozinhar que vai ser feliz sendo chef de cozinha. Ao confundir essa questão, vem a famosa associação: tenho que amar o que faço. Verdadeiramente acredito que temos que fazer o que somos bons e se ainda por cima amarmos isso, perfeito!

Bora pensar nesses fatores todos juntos?

Para mim, sucesso é:

O que te define como pessoa?

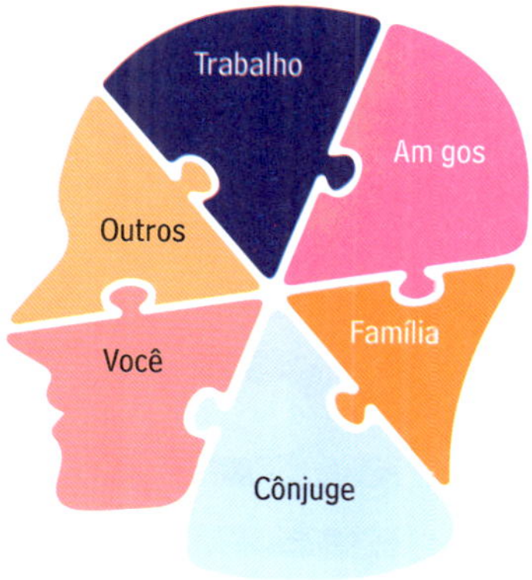

+

Meus interesses

=

Trabalho

Parte 2: As escolhas do líder

Capítulo 6
Você tem o melhor time?

Pensando no ciclo de vida do colaborador, tudo começa pela escolha das pessoas. O que você faz quando tem uma vaga aberta? Aqui, listei algumas atitudes comuns – e equivocadas – de gestores:

- Ir ao RH e pedir um clone de quem saiu.
- Desenhar o perfil de um verdadeiro astronauta da Nasa, com muito mais habilidades do que as requeridas para o cargo.
- Mesmo tendo uma vaga de júnior, desenha o perfil de um sênior por se achar injustiçado, uma vez que o RH não lhe deu a vaga do tamanho que realmente precisava.
- Coloca tudo e mais um pouco no perfil, porque está com pouca gente no time e precisa de um aumento de *headcount*, ou qualquer outra sofrência dessa natureza.

Se nada disso é recomendado, o que você tem que fazer para acertar na decisão de quem contratar? Em primeiro lugar: investir tempo na escolha das pessoas. Vai por mim: o tempo dedicado a essa etapa será economizado no seu dia a dia. Em segundo lugar, não foque sua escolha fundamentalmente na capacidade técnica, como faz a maioria dos gestores. Não que isso tenha perdido a importância, mas cada vez mais não é suficiente. O que faz com que as pessoas permaneçam ou, pelo contrário, deixem a organização são suas atitudes. São os comportamentos dos indivíduos os grandes responsáveis pela evolução ou pelo fracasso de suas carreiras. Um conhecimento técnico é mais rápido de ser adquirido e requer menos investimento para ser desenvolvido em um colaborador. Já mudar um comportamento é algo bem complexo, pois passa pela percepção do próprio indivíduo de que a mudança seja necessária e, mesmo com esse entendimento, ela só ocorrerá com muito foco, disciplina e dedicação. É por isso que muitos gestores admitem pelo currículo e demitem pelas atitudes de seus colaboradores.

Ciente de que você precisa investir tempo para escolher e que não deve olhar apenas para a capacidade técnica, reflita agora sobre os seus desafios como gestor:

Vai encarar?

- Quais são os desafios de curto prazo?
- Que entregas sua área terá que fazer?
- O que será requerido das pessoas para fazer essa entrega? Que conhecimentos, habilidades e atitudes?

Na sequência, pense:

- Quais serão seus desafios no médio prazo? O que virá para o jogo?
- O que será preciso desenvolver no time atual? O que passará a ser requerido das pessoas?

Depois de listar o que é necessário para a entrega de hoje e para a entrega do futuro próximo, olhe para o time atual e entenda:

- Quais pessoas você já tem?
- O que será possível desenvolver no tempo demandado pelos desafios?
- O que você deverá aportar? Um time pode até ter um bando de craques, mas, se eles não sabem jogar juntos, se um não complementa o outro, não conseguirão título nem de campeonato de várzea.

Que tal exercitar um pouco?

DESAFIO ATUAL	DESAFIO FUTURO
Qual é o maior desafio de sua área atualmente?	Qual passará a ser o maior desafio de sua área no futuro?
Desdobre isso em uma habilidade, um comportamento.	Desdobre isso em uma habilidade, um comportamento.
Descreva esse comportamento.	Descreva esse comportamento.

Essa reflexão inicial sobre os desafios é importante, porque no jogo organizacional, na realidade de contínua mudança em que vivemos, só se alcança bons resultados a partir da atuação diferenciada do todo. Portanto, o processo de recrutamento e seleção deve ser altamente estratégico e fundamental para que os gestores, a partir de escolhas alinhadas ao negócio e perfil da área, possam fazer a composição de equipes de alta performance. O tempo de trabalho investido nessa tarefa visa assegurar a contratação de pessoas que garantirão o sucesso da empresa.

Vejamos agora o que considerar na hora de recrutar.

Talento como diferencial competitivo

Mas o que é talento afinal? Trata-se de algo natural da pessoa que deve ser usado para reforçar seus resultados. As habilidades que estão associadas ao talento podem ser alinhadas tanto às demandas de sua posição atual quanto futuras. Quando se tem esse alinhamento, se tem um grau diferenciado de desempenho facilmente percebido.

Ter colaboradores de alta performance não é bandeira da área de RH ou discurso vazio de executivo querendo impressionar. O estudo da McKinsey Quarterly, A guerra pelo talento (*The war for talent*), publicado em 2007, já demonstrou o impacto que a alta performance tem no resultado dos negócios. Perceba no quadro a seguir, que compara o que um colaborador de performance mediana, ou seja, aquele que executa em linha com o que é requerido do cargo (e que representa a maioria dos colaboradores de qualquer organização), entrega em comparação aos de alta performance.

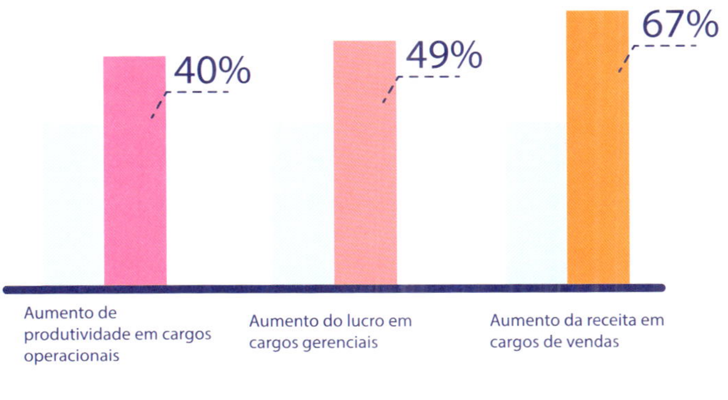

“NÃO FAZ MUITO SENTIDO SELECIONAR PESSOAS INTELIGENTES E DIZER A ELAS O QUE FAZER. NÓS SELECIONAMOS PESSOAS INTELIGENTES PARA QUE ELAS NOS DIGAM O QUE FAZER.”

(STEVE JOBS)

Knowledge workers X Talentos

A maioria das organizações não sabe distinguir entre suas pessoas-chave, aquelas cujo talento é direcionado à liderança, e os *knowledge workers*, em tradução para o português, trabalhadores do conhecimento. Todos os profissionais que possuem talento são *knowledge workers*, mas nem todos deste tipo são talentosos. Para operar com sucesso, toda organização precisa de talento para liderar e *knowledge workers* para assegurar a propagação do conhecimento necessária para a execução eficaz de seus processos.

Os *knowledge workers* podem se tornar líderes por meio de dedicação e um objetivo bem definido, mas a maioria não faz a transformação. No entanto, o que observamos é que a maioria dos profissionais que alcançam um cargo de liderança o fazem por ser o referencial técnico de um conhecimento-chave para o negócio.

Desempenho X Potencial

Uma vez compreendida a importância e o impacto de pessoas de alta performance para os negócios, é essencial entender o que é desempenho. Em linhas gerais, a capacidade de entrega do profissional frente à demanda do cargo que ele ocupa é a medida do desempenho.

Esmiuçando o conceito, o desempenho pode ser descrito como a atuação real do colaborador frente a uma expectativa ou um padrão de comportamento estabelecido pela organização e descrito no cargo atual. É o conjunto de entregas e resultados de determinado colaborador para a empresa ou negócio.

Para colocar um pouco mais de pimenta nessa discussão, outro conceito amplamente comentado e avaliado nas organizações é o potencial. Essa diferença suscita uma constante dúvida na maioria das organizações. O que é desempenho e o que é o potencial? Como medimos isso? Qual é o mais importante?

Vai encarar?

É importante identificar o potencial, porque é ele que permite que a pessoa aprenda e aplique constantemente novas competências com facilidade – e com isso possa ser exposta a desafios diversos e mais complexos do que os atuais.

Em um cenário de incertezas e mudanças, isso assegura de certa forma que, diante dos desafios, haverá uma capacidade instalada para enfrentar o aumento de complexidade. Portanto, em tempos de novas tecnologias, mapear o potencial das pessoas nunca foi tão estratégico.

O potencial só é utilizado a partir do momento em que o indivíduo é exposto a uma situação que passa a requerer o seu desenvolvimento. Potencial é sempre sobre futuro, nunca sobre passado. Trata-se, portanto, de uma capacidade latente e não aparente nos indivíduos; por isso, através da observação direta, é possível somente levantar indícios do potencial. Esse apenas pode ser identificado diante de técnicas específicas que expõem o indivíduo a situações diferentes e mais complexas do que as de seu cargo atual. A medida do potencial é sempre a de um prognóstico, uma vez que mede a entrega do colaborador em um cenário futuro.

Quanto maior a responsabilidade que o cargo demanda, quanto mais o indivíduo sobe na pirâmide organizacional, maior é a necessidade de desempenho e menor é a necessidade de potencial. Não consigo compreender a existência de potencial quando não há um padrão constante e diferenciado de desempenho. Quando isso ocorre é a exceção da exceção, algo que tem a ver com problemas de adaptação, do contexto, do engajamento do indivíduo. Mas, em minha estrada, nunca vi uma pessoa de alto potencial que se submeta por muito tempo a uma situação de desconforto, em que não possa dar vazão a esse potencial.

No entanto, pode haver desempenho superior sem que exista o potencial para ir além do conjunto de desafios e responsabilidades atuais. Todos têm limite de potencial.

Assim, o desenvolvimento das pessoas é o principal caminho para viabilizar a estratégia organizacional. É preciso prover à organização profissionais engajados e capacitados, com espaço para usar seus talentos a serviço dos desafios organizacionais, garantindo assim a continuidade e o crescimento do negócio.

Habilidades, *soft skills* e competências

Hoje em dia, alguns outros conceitos se somaram ao de competência: habilidades e *soft skills*. A diferença entre esses conceitos é bem sutil.

Competência é o conjunto de conhecimento, habilidade e atitude, que na sua manifestação integrada, produz uma atuação diferenciada.

Habilidade é a capacidade de transformar um conhecimento em ação, é o saber fazer.

Já *soft skills* são habilidades específicas, comportamentais, subjetivas, difíceis de avaliar e que envolvem as dimensões emocional e social. Elas são oriundas da experiência, do repertório de cada indivíduo; têm a ver com sua história.

Independentemente da categoria, essas são características bem mais complexas de serem avaliadas do que as competências técnicas. As técnicas são mais rápidas e fáceis de serem examinadas. Sempre é possível aplicar um teste para medir o conhecimento do indivíduo, seja ele prático ou teórico.

A maldição da prece atendida: cuidado com o que pede

Ainda é muito comum os exageros na hora de desenhar o perfil de cargo. Seja realista! Mais uma vez: é preciso dedicar tempo a essa tarefa. É a sua chance de deixar claro o que é realmente necessário para a posição. É aqui que você poderá decidir entre aquilo que, de fato, é indispensável e o que é desejável nos candidatos. Ter essa descrição bem-feita facilitará o processo de avaliação dos candidatos, e por consequência, sua decisão!

Além das características requeridas pelo próprio cargo – escolaridade, experiência anterior etc. –, liste as competências que serão requeridas. Vamos, então, aprofundar um pouco mais o entendimento do que são competências. Com a publicação do artigo, em 1973, do norte-americano McClelland, o mundo do trabalho começou a se transformar completamente e a entender, para posteriormente passar a adotar em todos seus subsistemas, a metodologia de competências. Para o autor, elas são uma característica subjacente a uma pessoa, que podem ser relacionadas com desempenho superior na realização de uma tarefa. Diferenciam-se, assim, de aptidões, que seriam um talento natural da pessoa. Elas são a integração e coordenação de um grupo de conhecimentos, habilidades e atitudes que, na sua manifestação em conjunto, produzem uma atuação diferenciada. E o que faz a distinção é a manifestação em conjunto: não adianta ter apenas um dos elementos, precisa de conhecimento, habilidade e atitude ao mesmo tempo.

DICA IMPORTANTE:

- **CONHECIMENTO:** é o SABER que se tem a respeito de algum assunto e que é utilizado no exercício de uma função.
- **HABILIDADE:** é o SABER FAZER; refere-se à capacidade de utilizar os conhecimentos de modo efetivo e imediato na execução de uma tarefa.
- **ATITUDE:** é o SER; refere-se à maneira como a pessoa se comporta frente à uma situação.

Se o indivíduo sabe fazer algo, mas não quer, ele não faz. Se, pelo contrário, ele quer fazer algo que não sabe fazer, até pode fazer, mas faz malfeito. Por isso que os três elementos devem estar integrados, manifestando-se em conjunto para produzir uma atuação diferenciada.

Além de definir a competência que será utilizada no processo seletivo, é importante descrevê-la. Como se trata de algo subjetivo, caso não haja uma definição clara e de fácil entendimento, não se consegue chegar a um denominador comum. O que é o conceito de trabalho em equipe, por exemplo? Pode ser bem diferente para cada pessoa.

A descrição deve ser simples, sem julgamentos ou juízo de valor. A linguagem utilizada deve ser adequada aos interlocutores, facilmente compreendida por quem vai utilizá-la.

Preferencialmente, deve ser feita uma régua com a evolução da manifestação dos níveis do comportamento, ou seja, a descrição de como o comportamento se manifesta em um estágio inicial até seu estágio mais avançado. Dessa forma, a subjetividade na avaliação diminui consideravelmente. Vamos a um exemplo:

INOVAÇÃO

Mantemo-nos abertos ao novo, aproveitamos abordagens diversificadas, otimizando custo-benefício e antevendo tendências, o que estimula um ambiente de ousadia e exposição de opiniões inovadoras. Reconhecemos atitudes e soluções eficazes que satisfazem os objetivos da empresa.

Nível 1 Aprendizado	Nível 2 Aplicação	Nível 3 Autonomia	Nível 4 Orientação
Demonstra baixa iniciativa em propor algo e espera que os que estão a sua volta apontem a direção a ser seguida. Apresenta comportamento hesitante e tem dificuldade em questionar as convenções estabelecidas. Atua na causa do problema sem fazer ações nos ganhos de curto prazo e deixando de considerar o cenário a a sua volta.	Emerge uma boa capacidade criativa, contribui com ideias pessoais e aponta propostas inovadoras e adequadas. As soluções apresentadas estão dentro das responsabilidades de seu papel, revelando capacidade em tomar atitudes eficientes nessa direção. Formula propostas com foco provisório com relação às perspectivas efetivas, priorizando resultado a curto prazo. Em alguns casos, considera as consequências no tempo e nos cenários.	Cria soluções inovadoras, sabe identificar, reconhecer e utilizar novas ideias, que extrapolam o âmbito das atividades pelo colaborador desenvolvidas. Busca e promove pessoalmente novas modalidades para resolver os problemas. Possui visão de longo prazo, preocupando-se com a repercussão de suas ações no cenário futuro da empresa.	Busca soluções inovadoras, trazendo abordagens que agreguem ao contexto com uma nova visão. Busca novas soluções para problemas antigos. É capaz de aplicar novos modelos e utilizar-se de diferentes perspectivas em suas aborgadens. Desenvolve soluções e procedimentos inovadores, tornando útil o impacto sobre os resultados da empresa. Aplica modelos e perspectivas derivados de outros âmbitos do pensamento e da atividade. É capaz de fazer correlações, de sugerir ações de impacto estratégico.

Para ter um perfil assertivo você deverá listar:

- Qual é o principal desafio a ser vivido pelo profissional?
- Quais serão as principais atividades desempenhadas?
- Quais são as competências técnicas requeridas?
- Quais são as competências comportamentais que garantirão o melhor desempenho dessas atividades?

Lembre-se: não existem super-heróis! Existem pessoas que serão mais ou menos aderentes ao perfil que você está buscando. Outro ponto importante é apostar na diversidade. É fundamental para o alcance dos resultados ter um mix de atitudes, comportamentos e conhecimentos que juntos realizam entregas diferenciadas!

Ao identificar as principais atividades do futuro colaborador, você terá um mapa claro do que precisa para o desempenho dessa função. Como ressaltei anteriormente, a capacidade técnica não perdeu importância, porém, por si só não é mais suficiente. As empresas cada vez mais valorizam o comportamento, não menosprezando a condição técnica, mas compreendendo que são as atitudes (comportamentos) que o futuro colaborador apresenta que o farão evoluir ou, por outro lado, ter que fechar seu ciclo na organização.

O que não pode faltar no desenho do perfil do cargo:

- As principais responsabilidades da função.
- A experiência requerida.
- As habilidades e os conhecimentos específicos.
- As competências comportamentais esperadas.
- Os principais desafios da posição.

Perfil do cargo X Descrição do cargo

Perfil de cargo não é a mesma coisa que a descrição dele. O fato de haver uma descrição ajuda no desenho do perfil, mas o perfil é mais abrangente no sentido de descrever as características desejadas do futuro ocupante.

Ao descrever um perfil, é importante ter um balanço entre algo muito amplo ou muito específico. Quanto mais amplo ficar o perfil, mais tempo levará para preencher a vaga. Por exemplo, se você simplesmente colocar algo como: "Vasta experiência com televisão", não será possível saber se o gestor precisa de alguém para instalar equipamentos ou para desenhar produtos... Portanto, o recomendado é descrever um pouco mais. Algo assim: "ao menos três anos de experiência na criação de produtos para televisão". Dessa forma, fica mais fácil saber qual o tipo de colaborador, bem como e onde buscá-lo.

O contrário também não é o melhor. Exagerar na descrição do perfil, a ponto de deixá-lo muito restrito, impactará no tempo para achar o profissional. Por exemplo, "Engenheiro florestal, com mestrado e mandarim fluente" é muito específico e não se encontram muitos profissionais com esse conjunto de qualificações. Nesse caso, tente expandir. Ao fazer uma descrição, é fundamental saber exatamente o que é indispensável e o que é desejável nos candidatos. Na sequência, é importante saber identificar quais serão os principais desafios, as atividades desempenhadas, as competências técnicas requeridas e as competências comportamentais que garantirão o melhor desempenho nas atividades.

O jogo organizacional, na realidade de mudança atual, é colaborativo. Por isso, é muito importante considerar o que já existe no time, em que ponto a equipe já manda bem. A partir daí, deve-se olhar no futuro e pensar no que irá ser requerido das pessoas frente aos desafios de negócios. Essas são as competências que devem ser priorizadas. Não se pode deixar de fora as características específicas de uma determinada área, e muito menos quais são os valores, traduzidos em competências, requeridos pela organização.

Vai encarar?

EXERCÍCIO 1 – CHECANDO OS SEUS CONHECIMENTOS

1. O que não é necessário na descrição de um perfil de cargo?

A. As preferências de gênero, estado civil, raça ou credo do avaliador.

B. As habilidades requeridas.

C. As principais responsabilidades da função.

D. Potenciais fontes de recrutamento.

2. Qual é a afirmativa falsa?

A. A capacidade técnica não perdeu a importância, porém ela não é mais suficiente.

B. Grandes organizações de tecnologia já admitem desenvolvedores de sistemas sem diploma universitário.

C. A probabilidade de um candidato que estudou em uma excelente faculdade ser bom é muito maior do que a de um candidato que estudou em uma faculdade mais fraca.

D. Cada vez mais o comportamento é valorizado, porque são as atitudes que fazem com que o colaborador cresça e evolua.

E. Quanto mais restrito ficar o perfil, mais difícil ficará de atender à necessidade; e também levará mais tempo para preencher a vaga.

Entrevista por competência

Se o candidato já tem alguma experiência profissional anterior, a técnica recomendada, na qual iremos "mergulhar" com profundidade, é a de entrevistas por competências. A premissa, baseada no modo como nosso cérebro opera, a economia psíquica, é de que o **comportamento passado** prediz o comportamento **futuro**. Se diante de uma situação, agimos de determinada forma e, independentemente de termos sido bem ou malsucedidos, aprendemos com o fato, em uma situação semelhante adotaremos postura condizente com esse aprendizado.

Nessa técnica, é solicitado ao candidato que conte um fato para descrever como atuou diante de uma situação em que a competência foi requerida. A partir da narrativa do fato ocorrido, da história pregressa do indivíduo, se apura se a competência está ou não instalada; e, se sim, em que grau.

No entanto, se estamos falando de pessoas com pouca experiência ou mesmo nenhuma, como é comum em cargos de entrada (estagiários ou *trainees*). O ideal é usar técnicas que simulem a situação em que a competência deverá ser utilizada para verificar a atuação dos indivíduos. As técnicas mais comumente utilizadas são as dinâmicas de grupo e os estudos de caso, aplicadas pelo RH. Se não for possível utilizar essas técnicas, ainda é possível realizar a entrevista por competências adaptando os exemplos para a vida acadêmica, familiar ou mesmo outras situações sociais.

Na técnica de entrevista por competências, o que conta é a narrativa do candidato. O entrevistador deve solicitar que ele descreva a ação sobre a qual o fato ocorreu, a ação em si e quais foram os resultados dessa ação.

O processo de entrevista deve ser cuidadosamente planejado e executado. Ele se caracteriza como um importantíssimo momento da verdade. É aqui que a promessa que a marca empregadora faz começa a se tangibilizar.

Além do mais, ao contrário do que muitos pensam, o processo seletivo é uma escolha de mão dupla. Não é só um gestor escolhendo se quer trabalhar ou não com um candidato, mas é também um candidato avaliando se quer ou não trabalhar naquela empresa, com aquele gestor. Por isso, é inadmissível não ter o devido cuidado e preparo para a condução desse processo.

Bora para o passo a passo?

Antes da entrevista

Elabore as perguntas dirigidas

Você já elaborou com atenção e cuidado o perfil, já pensou no que é mais importante que o novo colaborador tenha e como ele irá se encaixar no seu time. Então, é hora de elaborar e selecionar as perguntas dirigidas que você irá utilizar na entrevista. Não caia na armadilha de achar que já está tudo muito claro na sua cabeça e que na hora as perguntas vêm. Os *headhunters* mais experientes não pulam essa etapa.

Para cada competência que se quer medir, o ideal é que se tenha um conjunto de duas a três perguntas. Muitas vezes, o candidato pode não ter a situação para narrar da forma como foi endereçada a pergunta, mas, ao modificar o questionamento e, consequentemente, abordar a manifestação da competência por outro ângulo, ele encontrará o exemplo para narrar.

Escolha o local da entrevista

Reserve local adequado, confortável e calmo para a condução das entrevistas, independentemente de ser presencial ou on-line. É importante que você e o candidato possam estar num ambiente livre de distrações e amigável. E tanto faz se estamos falando de um ambiente físico ou virtual.

Faça uma leitura prévia do currículo do candidato

Isso ajudará a identificar alguns pontos de questionamentos. Esse também é seu ponto de partida. Os candidatos se utilizam de seus currículos para se apresentarem. Faça referência ao CV durante a entrevista, isso ajudará o candidato a se sentir seguro. A mensagem é: o que está lá impressionou!

Reserve espaço em sua agenda para a entrevista

Coloque uma margem, uma folga. Lembre-se da importância de saber escolher a pessoa certa para o lugar certo. Essa é a principal habilidade, valor e prioridade no tempo, desde os primeiros estágios da liderança. Prepare-se para lidar com eventuais contratempos e crie contingências, mas não deixe de realizar, no horário, o que você se programou para fazer. Avise com antecedência seus colaboradores, seu gestor e quem mais for preciso, de que você estará envolvido nessa atividade naquele horário.

Na hora da entrevista

Chegou o momento da entrevista. Pegue seu roteiro, o CV do candidato e vamos fazer acontecer!

Seja pontual

O entrevistador deve ser pontual e evitar atrasos, pois esses irão aumentar em muito a ansiedade do candidato. Neste momento, o entrevistador é o embaixador da marca da empresa, o responsável pela percepção da marca empregadora.

Crie um ambiente amistoso

Aproveite os primeiros instantes para estabelecer um ambiente informal e amistoso. Isso é uma técnica e atende pelo nome de *rapport*. Enderece uma conversa do tipo: "Estou aqui dentro o dia todo e nem sei, como está o tempo?" ou "Foi fácil chegar aqui?" e outras questões desse tipo.

Isso contribui para diminuir a ansiedade natural que o candidato estiver sentindo. Ao contrário do que muitos apregoam, não se deve gerar pressão em processos seletivos. A única coisa que funciona bem sob pressão é o chope! Processos seletivos bem conduzidos devem obter do candidato o que ele tem de melhor, e não de pior. Se trabalhar sob pressão é algo que você precisa medir, coloque em seu roteiro alguma pergunta mais ou menos assim: "Conte-me uma situação na qual você teve que fazer uma entrega sob forte pressão, seja de prazo ou resultados?". Qualquer outra coisa diferente disso é pegadinha, e não seleção.

Explique brevemente sobre a vaga

Na sequência, dê explicações sucintas e objetivas sobre o cargo e a empresa. É importante que você esclareça sobre a entrevista e o processo seletivo em si.

Comece pela formação e trajetória do candidato

Durante os minutos iniciais, levante informações sobre a formação acadêmica e a trajetória profissional dele. Por isso, é fundamental você ter se aprofundado no CV dele. Além do mais, é simplesmente mal-educado olhar o currículo na frente do candidato, deixando claro que você não se preparou para o processo. Explique para ele a sequência que você utilizará para conduzir a entrevista.

Seria algo mais ou menos assim:

"Eu gostaria de iniciar nossa entrevista usando esses primeiros minutos para conhecer as principais responsabilidades do seu último cargo e o contexto em que você trabalhou, os principais desafios e resultados."

Outra armadilha comum em nossa natureza relacional é não ir diretamente ao ponto, por receio de ser invasivo ou algo similar. Não existe antídoto contra uma eventual mentira do candidato, por isso, não há pergunta mágica que adivinhe a intenção por trás da resposta. Se a vaga exige trabalho nos fins de semana ou viagens constantes, não pergunte se ele aceita, apenas comunique se ele está ciente dessa condição, porque será muito desagradável ele alegar que não havia recebido essa informação. Perguntar como é o lazer do candidato no fim de semana e, pelo fato dele ter respondido que joga bola, inferir que não irá trabalhar no fim de semana é forçar a barra.

Explique que você tomará notas para que possa recorrer a elas no momento da análise a algo além de sua memória. Mantenha a atitude corporal adequada, descontraída, mas séria. E então escute, e escute, e escute, e escute... Sem julgamentos, preconceitos ou outros vieses que uma primeira impressão possa ter causado.

É tentador sair do método, ele dá trabalho, é monótono, exige muita atenção e escuta por parte do entrevistador. As perguntas feitas são abertas e devem gerar a narrativa do candidato, restando ao avaliador escutar e anotar. Já ouvi de muitos gestores que esse tipo de pergunta é muito duro, antipático... E aí muitos caem na armadilha comum de privilegiar nossa natureza relacional e não vão diretamente ao ponto. Temem ser hostis ou algo similar e aí tornam-se evasivos, fazem perguntas nas quais o candidato pode responder exatamente aquilo que querem ouvir.

Não vamos nos enganar, qualquer candidato antes de uma entrevista já *stalkeou* minimamente o gestor, já se informou sobre a empresa, já achou em suas redes alguém que trabalha ou trabalhou lá; enfim, já se preparou.

Na hora de encerrar, reserve um espaço para perguntas do candidato sobre o processo e sobre a vaga em aberto. Na sequência, reforce seus esclarecimentos sobre os próximos passos da seleção. É importante que os candidatos que não forem admitidos sintam-se tratados com imparcialidade e tenham uma impressão favorável de sua empresa.

A ausência de retorno por parte das empresas aos candidatos envolvidos em seus processos seletivos ainda é a causa mais citada de impressão negativa na experiência do candidato e com impacto direto na percepção da marca empregadora.

Encerre a entrevista agradecendo a participação do candidato e o seu interesse em fazer parte do quadro de colaboradores de sua organização.

Técnica de entrevista e perguntas

Pense no papel do entrevistador como o de um repórter: você está atrás de evidências. A entrevista por competências é um processo desenhado para obter e esclarecer essas evidências, a presença ou ausência de tais competências para a função no candidato.

É fundamental que o entrevistador saiba se ater aos fatos. Para tal, ele poderá, durante a narrativa do candidato, fazer pequenas interrupções a fim de esclarecer melhor os fatos, a real participação deste em determinado processo. Por isso, não são aceitas perguntas que suponham determinada situação, perguntas do tipo "O que você faria diante deste cenário?". Se for para supor, significa que a pessoa ainda não atuou, e assim perde-se a premissa metodológica de que, uma vez que o comportamento está instalado, a tendência é que ele se repita.

A estrutura da Entrevista por Competências é basilar para minimizar a inevitável subjetividade e preconceitos que todos temos e interferem, em grande parte, na avaliação de candidatos, podendo inclusive levar à eliminação de excelentes potenciais que teriam muito a contribuir com o negócio.

O modelo de competências serve para estruturar um roteiro de perguntas que permitam que o candidato descreva o que fez, em vez de ficar filosofando, fazendo abstrações, exposição de crenças, respostas hipotéticas ou o famoso plural de modéstia tão apregoado: "Nós fizemos...". "Nós" não diz quem de fato fez o quê, e essa é a resposta a ser buscada.

O método não permite racionalizações ou respostas hipotéticas. Perguntas do tipo "Por que você fez isso?" ou "O que você poderia ter feito?" não são desejadas, pois não agregam na busca por evidências. Melhor perguntar: "O que passou pela sua mente quando você decidiu agir desse modo?". Nesse caso, você terá uma descrição precisa dos motivadores da ação, mesmo que a resposta seja "Sei lá, agi por instinto". As evidências traduzem em que grau a competência está instalada. Até porque um candidato não deve ser eliminado por não apresentar evidências de ter uma determinada competência, pois está em avaliação o conjunto do que ele apresenta frente ao que é requerido.

Portanto, evita-se perguntas do tipo "Você é criativo?" ou mesmo "Você aceita bem as críticas?". Quem em um processo seletivo, correndo atrás de uma vaga, responderia algo do tipo "Sou muito pouco criativo, pelo contrário, sou até meio obtuso"? Ninguém.

E, por favor, nunca mais use a pior de todas as perguntas: "Me fale um ponto forte e um defeito seu". Já dá até para adivinhar o que vem como resposta: "Sou perfeccionista", "Sou ansioso". Se você quer saber em que ponto o sujeito manda mal, que tal algo do tipo: "Qual foi o feedback mais duro que você recebeu? O que você fez a partir dele?".

Evite	Prefira
Você é criativo?	Dê exemplo de uma situação onde você tenha inovado ou transformado um processo de trabalho.
Descreva seus pontos fortes e fracos.	Dê exemplo de uma situação onde você foi avaliado por um chefe, par ou subordinado.
Você se acha um bom líder?	Como você fez para conseguir o comprometimento de seus subordinados para atingir os objetivos da área? Dê exemplos.
Você aceita bem as críticas?	Descreva uma situação em que suas ideias foram contestadas.

EXERCÍCIO 2 – CHECANDO OS SEUS CONHECIMENTOS

Verifique se os exemplos a seguir estão utilizando corretamente a metodologia de Entrevista por Competências.

1. Como você organiza sua agenda? Como define prioridade? Cite uma situação em que tenha sido bem-sucedido em determinar uma prioridade.

Mandou bem | Mais ou menos | Mandou mal

2. Conte uma situação em que você teve dificuldade em endereçar uma conversa difícil? Que situação foi essa e como você a contornou?

Mandou bem | Mais ou menos | Mandou mal

3. O que você faria para dar uma notícia ruim ao time?

Mandou bem | Mais ou menos | Mandou mal

4. Como você faz para lidar com a pressão do dia a dia?

Mandou bem | Mais ou menos | Mandou mal

5. Dê-me um exemplo de uma situação em que você teve que chamar para si a responsabilidade de algo para poder alcançar o resultado? O que você fez?

Mandou bem | Mais ou menos | Mandou mal

6. Qual é a principal dificuldade de relacionamento que você tem enfrentado e o que já fez efetivamente para resolvê-la?

Mandou bem | Mais ou menos | Mandou mal

7. Conte uma situação em que você pôde mudar o modo de fazer algo como resultado de um feedback ou sugestão dada a você. Qual foi o feedback?

Mandou bem | Mais ou menos | Mandou mal

8. Relate uma situação em que sua decisão não trouxe o resultado esperado. O que deu errado? O que você faria diferente?

Mandou bem | Mais ou menos | Mandou mal

9. O que você faz para aprender algo que não sabe?

Mandou bem | Mais ou menos | Mandou mal

10. O que você faria diante de uma situação de conflito com um colega de equipe? Como contornaria isso?

Mandou bem | Mais ou menos | Mandou mal

11. Como você se mantém informado e atualizado sobre as mudanças ou tendências do mercado? Cite um exemplo em que tenha utilizado seu conhecimento organizacional e/ou de mercado para entender e resolver determinada situação ou problema. Quais variáveis você analisou e quais resultados atingiu?

Mandou bem | Mais ou menos | Mandou mal

12. Conte-me como você faria para buscar um conhecimento que não possui?

Mandou bem | Mais ou menos | Mandou mal

13. Cite um exemplo de uma situação em que você identificou uma nova, diferente ou não usual forma de lidar com atividades ou problemas antigos. Qual era o problema? Que ação você tomou? Quais foram os resultados?

Mandou bem | Mais ou menos | Mandou mal

14. Já houve alguma situação de conflito na área ou entre áreas que você precisou gerenciar? Como foi isso? Que recursos você utilizou para contornar a situação? Qual foi o resultado final?

Mandou bem | Mais ou menos | Mandou mal

15. Se um cliente estiver muito nervoso diante de uma situação na qual a falha foi realmente da empresa, o que você faria?

Mandou bem | Mais ou menos | Mandou mal

16. Qual destas não é uma pergunta por competência:

A. Como você costuma mensurar o resultado de suas ações? Cite um exemplo em que você teve que rever seu planejamento. Baseou-se em quais informações?

Vai encarar?

B. Cite um exemplo em que você utilizou seu conhecimento organizacional e/ou de mercado para entender e resolver uma determinada situação ou problema. Qual análise você fez e quais foram os resultados atingidos?

C. Descreva um momento em que você tenha criado oportunidades para que alguém de sua equipe assumisse níveis significativamente maiores de responsabilidade. Que tipo de acompanhamento você fez?

D. Cite um exemplo de uma situação na qual você identificou uma nova, diferente ou não usual forma de lidar com atividades ou problemas antigos. Qual era o problema? Que ação você tomou? Quais foram os resultados?

E. Cite uma ação em que você deveria ter tomado uma atitude para melhorar a performance do seu time. O que você poderia ter obtido nessa situação? Que resultados você planejava alcançar?

17. Qual é a pergunta adequada a se fazer:

A. Você se considera bom líder? No que você baseia a resposta?

B. Ontem tive muito pouco tempo e precisei decidir entre atender uma reclamação de um cliente ou reverter a demissão de um colaborador. O que você faria no meu lugar?

C. Apresente uma situação na qual a sua intervenção foi fundamental na resolução de um conflito. O que você fez e qual foi o resultado?

D. O que você faz no seu dia a dia para lidar com problemas de relacionamentos interpessoais?

E. Como você lida com um dia ruim?

18. Qual das questões abaixo não está correta, tomando por base a metodologia de entrevista por competências?

A. Dê um exemplo em que você precisou criar consenso em situações de conflito entre áreas e/ou pessoas com diferentes prioridades para atingir resultados. Como você agiu? Que resultados alcançou?

B. Como você poderia assegurar que está entregando resultado sustentável dos seus projetos? O que você faria se isso não fosse possível? Como você modificaria o resultado dessa situação?

C. Dê um exemplo em que você foi reconhecido por outros por ter atuado como parceiro em determinado projeto ou atividade. O que fez? Qual foi o resultado? Como você procurou democratizar o conhecimento naquele momento?

D. Comente uma situação em que teve uma tomada de decisão difícil, que envolvia certo risco. Qual foi a decisão e qual era o risco envolvido? Como fez para minimizar os riscos? Qual foi o resultado final da sua decisão? Como ela foi percebida?

Vai encarar?

Analise os trechos a seguir e identifique se há fatos ou não neles.

19. "Eu achei que eles se sentiriam incomodados com um terno bonito e uma pasta de couro elegante, então, eu decidi visitar a fábrica usando roupas mais informais, levando uma prancheta para anotações."

Sim Não

20. "Eu sempre ligo para o meu chefe antes. Dessa forma, eu sempre sei, com certeza, se posso fazer alguns ajustes nas cláusulas do contrato."

Sim Não

21. "Naquela ocasião, fiz o que normalmente faço. Liguei para meu chefe para me certificar se eu poderia fazer algum ajuste nas cláusulas do contrato."

Sim Não

22. "Eu e meu colega fomos para a reunião com certa apreensão. Mas a apresentação foi conduzida de forma brilhante! Todos os presentes elogiaram e concordaram com o plano para a reorganização do departamento."

Sim Não

23. "Quando o relatório mensal ficou pronto, foi prontamente enviado para revisão em nosso escritório regional. O pessoal gostou muito dele e um chefe até me disse que eu tinha feito um trabalho muito melhor do que meu antecessor."

Sim Não

24. "Nós éramos capazes de convencer o comprador a experimentar nosso produto. Era um produto novo, mas o gerente de vendas e eu tínhamos argumentos muito persuasivos que obtivemos dos estudos de mercado realizados."

Sim Não

25. "A conversa se estendeu até eu conseguir com que eles vissem que estavam novamente discutindo sobre o mesmo problema, exatamente como no mês anterior."

Sim Não

26. Candidato: "Realmente eu não sei como eu me senti."
Entrevistador: "Você sentiu raiva, considerando a forma como foi tratado?"
Candidato: "Eu acho que sim."

Sim Não

Vai encarar?

27. "Eu realmente fiquei bravo pela forma como ele me tratou, como se eu não tivesse uma boa razão para questioná-lo."

Sim Não

Pontos de atenção da entrevista

PONTO DE ATENÇÃO 1 – Posso fazer pergunta sobre vida pessoal?

Essa é uma questão que recorrentemente escuto de meus alunos. E minha resposta é sempre a mesma: para quê? Qual é seu objetivo com ela? Na maioria das vezes, o que pude verificar é que se tratava de perguntas baseadas em vieses, suposições, crenças...

Coisas do tipo "Posso perguntar se o candidato fuma?", no que indaguei: "Por quê? Não há área de fumantes na empresa?". Ouvi a resposta: "Não. É porque quem fuma toda hora vai no fumódromo, e assim a pessoa perde muito tempo; não vai ser tão produtiva como quem não fuma".

Eu mesma já passei por uma situação bastante constrangedora que nos tempos atuais poderia comprometer seriamente a imagem da empresa. Minha filha era recém-nascida, estava por volta dos 6 meses, e recebi um convite para participar de um processo seletivo. Era uma multinacional, com presença em diversos estados do Brasil e matriz no exterior. Resolvi participar, fui vencendo as etapas até a última delas, que era uma entrevista com o diretor da área de RH. Sempre coloquei no meu CV alguns dados pessoais, como idade, estado civil e, depois que fui mãe, algo do tipo: 1 filha – 6 meses.

A entrevista seguia bem quando, lá pelas tantas, o diretor me faz a seguinte pergunta: "Eu vi aqui que você tem uma filha de 6 meses. Como é que você faz para administrar o problema da sua filha?".

Eu compreendi que ele queria se referir a minha disponibilidade para viagens, se eu estava ciente dessa exigência ou qualquer coisa dessa natureza. No entanto, a pergunta dele foi tão inapropriada que naquele momento eu decidi que aquele não era um lugar para mim e não fui nem um pouco delicada na minha resposta: "Deixa eu te contar uma coisa. Eu fui dada como infértil por dois médicos, um terceiro disse que talvez, e após 2 anos de tratamento, algumas cirurgias e provetas, consegui engravidar de gêmeos e perdi um. Portanto, minha filha nunca foi um problema, pelo contrário, ela foi a solução de um problema que era meu. Até compreendo a sua intenção com essa pergunta, mas a forma como ela foi feita me desagradou demais e eu não viria trabalhar aqui de modo algum. Por isso, é melhor não ocuparmos mais o tempo um do outro".

E não pense que isso não acontece. Ainda hoje é supercomum mulheres na faixa de 30 anos serem indagadas se pretendem ter filhos. Recentemente, escutei de um gestor: "Você não sabe o que aconteceu. Resolvi investir em uma *trainee* para uma posição de liderança e sabe o que ela aprontou? Engravidou".

A maioria das perguntas pessoais é, de fato, uma daquelas tentativas de descobrir como a pessoa irá proceder diante de situações muito típicas, como trabalho no fim de semana, viagens e outras coisas assim. Repito: o melhor a fazer é dizer claramente para a pessoa como as coisas irão acontecer no dia a dia e deixar ela pensar se quer ou não essa situação. Como ouço vozes, esse é o momento que alguns devem estar falando consigo mesmos: "Ah! Mas quando a pessoa está precisando, aceita qualquer coisa, depois não vai querer se submeter à situação". E verdadeiramente você acha que fazer uma pergunta cheia de vieses ajuda a eliminar esse risco? Adultos são responsáveis por suas decisões. Caso a pessoa não cumpra com o que foi exposto e combinado ao longo do processo seletivo como condição de trabalho, são outras as providências que têm que ser tomadas.

PONTO DE ATENÇÃO 2 – Cuidado com as suposições

Não é de hoje que sabemos que grande parte de nossa comunicação não está no conteúdo das mensagens e, sim, nos gestos e em nossa entonação. Diversos estudos e livros já demonstraram que o corpo fala, é fato. No entanto, devemos ter cuidado ao interpretar os gestos dos candidatos. Nem todos que cruzam os braços têm uma postura defensiva. O que é indício deve ser investigado. Uma vez, ao explicar isso em uma sala de aula, um gestor disse aliviado: "Ah! Que bom!". E eu perguntei: "Por quê?". E ele respondeu: "É porque acho minha barriga muito fofinha, meu braço encaixa certinho em cima dela, gosto de descansar ele lá...".

Há teorias do tipo "Pelo jeito que o candidato entra eu já sei se ele serve ou não", "O aperto de mão diz tudo", "Como posso contratar alguém que estudou em uma faculdade tão ruim?" e por aí vai. Nada disso se baseia em fatos.

Vários são os relatos de exageros cometidos por conta de inferências e suposições, vindas ou não de posturas ou gestos.

O ser humano é extremamente subjetivo, mas o método de escolha deve ser objetivo. Ele se baseia em fatos e nada mais!

PONTO DE ATENÇÃO 3 – A importância da diversidade

Os problemas a serem enfrentados são mais complexos e exigem que as soluções sejam produzidas, e não reproduzidas. É preciso incrementar a capacidade de produzir novas soluções com outros olhares.

No entanto, vamos sempre preferir o que é igual, o diferente incomoda. E não importa o porquê, qualquer motivo vale. Somos seres sociais e temos necessidade de nos associar, precisamos do grupo e de nos sentirmos pertencentes a eles. Qualquer motivo vale para se agregar.

No extremo, podemos descambar para o etnocentrismo, ou seja, é quando se percebe os hábitos e as características do seu grupo como mais corretos, naturais e superiores do que de outros. É por isso que, quando o juiz marca um pênalti a favor do seu time, você concorda; quando é contra, você xinga a mãe dele.

Nos últimos anos, várias organizações têm privilegiado estratégias para facilitar a diversidade de gênero em sua força de trabalho. Isso porque hoje as empresas que pretendem prosperar já não podem ignorar nenhum segmento do *pool* de talentos. Mas, apesar desse cenário, estudos confirmam que a presença feminina ainda é pequena em altas posições na hierarquia organizacional. Além disso, há evidências de que a proporção equilibrada de mulheres e homens no trabalho tem relação direta com o aumento de produtividade e crescimento econômico.

Em minha experiência, por vezes, escuto de alguns gestores que eles não precisam se preocupar com a diversidade, pois eles são meritocráticos. Sempre lembro que meritocracia pressupõe que todos tenham as mesmas condições, a mesma linha de largada. Como podemos achar que há justiça olhando só aqueles candidatos que chegam após os filtros tradicionais seletivos? Meritocracia não pode ser entendida apenas como talento, resultados e performance, e não equidade. Ser diverso pressupõe ser inclusivo. E pelo amor de Deus: não fale em baixar a régua!!! Quem disse que um jovem negro – de periferia, que utiliza transporte público, se vira para dar conta de estudar e trabalhar longe de casa – tem um grau menor de competências de *problem solving* que outro, da mesma idade, branco e que até hoje só fritou hambúrguer em um intercâmbio fora do Brasil? Ao focar nas metodologias por competências, não estamos baixando a régua, mas buscando na experiência pregressa do indivíduo o potencial de execução do que precisamos no presente.

EXERCÍCIO 3 – CHECANDO OS SEUS CONHECIMENTOS

1. Qual das afirmações abaixo não corresponde à importância da diversidade?

A. Como todo ser humano é único e possui aptidões, valores e talentos individuais que os tornam diferentes entre si, sempre teremos diversidade de contribuições.

B. Gera inovação por ser plural, por reunir vários aspectos diferentes entre si.

C. Ajuda a empresa a "ficar bem na foto" perante o público consumidor.

D. Desenvolve nas pessoas um olhar mais amplo, de maior aceitação, a partir da troca com indivíduos que têm histórias diferentes, diminuindo conflitos.

PONTO DE ATENÇÃO 4 – Viés inconsciente

Cada vez mais a internet tem se tornado um campo fértil na proliferação de dicas de como as pessoas devem se comportar em um processo seletivo. O risco de se ater a estereótipos, fazer julgamentos e atuar de forma preconceituosa nessa etapa é enorme. Se o candidato, por sua vez, vem cheio de maneirismos e montagens que ele aprendeu nos cursos on-line de como passar em uma seleção, essa armadilha se multiplicará; e irá exigir muita isenção por parte dos avaliadores.

É importante verificar se esse é mesmo o comportamento recorrente do indivíduo ou algo que ele projeta quando percebe que está sendo observado. Por isso, sempre que possível, é importante ter pelo menos uma dupla nos processos de observação, principalmente nas dinâmicas de grupo. Na dúvida, só resta observar por mais tempo e com mais atenção. Se a incerteza persistir, o benefício da dúvida deve ser sempre do candidato.

Tendo em vista nossa subjetividade, natureza relacional e uma série de vieses inconscientes que habitam nossa humanidade – além de outras coisas mais –, estamos sujeitos a incorrer em graves armadilhas ao longo do processo seletivo.

É fundamental para qualquer avaliador conhecê-las e entender em que medida pode ser "fisgado" por uma delas. Algumas são mais fáceis de serem reconhecidas, estão mais ao nível consciente, porém, outras operam exatamente em camadas profundas de nossa consciência, não sendo tão fáceis de serem identificadas.

Pode ser desde uma simples procrastinação, que é quando o avaliador, por algum receio de se comprometer com suas escolhas, posterga sua decisão; até a ancoragem emocional, quando o avaliador percebe algo no candidato que lhe é familiar, para o bem ou para o mal, passa por cima das evidências e avalia o candidato baseado nessa ideia. Muitas vezes, isso atende pelo famoso "meu santo não bateu com o dele".

Claudio Fernández-Aráoz – um especialista em liderança que durante anos foi CEO de uma das mais importantes empresas de *hunting* de executivos de C-Level – é autor do livro *Grandes decisões sobre pessoas* (DVS Editora). Em sua obra, ele explica por que as decisões sobre pessoas são importantes, porém difíceis de serem tomadas. Há um capítulo inteiro dedicado a essas armadilhas do processo seletivo. Veja um resumo das principais.

- **Procrastinação –** Adiamento da decisão final.
- **Superestimação da própria capacidade –** Acreditar que aqueles que contratamos são mais capazes do que de fato são.
- **Julgamentos precipitados –** Tendência a categorizar a partir da primeira impressão.
- **Rotulação –** Por exemplo, apenas porque a pessoa estudou em tal universidade, é boa.
- **Avaliação de pessoas em termos absolutos –** No mundo corporativo é comum tanto elogios quanto críticas serem exagerados. Não se ponderam as circunstâncias. Exemplo: fulano é excelente gestor.
- **Recorrência a informações confirmatórias –** Após formar uma primeira impressão, busca-se evidências para confirmação desta.
- **Apego ao familiar –** Alguém que represente o cômodo e o familiar.
- **Ancoragem emocional –** Julgar os candidatos em relação ao que é familiar.
- **Gregarismo –** Tendência a querer o meio, a posição mais segura é o centro.

EXERCÍCIO 4 – CHECANDO OS SEUS CONHECIMENTOS

Pense em uma crença, em um viés inconsciente que você tem e que interfere no seu julgamento sobre as pessoas de uma forma geral.

PONTO DE ATENÇÃO 5 – Como saber que o candidato sabe?

Existem testes para medir conhecimentos específicos e, desde que haja necessidade baseada no que é requerido pelo cargo, você não só pode como deve aplicá-los. Os testes podem ser on-line, presenciais ou mesmo práticos. Por exemplo, é comum solicitar o comprovante da habilitação de empilhadeiras, bem como submeter os candidatos a uma prova prática.

Uma vez recebi o desafio de fazer um processo seletivo em massa para descobrir novos narradores para um canal de esportes. Comecei pelo começo, levantando o perfil. Fiz algumas entrevistas com experts que estavam acostumados a identificar talentos para narração e as respostas não me ajudaram muito. Disseram algo do tipo "Identifico pelo DNA". Naquele momento entendi que eu era quem tinha que descobrir que DNA era esse. Parti então para fazer uma análise através de entrevistas com profissionais que já atuavam como narradores, em diferentes estágios de carreira. Apliquei um inventário de personalidade em alguns deles e, por fim, fui parar na cabine de transmissão do Maracanã.

Assim pude elaborar um *game*, composto de diversos *microgames*, que media diferentes habilidades, sendo que uma delas era o desafio de narrar uma partida clássica de futebol. Na sequência, os candidatos escolhiam outro esporte – natação, vôlei ou basquete – e também narravam. Em conjunto com uma fonoaudióloga especialista, elaboramos uma régua que nos permitiu medir variáveis importantes, como entonação, emoção transmitida dentre outras. E, com a ajuda de escolas de radialistas, avaliamos os quase 11 mil candidatos inscritos.

O que pode ser descrito pode ser avaliado, seja por testes, entrevistas ou dinâmicas de grupo. A partir do momento que se compreende o que é demandado pelo cargo, candidatos podem ser avaliados.

Vai encarar?

EXERCÍCIO 5 – CHECANDO OS SEUS CONHECIMENTOS

1. Em uma entrevista bem planejada e elaborada, não é correto afirmar que:

A. O entrevistador conhece previamente o perfil bem como o currículo do candidato.

B. Há tempo na agenda suficientemente reservado para a entrevista, bem como local apropriado; essa atividade é uma prioridade na agenda do requisitante.

C. Foi elaborado um roteiro prévio contendo de duas a três perguntas para cada competência que se pretende avaliar.

D. A entrevista se inicia pelas perguntas por competência, tendo em vista que essa é a parte mais importante; e o requisitante não pode correr o risco de ter tempo de fazer as perguntas.

E. A principal habilidade requerida do entrevistador é a escuta; deve-se escutar atentamente, tentando entender o conjunto de valores e características do indivíduo e tomando notas das evidências.

2. São cuidados que todo entrevistador deve ter, exceto:

A. Reservar local adequado (presencial ou on-line), evitando interrupções.

B. Tendo em vista a nova realidade, não é problema responder a uma mensagem ou mesmo atender o telefone; basta se desculpar com o candidato.

C. Criar um clima amistoso, utilizando um tom de conversa informal, e não um interrogatório.

D. Utilizar escuta ativa, deixar o candidato falar.

E. Manter uma atitude objetiva, não preconceituosa e evitar julgamentos com base nas primeiras impressões.

3. Dado o seguinte candidato:

- Luiz Felipe Barbosa.
- 30 anos.
- Casado, ainda sem filhos (mas planejando ter!).
- Esposa colaboradora de RH, mas em empresa em crise, com risco de ser desligada.
- Cargo: Analista Financeiro Sênior.
- Formação: Economia.
- Experiência: Cinco anos em empresas multinacionais de grande porte.
- Idiomas: Inglês fluente / Espanhol intermediário.
- Atividades na empresa: planejamento orçamentário; organização e controle do orçamento; relatórios de acompanhamento de orçamento; análise de desvios de orçamento; e controle de justificativas das áreas. Tem muita interface com diversas áreas para controle dos orçamentos, reuniões de análise de desvios e levantamento das justificativas. Precisa ser organizado, planejado, processual, mas, ao mesmo tempo, precisa ter bom relacionamento, transitar bem nas áreas, entre as pessoas, pois terá um papel de cobrança de informações das áreas, de fazer reuniões com as áreas para análises de orçamento.

Elabore um roteiro para a condução da entrevista para o cargo de analista financeiro sênior.

Vai encarar?

A escolha do candidato

Após entrevistar todos os candidatos, é hora de escolher. A primeira coisa que temos que lembrar é que seleção não é diagnóstico. O uso de técnicas melhora o prognóstico, mas ele permanece como tal. Esse poderá ser mais acertado na medida de sua escuta e anotações das evidências. Já ouvi excelentes gestores se queixarem de que o candidato era tão bom na entrevista, mas no dia a dia não correspondeu. Por que será que ele sofreu essa transformação?

Outros me falam que é fácil mentir nessa técnica. #SQN. Como é que se pode contar uma história que não é sua por uma hora, uma hora e meia? Por isso, o entrevistador deve fazer intervenções para saber no "nós" o que era realmente a participação do candidato. Pode e deve perguntar algo do tipo: "Não ficou claro para mim exatamente qual foi o seu papel nesse projeto, você liderou? Concebeu a ideia? Participou do grupo? Você poderia, através de exemplos práticos, descrever-me exatamente qual foi a sua responsabilidade?".

#aceitaquedoimenos

Também é fato que você não controla tudo e que não existe candidato que atenda a 100% do perfil. O que a técnica permite é que você saiba exatamente o que está levando, qual é o grau manifesto de cada competência em cada um dos candidatos, baseado no relato da vida profissional pregressa deles, nos fatos ocorridos.

A comparação não se dá entre candidatos, e sim em relação ao que cada candidato apresenta diante das necessidades de composição do time. Qual peça, para fazer que movimento, você está precisando? Lembre-se de que não é jogo de damas, é de xadrez!

DO's e DON'Ts (dicas de ouro)

- No dia a dia, os líderes estão sempre escolhendo. Escolhem com quem irão trabalhar, quem promoverão, quem escalam para que projeto e quem não escalam.
- A primeira impressão pode enganar. Invista tempo para conhecer os aspectos comportamentais. Por conta de um viés inconsciente, aprovar ou reprovar um candidato apenas pela forma como ele aperta sua mão ou mesmo por uma resposta que ele dá à fatídica pergunta: "Me fale um defeito e uma qualidade sua" não é a melhor opção.
- Não faça perguntas em que o candidato ou cometa um sincericídio ou engane você. Exemplo: "Você é agressivo?". Que candidato concorrendo a uma vaga responderia: "Sim, muito. Para falar a verdade, tenho muita dificuldade de me manter calmo"?
- Muitas vezes, esta é a razão de um requisitante se encantar com um candidato no momento da entrevista e depois não entender por que ele não é nada daquilo que parecia ser. O problema está justamente aí: quando o que se pergunta dá margem para que o candidato diga o que faz bem aos ouvidos escutar, e não o que é a realidade propriamente dita; o desalinhamento entre expectativa e realidade é a consequência natural.
- Não tenha uma equipe a sua imagem e semelhança. A **diversidade** dá trabalho, mas dá resultados mais consistentes.
- Não escolha alguém apenas por sua capacidade técnica. Geralmente as pessoas não dão certo por **questões comportamentais**.

EXERCÍCIO 6 – CHECANDO OS SEUS CONHECIMENTOS

Escolhi, e agora? O que fazer no dia a dia?

Bora dar uma olhada nesta situação aqui.

Fábio é coordenador de uma área técnica. Muito simpático, está sempre bem-humorado. Seu grupo apresenta bons resultados. É frequentemente elogiado pelos diretores e seus clientes internos pela competência e agilidade na entrega dos trabalhos, embora o volume de atividades venha exigindo um esforço adicional de todos.

Há uma semana, recebeu uma nova pessoa no setor. A princípio, parecia que havia sido uma boa solução para o excesso de trabalho, mas começaram a perceber má vontade entre os colegas, o clima de alegria sumiu, alguns começaram a reclamar do volume de pedidos e dos prazos.

Ao questionar Pedro sobre o que estava acontecendo, ouviu que o problema estava no novo funcionário que se acha melhor que os outros e quer fazer as coisas de forma diferente do que estão acostumados. A equipe está ficando desmotivada e o espírito de união sumiu. Acrescentou que Fábio deveria deixar a equipe como era antes, pois era óbvio que o grupo não precisava e não queria gente de fora.

Fábio disse que pediria ao RH um treinamento de formação de equipe e que, em breve, o problema seria solucionado. Ele acredita que um evento festivo poderá unir o grupo novamente e o que está, de fato, faltando é um encontro de integração entre o time.

Você concorda com Fábio? Por quê? Faria igual? Responda o que você faria no lugar dele.

____

____

____

____

Vai encarar?

GABARITO DOS EXERCÍCIOS

EXERCÍCIO 1 – CHECANDO OS SEUS CONHECIMENTOS

1. **Alternativa A.** O mundo corporativo não deve incentivar nenhum tipo de preconceito. A diversidade faz bem para os negócios.
2. **Alternativa C.** Essa afirmativa não é verdadeira, porque a universidade cursada não é um fator determinante do desempenho futuro de um candidato. Cada vez mais, são os *soft skills* que devem ser observados e mensurados no processo seletivo.

EXERCÍCIO 2 – CHECANDO OS SEUS CONHECIMENTOS

1. **Mandou bem.**
2. **Mandou bem.**
3. **Mandou mal.**
4. **Mais ou menos.**
5. **Mandou bem.**
6. **Mandou bem.**
7. **Mandou bem.**
8. **Mandou bem.**
9. **Mais ou menos.**
10. **Mandou mal.**
11. **Mandou bem.**
12. **Mandou mal.**
13. **Mandou bem.**
14. **Mandou mal.**

15. **Mandou mal.**
16. **Alternativa E.** A pergunta não é sobre algo que realmente aconteceu e, sim, sobre o que o entrevistado gostaria de ter feito e não fez. A resposta será uma suposição.
17. **Alternativa C.** É a única estruturada com a situação sob a qual a ação ocorreu, a ação em si e os resultados da ação.
18. **Alternativa B.** A pergunta está solicitando que o candidato diga o que ele faria, e não o que ele fez; ou seja, pede uma suposição, e não um fato como resposta.
19. **Sim.** Trocar a vestimenta é uma ação efetiva.
20. **Não.** Não há fato concreto. O termo "sempre", como usado, é um indício de generalização.
21. **Sim.** Ele efetivamente ligou para o chefe.
22. **Não.** Quem apresentou?
23. **Não.** Há fortes indícios, mas não é claro qual foi a participação do indivíduo na confecção do relatório.
24. **Não.** Não fica claro se o comprador foi convencido ou não.
25. **Sim.** Houve o convencimento e a percepção da recorrência do comportamento.
26. **Não.** A resposta foi induzida pelo próprio entrevistador.
27. **Sim.** Ele expôs os sentimentos de forma clara e pontual.

EXERCÍCIO 3 – CHECANDO OS SEUS CONHECIMENTOS

1. **Alternativa C.** Essa não deve ser a finalidade de uma política de diversidade.

EXERCÍCIO 4 – CHECANDO OS SEUS CONHECIMENTOS

Resposta aberta.

EXERCÍCIO 5 – CHECANDO OS SEUS CONHECIMENTOS

1. **Alternativa D.** Não se começa pelas perguntas por competência, pois elas irão deixar o candidato mais ansioso. Começa-se pela apresentação do entrevistador, da empresa e da vaga. De alguma maneira, deve ser introduzido algum assunto para quebrar o gelo, depois pergunta-se sobre dados curriculares, para finalmente entrar nas perguntas por competências.
2. **Alternativa B.** A entrevista deve ser a prioridade. Pessoas que podem interrompê-la devem estar previamente avisadas da indisponibilidade do entrevistador.

EXERCÍCIO 6 – CHECANDO OS SEUS CONHECIMENTOS

Resposta: Quando uma equipe passa por alterações, é normal que algumas mudanças apareçam e elas nem sempre são positivas. A motivação das pessoas, nesse caso, mudou e o gestor parece não ter garantido uma boa integração e um realinhamento das expectativas entre todos os elementos do grupo. Entretanto, cabe ao gestor resgatar a situação e ser um facilitador do processo de fortalecimento da equipe por meio de uma comunicação franca e assertiva. Se a questão persistir, ele deve acionar o RH para que, juntos, aprofundem o entendimento da questão e busquem soluções.

Parte 3: O dia a dia

Capítulo 7

Delegar para liderar

Uma grande dificuldade da liderança é deixar de fazer e passar a orientar o outro a fazer. Primeiro, vem o impasse de desapegar. Como a grande maioria dos líderes foram promovidos graças às suas habilidades técnicas, o dilema que persiste é: "Como é que vou largar aquilo que fez com que eu fosse promovido, que me trouxe até aqui?". Essa é a verdadeira casca de banana do gestor, uma grande armadilha: continuar fazendo. E é muito difícil desapegar, porque o cérebro já aprendeu esse caminho. Além de desapegar, há outras questões que impedem líderes de conseguir passar as tarefas para o time executar. São elas:

- Falta de visão sistêmica do trabalho.
- Não saber diferenciar o mais importante do menos importante.
- Medo de perder poder. É importante ressaltar que o gerente é avaliado pela qualidade do trabalho de seus subordinados. É sempre bom lembrar que gerentes imprescindíveis não são promovidos.
- Medo de errar. Errar na escolha de pessoas ou na seleção de tarefas a serem atribuídas a uma determinada pessoa.

Mesmo tendo de lidar com todos esses desafios, é preciso começar o processo de mudança para fazer seu time executar – e não você. Se o tempo passar e você continuar fazendo o trabalho técnico melhor do que todos – e continua fazendo para sair bom – algo está errado. Gestores que não delegam nunca têm tempo. E como dizia Peter Drucker: "O tempo é o recurso mais escasso e, a menos que seja gerenciado, nada mais pode ser gerenciado".

Você precisa entender que, como gestor, seu papel é o de um maestro. Um maestro não sabe tocar todos os instrumentos de uma orquestra, mas ele sabe reconhecer quem é o melhor para tocar cada um dos instrumentos. Ele sabe orientar quem é que tem que tocar o quê, quando e como. Para decidir isso, é necessária uma análise do que tem que ser feito e das capacidades do time. Então, pergunto: você conhece realmente sua equipe? Sabe o que cada um é capaz de entregar? Confia no seu time?

Bora começar do começo: o que é delegação? É uma escolha a partir de uma análise que o líder faz. Eu tenho um tanto de coisas para fazer, tenho esses recursos e esse prazo. Dou conta? Essa é a primeira escolha. Na sequência, se não dou conta, para quem entrego? Se o líder escolhe João, e não Maria, ele terá que explicar tanto para a Maria quanto para João o porquê de sua escolha. E as consequências da escolha também são de responsabilidade do líder, pois é quem terá que responder pelo resultado de João.

A delegação pode e deve ser um instrumento de desenvolvimento do time – quando você decide que uma pessoa precisa aprender algo e passa a dar tarefas para que ela vá treinando –, mas também pode ser um instrumento de entrega. Então, o líder deve avaliar cada situação. É como a escolha da escalação do time de um técnico de futebol. O campeonato está no começo, o jogo não é tão importante, é possível poupar o artilheiro e testar outro nessa posição. Agora, se o jogo é de final de campeonato, o time tem que estar completo com os melhores nas posições corretas.

Em resumo, um gestor essencialmente usa a delegação para:

- Desenvolver aptidões específicas dos subordinados, treiná-los, motivá-los.
- Incrementar a qualidade do que se tem a fazer.
- Aumentar a criatividade e a inovação a partir das contribuições dos subordinados.
- Ter tempo para a execução da atividade mais importante.
- Aumentar o compartilhamento do conhecimento.

Uma vez que houve a delegação, o líder não pode:

- Dizer como deve ser feita a tarefa, impedindo o subordinado de escolher seus próprios caminhos.
- Delegar responsabilidade, mas a autoridade correspondente.
- Delargar: "Toma que o filho é teu!".
- Não definir previamente formas de controle, limites, prazos ou grau de autoridade.
- Esperar que o subordinado execute a tarefa igual ou melhor que você.

Delegar tarefas X Delegar responsabilidade

Uma coisa é delegar tarefa, outra coisa é delegar a responsabilidade. Delegação pressupõe entregar para o outro, dar a ele autonomia de executar do modo dele. Para delegar, o gestor deve compreender que existe um modo diferente de chegar ao resultado. Não é dizer: "Vai lá, resolve essa questão, mas me copia nos e-mails e me chama para as reuniões". Isso não é delegar, isso é controlar.

Tem gestor que orienta mais ou menos assim: "É para você fazer desse modo: primeiro, faz isso; segundo, faz aquilo; terceiro, faz aquilo outro". Quando ele dá o passo a passo tão detalhado, controlado, não está delegando; e sim forçando o seu jeito de fazer as atividades. No fundo, está preso na tal armadilha do que o levou ao sucesso. O pensamento que o leva a agir assim é: "Eu sempre fiz assim, deu certo comigo, fui promovido por isso, sei fazer; o outro tem que fazer como eu sempre fiz". Ele verdadeiramente acredita que seu papel é dizer como fazer, e não orientar e deixar que o outro faça do modo como melhor lhe convier. Quando o gestor não consegue enxergar que pode existir um jeito diferente e até mesmo mais eficaz que o dele, pode até cair na armadilha do ego.

Vai encarar?

Em resumo, para delegar eficazmente, você, como líder, deverá aceitar que a sua maneira não necessariamente é a melhor para realizar as atividades. Deverá aprender a avaliar o resultado e não controlar as tarefas. Delegar pressupõe confiança. A gente só entrega para quem a gente confia. Então, se um gestor não está seguro de que tem o melhor time, ele não entrega.

Ao delegar, o líder deve:

- Estar acessível para responder perguntas.
- Conceder margem para erros.
- Determinar prazos realistas.
- Partilhar os seus pensamentos e as suas expectativas.
- Definir até onde vai a autonomia de ação/decisão.
- Não estruturar demasiadamente a tarefa, deixando margem para que eles escolham os próprios caminhos.

Ao delegar, você entrega ao colaborador a responsabilidade de executar tarefas, sem controlar como as executa. Mas é preciso entender que, se o resultado esperado foi ou não atingido, a responsabilidade é única e exclusiva do gestor. Por quê? Porque foi ele quem escolheu para quem delegar. Se o líder escolhe mal e delega para quem não vai entregar, ele é quem vai responder por isso. Delegação é escolha, e fazê-las traz riscos e a necessidade de um posicionamento da liderança.

COLOQUE EM PRÁTICA

Reflita sobre sua rotina, o que você fez e as reuniões que participou nos últimos três dias úteis. Agora escolha uma atividade em cada um desses dias e preencha o quadro.

	1º dia útil antes de hoje	2º dia útil antes de hoje	3º dia útil antes de hoje
Atividade que eu poderia ter delegado			
Por que não delegue?			
Que riscos efetivamente existiam se eu delegasse?			
Que ações práticas devo tomar para mitigar esses riscos?			

A autonomia não é dada e, sim, conquistada

A autonomia é 20% concedida e 80% conquistada. Sempre tive essa espécie de fórmula mágica na minha cabeça. Já ouvi muita queixa ao longo da minha vida profissional de falta de autonomia, mas as pessoas se esquecem de que, se não há confiança na relação, não tem como haver liberdade para executar. Pode parecer repetitivo. De novo essa história de confiança? *I'm so sorry, baby*, mas é por aí mesmo. Cabe tanto a líderes quanto a liderados compreender que esse é um processo, como o que acontece quando somos adolescentes e temos que construir uma relação de confiança com os nossos pais para podermos viajar com nosso amigo, ficar na balada até tarde etc. e tal.

Vai encarar?

Como vimos na conversa sobre confiança, o controle por vezes é, sim, necessário; muitas vezes é a partir dele que se determina qual é o padrão, o comportamento desejado. Às vezes, é preciso exercer o controle para que as pessoas entendam a mudança, mas essa é só uma etapa. Para ser realmente eficaz e duradouro, é preciso construir uma relação baseada em autonomia, reciprocidade e outros mecanismos.

Se você entra em uma empresa para trabalhar em uma área, o primeiro passo é conhecer como as coisas funcionam. Para isso, vai ter que controlar alguns processos. E existem maneiras de fazer isso. A questão passa muito pela forma. E sempre pensando: esforço não é resultado. Estar ocupado não é ser produtivo.

Tem sido muito comum as pessoas terem uma infinidade de indicadores para controlar, mas no fundo o que elas de fato controlam? Por exemplo, imagine uma área de manutenção de qualquer tipo de indústria. Via de regra, essas áreas têm vários controles e indicadores. Mas também é comum que elas tenham o chamado problema recorrente, ou seja, se controla uma série de variáveis, mas o problema em si não se resolve. Quantos indicadores têm na sua organização, na sua área, que não controlam verdadeiramente nada? Eles são aquilo que um gestor que trabalhou comigo costumava chamar de "indicador melancia": verde por fora, e vermelho por dentro. Quantos indicadores você controla que medem o esforço de sua área? Ou o que é pior: quantos indicadores você controla que servem apenas para imputar a culpa, a responsabilidade pela não resolução do problema para outra área?

Quem fica só no controle está se esforçando para levantar uma série de números que não resolvem o problema e que, na maior parte das vezes, só servem para justificar o não resultado. O excesso de controle, muitas vezes, gera manipulação, e isso mina a confiança.

Quantos de nós já não gastamos nosso tempo e nossa energia querendo controlar o que de fato não temos a menor possibilidade de controlar? E não tem jeito, quanto mais nos sentimos ameaçados, quanto maior for a nossa insegurança, maior será a tentativa de controlar. Lembra a história do avião que contei antes? Eu costumo dar o exemplo do avião. Observo o embarque e os momentos que antecedem a decolagem. Tem gente que só entra no avião se pisar com o pé direito, tem gente que dá dois tapinhas na porta, e o tradicional sinal da cruz no momento da corrida. As pessoas realmente acreditam que esses rituais são capazes de manter o bicho no ar, de decolar e pousar em segurança. E isso independe de racionalmente todos sabermos que quem controla o avião é o piloto. Abrir mão do controle significa deixar um pouco de lado o ego, aceitar que você não é bom em tudo, significa expor a própria vulnerabilidade, significa você saber pedir ajuda e isso, para alguns gestores, muitas vezes, é uma encrenca bastante complicada.

Gosto muito de aplicar uma metodologia de nome *assessment center* para mapear o potencial das pessoas, ou seja, prever a performance futura do colaborador, fazer um prognóstico. A metodologia se caracteriza por aplicar um conjunto de técnicas múltiplas. Dessa forma, aplico testes diversos e realizo uma entrevista por competências. Costumo fazer uma pergunta que é mais ou menos assim: "Conta para mim qual foi o feedback mais duro que você já ouviu. Não digo duro na forma, porque dependendo da situação beira o assédio. Falo de algo, sobre seu comportamento, que você inicialmente não gostou de ouvir, mas que depois, refletindo um pouco mais, fez algum sentido, possibilitou algumas lições aprendidas. O que falaram e o que você fez com isso?". Acreditem, ouço muitas respostas do tipo: "Não lembro de nenhum". Ou as tradicionais, que o candidato tem que estudar inglês e melhorar o marketing pessoal. Já ouvi de um executivo experiente um exemplo que terminava com seu gestor admitindo que errou e pedindo desculpas a ele.

Quando não conseguimos enxergar em nós mesmos nenhuma oportunidade para aprender algo, para desenvolver alguma característica ou habilidade, significa que estamos apenas reproduzindo o nosso modelo mental, que não temos abertura para o novo, que perdemos a escuta. E cada vez mais essas são características que determinam a essência do que é ser um líder, a humildade para aprender sempre e a escuta para inserir pontos de vista que não o seu. É preciso reconhecer-se no auge da ignorância, naquela situação em que realmente você não sabe algo. Caso contrário, não existe possibilidade de aprendizado.

Ambiente de aprendizagem

Observo em meus treinamentos que a maioria dos gestores acha que é sua responsabilidade ter todas as respostas, saber como se executa tudo na área. Acreditam que dar exemplo, ser bom líder, é ter resposta para a recorrente questão: "Chefe, como é que eu faço isso?". Quando um gestor sempre tem resposta para tal pergunta, ele assassina qualquer possibilidade de inovação, ou mesmo de desenvolvimento do colaborador. Que tal se o gestor responder: "Sei lá? Estou com amnésia hoje. Como é que você faria?". Quando perguntamos para o outro como atuaria diante de uma situação, no mínimo, ele vai ter que parar para pensar sobre isso. Nesse momento, cria-se a possibilidade de surgir uma nova ideia para o velho problema – e isso pode ser mais eficaz, menos caro –, enfim, milhares de alternativas podem surgir a partir daí. Quando não sabemos produzir soluções, se só sabemos reproduzir respostas, como é que podemos melhorar algo?

Até umas duas décadas atrás, um indivíduo concluía uma base de estudos básica e estava pronto para enfrentar o mundo profissional até sua aposentadoria. Dadas as mudanças e disrupções dos tempos atuais, o que trouxe você até aqui não o levará daqui para a frente. É uma nova realidade que impõe problemas até então sequer pensados, e isso fará com que seja necessário expandir as capacidades atuais. Os desafios maiores e mais complexos, o potencial de cada um será requerido, novas habilidades estão no jogo; temos que ampliar nosso conjunto de competências.

"Os analfabetos
do século XXI não serão
aqueles que não sabem ler e
escrever, mas aqueles
que não sabem aprender,
desaprender e reaprender."
(Alvin Toffler)

Vai encarar?

A relação entre aprendizagem e trabalho, no que se refere aos estágios demandados, não muda muito. Permanece como no esquema a seguir:

Apredizagem & Trabalho

Para o trabalho

- Aprendizado fora do local de trabalho.
- Objetivo preparatório ou complementar à função.
- Comum no início da carreira, mas acontece também ao longo da vida profissional.

Pelo trabalho

- Aprendizado por meio de oportunidades oferecidas pelo empregador.
- É necessário que o colaborador pare o trabalho para aprender.

No trabalho

- Aprendizado que ocorre durante as experiências de trabalho.

Essas mesmas mudanças rápidas e contínuas que percebemos em tudo ao nosso redor também estão modificando a natureza do trabalho e, consequentemente, a relação entre aprendizagem e trabalho, tornando-os mais conectados do que nunca. O aprendizado cada vez mais deve ser acessível, indexado e prático. Na pandemia, a máquina de lavar da casa dos meus pais quebrou. Bastou entrar no YouTube e digitar como consertar máquina de lavar, assim, assado e *voilá*! Eu mesma fui capaz de resolver o problema.

Com as mudanças sem volta da tecnologia e as pessoas vivendo mais e trabalhando por mais tempo, as práticas de trabalho e os modelos de negócios disruptivos criaram a demanda pelo desenvolvimento contínuo. É preciso manter o olhar curioso e atento e adotar o chamado *lifelong learning*, ou seja, uma vida de aprendizado contínuo.

Cabe ao líder ser uma espécie de mentor. Agir como catalisador moderador, ampliando o repertório do colaborador. Cabe a ele fazer o time se mexer em busca do conhecimento, que cada vez mais está acessível a todos, basta perguntar ao ChatGPT.

É importante, para assumir esse papel, que o líder compreenda como adultos aprendem, a começar pelo nome desse processo: andragogia, ou seja, a pedagogia do adulto. Crianças aprendem por repetição. Minha filha, quando pequena, parecia demais a Boo do *Monstros S.A.*, e por isso não sei quantas vezes vimos esse filme. No final, ela já sabia os diálogos. Tem muito gestor que acha que com os subordinados é a mesma coisa, ou quem nunca soube do uso daquela famosa frase: "Eu já te falei mais de mil vezes". Para não errar mais, seguem os seis princípios andragógicos:

1. Adultos precisam saber porque necessitam aprender algo.
2. Adultos são responsáveis por suas decisões.
3. Suas experiências são a base do seu aprendizado.
4. Eles precisam compreender que o problema será possível resolver a partir do aprendizado que você está sugerindo.
5. Não é só para aprender conceitos, é para ganhar ferramentas que possam ser utilizadas.
6. E como já sabemos que motivação é um valor intrínseco, o líder compreendeu o que seu subordinado deseja desenvolver?

A neurociência tem ajudado muito a aprendizagem, com o conceito da plasticidade neuronal. Como vimos anteriormente, o cérebro funciona sobre o mecanismo da economia psíquica, ele vai pelo caminho curto, adora um padrão, uma repetição. Sendo assim, ter mais caminhos naturalmente trará ao indivíduo mais possibilidades. O que os estudos mostram é que o cérebro desenvolve novas conexões sinápticas entre os neurônios a partir da experiência e do comportamento do indivíduo. A plasticidade pode se dar tanto por vivências e interesses do indivíduo, quanto pela sua capacidade de se conectar e aprender a partir da experiência de outros. Outro fator que ajuda muito é ter interesses diversos. Darwin estudava recifes de coral, criava pombos, estudava sobre os besouros e passou anos pesquisando minhocas.

Faça este exercício agora:

Pense em qual foi, até agora, a sua melhor realização. Aquela entrega da qual você se orgulha, na qual a sua contribuição foi fundamental para o resultado obtido.	
Que conhecimentos você não tinha e foi preciso adquirir?	
Que habilidades você desenvolveu?	
Que comportamentos foram necessários utilizar e ainda não estavam no seu repertório?	

No dia a dia, não damos tanta importância aos desafios enfrentados como geradores de aprendizado. Mas só sabemos fazer algo quando realmente somos expostos à necessidade da sua execução. Desafios geram desconforto, é fato. Mas o desconforto é transitório e tudo vira repertório!

Via de regra, tanto líderes quanto subordinados acham que aprendizagem e carreira se ligam dessa maneira:

Mas, verdadeiramente, elas se juntam dessa maneira:

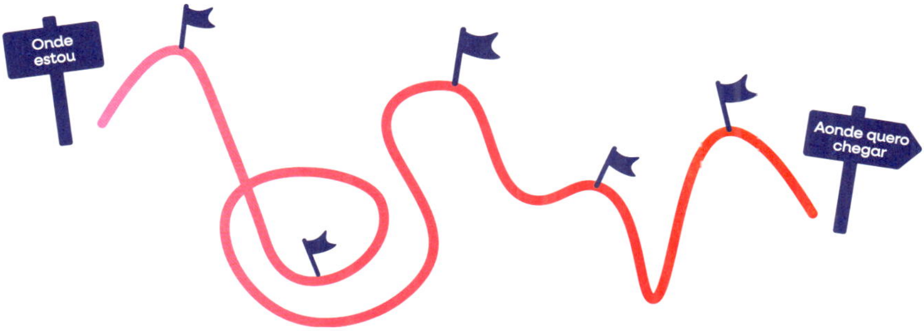

São os desafios os maiores responsáveis pelo desenvolvimento de nossas habilidades. Líderes que gerenciam a rotina, utilizando metodologias de desdobramento de metas ou OKRs, que incentivam o time a resolver problemas, estão sendo muito efetivos e contributivos com a aprendizagem da rapaziada. Aprendemos, sim, com os meios formais, com cursos, vídeos, livros, mas é fundamental que o conteúdo seja colocado na prática. Aprendemos por meios informais também. A conversa no cafezinho conta muito. É o chamado modelo 70/20/10, ou seja:

Vai encarar?

- 70% da aprendizagem se dá através da experiência prática.
- 20% da aprendizagem se dá através da chamada aprendizagem social: modelos, referências, conversas, trocas, *benchmarkings*.
- 10% se dá por meios formais, como cursos, livros, *podcasts* ou vídeos.

Portanto, da próxima vez que o RH falar sobre isso, não ache que é porque não quer dar treinamento para ninguém. É que, para ser eficaz, não basta o curso. Eu mesma fiz uns quatro cursos de Excel avançado e nunca consegui desenvolver uma macro! Por que as novas gerações falam inglês com mais facilidade e desenvoltura? Por que vieram de fábrica com esse chip? Não! Porque desde muito cedo estão expostos a essa língua, jogam em inglês, assistem a séries em inglês, usam no dia a dia.

Vamos voltar um pouco para a questão dos erros. Verdadeiramente o problema não é errar e, sim, o que somos capazes de fazer a partir do erro.

Vários são os tipos de erros. Existem aqueles que podem ser classificados como ruins, ou seja, são uma falha no processo, um desvio que gera um resultado indesejado. Via de regra, eles ocorrem por conta de uma desatenção, um comportamento inadequado. Infelizmente é o que costuma acontecer em acidentes de trabalho. Colaboradores sabem os procedimentos, os EPIs que têm que ser utilizados, mas por alguma desatenção, por já estarem no "piloto automático", desviam do padrão, acarretando um acidente.

Esse, definitivamente, não é um erro que alguém deseja.

Porém, quando falamos de erro, nos referimos ao decorrente de uma tentativa de fazer de outra maneira, que nasce do questionamento do que se tem, que lida com a incerteza, que envolve riscos. Ele nasce a partir do questionamento e, acreditem, é papel e responsabilidade do líder alimentar esse olhar crítico. Será que não

“O QUE ESTAMOS TENTANDO ENSINAR É QUE A FALHA NÃO É UM DEFEITO DO APRENDIZADO, É UM RECURSO.”

(RACHEL SIMMONS)

tem um modo mais eficaz, mais econômico, com menos esforço de fazer o que sempre fizemos? Nessa busca é de se esperar que boa parte das tentativas não gerem o resultado esperado. Por isso, elas devem ser feitas em ambientes controlados, laboratórios, com protótipos. É a partir do que não funcionou que podemos ter lições aprendidas e irmos aperfeiçoando o modelo até conseguir o resultado almejado. Cabe ao líder gerar, fomentar problemas que tragam a incerteza, a experimentação, o novo.

Para o líder ser um educador:

- É preciso entender que o que é óbvio para você não necessariamente é para o outro.
- Ele deve gerar engajamento e propósito para o time se desenvolver.
- Não custa lembrar: propósito é sobre saber aonde se quer chegar, sobre as estradas que cada um escolhe percorrer.
- É preciso respeitar que cada um tem um ritmo, uma velocidade diferente para percorrer essa estrada.
- O que funciona para você pode não funcionar para o outro.
- Integre a aprendizagem ao fluxo do trabalho. É o dia a dia que desenvolve as habilidades.
- Ensinar é compartilhar o conhecimento!

A falta de tempo para cuidar do time

Bora falar um pouco sobre um dos recursos mais escassos? Nas minhas andanças e trocas com tantos líderes ao longo desses anos, pude verificar que, de uma forma crescente, esta é a grande dor. Há uma espécie de maçarico na traseira de todo mundo. A pressão por resultados só aumenta em um mundo de incertezas, mais veloz e onde é cada vez mais difícil lidar com um consumidor exigente e cheio de opções.

"Todos os dias
quando acordo
Não tenho mais
O tempo que passou,
Mas tenho muito tempo
Temos todo
o tempo do mundo..."
(Tempo perdido, Legião Urbana)

Vai encarar?

Lamento ser eu a pessoa que veio dar essa notícia, mas o gestor que não tem tempo para cuidar do time está caindo na microgestão, ocupando esse precioso recurso com tarefas que ou não deveriam mais estar sendo feitas, ou que poderiam estar sendo feitas por outros. Virou o tal do entupidor de *pipeline*. Canso de ouvir desculpas do tipo: "Se eu não estiver presente, a coisa não funciona" ou "Com o tempo que levo para ensinar, eu mesmo vou lá e faço". Socorro!!!!

Uma vez, era diretora, contratada há pouco tempo, de uma grande empresa com atuação no Brasil e em alguns países da América do Sul. Os diretores sentavam todos juntos em uma mesma sala, junto com o CEO. Um dia cheguei mais cedo, queria pensar em umas questões, dar andamento a um projeto e preferi ter menos barulho para me concentrar mais.

Estava eu lá dando o maior gás no meu projeto, quando chega uma diretora, minha par, responsável pela área de operações. Ela já chegou meio esbaforida, falando no celular e demonstrando bastante nervosismo. Do que eu pude entender, estava tentando dar uma instrução para que o supervisor de uma das operações achasse a chave de uma válvula para sanar um problema. Não tive como não acompanhar o processo e a questão foi indo com instruções do tipo: "Mais pra lá, tá vendo uma portinha assim, assado...", até o momento que a questão pareceu se resolver. Aliviada, ela desligou o telefone.

Eu, imbuída do meu senso de dever, resolvi perguntar se estava tudo bem, se ela estava precisando de algo, se eu poderia ajudar de alguma forma. Ela, muito solícita, agradeceu e me contou o ocorrido, que confirmou o que eu havia entendido. Tratava-se de um problema no abastecimento do maquinário e foi ela quem sanou, a partir da orientação de onde se abria a tal chave da válvula. Na sequência, continuando no modo agradável, disse: "Ah! Entendi. Essa é uma operação muito importante para nós. Por isso você conhece tão bem a planta, né?". No que ela me respondeu: "De forma alguma, eu conheço todas as nossas plantas, em detalhes". Eu sabia que ela tinha um bom tempo de casa e que tinha feito a carreira lá, mas confesso que fiquei um pouco espantada e retruquei: "Mas são mais de mil unidades! Como é que você faz quando sai de férias?". Ela respondeu: "Só saio porque sou obrigada, mas não desligo o telefone e estou sempre acessível".

Naquele momento tomei a decisão de que aquela não era uma empresa para mim e fui atrás de outra oportunidade. Quantos líderes que vocês conhecem valorizam estar assoberbados? Normalmente, pergunto em minhas salas de aula: "Quem tem mais de 100 e-mails na caixa e que ainda não leu?" A maioria esmagadora levanta a mão. Certa vez, um bateu no peito com orgulho e disse: "Eu tenho mais de 1.618". No que eu respondi: "Por que vocês ainda não apagaram isso tudo? Sério! Vocês não acham que o que era urgente e importante alguém já cobrou?".

Reflita se você também não é um acumulador de e-mails. O mundo mudou. Agora todo mundo lida com e-mails, Whatsapp, chats de Teams, Google, Slack e Zoom da vida; e você, gestor, quer continuar usando e-mail do mesmo jeito de sempre?

Quantos não acumulam e-mails com o argumento de que pode ser que precisem para provar algo para alguém. Quem guarda e-mail para provar algo ainda está no tempo onde se usava carbono para se guardar uma cópia. Utilizar uma ferramenta digital de um modo analógico é a pior coisa que podemos fazer. Quando se usa um e-mail? Para quê? Está na hora de repensar o modelo mental e parar de gastar tempo lendo e-mail velho ou procurando em caixas enormes algo para se provar que tem razão. Se é algo que tem valor legal, um documento, não é no e-mail que a gente guarda.

Todo mundo quer mais tempo, mas não temos como aumentá-lo. A única coisa que podemos fazer é administrar melhor nossas atividades e a maneira como gastamos nosso precioso tempo. Goste você ou não, não tem jeito, o tempo é um recurso finito. Se você gastou mal, ele não volta... Por isso, é importante planejar.

Vamos analisar como você está gastando seu tempo?

Dentro de uma função, exercemos alguns papéis que podem ser resumidos da seguinte maneira:

- **Organizador –** estrutura ideias, revê prazos e objetivos, organiza o tempo, adequa orçamento, revisa metas.
- **Comunicador –** transmite informações, entende mensagens, lê o ambiente, explica, se relaciona, dá feedback, desenvolve o time.
- **Operacional –** está relacionado às tarefas do cargo em si, com os aspectos técnicos da função, com a resolução das intercorrências do dia a dia.

O que conta para determinar a categoria é a natureza da tarefa em si. Por exemplo, ler e-mail não é necessariamente uma tarefa do comunicador. Se a natureza dos e-mails for demandar ações operacionais, a tarefa é operacional mesmo.

Idem para a participação em reuniões. Qual era o assunto da reunião? A nova máquina? É uma tarefa operacional, e não do organizador.

Tome por base os últimos três dias úteis de trabalho, a contar a partir de hoje (ontem, anteontem e o dia anterior). Considerando uma jornada de oito horas de trabalho, que atividades você desenvolveu nas categorias a seguir? Quanto tempo cada uma consumiu? No final, em percentual, quanto cada uma significou, num total de 100% do tempo (24 horas)?

ORGANIZADOR (ligado à estruturação de processos, revisão de orçamento, metas e tempo)	COMUNICADOR (ligado à transmitir informações, alinhar entendimento, ler cenário, dar feedback, se relacionar)	OPERACIONAL (relacionado às tarefas e atividades da área em si. É o que toca a operação do dia a dia)
___	___	___
___	___	___
___	___	___
___	___	___
___	___	___
___	___	___
___	___	___
___	___	___
___	___	___
___	___	___
___	___	___
Total de horas: ___	**Total de horas:** ___	**Total de horas:** ___
☐ %	☐ %	☐ %

Caso você gaste mais horas em atividades operacionais do que nas demais, tem alguma coisa que não está certa. Você precisa rever alguns conceitos. Reflita se não está havendo uma confusão de papéis e responsabilidades. Se há uma cadeia hierárquica é porque não é para todo mundo fazer a mesma coisa. Uma vez, conversando com um líder responsável por um centro de operação e controle, ele me contou que percebeu, diante de uma falha, que toda a cadeia – incluindo ele – estava "batendo cabeça". Todos corriam para todos os lados, sem nenhuma orquestração. Os papéis operacional, tático e decisor se misturaram, a situação ficou mais complexa e levou mais tempo para ser resolvida.

A dificuldade em estabelecer limites, em fazer escolhas, cria problemas no estabelecimento de um planejamento. Nesses casos, sempre surge a famosa frase: **"É para ontem..."**.

#aceitaquedoimenos

Estar ocupado não é o mesmo que ser produtivo. A palavra prioridade vem do latim *prior*, e significa antes. Ela não tem plural. Seria impossível estabelecer um plural, pois sempre haverá algo a ser feito antes. À gramática se unem dezenas de estudos científicos que demonstram que o ser humano faz uma coisa bem feita de cada vez.

EXERCÍCIOS – CHECANDO SEUS CONHECIMENTOS

Bora ver se você está sabendo estabelecer a prioridade! Responda com sinceridade, não tem ninguém olhando...

1. Suas entregas estão claras?

Mando bem | Mais ou menos | Mando mal

2. Você estabelece tempo para as respostas aos seus gestores, colaboradores e clientes internos (reuniões, e-mails, memorandos)?

Mando bem | Mais ou menos | Mando mal

3. Antes de dizer sim, você revisa sua capacidade e os entregáveis agendados?

Mando bem | Mais ou menos | Mando mal

4. Ao delegar ou solicitar tarefas, você estabelece prazos factíveis e negocia a prioridade utilizando o bom senso?

Mando bem | Mais ou menos | Mando mal

5. Você anota e acompanha as solicitações e delegações feitas?

Mando bem — Mais ou menos — Mando mal

6. Se você tiver que escolher entre diversas atividades, está claro quais são as essenciais?

Mando bem — Mais ou menos — Mando mal

7. Você despreza as pequenas atividades que lhe roubam tempo?

Mando bem — Mais ou menos — Mando mal

Pois é, hora de você analisar suas respostas. Faça um plano de ação para você melhorar aquelas que você está mal. Aproveite algumas dicas dadas na sequência.

No fim das contas, priorizar é a arte de dizer não... Mas é também a arte de ouvir não.

Saber ouvir não é lidar com o sentimento de rejeição. Está relacionado com a nossa capacidade de ser flexível. Pessoas que querem que tudo aconteça do seu jeito tendem a ficar frustradas diante das negativas que recebem.

Comece a classificar suas tarefas:

TAREFAS IMPORTANTES	TAREFAS URGENTES
• Contribuem diretamente para o alcance de um objetivo. • São de longo prazo. • São importantes para você. • Dão prazer na execução, trazendo resultados positivos.	• Têm um prazo de finalização imediato. • Podem não ter ligação com a consecução de algum de seus objetivos. • Não têm a ver com prazer.

Li isso em algum lugar que não lembro, mas que é simplesmente genial: "Urgente é tudo aquilo que o outro não consegue fazer em tempo hábil e quer que eu faça em tempo recorde".

Várias são as ferramentas gratuitas e disponíveis para ajudá-lo na gestão de seu tempo. Por exemplo, as matrizes GUT (Gravidade, Urgência e Tendência) e BASICO (Benefício para a organização, Abrangência dos resultados, Satisfação do cliente interno, Investimento requerido, Cliente externo satisfeito, Operacionalidade simples). Também é muito simples traçar dois eixos, um de importância e outro de urgência, dividindo a matriz em quatro quadrantes como a seguir.

Vai encarar?

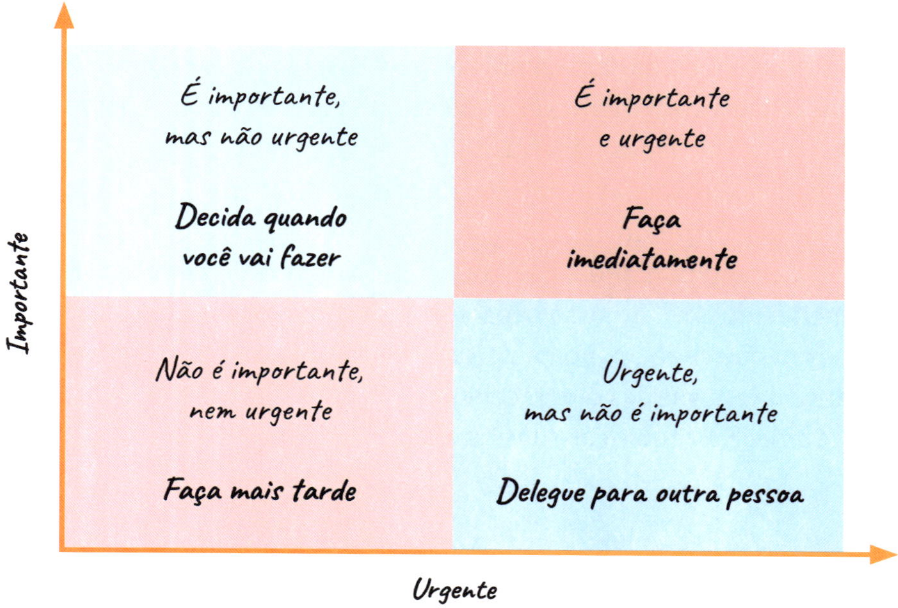

Para você não errar na determinação do grau de urgência de uma atividade, ligue a gravidade e a urgência com a tendência e consequentemente a necessidade de ação:

GRAVIDADE E URGÊNCIA	TENDÊNCIA E AÇÃO
Extremamente grave e urgente.	Vai piorar no curto prazo. Não empurre com a barriga!!!
Muito grave e inadiável.	Vai piorar no longo prazo. Dá tempo de administrar!!!
Grave e merece atenção no curto prazo.	Vai piorar. Aja imediatamente!!!
Pouco grave e pouco urgente.	Não vai mudar em nada fazer agora. Pode esperar.
Sem gravidade e pode esperar.	Vai piorar a médio prazo. Não dá para deixar para lá!!!

Esses são alguns dos maiores vilões gastadores do seu tempo:

1. Excesso de WhatsApp e e-mail.
2. Falta ou excesso de planejamento.
3. Falta de organização ou de foco.
4. Não saber dizer não.
5. Empurrar para frente as atividades consideradas difíceis demais, fáceis demais ou chatas.
6. Começar e não acabar as atividades.
7. Interrupções por parte de outras pessoas.
8. Equipe destreinada.
9. Reuniões.
10. Retrabalho.
11. Achar que sabe o que o outro precisa ou não escutar.

E para finalizar, seguem algumas dicas:

1. Estabeleça rotina.
2. Comece decidindo o que e como você irá se organizar. Utilize uma das matrizes (GUT, BASICO).
3. Na sequência, liste todas as atividades que são suas na ordem (prioridade, urgente e importante). Pode ser no papel, no bloco de notas do celular, não importa.
4. Se há um prazo para entregar, anote também.
5. Acompanhe o seu prazo e o de quem impacta no seu.
6. Conclua as tarefas pendentes uma por uma.

7. Não comece um novo trabalho a menos que você tenha terminado sua tarefa anterior.
8. Lembre-se de ir dando um *check* ao lado daquelas que você já fez.
9. Pelo menos uma vez por semana reveja o que está recorrentemente dando errado e busque uma solução.
10. Atualize o plano diariamente. A cada nova atividade, faça o check na matriz.

Outros "ladrões" do nosso tempo no mundo organizacional – e que merece atenção especial – são as reuniões, os comitês... Quantas vezes você não passou o dia todo em reuniões? Agora, reflita comigo: de quantas reuniões você já participou em que toda a cadeia de uma determinada área esteve presente? Do diretor ao especialista. É fundamental analisar o objetivo da reunião, a pauta e o que ela tem por finalidade para, na sequência, saber se sua participação é ou não pertinente. Para que você tem que estar lá? Qual é a natureza da reunião? Qual decisão está em jogo? Quem é a melhor pessoa para estar lá? O que será demandado? Quem tem o conhecimento ou quem tem alçada para responder? Por exemplo, se houve a decisão de adquirir uma nova máquina para a produção, por que um diretor está na reunião para escolha da máquina? Ele deve estar na que decide se vai ou não comprar e qual o valor que pode ser investido nela. Cabe à pessoa mais preparada tecnicamente decidir pelo modelo e pela especificação da máquina.

Capítulo 8
Ser líder é influenciar pessoas

Mesmo em tempos de robôs, Inteligência Artificial, metaversos, ainda são as pessoas que fazem a diferença. É a performance delas que entrega o resultado da organização. Mas como fazer com que as pessoas entreguem o seu melhor desempenho? Simon Sinek tem uma frase que diz: "100% dos clientes são pessoas, 100% dos colaboradores, dos funcionários, são pessoas; se você não entende pessoas, você não entende o negócio". Já John Maxwell disse: "Não importa quão inteligente, tecnicamente competente, entusiasmado, calmo, espirituoso e ambicioso você seja, se não se relacionar com as pessoas, vai falhar como líder". Então, uma vez que tenha uma equipe, você tem que entender as pessoas e suas motivações para agir de uma maneira e não de outra. A partir dessas premissas, deve-se aprender a desenvolver cada um do time e igualmente importante é ter habilidade para influenciá-los.

Segundo Maxwell, as leis da influência são:

- **Lei da reciprocidade:** seu comportamento em relação às pessoas refletirá em você.
- **Lei do equilíbrio:** as pessoas tendem a agir de forma coerente com seus valores, crenças e atitudes.
- **Lei da validação:** quanto mais a pessoa achar atraente uma ideia, tendência ou posição, mais adequada ela lhe parecerá.
- **Lei das expectativas:** as pessoas desempenham com base no que se espera delas.
- **Lei da estima:** as pessoas precisam e querem ser elogiadas, reconhecidas e aceitas.

Cada um de nós causa um impacto no meio a partir de nossas ações. Líderes devem fazer o que falam e praticar o que ensinam. E líderes de alta performance têm equipes de alta performance.

Vai encarar?

Portanto, uma das maneiras de influenciar as pessoas é por meio do exemplo. Quanto mais alinhado com a sua ação for o seu discurso, maior será sua credibilidade e, consequentemente, maior sua esfera de influência.

Na ilustração a seguir, você encontra uma série de comportamentos que pode adotar para aumentar sua esfera de influência.

- Quanto maior a esfera de influência do agente de mudança, maior a probabilidade de a mudança ser bem-sucedida.
- É o famoso *walk the talk.*

O que você precisa saber para influenciar pessoas?

As pessoas se comportam com base no que você espera delas

O psicólogo Robert Rosenthal, em estudos na década de 1960, descobriu que as pessoas correspondem às expectativas que temos em relação a elas. Nos experimentos realizados inicialmente com estudantes, um teste era aplicado ao grupo para supostamente identificar quais eram aqueles que aprendiam com mais facilidade. Os professores receberam então uma lista de nomes que na realidade eram completamente aleatórios. A alta expectativa deles em relação a esse grupo fez com que eles realmente apresentassem um desempenho muito acima dos demais ao final do ano. Sem que os professores percebessem, eles instigavam exatamente o que profetizavam nos alunos.

De alguma maneira, o comportamento que temos em relação a um indivíduo, para o bem ou para o mal, refletirá de volta. As pessoas tendem a agir de forma coerente com seus valores, atitudes e crenças. Elas desempenham com base no que se espera delas.

Escale corretamente o time sem cair no favoritismo

Liderar é estar o tempo todo fazendo escolhas. O que será priorizado? Quem deve ser responsável por esse projeto? Delego ou não delego essa atividade? Só que a maioria de nossas decisões não são baseadas em motivos racionais. Muito pelo contrário.

Richard Thaler, prêmio Nobel de Economia 2017, descartou o pressuposto da teoria clássica de que as pessoas são racionais e tomam decisões com base nas informações disponíveis, escolhendo assim a opção que irá melhor servi-las.

Sua premissa básica é de que os seres humanos não são sempre racionais e que suas escolhas são baseadas em questões subjetivas e culturais.

Segundo sua teoria, da economia comportamental, nossas decisões econômicas partem de alguns pressupostos:

- A possibilidade da perda tem um impacto maior nas decisões. Pessoas são avessas a perdas.

Vai encarar?

- Pessoas tendem a valorizar mais os ganhos do presente do que os futuros, mesmo que esses sejam objetivamente maiores.
- Recompensas menores e imediatas atraem mais do que ganho maiores no futuro.

Tais pressupostos, apesar de terem sua base nas decisões econômicas, podem ser facilmente estendidos para as escolhas dos gestores no dia a dia, que estão sempre pressionados por tempo. É muito comum a queixa de que eles têm mais demanda do que capacidade para entregar. Nesse contexto, nenhum segundo pode ser perdido ou desperdiçado.

Por isso decidem escalar o colaborador que está mais próximo, o que entregará o resultado mais rápido e eficientemente. Só que, aos olhos dos colaboradores, esses movimentos são vistos como preferência, falta de oportunidade de desenvolvimento, ou mesmo favoritismo. Desenvolver pessoas demanda tempo, empenho e acompanhamento. É um projeto de longo prazo.

Coloque a pessoa certa no lugar certo

Ter uma equipe de alta performance depende basicamente da capacidade do líder de escalar corretamente o seu time. Saber aquela frase clichê: "Colocar a pessoa certa no lugar certo". O líder realmente contratou os craques que precisa para ganhar o campeonato?

Mas não adianta escalar o melhor time e não dar espaço para que eles joguem. É preciso reconhecer e reforçar as características que cada um tem de melhor, direcionando seu tempo para dar a cada um a importância que eles têm. Se o líder não tem tempo para isso, além de entupir o *pipeline*, terá uma equipe com baixo grau de senioridade e engajamento, que, com certeza, não vê a hora de trocar de líder.

Não lide com todos da mesma maneira

Se lidarmos com todos do mesmo modo, baseados muito mais em nossas preferências de estilo, temos uma grande chance de sermos malsucedidos. Lembre-se de que o resultado de uma área é conseguido através do empenho do time, e não apenas de você, gestor. Portanto, adaptar-se para ser eficaz é seu papel, sua responsabilidade.

Seria mais fácil se houvesse um único modo de lidar com as pessoas, mas não há. O ser humano é muito complexo para lidar com todos da mesma maneira, em todas as situações. No entanto, algumas regras ajudam para que possamos direcionar nossa abordagem com as pessoas.

Se a pessoa precisa de direção...

Se estamos diante de pessoas que precisam de direção, como líderes devemos adequar o nosso comportamento. Se usarmos os comportamentos, listados em seguida, facilitaremos a assimilação e a apropriação do que é requerido por parte do colaborador.

- Mostrar como fazer.
- Esclarecer papéis.
- Definir prazos.
- Estabelecer objetivos.
- Apresentar plano de ação.
- Avaliar o trabalho.
- Definir prioridade.

Se a pessoa precisa de apoio...

Por outro lado, se estamos diante de pessoas que precisam de apoio, os comportamentos que ajudam a aumentar o empenho, a motivação e a confiança por parte do colaborador são:

Vai encarar?

- Ouvir.
- Pedir sugestões e opiniões.
- Elogiar.
- Esclarecer o motivo (o porquê).
- Ajudar a resolver problemas.
- Compartilhar experiências.

EXERCÍCIO 1 – QUEM PRECISA DE DIREÇÃO E QUEM PRECISA DE APOIO

Pense em cada um dos componentes do seu time e defina quem precisa de direção e quem precisa de apoio. Na sequência, identifique um comportamento, dentre as sugestões apresentadas, que você começará a ter com cada um deles para aumentar o empenho e grau de contribuição de cada um.

Nome	Direção ou apoio	Comportamento que irei tomar

EXERCÍCIO 2 – O PAPEL POSITIVO OU NEGATIVO DE UM LÍDER NA SUA VIDA

Agora lembre-se de um líder marcante na sua carreira, alguém com quem você tenha trabalhado e que, de alguma forma, influenciou sua liderança, seja pelos ensinamentos positivos ou, muito pelo contrário, por ter aprendido o que não fazer. O que você admirava ou rejeitava? Qual foi a maior contribuição dele para o seu desenvolvimento?

Nome do líder

Onde trabalhou?

O que admirava ou rejeitava?

Que lições aprendeu com ele?

Qual foi a maior contribuição dele para o seu desenvolvimento?

Como mudar o que a pessoa faz? Como influenciar a pessoa a fazer do seu jeito?

Na vida pessoal ou no ambiente de trabalho, precisamos perceber que, se queremos mudar o que a outra pessoa faz, precisaremos usar instrumentos de convencimento para que ela modifique seu comportamento. Galileu Galilei afirmou: "Você não pode ensinar nada a uma pessoa. Você pode somente ajudar a pessoa a descobrir, por si mesma, o que deseja que ela aprenda".

Sem confiança não há um time

Você já entendeu que precisa escolher um time que tenha habilidades diferentes das suas e que deve delegar. Para que tudo isso dê certo, confiança é essencial. Porém, ela não nasce do dia para a noite. Ela gera um senso de pertencimento que une as pessoas. Mas todo cuidado é pouco. Não é preciso muito para destruí-la. Ela é uma resposta cognitiva entre as pessoas, baseada no histórico das interações que tiveram. É uma percepção na qual o indivíduo acredita que o outro não irá desapontá-lo, irá honrar com o combinado, ou, pelo contrário, pode decepcioná-lo. O comportamento é previsível, para o bem ou para o mal. Fica uma espécie de sensação cristalizada. A verdadeira confiança cria um vínculo emocional entre as pessoas.

Para que uma pessoa mude seu comportamento a curto prazo, o que funciona é o uso de medidas de controle, isto é, assegurar a conformidade do comportamento, independentemente do convencimento racional ou emocional do sujeito em relação à mudança pretendida. É como se colocássemos um policial ao lado de cada motorista para garantir que nenhum deles bebesse ao dirigir. Garantimos a conformidade do comportamento com o policial, mas ao retirá-lo, provavelmente, o consumo voltará ao que era antes. Ou seja, não conseguimos uma mudança de fato.

Ao contrário, se nós desejamos produzir uma mudança duradoura e dispomos de tempo para que ela aconteça, devemos usar medidas de convencimento racional e emocional que levem as

"QUANDO VOCÊ ACELERA UM CARRO DE F1 A MAIS DE 300 QUILÔMETROS POR HORA, VOCÊ TEM QUE CONFIAR QUE QUEM APERTOU O PARAFUSO FEZ ISSO DIREITINHO."

(FABIO SEIXAS)

pessoas ao novo comportamento por meio do significado atribuído à relevância que tem o não beber se for dirigir.

O ideal é criar um sistema misto em que se tenha a sensibilização e algum balanço de consequências.

Para sensibilizar, convencer, criar a conexão emocional necessária, é preciso ter uma relação de confiança, e isso se constrói a partir do histórico das interações.

Duas dimensões são básicas nos relacionamentos: confiança e concordância. Elas são determinantes na forma como se estabelecem os relacionamentos nas organizações. Se há confiança e concordância, as pessoas colaboram. Por outro lado, quando ambos são baixos, as pessoas se posicionam como adversários.

O fato de termos nas organizações grupos de pessoas reunidas em torno de metas e objetivos não necessariamente significa que temos um time. Quando temos um time, há o reconhecimento de uma relação de **interdependência**, com respeito aos objetivos pessoais e foco naqueles que são comuns. O clima é de confiança e as opiniões e ideias são aceitas, independentemente de haver discordância. Os conflitos são entendidos como parte do processo e seus membros participam efetivamente das decisões.

Vai encarar?

A palavra-chave é interdependência. É preciso aceitar que ninguém, nem você, é bom em tudo. É preciso ter pessoas diversas, com habilidades e características diferentes para que o conjunto tenha as capacidades necessárias para entregar os objetivos. A confiança é fundamental para que as pessoas possam abertamente dizer onde elas não mandam bem, para que cada uma possa aceitar e expor suas vulnerabilidades, sem medos.

São disfunções comuns de um time:

- Ausência de confiança, gerando uma espécie de proteção: ninguém erra.
- Medo de conflito, o que causa uma harmonia artificial, não adequada à realidade.
- Falta de comprometimento, que tem por consequência a confusão.
- O não compromisso com a responsabilidade, que ocasiona padrões baixos de desempenho.
- E a falta de atenção aos resultados, tendo em vista uma necessidade maior de atribuir o sucesso a si mesmo, visando à conquista de uma nova posição.

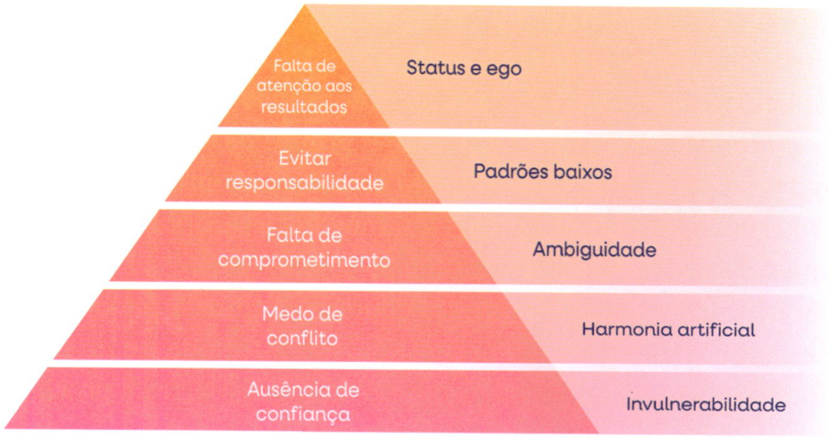

Diante de tantas mudanças, podemos crer que esse não é um conceito tão importante, muito pelo contrário, está em desuso. #SQN. A base para ser ágil e caminhar na velocidade da mudança é construir relações de confiança. Os relacionamentos têm que ser trabalhados. E, mais uma vez, essa é uma responsabilidade primária do líder. E não tem jeito, o conflito vai fazer parte do jogo.

Ninguém motiva ninguém

Normalmente ao iniciar um treinamento de liderança, costumo perguntar aos gestores quais são as expectativas deles em relação ao curso, o que eles esperam aprender. Em todas as turmas, sem exceção até hoje, líderes me pedem para esclarecer o que eles podem fazer para motivar o time.

E a resposta é: nada.

A motivação é algo que vem de dentro, é intrínseca, e não extrínseca; é uma das habilidades de nossa inteligência emocional. É uma energia que nos impulsiona em determinada direção, visando ao atendimento de um conjunto de necessidades.

Mas o líder pode e deve influenciar o time para que esse se engaje nos processos. Para que queiram fazer sempre mais e melhor, para que enxerguem o propósito naquilo que fazem e, assim, se satisfaçam com seu trabalho, gerando um ciclo eficaz que acaba por alimentar a automotivação de cada colaborador.

Daniel Pink, em sua teoria Motivação 3.0, apresenta uma série de pesquisas que, mais uma vez, demonstrou que, ao contrário do que muitos acreditam, estímulos financeiros e recompensas não estão diretamente relacionados a resultados superiores.

Essa já era uma constatação em teorias anteriores, como a de Maslow (pirâmide das necessidades) ou de Herzberg (fatores higiênicos e motivacionais), em que, a partir do atendimento das necessidades básicas e de segurança, a insatisfação é eliminada; e o impulso e a motivação se dão por questões mais subjetivas e individuais.

Vai encarar?

Três elementos são fundamentais, segundo Daniel Pink: autonomia, domínio e propósito. Para o autor, autonomia é o desejo dos indivíduos de direcionar a própria vida. Domínio é o desejo de melhorar cada vez mais fazendo algo que tenha significado. E, por fim, propósito tem a ver com o desejo de fazer algo que de fato impacte, que seja maior do que simples tarefas.

Para que o líder possa, então, engajar o time na direção dos objetivos, é preciso que haja um propósito claro. É necessário saber aonde se quer chegar e, principalmente, ter foco e disciplina para enfrentar o caminho – o que nunca é fácil. Esses são fatores fundamentais para assegurar o engajamento.

Muito se fala sobre o impacto do propósito no engajamento do time, mas o que de fato é um propósito? Propósito é sobre as estradas que escolhemos percorrer. Propósito não é sobre a velocidade do percurso, isso se chama prazo. Propósito não é sobre alcançar resultado, isso é meta. Propósito não é sobre ser reconhecido pelos outros, isso é ego. Propósito é o que conecta ideias e pessoas.

Engajamento pressupõe a interação entre as partes de forma natural e voluntária, sendo resultado de uma boa experiência para os indivíduos. Para engajar é preciso ampliar a escuta, incluir o ponto de vista do outro e comunicar suas ideias de forma a atingir as emoções e as aspirações do outro.

Quando se é apaixonado pelo propósito, pela ideia, pelo objetivo que se quer alcançar, o indivíduo inspira outras pessoas a perseguirem seu sonho junto dele. Todos querem experimentar a mesma paixão, querem conseguir juntos alcançar o objetivo. Quando não há sentido, não há paixão.

Empowerment: é de comer ou de passar no cabelo?

Ao empoderar a equipe, líderes conseguem que o time enxergue o propósito naquilo que faz e, assim, se satisfaça com seu trabalho, gerando um ciclo eficaz que acaba por alimentar a automotivação do colaborador.

Para incentivar o time, é preciso distribuir responsabilidade entre seus participantes. É preciso tratar o time como adultos, dividir com ele as missões e os desafios. Para poder delegar responsabilidade e deixar o time energizado, o líder precisa:

- Confiar no time.
- Ter abertura para aceitar os erros que fazem parte do processo.

Questões que, a essa altura, já não são mais novidade para ninguém, certo? Dessa forma o líder alimenta o *empowerment*. Sem confiança, o líder não entrega, ele controla. E a verdadeira confiança deve ser estabelecida tanto do líder para seu time quanto do time para com o líder.

Para criar *empowerment*, é preciso encontrar o equilíbrio entre manter controle e dar liberdade. É preciso compartilhar informações e assegurar que as pessoas entenderam exatamente o porquê, o propósito dos objetivos, para que assim elas possam agir com a devida responsabilidade. A burocracia deve ficar para trás e a autonomia tem que ser incentivada, estabelecendo-se, com muita clareza, o que pode ser feito e até onde as pessoas podem agir sozinhas. Desse modo, as equipes se tornam a hierarquia, sendo elas mais eficazes do que os indivíduos, perante situações que demandam uma tomada de decisão complexa.

VAMOS ANALISAR UMA SITUAÇÃO?

O gerente chama supervisor e fala:

"Você não está realizando a fiscalização adequada dos contratos de manutenção. Você se limita a receber a documentação técnica sem realizar visitas de acompanhamento dos serviços, o que gera incerteza quanto à execução integral dos serviços frente ao escopo contratado.

Quando são marcadas as datas das manutenções, você não se propõe a acompanhar os serviços – e muitas vezes se limita a verificar através de um telefonema.

Essas atitudes podem afetar a manutenção dos equipamentos, pois a não realização do acompanhamento dos serviços implica em relaxamento dos prestadores de serviços em relação às manutenções, no que diz respeito à rotina ou cumprimento dos processos a serem checados. Tal fato pode acarretar mau funcionamento dos equipamentos, gerando custos extras desnecessários e afetando nosso orçamento. Algumas áreas já demonstraram certo desconforto sobre o tema e já levantaram dúvidas quanto à qualidade dos serviços. Você precisa ser mais proativo!"

Você acha que o gerente?

Mando bem

Mais ou menos

Mando mal

O importante é acompanhar o resultado gerado. Se o gerente delegou essa atividade ao supervisor, a forma como a tarefa será executada é da responsabilidade dele. Cabe ao gerente intervir caso os padrões estejam caindo, os indicadores piorando, a empresa gastando mais em manutenção etc. Boa parte do que o gerente da situação hipotética trouxe são suposições. Apenas a evidência de reclamação de algumas áreas pode ou não ser válida e merece ser investigada.

GABARITO DO EXERCÍCIO

EXERCÍCIO 1 – QUEM PRECISA DE DIREÇÃO E QUEM PRECISA DE APOIO

Resposta aberta.

EXERCÍCIO 2 – O PAPEL POSITIVO OU NEGATIVO DE UM LÍDER NA SUA VIDA

Resposta aberta.

VAMOS ANALISAR UMA SITUAÇÃO?

Foi mais ou menos.

Capítulo 9
Deu ruim, o que eu faço?

Quando há disputa por espaço, por relevância, por ter razão e por querer estar certo, a consequência é o conflito. Temos uma tendência em nossa cultura a associar o conflito como algo negativo – e a ausência dele é vista como expressão de bom ambiente. A maioria dos profissionais ainda vê o conflito de forma negativa, sendo o resultado de um mau comportamento, e o associam à agressividade, ao confronto físico ou verbal e aos sentimentos ruins. Mas quero abrir o seu campo de visão: conflito é importante, porque nos avisa que mudanças precisam acontecer.

Teoricamente, situações de conflito surgem da diferença de percepções e interpretações das partes envolvidas sobre determinado assunto. Por vezes, elas são decorrentes da necessidade de escolha entre algumas situações que parecem incompatíveis.

#aceitaquedoimenos

É inútil tentar negar os conflitos, pois eles são inerentes à condição humana. O homem conflita consigo próprio! E as organizações são fontes inevitáveis de conflitos porque:

- Os recursos são limitados.
- Cada área corre atrás de suas próprias metas.
- Quanto maior a organização, mais complexas são as relações e maior a tendência de existirem conflitos.
- Privilégios, possibilidade de ascensão na carreira e outras recompensas que possam ser proporcionadas pela empresa são colocadas em disputa.
- As mudanças externas são acompanhadas por tensões, ansiedades e medo.
- Há luta pelo poder, necessidade de status.
- Muitas vezes, não há espaço para expressar as emoções.

Vai encarar?

Não existe verdade absoluta. Diferentes pontos de vista não podem ser anulados, subtraídos ou aglutinados. Não é sobre certo e errado, ser bom ou mau. Também não é concordância total. Convergir é pertencer, é ser validado socialmente. Divergir é estar sozinho. A diferença dá trabalho. Mas a divergência é uma necessidade, é ela que nos permite compreender o desconhecido, o diferente.

Evocando nossa herança portuguesa, voltando lá para os tempos de *Casa-grande & senzala*, seguimos varrendo erros para debaixo do tapete e usando expressões terríveis como a famosa: "Você sabe com quem você está falando?". Reproduzimos esse modelo nas organizações, criamos ambientes altamente hierarquizados. Muitas empresas fingem que são fluidas, *flats*, que possuem poucos níveis hierárquicos; mas no fundo as relações ditam a hierarquia. Por vezes, são elas que criam outras camadas que não estão no organograma, mas se manifestam nos jogos de poder. Ainda é muito comum as pessoas só se falarem no mesmo nível hierárquico: gerente só fala com gerente; gerente não pode falar com diretor; supervisor não fala com gerente; analista, então, está morto, não pode falar com ninguém. E em reuniões? Imagine se em uma reunião em que estejam presentes apenas gerentes, um gestor resolvesse enviar um especialista por entender que, para discutir a pauta proposta, este seria o colaborador que mais iria agregar. Provavelmente haveria comentários do tipo: "O gerente fulano de tal não dá importância ao que está sendo tratado".

O fato é que os conflitos podem ser responsáveis por sérias ameaças à estabilidade da organização, mas também podem agir de maneira construtiva, estimulando a inovação. O problema é que a maioria das reações diante de um conflito não contribui para a sua resolução. As reações mais comuns diante de um conflito são:

- Negação.
- Procrastinação.

- Qualquer coisa para evitá-lo.
- Imposição, mostrar poder.

Quando não há espaço para o confronto de ideias, pode-se criar a ilusão de que há alto desempenho e não se percebe a falha que compromete o resultado.

Conflitos destrutivos acontecem quando:

- As pessoas sentem-se insatisfeitas, desmotivadas.
- O conflito torna-se mais significativo do que a tarefa a ser desempenhada.
- Leva as pessoas ou os grupos a se tornarem não cooperativos entre si.

Infelizmente, ainda é muito comum o que começa com uma simples discussão, pontos de vista diferentes sendo apresentados, evoluir para um confronto. Funciona mais ou menos assim:

Vai encarar?

Se vencer o debate se torna mais importante do que a discussão das ideias em si, dificilmente se volta atrás. Comportamentos hostis, destrutivos, como deboche e alfinetadas, se tornam o modo como as pessoas interagem e se comunicam.

São vários os tipos de conflito que a literatura apresenta.Na minha observação no mundo corporativo, esses são os mais comuns:

- **De tarefa:** relacionado ao conteúdo e aos objetivos do negócio.
- **De relacionamento:** baseado nas relações interpessoais.
- **De processo:** sobre como o trabalho é realizado.

Do ponto de vista psicanalítico, a neurose é decorrente de tentativas ineficazes para lidar com conflitos e traumas inconscientes. Por assim dizer, o que diferencia a neurose da normalidade é a intensidade do comportamento e a incapacidade do sujeito em resolver conflitos de maneira satisfatória.

Mas, sim, conflitos também podem ser construtivos, eu diria que, de certa forma, até necessários. Mas como identificar que um conflito é positivo? Isso acontece quando:

- Ajudam a abrir a discussão de uma questão ou encaminham um problema para sua solução.
- Contribuem para aumentar o nível individual de interesse e envolvimento em uma questão.
- Na resolução, as pessoas descobrem habilidades que possuem, mas que não estavam evidentes.

E como resultados positivos de um conflito, podemos gerar:

- Expansão do entendimento dos assuntos pelas partes envolvidas.

- Mobilização dos recursos e energia das partes.
- Esclarecimento das soluções competitivas e busca criativa de alternativas.
- Maior habilidade para trabalhar em conjunto.

Apenas quando se percebe sua participação no surgimento ou no prolongamento do conflito é que se pode começar a resolvê-lo. A administração de conflitos consiste na escolha e implementação das estratégias mais adequadas para lidar com cada tipo de situação. Portanto, vai além da conversa pura e simples. Requer menos lábia e mais competência.

Resolução de conflitos envolve:

- Ouvir.
- Aprender.
- Olhar.
- Alavancar uma colaboração, nova e criativa, com os nossos parceiros no conflito.

#aceitaquedoimenos

Se não posso acalmar o outro, acalmo a mim mesmo. Geralmente conseguimos reconhecer em nós sinais de que estamos perdendo a calma.

Foque nos fatos. Reconheça que o conflito existe e concentre-se nas soluções!

Em um futuro muito próximo, as empresas que conseguirão manter-se na liderança serão aquelas que conseguirem atuar de forma colaborativa, criando redes de parceria. É hora de trabalhar em uma rede de competências para resolver problemas.

Vai encarar?

A **colaboração** tem que ser maior do que a necessidade de **provar quem está certo.**

Saindo do discurso e aceitando o erro na prática

O dia a dia é cheio de percalços. Por mais que um líder seja organizado, que planeje suas ações e sua agenda, sempre aparece algo no meio do caminho. E no cenário atual, é clichê, mas fato: a única certeza que temos é a da incerteza. Para realmente ter um time capaz de enfrentar os desafios do cotidiano, o líder deverá criar um ambiente seguro, desenvolver a confiança, promover o autoconhecimento e a aceitação das habilidades de cada um. Sem essa de super-heróis.

Todo mundo tem uma parcela de insegurança sobre si mesmo. Geralmente esse sentimento envolve a crença de não ser bom o suficiente, medo de ser avaliado negativamente ou estar vulnerável a riscos diante de uma situação. E aí criar um ambiente onde as pessoas possam se expressar sem medo de serem julgadas, onde possam errar sem medo de punições, é o que efetivamente diminui esse sentimento.

Esse é o conceito de segurança psicológica. Ela é focada no indivíduo. Não é uma resposta cognitiva e, sim, emocional. O ambiente seguro é aquele onde as pessoas acreditam que, se tiverem dúvidas, novas ideias ou errarem, não terão uma resposta negativa. É uma sensação de acolhimento, mesmo diante de algum insucesso. Não é fácil construir esse ambiente, porque o erro é algo muito complicado para a nossa humanidade. Sentimo-nos expostos ao julgamento dos outros – e às consequentes "punições". Crescemos dessa forma: se errou, vai para o castigo. O erro é verdadeiramente algo muito complexo em nossa cultura judaica católica apostólica romana.

Imagine a seguinte cena: você acaba de comprar um conjunto de sofás com o qual sonhava há tempos. Financiou e pagou apenas a primeira parcela. Seu filho, uma criança de uns 4/5 anos, vem da cozinha com um copo de achocolatado na mão e, ao sentar-se no sofá, derrama tudo. Qual é a sua reação?

“Integradores são capazes de unir disciplinas e especialistas. Steve Jobs era assim, Bill Gates, não. A integração é a origem da inovação e, se uma empresa não inova, não sobrevive. E, para que eles possam estar integrados, devem ser organizados em círculo, e não sob a estrutura tradicional de cascata.”

(Ram Charan)

Vai encarar?

- **Opção 1:** “Nossa, filhinho! Sujou, vamos pegar um paninho e limparmos juntos?”.
- **Opção 2:** Exaltado, você fala algo do tipo: “Eu não acredito que você fez isso! Quantas vezes eu disse que não era para comer no sofá novo, eu mal comecei a pagar e blá, blá, blá...”.

A maioria de nós reage do segundo modo, independentemente da geração à qual pertencemos. Ainda hoje, se um filho chega em casa com o boletim escolar, a primeira coisa que os pais olham são as notas ruins. Lembro-me de que uma vez minha filha chegou com o boletim cheio de notas vermelhas. Estava ruim em Artes, Educação Física e, quando vi que em Religião também, não me contive e disse: “Mas minha filha, nem Jesus?”. Fui incapaz de olhar o bom desempenho em Matemática, Geografia e Português.

E isso segue com a gente vida afora. Ao fazer a avaliação de desempenho, o que os gestores olham? O tal do *gap*.

Também é na infância que aprendemos a nos importar com os outros, com a imagem que fazem de nós. E assim, para não parecer ignorante, não perguntamos; para não parecer incompetente, escondemos nossos erros; e, para sermos aceitos, não confrontamos. A maioria dos adultos apresenta bastante dificuldade em expor suas vulnerabilidades. Preferem culpar uns aos outros do que assumir sua parcela de responsabilidade diante de um problema. Só que errar não significa demonstrar fraqueza ou incapacidade.

O medo de ser ridicularizado ou de falhar impede que muitas ideias potenciais sejam implantadas, por receio de se expor e de ser julgado em uma cultura que prioriza os que parecem fortes e infalíveis. Quando nos sentimos inseguros, não contribuímos diante de um problema, nos omitimos ou achamos culpados. Então, somente quando o gestor aceitar o erro será possível, de fato, abrir espaço para a inovação e para o desenvolvimento das pessoas.

"NOSSA CAPACIDADE DE SERMOS LÍDERES OUSADOS NUNCA SERÁ MAIOR DO QUE NOSSA CAPACIDADE PARA A VULNERABILIDADE."

(BRENÉ BROWN)

Vai encarar?

Os grupos nos quais os participantes têm interesses diversos e espaço para expressar ideias diferentes, submetendo-as às críticas dos outros, criam sempre mais soluções e estas são invariavelmente de melhor qualidade. Sem segurança, os indivíduos vão para o familiar, para as categorias conhecidas. Não mudam. Podemos ter confiança uns nos outros, mas não nos sentirmos seguros psicologicamente. O que sustenta a segurança psicológica é: franqueza, transparência e aprendizado a partir dos erros.

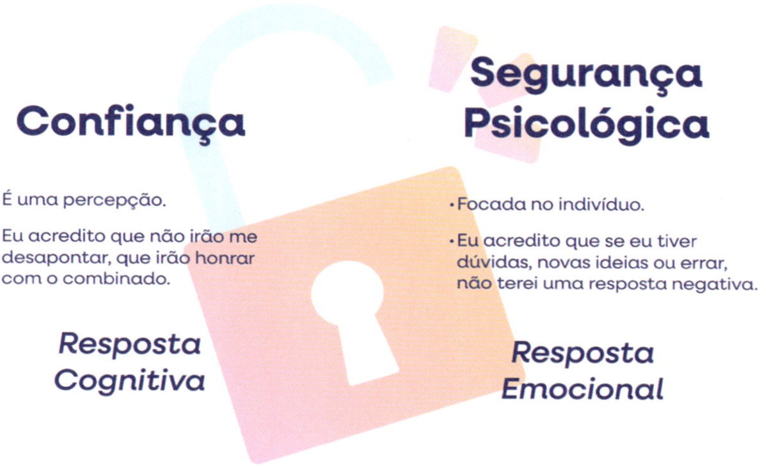

Cabe ao líder abrir espaço para incluir outros pontos de vista que não o seu, promover um ambiente de liberdade criativa, de abertura para mudanças. E aí, não tem jeito, erros e falhas farão parte do processo. Quando se tem um ambiente que estimula a aceitação da divergência, onde as pessoas se expressam livremente e que ideias diferentes das próprias podem e devem ser incluídas, os ganhos são significativos. Quando as decisões são colegiadas, há concordância, e não dissidência. Gera-se sentimento de "dono". O líder trabalha com o grau de maturidade de cada um. Seus esforços são no sentido de fazer com que o indivíduo alcance o nível de maturidade desejado.

Pontos de vista divergentes, olhares diferentes, ajudam a exercitar o pensamento lateral. Essa é uma maneira de pensar que procura soluções para problemas complexos mediante o uso de métodos não ortodoxos ou de elementos que normalmente seriam ignorados num raciocínio lógico. O pensamento lateral está baseado na ruptura de percepções que o modelo cerebral funciona, ou seja, por atalhos.

É papel e responsabilidade do líder criar espaços para propor, errar, prototipar. Não basta dizer que "sua porta está sempre aberta". Deve-se ter agenda, processos estruturados para isso. Afinal, como já dizia Einstein desde o século passado: "Insanidade é fazer a mesma coisa várias vezes, do mesmo modo e esperar resultados diferentes".

Emoção e sentimentos

Somos seres emocionais, não tem como negar; e como líderes precisamos lidar com os sentimentos que surgem diante das questões do dia a dia. A primeira coisa é entender que nenhum sentimento é objetivo. Não há uma equação na qual, diante do fato A, todos reagirão da forma B. Nossa reação é resultado da interpretação que cada um faz a partir dos fatos. E negar o que sentimos é a pior coisa que podemos fazer. Não lidar de forma direta, por exemplo, com a raiva que sentimos de um colega no ambiente organizacional faz surgir o chamado comportamento passivo-agressivo: alfinetadas... deboche... vingança...

A brilhante Brené Brown ensina: "Culpar é simplesmente extravasar a raiva". E, acreditem, todos nós sentimos raiva no ambiente corporativo. Culpar é o inverso do *accountability*, de puxar para si a responsabilidade por algo e realmente querer dar conta. Acredite, é impossível que diante de um problema você não tenha nenhuma parcela de responsabilidade. Essa coisa de achar que você não consegue resolver uma questão porque o coleguinha da área do lado não fez a parcela dele tem que acabar. Líderes devem focar naquilo que eles podem resolver, em vez de deixar a energia ser sugada por aquilo que está fora de seu controle. Se sua parcela de responsabilidade é 1% do problema, é essa a única parte que você pode resolver.

Aliás, o mundo corporativo está recheado de todos os tipos de sentimentos. Temos raiva, inveja, medo, frustrações, alegria, felicidade... É hora de parar com essa bobagem de se dizer profissional, como se a catraca da entrada fizesse com que as pessoas perdessem a capacidade de sentir, deixassem suas emoções do lado de fora da empresa.

Mas o que são emoções? São estados mentais que resultam de mudanças no organismo a partir da nossa percepção do ambiente e a consequente necessidade de se adaptar ao que está à nossa volta. As emoções aumentam nossa capacidade de adaptação ao que nos cerca. Só que as emoções por vezes nos ajudam, e por vezes nos atrapalham.

Emoção e sentimento são coisas diferentes. A **emoção** é uma reação imediata a um estímulo, é algo que mexe com você e que não envolve pensamento, raciocínio, cognição. Já o **sentimento** envolve a reflexão cognitiva, a percepção e a avaliação do fato em si. O sentimento é, portanto, a elaboração de um fato, enquanto a **emoção** é a reação em si. E é por isso que nossas emoções nem sempre nos levam às ações mais adequadas dentro de uma determinada situação.

São sete as emoções básicas encontradas em diversas culturas ao redor do mundo:

- Raiva.
- Nojo.
- Desprezo.
- Tristeza.
- Susto.
- Felicidade.
- Medo.

Além da teoria de Daniel Goleman sobre inteligência emocional ter sido amplamente divulgada, outro estudo, mais recente, nos ensinou quais são nossas emoções básicas. Trata-se de *Divertida Mente*, o desenho animado da Disney. Já viemos de fábrica com essas sete emoções e não há como “tirá-las” de nós.

O que é possível é aprender a forma como lidamos com elas diante dos fatos. O controle das emoções, a capacidade de controlar nossos impulsos e canalizar nossas emoções de maneira adequada, é o que caracteriza a tão falada inteligência emocional. E desenvolvê-la é atribuição básica de qualquer gestor.

A inteligência emocional está dividida em cinco habilidades básicas:

Autoconhecimento emocional	Trata-se de saber reconhecer um sentimento quando ele acontece.
Controle emocional	É saber lidar com seus próprios sentimentos, adequando-os à situação.
Automotivação	É dirigir as emoções para o alcance de um objetivo. É manter-se sempre em busca de algo.
Reconhecimento	É reconhecer a emoção do outro.
Relacionamentos	É saber construir e manter relacionamentos interpessoais.

Um líder, além de ter muito bem desenvolvida a sua inteligência emocional, deve aprimorar sua inteligência interpessoal, ou seja, a habilidade de entender outras pessoas. Entender o que as motivam, como trabalham com mais conforto e qual é a melhor forma de cooperar com elas.

Vai encarar?

EXERCÍCIO – CHECANDO OS SEUS CONHECIMENTOS

Para não esquecer mais sobre inteligência emocional, qual das afirmativas a seguir é falsa:

A. É a capacidade de controlar impulsos, canalizar emoções para situações adequadas.

B. O autoconhecimento emocional é a capacidade de reconhecer um sentimento quando ele ocorre em nós.

C. O controle emocional é a habilidade de lidar com seus próprios sentimentos, adequando-os para a situação.

D. A automotivação é a habilidade de dirigir emoções a serviço de um objetivo.

E. O reconhecimento é a habilidade de construir relacionamentos interpessoais.

GABARITO DO EXERCÍCIO

EXERCÍCIO – CHECANDO OS SEUS CONHECIMENTOS

Alternativa E. Reconhecimento é sobre saber ler as emoções das outras pessoas, enquanto o manejo dos relacionamentos interpessoais são as próprias habilidades específicas.

Capítulo 10 Comunicação clara, franca e direta

Pesquisas demonstram que as equipes se tornam mais produtivas quando a comunicação é clara, franca e direta. Mas o que é isso?

Comunicação é o processo de transformação das informações para a compreensão humana nas relações entre pessoas. Esse processo se dá de modo verbal, escrito ou corporal (por gestos do corpo, olhar).

Estamos o tempo todo nos comunicando, independentemente de utilizarmos ou não a linguagem verbal. E isso sempre provocará um impacto no meio. Apesar de ser tão corriqueiro, tão natural no nosso dia a dia, esse é, sem dúvida, um dos fatores mais complexos nas organizações. Quem nunca ouviu falar de ruídos de comunicação? E, quando na sequência de reuniões – ou mesmo eventos onde informações importantes são repassadas –, vários colaboradores dizem que não sabem de nada, que ninguém comunicou nada a eles.

Há muita confusão em relação a esse tema. Por exemplo, quantos não confundem um bom falador com um bom comunicador? Quantos não acham que comunicação tem a ver com extroversão? Uma vez ouvi que líderes que são bons comunicadores gostam "do palco". Morri! Mas, se tenho uma certeza em relação a esse tema, é que grandes líderes são exímios comunicadores. **Grandes líderes** comunicam suas **ideias** de forma a atingir as **emoções** de seu time. Eles compreendem que a questão é muito mais profunda do que apenas assegurar que o time conheça o procedimento, que tenha lido os comunicados, participado de reuniões ou treinamento. Comunicação, de fato, vai muito além da informação, do conteúdo em si da mensagem. Além de informar, é preciso trabalhar a aceitação da mensagem e assegurar qual foi o entendimento do colaborador em relação à ela. Quando se comunica apenas a informação, não há engajamento, não há aceitação. Essa é a razão por que muitas vezes os líderes reclamam: "Mas já falei isso mais de mil vezes...". Se ele não se preocupar com a compreensão do seu interlocutor, no quanto ele comprou a ideia, no quanto ele compreendeu a parte que lhe cabe no fato, vai falar duas mil vezes e não vai resolver.

A comunicação é um caminho sem volta. É impossível não se comunicar. Até mesmo quando se está calado, estamos comunicando algo. O silêncio costuma gritar aos ouvidos.

E aqui compartilho o maior ensinamento que tive: o significado da mensagem não está com o emissor, e sim com o receptor. Uma coisa é o que você quis dizer, outra bem diferente é o que o outro compreendeu. E, acredite, nem sempre aquilo que você diz é entendido pelo outro da forma como imaginava. E é isso que fica valendo!

Para resumir e nunca mais esquecer: comunicação não é o que você fala, mas o que o outro entende.

E o que cada um entende depende muito. Depende da forma como cada um percebe a realidade. A realidade não é conhecida, ela é percebida e é maior que o fato. A percepção se forma a partir de nossa genética, nossas experiências, nossa educação. A forma como percebemos a realidade determina nosso comportamento. Enxergamos a realidade através de uma espécie de "óculos" que possui lentes completamente particulares, que foram se formando em camadas ao longo dos anos, influenciadas por personalidade, motivações, valores, crenças, atitudes, habilidades e conhecimentos – que são determinantes para o olhar que lançamos ao mundo.

Quando nos comunicamos com o outro, de fato, estão se comunicando percepções de mundo diferentes. Você já passou por uma situação em que alguém se referiu a você com algum adjetivo que você não concordou? Comigo, mais de uma vez, disseram: "Nossa, você é tão fofa...". Caí para trás, sou ácida, abrasiva, e não fofa. Pois é, essa é uma das encrencas da comunicação. Em determinados ambientes sociais, ajo de uma forma que meu interlocutor (que tem sua própria história de vida formada, amontoada em camadas diferentes das minhas) enxerga uma fofura que eu mesma não enxergo em mim. Ou seja, nesse processo de percepção e comunicação, atuam elementos que muitas vezes não são identificados nem pela própria pessoa que está tentando se fazer compreender. Mas estão presentes e interferem tanto na sua capacidade de explicar quanto na de compreender.

Diante de um mesmo fato, são vários os "óculos" que o enxergam, e a complexidade dessa diferença de percepção é que gera a dificuldade no processo de comunicação. Isso que chamo de "óculos" é o que os teóricos denominam de mapa mental.

O mapa mental é um dispositivo do pensamento por meio do qual um ser humano tenta explicar a si próprio – e aos outros – como funciona o mundo real. É um tipo de símbolo interno de representação da realidade externa, hipotética, que tem um papel importante na cognição, ou seja, na forma como aprendemos o mundo.

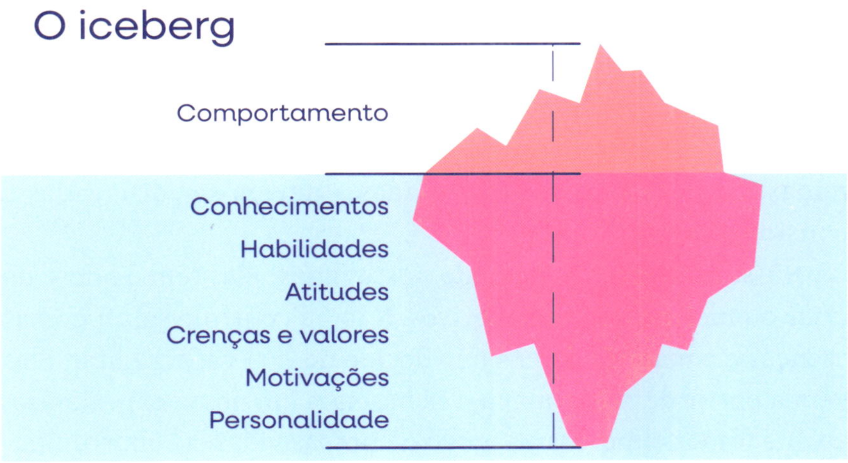

A imagem do iceberg não é novidade para a maioria de nós, mas ajuda na compreensão desse conceito. Nosso comportamento é o que é percebido pelo outro. Ele é fruto de todas as camadas que estão abaixo da superfície, e que, tal qual na imagem, ocupa um espaço muito maior do que o do nosso comportamento. Quando nos comunicamos uns com os outros, estão presentes icebergs completamente diferentes.

Uma vez eu ministrava uma aula sobre liderança para gestores de um grande grupo da indústria do entretenimento. Após eu explicar esse conceito, um deles, que trabalhava com cenografia, disse: “Agora entendi porque olho para essa mesa e vejo uma mesa de pingue-pongue”.

Quase caí para trás. Era uma mesa retangular, pequena e branca. Não tinha tamanho, não tinha cor de mesa de pingue-pongue. Também não tinha uma rede ou qualquer outra coisa que pudesse vagamente lembrar uma mesa de pingue-pongue. Então, porque não me aguento, perguntei: “Me desculpe, mas onde você está vendo uma mesa de pingue-pongue?”.

E ele passou a mão na mesa e respondeu: “Pela textura”. E, sim, passei a mão e “enxerguei” uma mesa de pingue-pongue. Ele estava acostumado a mexer com materiais, eu não. Os “óculos” dele eram diferentes dos meus.

Esse exemplo serve para que possamos compreender que o nosso mapa não é um território, e que até por isso não há um mapa mais verdadeiro do que outro. E isso nos ensina que diferenças de percepção não podem ser eliminadas, suprimidas, desconsideradas, agrupadas – devem ser discutidas e consideradas.

Nossas crenças são fruto do nosso mapa. Elas têm o poder de criar ou mesmo destruir motivos. Não há controle sobre nossas crenças e a maioria de nós não decide no que vai acreditar. Elas vêm a partir de nosso mapa e se baseiam em nossa experiência, ao que fomos expostos ao longo de nossas vidas, as oportunidades e os desafios vivenciados. Ao adotar uma crença, tendemos a considerá-la como um dos mandamentos escritos em pedra e inegociáveis. E assim elas formam concepções sobre o comportamento humano e, consequentemente, como agimos diante de situações em que esse comportamento aflora.

Tais concepções de comportamento chamamos de pressupostos, ou seja, são premissas de valor. Em algum ponto foram escritas na pedra; e um sentimento, um valor, foi aplicado a isso. É, portanto, imutável, inegociável.

Saber reconhecer o mapa mental do outro, ler nas entrelinhas, compreender as crenças presentes, visualizar o estado de espírito das pessoas e reconhecer os momentos certos de se comunicar são atitudes importantes para termos uma comunicação eficaz.

Comunicar é tornar comum, e esse é um desafio dos grandes. Principalmente nas organizações. Junto da comunicação, elas enfrentam no seu dia a dia os problemas gerados tanto pela ausência quanto pela má comunicação. São os chamados ruídos de comunicação. Eles podem se transformar em verdadeiras barreiras, podendo surgir antes, durante ou mesmo depois do processo.

A comunicação é então uma habilidade muito complexa, visto que mistura o conteúdo que nós queremos passar com a forma como nós passamos, e não há como exercer a liderança sem ser um exímio comunicador. Bora nos aprofundar, então?

Preconceitos, julgamentos, atalhos, vieses e empatias

Como vimos, a complexidade das diferenças de percepção sobre um mesmo fato gera a dificuldade no processo de comunicação entre as pessoas. Mas há um antídoto poderoso para isso: a tal empatia.

O conceito mais comum de empatia diz que é a capacidade de se colocar no lugar do outro, de perceber a necessidade do outro, de perceber a dor do outro. De entender crenças, valores e princípios de outro indivíduo. É enxergar o mundo pela lente dos óculos do outro. Eu pessoalmente gosto muito desta definição:

"Empatia é sobre construir pontes entre pessoas que possuem opiniões diferentes."
Arne van Ooster

Quando questiono meus alunos acerca do quanto eles são empáticos, a esmagadora maioria se coloca como tendo essa habilidade desenvolvida em um nível bem razoável. Aí costumo fazer um exercício. Durante um curto tempo, em duplas, eles devem, um sentado de frente para o outro, olhos nos olhos, falar sobre um incômodo de sua vida pessoal para o seu interlocutor - algo que cada um se sinta confortável, sem necessidade de se expor. A única regra é que, no tempo determinado, um fala e o outro só escuta, não pode interromper; até que os papéis sejam trocados e quem estava falando só escute e quem estava escutando fale. É sempre divertido... Alguns sequer conseguem atender a premissa, outros simplesmente falam rapidamente e ficam olhando para mim, para que eu finalize o exercício, demonstrando desconforto com a situação. Quando conversamos sobre a experiência, via de regra, meus alunos comentam que gostariam de ter interagido, mesmo sabendo que a experiência não proibia a interação, só a fala.

Uma encrenca recorrente quando alguém fala sobre um incômodo, um problema que esteja vivendo, é que adoramos interromper a narrativa de quem está falando. E, com a melhor das intenções, trazemos para a conversa a tal palavra acolhedora. Ao fazer isso, no fundo, estamos menosprezando a dor do outro. Dizer que vai passar não ajuda o outro a atravessar a situação. Muito menos contar uma experiência semelhante à qual você tenha vivido. Em muitos casos, fica até parecendo competição de desgraça. Fica algo mais ou menos assim:

— Minha mãe quebrou a perna.

— Liga não, minha avó já quebrou o quadril.

— Isso não é nada, minha tia quebrou a cabeça e o braço ao mesmo tempo...

Em que medida as outras pessoas terem quebrado algo ajuda a pessoa a passar pela sua dor, sua preocupação?

E por que isso acontece com tanta frequência?

Porque somos muito ruins de escuta. Quando alguém começa a nos falar algo – seja um incômodo de sua vida pessoal, uma solicitação em uma reunião no trabalho –, fechamos nossa escuta para o outro e começamos a ouvir uma espécie de voz que habita nossa cabeça, um diabinho que mora lá e que não permite que a gente siga o que o outro está dizendo. A gente se perde na gente mesmo. E esse diabinho "fala mais alto", ainda mais quando nossas ideias não estão sendo aceitas, se elas estão sendo questionadas. Parece que os interlocutores ficam só esperando a pausa da respiração do outro para fazer a réplica, a tréplica, a *quadrúplica* ou sei lá o quê... Quem nunca ouviu a famosa frase: "Eu não quero ter razão, eu quero ser feliz". #SQN. Muitos parecem que só encontram a felicidade quando vem conjugada com a razão, têm que estar certos para serem felizes.

Outra armadilha comum é quando somos muito bons, quando temos amplo conhecimento técnico sobre algo. Nosso interlocutor está dizendo o que ele precisa, a forma como gostaria que um determinado relatório fosse enviado, quais dados importantes para ele, mas o diabinho parece já saber o que o outro quer, antes mesmo que ele complete seu raciocínio. Quem nunca, mesmo que para si mesmo, não desqualificou um pedido de alguém por entender que o que o outro, de fato, precisava é o que ele achava melhor entregar? E sabe qual é a armadilha? Quanto melhores somos, quanto mais especialistas somos em um assunto, parece que maior é a nossa prepotência. A gente tem certeza que já sabe o que o outro quer ainda que ele nem tenha terminado de pedir.

No fundo, achamos que estamos dialogando, mas estamos travando monólogos dialogados. Essa é uma das razões pelas quais reuniões costumam ser tão improdutivas. As reuniões acabam e cada um sai fazendo aquilo que acha que entendeu, com suas verdades e certezas, seus entendimentos próprios; e assim não se buscam as soluções, não há empenho para resolver, para atender o que foi solicitado. E na sequência vem uma nova reunião, com nova discussão, muito parecida com a anterior.

Por vezes, percebo que a falta de escuta, aliada à necessidade de ter razão, evolui para a busca de culpados. É um apontar de dedos de um lado para o outro. São sequências de reuniões de justificativas, e não de endereçamento de uma solução. Como diria Lulu Santos: "Assim caminha a Humanidade, com passo de formiga e sem vontade!".

Tem que vir para o jogo o conceito de escuta ativa. Que ações cada um pode adotar para seguir, de fato, o que seu interlocutor está dizendo? Seguem algumas dicas:

- Permaneça focado na ideia central.
- Evite discutir mentalmente com o interlocutor.
- Utilize gestos e expressões faciais para demonstrar o quanto você está acompanhando a ideia, o quanto está ou não entendendo.
- Demonstre interesse e mantenha sua atenção na conversa. Nada de se distrair com celular ou qualquer outra coisa.
- Não interrompa. Cheque suas dúvidas depois de ouvir toda a narrativa do outro. E não é para dizer o que você faria e, sim, para aprofundar seu entendimento.

Além de sermos muito ruins em escutar, nosso cérebro – como vimos anteriormente – é mestre em economizar energia, e por isso cria atalhos o tempo todo. Os atalhos são necessários para que possamos processar todas as informações que aparecem diante de nós. Só que é grande o risco de cometermos erros, principalmente quando se trata de pessoas. E sem perceber fazemos isso o tempo todo.

Os mecanismos mais comuns e recorrentes são:

- **Generalização –** mecanismo de defesa que utilizamos quando algo é contrário às nossas crenças.
- **Categorização –** dividimos o que percebemos em grupos, por semelhança, para economizar tempo.

E assim vamos criando uma série de estereótipos, ou seja, agrupamos as pessoas de acordo com o que pensamos sobre determinado grupo. Podemos ter essa organização baseada apenas em fatos; e nesse caso esses estereótipos são só categorias, como mulheres, roqueiros, orientais etc.

A questão é que muitas vezes colocamos uma camada afetiva nesse estereótipo, baseada em nossas crenças. E, sem que a gente se dê conta, ficamos preconceituosos. Agrupamos fatos e crenças e a coisa fica mais ou menos assim:

- Toda mulher dirige mal.
- Todo roqueiro é encrenqueiro.
- Todo asiático é tímido.

O preconceito é algo que pode ser mais consciente ou inconsciente, mais explícito ou velado. Mas, independentemente da forma, não tem jeito, está em todos nós. O único modo que temos de sermos menos preconceituosos é ter a consciência de que nosso cérebro nos leva para esse caminho e ficarmos muito atentos ao nosso comportamento diante do outro. Nossa mente é uma verdadeira artesã da realidade. Na tentativa de compreender o que está à nossa volta – se algo foge da nossa compreensão, se não há um atalho, o caminho a ser seguido –, vamos completando lacunas para gerar uma compreensão coerente do mundo. E isso tudo acontece sem que a gente perceba. Os estudiosos chamam tal processo de raciocínio imotivado. A encrenca é que muitas vezes preenchemos essa lacuna não com um fato, com algo que conhecemos, mas com um julgamento. Esse nada mais é do uma avaliação baseada em nossos valores pessoais, que utilizamos para proferir uma decisão ou realizar uma ação que faça sentido, que seja convergente com nossas próprias convicções.

E não podemos abandonar os famosos vieses. Para entendê-los, antes temos que falar das heurísticas. As heurísticas nada mais são do que os atalhos cognitivos que nos facilitam os processos decisórios. Funcionam como uma espécie de regra que acelera o processo, fazendo com que não haja muita interferência do raciocínio – algo que naturalmente desacelera o processo decisório. Se temos que levantar dados, construir hipóteses e processos tipicamente racionais, isso vai demandar mais tempo do que simplesmente usar o que podemos chamar de intuição, regras já pré-estabelecidas. As heurísticas mais comuns são:

- **Heurística de disponibilidade:** quando me lembro mais facilmente de uma informação, vou tender a confiar e, consequentemente, usá-la em minhas decisões.
- **Heurística de representatividade:** classificamos algo ou alguém com o que é típico de uma categoria, com um estereótipo.
- **Heurística de ancoragem e ajustamento:** o pensamento fica ancorado em uma impressão inicial e depois não se consegue mudar, mesmo diante de novas evidências e/ou informações.
- **Heurística da familiaridade:** preferimos o que é familiar, aquilo que já conhecemos e que tenhamos vivenciado em nossa experiência pregressa, em detrimento do desconhecido.

Os vieses nada mais são do que o uso desse mesmo mecanismo, só que o atalho sofreu algum tipo de distorção, ou mesmo a falta de uma perspectiva mais abrangente. Por exemplo, se um indivíduo cresce acreditando que gatos são bichos pouco afeitos a carinho, que são muito menos afetuosos do que cachorros, provavelmente, mesmo diante do apelo de um filho na vida adulta, ele não terá gatos. Os vieses literalmente enviesam o pensamento, funcionam como crenças e afetam negativamente nossas decisões.

E não podemos subestimar a importância e o peso do nosso ego, que gera a tendência de nos dar crédito por aquilo que nos favorece. Conscientemente ou inconscientemente, precisamos nos sentir melhores do que os outros.

E a grande encrenca é tudo aquilo que limita a nossa compreensão mais abrangente. Assim como o julgamento, os vieses fecham a possibilidade de sermos empáticos. E vou me permitir ser repetitiva: acreditem, fazemos isso o tempo todo.

Às vezes, pensamos que seremos mais empáticos se estudarmos muito, lermos muitos livros, se formos orientados por *coaching* ou mentores.

Seguem algumas dicas para que você seja mais empático:

- Vá além dos rótulos, vença seus preconceitos.
- Entenda a vida e o ambiente do outro.
- Encare a conversa difícil.
- Acredite na mudança.
- Dê ao outro o benefício da dúvida.

Conversas difíceis e corajosas

De algum modo, todos nós já passamos por alguma situação em que tivemos vontade de dizer algo para alguém e não o fizemos por medo de ferir, de magoar o outro. E, para nós, latinos, endereçarmos uma conversa mais dura, tenho a impressão de que é ainda mais difícil. Costumo dizer que não sei se isso é parte da herança portuguesa que veio embarcada em Santa Maria, Pinta e Nina ou se foi Deus Pai que ao criar a Terra e dividi-la em hemisférios, achando que o Norte, por ser frio, deveria ser povoado pelas pessoas mais firmes e o Sul, por ser mais quente, pelos fofos!

A bronca é que, quando falamos de gente, quando no dia a dia um gestor escolhe um e não o outro para ser promovido, ganhar um aumento, ele vai ter que falar com ambos, e não apenas dar a boa notícia para quem ele escolheu. Conversar com a pessoa que não foi escolhida, o porquê de não ser ela, vai exigir o endereçamento das conversas difíceis. E essa é sem dúvida uma das questões mais complexas para gestores.

No mundo organizacional, aprendemos a falar DA pessoa pelos corredores. Falamos com outros, que muitas vezes não tem nada a ver com a situação, em vez de falarmos diretamente COM aquele que está de fato envolvido.

Uma vez cheguei a receber um e-mail falando mal de mim. Uma gestora par enviou um e-mail para o time dela alertando-o sobre mim, sobre como eu era uma pessoa difícil de lidar. No grupo de colaboradores, tinha alguém com o mesmo nome que o meu; a gestora confundiu-se e enviou para mim. Enviei de volta, escrevendo: “Acho que você mandou para a Andréa errada...”.

O medo de que a conversa abale a relação é, muitas vezes, a causa da conversa tornar-se evasiva ou mesmo nem acontecer. Dizer com clareza que algo não está de acordo com o esperado, que o comportamento do indivíduo está gerando um impacto negativo e que é preciso rever alguns pontos, pode ser bem complexo. Temos dificuldades em dizer o não, em dar limites. Levamos muitas coisas para o nível pessoal. Ficamos com medo de ferir o outro, de não sermos aceitos, queridos. Mas é preciso ter coragem e encarar. Podemos classificar como conversas corajosas aquelas em que há uma intensa divergência de opinião, ou um conflito de valores, ou mesmo um forte apego emocional ao resultado, em que ninguém quer abrir mão do próprio ponto de vista. Também observo que, por vezes, fica mais complicado de enfrentar quando se percebe o quão alto é o risco da conversa abalar a relação.

Se tem uma coisa que aprendi ao longo dos anos é que o custo da não conversa é sempre maior que o custo da pior conversa que você possa endereçar. Muitas vezes, ao procrastinar, empurrar com a barriga tal tipo de conversa faz com que ela saia "torta", evasiva, explosiva... Quanto mais difícil for o assunto, maior a necessidade de ser específico. Lembre-se: simples e conciso é sempre melhor que complicado e confuso.

Não à toa que, para boa parte dos gestores, o tal feedback negativo costume ser um momento bem complicado. Por outro lado, uma outra turma prefere não reconhecer a dificuldade desse momento e diz que é fácil, tranquilo. Mas, sim, essa é uma conversa muito difícil.

Vamos mergulhar um pouco mais nessa questão e compreender o que pode ser feito para que o feedback seja efetivamente uma contribuição para o desenvolvimento do outro?

ANÁLISE DA SITUAÇÃO

Dê uma olhada nesta situação e diga como você agiria.

Você e Arthur têm sido bons amigos há anos. São colegas de trabalho e você realmente gosta dele! Recentemente, muitos reclamaram de Arthur para você. Disseram que ele anda disperso, que não é mais o mesmo, que sempre erra a mão na muçarela. Hoje, uma pessoa que trabalha muito próxima a ele procurou você para falar do assunto e disse: "Arthur não é mais o mesmo. Parece que ele não percebe e eu sei que vocês são amigos. Se ele não ouvir você, acho que acabará sendo demitido. Você é a última esperança!".

Você já tem um chope marcado com Arthur no fim do dia.

1. Seja sincero. É de você para você mesmo: você falaria com Arthur sobre essa situação?

Sim — Não

2. O que poderia impedir você de ter essa conversa?

A. Nada me impediria de ter essa conversa

B. Medo de magoar Arthur.

C. Essa não é uma conversa de amigos, é feedback; e isso é obrigação do gestor dele.

3. Qual seria o propósito dessa conversa? Qual seria sua verdadeira intenção com ela?

A. Deixar claro para Arthur que ele não está mandando bem.

B. Entender o que está havendo com Arthur.

4. Que armadilhas poderão surgir?

A. Apesar da oportunidade, você pode não querer falar de trabalho na hora de lazer.

B. Arthur pode não concordar com a situação e ficar com raiva.

C. Arthur pode achar que você está tratando de assunto de trabalho no horário de lazer.

O feedback é um presente?

Essa frase muito comum é baseada na ideia de que o outro se preocupou com você, presenteou você com algo valioso. Fica bonito, poético, né? Sempre que faço essa pergunta nas minhas turmas a resposta mais frequente é: depende. Então, provoco: depende de quê? E o que vem são infinitas questões sobre a forma como é dado, sobre o conteúdo em si, sobre a reputação de quem está dando e por aí vai. Via de regra, ouço: se servir para meu desenvolvimento é, sim, um presente, mesmo que seja duro de ouvir.

Para resolvermos essa questão de uma vez por todas, é muito simples: definitivamente, o feedback NÃO é um presente. Presente você decide se serve ou não, você consegue trocar, passar para frente. Quem nunca embrulhou de volta aquela meia que ganhou da tia no Natal e passou adiante?

Feedback positivo ou negativo você não troca, não passa adiante. Ele é seu. Mas não tem muito jeito, não. Por mais que se fale nisso, se invista em treinamentos principalmente para a liderança, a época do feedback é complicada. É aquela que chamo de TPF: tensão pré-feedback. Novo ano é momento de refletir sobre o desempenho do ano anterior, de traçar metas para o ciclo que se inicia. Infelizmente, na maioria das organizações, é a época do tal do feedback "formal", ansiosamente aguardada por colaboradores, e temida por gestores. O tema feedback é coberto por muitos tabus, por expectativas; e aí não tem jeito, surgem mitos e verdades sobre ele. Bora desconstruir alguns para reconstruir outros!

As pessoas, constantemente, querem acertar, fazer direito. Elas não têm a intenção de agir de uma forma que cause algum desconforto no outro. Como a intenção não é provocar algo negativo, quando ela ouve que não está mandando bem, ela resiste ao feedback. E, quanto mais procrastinamos um feedback negativo, pior é. É por isso que muitos vão para essa conversa esperando ouvir elogios e podem inclusive percebê-lo como crítica pessoal.

DEFINITIVAMENTE O FEEDBACK NÃO É UM PRESENTE. PRESENTE VOCÊ DECIDE SE SERVE OU NÃO, VOCÊ CONSEGUE TROCAR, PASSAR PARA FRENTE. QUEM NUNCA EMBRULHOU DE VOLTA AQUELA MEIA QUE GANHOU DA TIA NO NATAL E PASSOU ADIANTE?
(ANDRÉA KRUG)

Vai encarar?

Na percepção que fazem de si, deram duro, entregaram, se esforçaram e, ao longo do tempo, ninguém falou nada; logo, como é que elas não vão ouvir elogios? Se as conversas são espaçadas por longos intervalos de tempo, se não houve nada, nenhum sinal de que as coisas não estivessem a contento, como esperar ouvir algo diferente de um elogio?

O feedback é sobre a percepção do que você comunica ao outro. Há algo na forma como a pessoa atua que faz com que o outro perceba um impacto, por vezes, oposto ao que originalmente o indivíduo gostaria de demonstrar. Por isso é tão difícil essa comunicação. É como se falássemos de algo que não existiu na cabeça de quem praticou a ação.

Dando um exemplo para ficar mais claro. Uma vez recebi um e-mail do meu diretor, que endereçava um feedback em que havia a seguinte frase: "Você deve aprender a priorizar as prioridades prioritárias".

Confesso que inicialmente levei um tempo para entender a frase. Na sequência, com todo o deboche do meu ser, desqualifiquei-a, ri muito, alto e sozinha. Como assim? Acho que não vou conseguir nem priorizar a hora de ir para casa, de comer, de tomar banho... Isso era bobagem, nunca deixei de entregar nada, meus resultados falavam por mim!

Passado um tempo em que minha mente brilhante, associada ao meu coração peludo, fez diversas piadas com a frase; um pouco de razão entrou na minha cabeça. Bom, se comunicação não é o que eu falo, mas o que o outro entende, o que eu estou comunicando que está causando nele essa impressão? Sim, eu poderia continuar a rir e desconsiderar o feedback, mas não resolveria a questão. Provavelmente minha relação com ele iria se tornar muito ruim e isso eu não queria. Gostava do meu trabalho, do que fazia, e não estava nos meus planos sair de lá.

Depois de alguns dias, comecei a perceber que ele se incomodava com o fato de poucas vezes eu discutir detalhadamente com ele meus planos. Preferia aprovar com ele a ideia, tocar o plano e depois apresentar os resultados. O que ele queria era discutir mais o caminho, participar dessa construção, definir a ordem e prioridade dos fatos.

Por mais "aguado" que seja um feedback, sem dados e fatos, ele fala sobre a percepção do outro sobre o que você comunicou. Então, fica a dica: aceita que dói menos. O feedback é um processo orientado para o futuro, que visa alinhar as percepções em relação ao comportamento manifestado.

No entanto, existem, sim, feedbacks que não devem ser considerados como tal. No fundo, trata-se de assédio; não de feedback. Um líder, em uma turma, uma vez me contou que seu gestor deu o seguinte feedback a ele: "Eu gostaria tanto de te elogiar, mas você não me ajuda". Isso é uma maneira de desqualificar o outro e, portanto, não pode ser chamada de feedback; é assédio!

Definitivamente, o ser humano é muito complexo para acreditarmos que um único método será capaz de resolver todas as questões que envolvem o feedback. Mais realista é entender que esse é um processo evolutivo, que deve, sim, ter regras, mas que deve ser adaptado à situação entre gestor e colaborador; e que o mais importante é que ambos estejam dispostos a aprender com o processo.

Senso de justiça, análises comparativas, réguas subjetivas e toda natureza de dicas e métodos entram no jogo. Muitos gestores diante da dificuldade recorrem a algum "método infalível" vendido por consultorias, frases de efeito e mais uma série de coisas que tentam minimizar a real dificuldade que as pessoas enfrentam nesse processo.

Antes de qualquer conversa difícil, é importante você pensar no porquê, para que você quer ter essa conversa? Sempre antes de uma conversa dessas reflita:

- **O que você tem para dizer é verdadeiro?** Tem exemplos? Têm dados e fatos? Você realmente presenciou a situação? Ou, pelo contrário, são suposições, julgamentos, alguma coisa que alguém falou para você?

- **O que você tem para dizer é solidário?** A conversa será útil? Será necessária para quem recebe? Em que medida? Ela contribui para um caminho de desenvolvimento ou o que você quer é que o outro faça do modo como você acha mais correto?
- **O que você tem para dizer é necessário?** Se a conversa não acontecer, será pior para a pessoa? Em que medida? Quais são os riscos para a pessoa não ouvir o que você tem a dizer nessa conversa?

Ao passar por essa reflexão, você consegue definir se o que tem é realmente um fato para ser discutido e qual é o real propósito da conversa. Se a resposta for contribuir para o desenvolvimento da pessoa, a partir de fatos observados, vá adiante! O que muitas vezes ocorre é que assumimos nossos julgamentos como fatos. Também, com a melhor das intenções, o que se quer com a conversa é adequar o outro ao seu modo de agir.

Em linhas gerais, como regras básicas para aumentar a chance do feedback ser eficaz, listo aqui algumas sugestões:

- O feedback deve ser dado o mais próximo **possível** do fato gerador. Entende-se por possível, o momento em que as emoções estão controladas o suficiente para que a conversa transcorra num clima harmônico. Feedback só na avaliação de desempenho não é formal, é uma vingança. O sistema de gestão de desempenho não foi feito para rotular as pessoas uma vez ao ano, concorda? Ao só promover o feedback nesses momentos que gestores convencionaram chamar de formais, incorre-se no risco de soar como algo do tipo: “Você se lembra do que fez no ano passado?”. Parece até nome de filme de terror (*Eu sei o que vocês fizeram no verão passado*). Ainda bem que nunca recebi feedback que, no primeiro trimestre do ano, no momento da avaliação, o gestor tenha dito: "Você se lembra que em agosto do ano passado etc. e tal". Desaforada do jeito que sou, no mínimo pensaria: "Nada importante, pois você levou esse tempo todo para trazer essa questão...".

- Feedback é coisa muito séria para ser informal. Todo feedback é formal. E, para que não haja dúvida, anuncie sempre que a conversa que vai ocorrer a seguir é dessa natureza. Caso contrário, você corre o risco de ter certeza de que deu algo que o outro jura que não recebeu. Se possível, registre sempre, crie combinados e rotinas. Não economize feedback.
- Outro ponto importante é compreender o que é um feedback. Ele é sempre sobre comportamento, não é correção de tarefas. Dizer que alguém colocou uma linha na planilha no lugar errado, que comeu bola em um slide ou qualquer coisa dessa natureza é orientação acerca do modo como algo pode ser feito. Por exemplo, ninguém de caso pensado chega atrasado sabendo qual é o horário combinado para início das atividades. Se alguém, tendo a informação do horário, recorrentemente chega atrasado, tem que se conversar sobre o porquê. Qual é a razão, qual é o comportamento que está por trás do atraso?
- Criei uma categoria que chamo de feedfoca, ou seja, aquele que não é feedback, é fofoca. É quando se coloca sujeitos ocultos ou indeterminados no feedback. É quando, em vez de dar o feedback baseado no fato, usamos frases do tipo: "Falaram que você...". É muito provável que o interlocutor feche a escuta e fique mais interessado em saber quem falou. E não é papel do líder gerar desejo de acareação ou vingança. Se alguém traz

uma queixa do comportamento de um colaborador, você tem dois caminhos possíveis: ou conversar com ele como se tivesse presenciado o fato, uma vez que confia demais na fonte (eu não gosto muito); ou agradecer e passar a observar com mais atenção para que tenha os fatos (gosto mais).

- Feedback é baseado em dados e fatos, no que realmente aconteceu. Não podem existir julgamentos, suposições, generalizações. As evidências devem ser apresentadas da forma mais detalhada possível. Tenha certeza de que há um fato, e não apenas uma percepção da sua parte. Por mais estranho que possa parecer, se alguém sempre erra a mesma atividade, a razão não é que o outro é desatento, não quer nada com o trabalho ou qualquer coisa dessa natureza. Esse tipo de análise que fazemos chama-se julgamento, não fato. E essa é a maior casca de banana presente em um feedback. Essa conversa deve ocorrer em cima de fatos, de evidências, de coisas que você viu. Por isso, é importante descrever a situação de forma muito específica e direta. Não tenha medo de trazer detalhes. Uma coisa é dizer "você chegou atrasado em vários dias", outra bem diferente é dizer: "Você chegou atrasado em 10 dias, perfazendo um total de 56 minutos". Lembra-se daquela máxima de que contra fatos não há argumentos?

Exercício 1

A. Gestor chama colaborador para um feedback.

Chamei você aqui porque precisamos ter um feedback. Falaram que você anda criando encrenca com o resto do time, que não trata as pessoas direito, faz corpo mole com suas atividades – e por isso faz tanta coisa errada. Você sempre está falando mal dos outros. O pior é que você não me ouve. Não adianta eu falar que você é desatento. O que está havendo?

Diante da situação, ligue os pontos e ache os pecados mortais desse feedback.

Feedfoca (colocar sujeito oculto ou indeterminado no feedback)	*Não adianta eu falar, se você é desatento.*
Generalização	*Você sempre está falando mal dos outros.*
Julgamento	*Falaram que você anda criando encrenca com o resto do time.*

Quando a gente faz o exercício parece que fica fácil de entender. #SQN. É da natureza humana escorregar nessas cascas de banana o tempo todo. Lembre-se: nosso cérebro é preguiçoso, não quer fazer esforço para pensar. Por ele, só funcionaria no piloto automático.

Para você não ter dúvida, comece a observar:

- Você sempre começa a escovar os dentes do mesmo modo, pelo mesmo lado?
- Idem quando lava a cabeça?
- Ficou um tempão sem andar de bicicleta e, mesmo assim, balançando um pouco, consegue?

Vai encarar?

- Está em uma condução ou mesmo dirigindo um carro ou uma moto e, de repente, se dá conta de que já chegou em um lugar sem saber como?

Nosso cérebro está o tempo todo produzindo atalhos. Bora lá recordar os mais comuns:

Generalização	É um mecanismo de defesa que acontece quando algo é contrário ao que a gente acredita.
Categorização	Usamos para dar conta de processar todas as informações existentes no ambiente.
Julgamento	Refere-se a uma avaliação, com base em valores pessoais, para proferir uma decisão ou realizar uma ação.

E agora, para não incorrer no risco de cair nessa armadilha, bora exercitar. Categorize as frases a seguir:

1. "Por que você está desmotivado? Vejo nos seus olhos, você está desinteressado!".

Julgamento   Generalização   Fatos e dados

2. "É preciso ser proativo, exatamente como você fez no dia em que pediu para assumir o projeto de dados".

Julgamento   Generalização   Fatos e dados

3. "Você está sempre falando mal dos outros".

Julgamento | Generalização | Fatos e dados

4. "Às vezes acho que você faz de propósito para me irritar. Você sempre me traz problema, nunca traz a solução".

Julgamento | Generalização | Fatos e dados

5. "Eu sei que você está chateado por eu ter assumido o cargo que prometeram a você, mas certamente a culpa disso não foi minha".

Julgamento | Generalização | Fatos e dados

6. A sua forma de agir não é compatível com a empresa.

Julgamento | Generalização | Fatos e dados

- Feedback também **NÃO** é sobre o que você acha. Geralmente quem acha vive se perdendo. O que mais atrapalha nos diálogos é pressupor que você sabe o que o outro quis dizer. Isso ocorre especialmente quando a relação de confiança está abalada.

#ficaadica

Não misture o que você sentiu ou achou – a partir do que o outro disse – com a verdadeira intenção do outro.

- Se o feedback for positivo, fale para a geral. O feedback ajuda a criar uma referência de comportamento que se deseja ver nos outros membros. Assim, se evidencia para os demais qual é o padrão, qual é o comportamento desejado.
- Se for negativo, o feedback deve ser individualizado e o impacto do comportamento da pessoa no meio tem que ser demonstrado. Via de regra, esse é o momento mais crítico. Como vimos, a intenção da pessoa é uma, mas a ação percebida é totalmente diferente. Ninguém sai de casa todo dia com o firme e único propósito de sacanear você. Se acredita nisso, seu ego está maior do que o do elenco de Hollywood. Essa diferença de percepção é o que causa muitos dos desconfortos do feedback. Por isso é que muitos o entendem como uma crítica pessoal. Toda capacidade de comunicação das partes envolvidas está em jogo nessa hora.

Para não errar

Descreva o comportamento sem julgar.

Por mais de uma vez, quando um assunto importante estava sendo tratado, você estava **mexendo** no celular e pude observar que eram nas suas redes sociais.

Você **não está comprometido** com a reunião.

Descreva a situação, baseada em fatos.

Observei que **na reunião de resultados de ontem** você chegou atrasado.

Você **sempre** chega atrasado nas reuniões de equipe.

Descreva o impacto sem julgar e visando ao futuro.

Quando você se atrasa, perde a compreensão do assunto; e, de duas uma, ou fica sem entender ou obriga os que chegaram na hora a repetir o assunto já tratado.

Você entende que está se queimando?
Eu acho isso um abuso, depois não reclama.

Vai encarar?

Analise o feedback a seguir e veja se ele está baseado em dados e fatos ou se há generalizações, suposições etc.

Notei que você tem sido ríspida com seus colegas. Sempre que pedem algo, você reclama. Por mais de uma vez, presenciei desentendimento entre você e o colaborador "fulano de tal". A sua atitude pode gerar uma disputa desnecessária no time.

- **Feedback –** É a única coisa que torna claro o que para o outro é obscuro. E, se não há, por parte do indivíduo, o reconhecimento da necessidade de mudar algo, esqueça. Só somos capazes de mudar aquilo que reconhecemos como necessário mudar! E, mesmo assim, esse é um processo difícil, longo e que exige muito foco e disciplina.

O mesmo cuidado que se deve ter no conteúdo em si do feedback, também é fundamental ter na sua forma. É preciso falar sem machucar o outro, utilizar o estilo adequado de comunicação. É ser assertivo, compreendendo que ser direto e objetivo não é ser agressivo.

Muitos comunicam-se de forma agressiva e acham que o problema está no outro. De uns tempos para cá, recorrentemente ouço que não se pode falar mais nada, que o mundo está cheio de mimimi... Não é bem assim, não. Quando se é assertivo, há o equilíbrio entre a defesa de direitos e vontades e o cuidado para não violar o outro. É uma forma de dizer o que deve ser dito sem desqualificar o outro. Comunicadores agressivos tem postura desafiadora, transmitem hostilidade, geram conflitos e favorecem sentimentos de culpa. Quase sempre conseguem o que querem, mas suas interações machucam.

Muitos confundem agressão com asserção. A pessoa assertiva é aberta e flexível, genuinamente preocupada com os direitos dos outros e capaz de estabelecer limites e incluir o ponto de vista do outro. Não é preso a verdades e não tem medo de mudar de opinião.

Para não errar mais a mão #ficaadica

- Fale o que tem que ser dito, mas não ofenda.
- Mantenha o contato visual direto, sem ser ameaçador.
- Fale em um volume de voz suficiente para que apenas a pessoa com quem você está conversando escute.
- Mantenha uma postura tranquila.
- Responda de forma direta aos questionamentos que acontecerem. É troca.
- Você pode e deve falar na primeira pessoa (eu). Não é isso que demonstra falta de abertura.

Por outro lado, palavras evasivas drenam a força da comunicação. É o caso do "eu acho" ou "eu sinto". Parecem tentativas, opiniões. Quanto mais dúvida temos em relação a um fato, mais nossa linguagem fica evasiva. Por essa razão, é tão importante apurar dados e fatos e basear a conversa do feedback apenas neles. Quanto maior for a relação emocional com a pessoa, maior o medo da conversa a abalar, maior o risco de escorregar nessa casca de banana. A linguagem a ser utilizada é a chamada "linguagem limpa", livre de críticas, julgamentos ou suposições.

CLASSIFIQUE AS FRASES A SEGUIR COMO ASSERTIVA, PASSIVA OU AGRESSIVA

1. É óbvio que estou certo. Qualquer um sabe que essa é a verdade.

Assertiva | Passiva | Agressiva

2. Se for bom para você, é bom para mim.

Assertiva | Passiva | Agressiva

3. Se eu estivesse no seu lugar, talvez pensasse dessa forma. Convido você a ver também por outro ângulo.

Assertiva | Passiva | Agressiva

4. Não me venha com histórias.

Assertiva | Passiva | Agressiva

5. Vamos fazer diferente.

Assertiva | Passiva | Agressiva

6. Sempre fizemos desse jeito, não vamos mudar.

Assertiva Passiva Agressiva

7. Essa é a parte que me cabe.

Assertiva Passiva Agressiva

8. Deu errado porque você...

Assertiva Passiva Agressiva

9. É minha culpa.

Assertiva Passiva Agressiva

Algo que vimos quando falamos sobre comunicação amplia a sua força no momento do feedback: comunicação não é o que eu falo, mas o que o outro entende. Se realmente compreendemos que é assim, como é possível sairmos de uma conversa tão importante e fundamental para o desenvolvimento do outro sem testar o entendimento dele? Solicitar que o outro explique o que ele entendeu da conversa auxilia muito na redução de ruídos. Não tenha receio disso, não é antipático ou desqualificante para o outro; pelo contrário, é sinal de cuidado.

Mais um ponto é como deve ser dado um feedback delicado. Não se deve, em hipótese alguma, levar a situação para indiretas, brincadeiras ou deboches. Provavelmente o indivíduo não tem noção de seu mau hálito, de sua sudorese excessiva ou outros fatores dessa natureza. O incômodo pode ser por conta de uma atitude, como o excesso de toques no interlocutor. Independentemente da situação delicada, seja empático, diga que muito provavelmente a pessoa não percebe e narre o fato do modo mais impessoal possível. Por mais constrangedora que seja a situação, só tenha essa conversa se o seu propósito for o de contribuir com o outro.

Também costuma gerar curiosidade a forma a ser utilizada na hora de dar um feedback ao próprio chefe. E muitos não gostam da resposta que eu dou, mas não tem fórmula mágica. Dar feedback para um chefe é igual a dá-lo para um par ou para um subordinado. Descreve-se a situação sem generalizar, sem supor, baseando-se em dados e fatos. Quanto mais específico, melhor. Na sequência, descreve-se o comportamento sem julgar, sem inferir sobre características. Por fim, explique o impacto desse comportamento na relação de vocês, na equipe, enfim, no ambiente. Mais uma vez, o importante é: sem julgamentos ou suposições.

Sei que a maioria das pessoas conhece essa regra, mas é basilar registrar. O feedback, quando negativo, é feito a dois e em um ambiente reservado. Quando é positivo, é feito para geral. Isso porque, ao explicar na frente de todos os comportamentos que estão sendo reconhecidos, o gestor alinha as expectativas com os demais. E sem essa de dizer que não dá para fazer dessa forma porque você só tem uma pessoa no time merecedora de feedbacks positivos e, se recorrentemente elogiá-lo na frente dos outros, vai causar ciúmes ou inveja. Aí, esse problema é seu... Você tem o melhor time? Por que você só tem uma pessoa no time merecedora de feedbacks positivos?

Correndo o risco de chover no molhado, não custa lembrar que feedback é momento de troca! Não é só quem o dá que pode falar. Pelo contrário, deverá ser aberto um momento para que o outro possa expor seu ponto de vista, suas razões. Abra espaço para que o colaborador fale o que ele concorda e o que discorda. Combine a regra do jogo. Após formalizar que você o chamou para uma conversa de feedback, explique que você refletiu bastante sobre o fato, que entende que essa conversa contribuirá com o desenvolvimento dele, e que você, com todo cuidado, preparou seus argumentos; por isso, seria importante que pudesse falar sem ser interrompido, ressaltando que na sequência abrirá o espaço para ouvi-lo.

Quando for a hora do outro falar, apenas ouça, não interrompa. Se for preciso, tome notas para mencionar mais tarde. Reconheça o ponto de vista do outro também. Essa é a causa do fracasso de muitos feedbacks. De que adianta receber um feedback detalhado de nossas fortalezas e de nossos pontos a melhorar se não tomarmos nenhuma ação a partir disso? Ao contrário do que muitos acreditam ser o mais eficaz, não é o líder que constrói o plano para o colaborador por um simples motivo: ninguém muda ninguém, a gente só é capaz de mudar a gente mesmo. A mudança não acontece num passe de mágica, apenas com a conversa de feedback e a tomada de consciência. Não é uma questão cognitiva, é emocional. Se para mudar fosse preciso só saber que é necessário mudar, ninguém fumava ao olhar aquelas fotos nos maços de cigarro. Aqueles que fumam sabem que faz mal a sua saúde, mas têm uma série de razões para continuar a fumar. Afetivamente, eles acreditam em motivos como: me acalma, não engordo, todo mundo morre um dia etc. Assim, não faz sentido mudar, uma vez que os ganhos em continuar a fazê-lo superam qualquer malefício.

O papel de gestor é apoiar, agir como um mentor. A partir da própria experiência, ele pode e deve propor ajustes, fazer sugestões. Mas o Plano de Desenvolvimento Individual é pessoal e intransferível. Cada colaborador é responsável pelo seu desenho e sua execução.

Na maioria das vezes, não dá nem para construir na hora o plano. A pessoa precisa de um tempo para assimilar o que foi dito, colocar-se emocionalmente em condições de reverter o que ouviu. Ainda mais quando efetivamente utilizamos o feedback como ferramenta de gestão no dia a dia, tendo as conversas o mais próximo possível do fato gerador. O plano é algo contínuo. Ele pode e deve ser registrado nos sistemas e nas plataformas disponibilizados pela organização. Mas, independentemente de haver ou não um sistema que suporte esse ritual, é preciso que o colaborador desenvolva seu plano.

Para mudar, é preciso agir. A mudança deve ser encarada como uma jornada de desenvolvimento, por isso a importância de ter um plano de ação, o que convencionamos chamar de PDI. E, além de ter o plano, é preciso foco e disciplina para assegurar que ele será cumprido.

O gestor deverá assegurar que cada colaborador tenha a sua jornada e que ele próprio, o maior interessado, seja responsável por ela. O indivíduo deve ser protagonista de seu desenvolvimento e comprometer-se com ações e prazos para que a mudança aconteça. Caso contrário, são só boas intenções que se perdem no dia a dia.

Portanto, é pouco efetivo o gestor não se preocupar em olhar o PDI de seu colaborador. Essa gestão precisa ser frequente, e cabe ao líder ter tempo para acompanhar o time, gerenciar se as demandas dos PDIs estão em andamento, fazendo os ajustes ou buscando os recursos necessários para que eles sejam cumpridos. E aqui fica uma dica de ouro: se o gestor acha que acompanhar o PDI de sua equipe vai lhe tomar muito tempo, garanto que não fazer isso terá um impacto negativo em seu resultado e, na absoluta maioria das vezes, exigirá que o gestor invista tempo em realizar o trabalho sozinho, ocupando-se da função que seria do seu colaborador (microgestão), já que ele ainda não está preparado para o desafio. Para ficar ainda mais claro: você pode achar que é perda de tempo acompanhar o desenvolvimento de seus colaboradores, quando na verdade esse é seu papel e representa ganho de tempo.

Um plano eficaz considera o feedback recebido, mas também as aspirações de carreira futura. O que é preciso melhorar para entregar o que é requerido no presente? E também, o que é preciso desenvolver para alcançar os objetivos de carreira?

Algumas dicas para um PDI efetivo

- Aprendizagem se dá na prática, o adulto aprende fazendo. Ou seja, não adianta se entupir de conteúdo formal. De nada adianta ler tudo sobre natação, se você não entrar na piscina.
- O plano deve ser estruturado de modo a aplicar o conhecimento em fases: não se jogue na piscina de uma vez. Que tal bater o pé, segurando na borda? Pode ser um excelente começo! Mas é importante desafiar-se! O aprendizado se dá fora da zona de conforto.
- É importante estabelecer prioridade, mas também é preciso divertir-se no processo! Hoje, o aprendizado é uma necessidade constante.
- O plano deve conter ações para desenvolver aquilo que o colaborador tem de melhor. Não é para focar apenas no *gap*.
- Ah! E muito importante: o líder deve celebrar as conquistas do colaborador, comemorar sempre que ele aprender, crescer e mudar!

Além do feedback, as novas metodologias trouxeram para o jogo o *one-on-one*. Trata-se de um nível mais profundo de comunicação, que exige o estabelecimento de um ambiente de confiança. O gestor dirige perguntas ligadas à percepção do colaborador sobre sua carreira, relacionamento interpessoal, alinhamento entre competências, gostos e atividades que exerce. Também pode e deve ser conversado quais são as possíveis barreiras, motivações e desmotivações do dia a dia. O *one-on-one* é um espaço aberto para que o colaborador fale sobre aspectos pessoais com o seu líder, que propicia o verdadeiro diálogo, a escuta e o acompanhamento. Não há, a princípio, uma periodicidade ideal – semanal, quinzenal –, mas é fundamental que haja um compromisso regular. É importante estabelecer a rotina a partir do que for previamente combinado entre líder e liderado, que funcione para ambos.

Vale ressaltar que a prática do *one-on-one* não elimina a necessidade do feedback e vice-versa.

O feedback tem uma importância crucial no desenvolvimento das pessoas. Lembre-se do primeiro dia em que você chegou na atual ou em uma das organizações nas quais trabalhou. Com ou sem experiência pregressa, você teve que aprender muitas coisas para poder dar conta de fazer o básico de sua função. Você não sabia com quem falar, provavelmente precisou se adaptar a um sistema. É preciso tempo para desenvolver as habilidades necessárias para fazer bem feito o que é essencial na função. Somente a partir do estágio de domínio do básico é que estamos prontos para tentar nos aventurarmos em situações mais complexas. Entramos assim no estágio de expansão de nossas capacidades, vamos testando novos caminhos, ampliando a autonomia de execução. Agora, como é que de fato você soube que já havia expandido suficientemente suas capacitações, a ponto de diferenciar sua entrega e de estar qualificado para desafios mais complexos? Foi por que ficou fácil executar? Foi por que você entendeu que já mandava bem?

Vai encarar?

Somente essa certeza não é suficiente para qualificá-lo para o próximo *step*. É preciso que o outro reconheça que você já está maduro o suficiente para assumir um novo desafio, uma nova função, e começar novamente o ciclo. Em resumo, não é o que você acha, mas o que o outro reconhece. E o nome da conversa em que pode ser alinhada a autopercepção com o que realmente é requerido é feedback. Logo, essa é, sem dúvida, uma ferramenta fundamental de desenvolvimento.

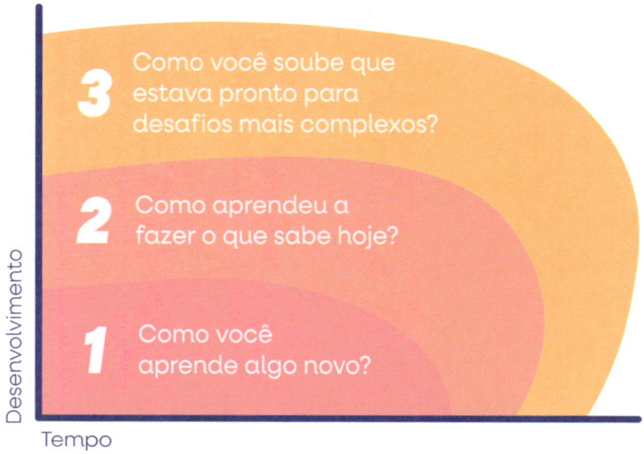

Como vimos anteriormente, a verdadeira confiança cria um vínculo emocional entre as pessoas. E o feedback ajuda na construção de relações efetivamente baseadas na confiança. Dá-lo promove a confiança e torna as relações mais profundas. Ele informa, reforça e ajuda a ajustar comportamentos para uma ótima coesão da equipe.

EXERCÍCIO – CHECANDO OS SEUS CONHECIMENTOS

Analise a seguinte situação:

Gestor: *Bom, é nosso momento do ciclo anual de avaliação e vamos ter nossa conversa de feedback. Você é comprometido, dedicado e tem um ótimo relacionamento com seus colegas de área.*

A questão é que falaram que você anda criando encrenca com o pessoal do financeiro, que toda vez que vai lá não trata as pessoas direito, entrega os relatórios fora do prazo. Você sempre está falando mal dos outros.

Essa não é a primeira vez que temos uma conversa a respeito desse comportamento, e o pior é que você não me ouve. Não adianta eu falar se você é descompromissado mesmo.

O que tem para dizer em sua defesa?

Esse feedback está...

Bem estruturado | Bem mais ou menos | Mal estruturado

- **Mal estruturado –** **O feedback não apresenta evidências, dados e fatos. Tem generalizações, achismos, opiniões pessoais. Também não aborda o comportamento observado, e tampouco o impacto da ação de quem está recebendo o feedback.**
- **Mal conduzido –** **Tem a ver com a forma, a linguagem empregada e o meio pelo qual o feedback foi dado.**

Vai encarar?

Como poderia ter sido feito:

Bom, é nosso momento do ciclo anual de avaliação e vamos ter a nossa conversa de feedback.

Nos últimos três meses, recebi duas reclamações formais do meu par, o gestor da área financeira, a respeito do modo como você fala com seus colegas de lá.

Você não tem o cuidado de verificar se eles estão ou não ocupados; e chega interrompendo e se fazendo presente.

Outro ponto é que nesse período você entregou os relatórios fora do prazo. Isso acarreta um atraso geral nas informações sobre o acompanhamento orçamentário da empresa.

Você percebe essas questões? Entende o impacto de suas atitudes no relacionamento com seus pares?

Gostaria de ouvi-lo a esse respeito.

Bora fazer mais um?

Colaboradora A, não gostaria de ter que te mandar essa mensagem exatamente agora, mas está acontecendo novamente o que tem ocorrido nas últimas reuniões de equipe. Quando apresentei os desafios propostos, você interrompeu 3 vezes a minha apresentação para manifestar que, em sua opinião, nada disso vai funcionar. Que, "com base em seu tempo de empresa, isso não vai dar em nada".

Se eu não me manifesto, sou "passiva", se eu falo, eu falo demais...

Não é isso. Você percebeu que seu comportamento causou um mal-estar entre os colegas, ao ponto de alguns, durante sua própria fala, lhe pedirem para deixar de ser reativa?

Tá bom!!!!!!!!!!!!!!!!!

Se você mudar sua conduta para essa direção, você terá mais respeito de seus colegas e o seu potencial será realizado por meio dos resultados que serão alcançados.

- "**Eu acho que você deveria ser mais flexível**, aceitar mais o ponto de vista dos seus colegas" (Não é sobre o que você acha).
- "Se você **mudar sua conduta para essa direção,** você terá mais respeito dos colegas...".
- A gente só muda a gente mesmo.
- Só mudamos o que reconhecemos como necessário mudar.
- Mas mesmo assim, mudar é muito difícil.
- Gostamos de padrões.
- Adoramos repetições.

Como poderia ter sido feito:

Esta é a nossa reunião de feedback anual. Temos que conversar sobre uma atitude sua que não está em linha com os princípios de inovação e colaboração de nossa empresa.

Quando apresentei os desafios propostos pela empresa para este período, você interrompeu três vezes a minha apresentação para manifestar que, em sua opinião, nada disso iria funcionar, que "com base em seu tempo de empresa, isso não vai dar em nada".

Não sei se você percebeu, mas seu comportamento causou um mal-estar entre colegas, a ponto de alguns deles, ainda durante sua fala, pedirem para você deixar de ser reativa.

Já conversamos ao longo do período sobre isso. Esse seu comportamento contrário às mudanças propostas impacta diretamente em nossa meta de rever e otimizar os processos da área.

O que você acha disso? É algo perceptível para você? O que pode fazer para aceitar mais o ponto de vista dos seus colegas?

Vai encarar?

Não menos importante do que nos planejarmos para dar um feedback e adequarmos nossa linguagem, é aprender a recebê-lo. Mesmo sendo gestor, você também deve recebê-los do seu superior imediato. Por isso, do mesmo modo que existe preparo para quem fornece o feedback, deve haver preparação para quem recebe.

Vamos para algumas dicas...

- **Dica 1 –** Ouça atentamente o que está sendo dito. Mas ouça verdadeiramente. Cale o diabinho que mora na sua cabeça e que, diante de alguma contrariedade, já começa a contra-argumentar. É muito comum ouvirmos o diabinho, e não o nosso interlocutor. Discutimos mentalmente, ficamos na defensiva e não escutamos de fato. Acompanhe o raciocínio do outro, não julgue! Aproveite para entender como suas atitudes estão sendo interpretadas. Somente assim você poderá expandir seu autoconhecimento. Cuidado com sua postura. Postura defensiva inibe ou mesmo irrita o outro, impedindo-o de falar.

- **Dica 2 –** Depois de ouvir atentamente, verifique se o que você entendeu é o que o outro realmente quis dizer. Certifique-se de que você compreendeu o impacto de suas atitudes. Se for o caso, peça exemplos; dados e fatos. Eles são uma ótima ferramenta para ajudar na compreensão. Pergunte à vontade, o importante é realmente compreender.

- **Dica 3 –** E finalmente reflita, pense como esse feedback se aplica a você. Reconheça o ponto de vista da outra pessoa. A gente só muda o que reconhece. Trace um plano de ação do que você irá fazer a partir dessa escuta. Que ações poderá empreender no dia a dia para evoluir seu comportamento? Lembre-se: 70% do que aprendemos, aprendemos fazendo. E aí é só ter foco e disciplina para colocar o plano em ação, para percorrer outro caminho e, dessa forma, crescer e se aprimorar.

E, como não poderia deixar de ser, que tal conhecer algumas armadilhas do feedback?

Durante algum tempo foi muito propagado o método sanduíche de dar feedback. Segundo esse método, sempre se deveria começar com algo positivo, endereçar o feedback negativo no meio e terminar com o positivo. Não concordo por alguns motivos. Em primeiro lugar, porque ninguém é presunto ou hambúrguer; em segundo lugar, porque não existe um único método infalível para todos; e, em terceiro lugar, o feedback deve ser dado o mais próximo possível do fato gerador, seja ele positivo ou negativo. A mensagem que deve ser reforçada é a do fato gerador.

Florear demais, jogar confetes, exagerar nos elogios, quando o momento não é para isso, não contribui para o processo de identificação das questões a serem trabalhadas. Por outro lado, utilizar abordagem ameaçadora não ajuda o processo. O colaborador precisa sair com desejo e energia para dar a volta por cima. O equilíbrio das emoções é a chave.

Não deixe de elogiar por medo de criar ciúme ou inveja na equipe. Como expliquei anteriormente, alguns gestores evitam o feedback positivo em público, porque normalmente ele é dirigido a um colaborador. Se um líder só tem uma pessoa no time que manda bem, cabe a ele rever seu time; mas não deve deixar de reconhecer o comportamento alinhado às expectativas e que acarreta bons resultados.

Os piores feedbacks

Para encerrar o assunto, quero listar alguns dos piores que ouvi ao longo de minha trajetória, tanto como executiva quanto como consultora. É claro que muitos dos executivos com quem lidei dizem que o pior é não ter feedback. Mas já ouvi cada coisa que até duvidei. Infelizmente, é apenas uma pequena amostra. O objetivo é ajudar você, gestor, na consciência do impacto que um feedback ruim pode exercer na vida da pessoa. Vamos conhecê-los:

Vai encarar?

- Gerente ao dar o feedback para coordenador acerca de sua necessidade de ser mais assertivo junto ao time: "Você poderia ser menos frouxo, tem que dar limites! Como gestor você é péssimo!".
- Gestor querendo encorajar colaborador a ter mais protagonismo em suas ações: "Esta é a parte que me cabe. O resto não é problema meu, é com você. Não vou me meter".
- Gestor ao apresentar uma situação na qual o colaborador teve que refazer uma proposta por não ter levantado cuidadosamente a necessidade do cliente: "É minha culpa se você tem dificuldade de escutar?".
- Gestor ao apresentar as evidências de má conduta de um colaborador: "No caso do litígio do grupo de consumidores, você mentiu para mim. Veja que a ata do juiz mostra que você não compareceu".
- Sobre comportamento pouco colaborativo de um funcionário: "Você se acha mais do que realmente é".
- Gestor dando ultimato a um colaborador: "Isso é o melhor que pode fazer? É a última vez que nós vamos ter essa conversa. Você precisa mudar esse comportamento".
- Para solicitar ao colaborador a dita postura profissional: "Se você traz um problema de casa para o trabalho, passa a ter dois problemas".
- Para solicitar correção no tom de voz de uma colaboradora: "Você pode falar mais baixo? Isso aqui está parecendo uma feira. Seu tom de voz é irritante".
- Superior imediato evidenciando a um gestor subordinado que ele o solicitava em excesso: "Você tem ideia de que é muito chato?".

- Gestor querendo obter de colaborador uma postura mais aberta, flexível: "Você precisa melhorar o seu humor, é difícil encontrar todo dia de manhã você com essa cara feia".
- Gestor ao expor a dificuldade de compreensão do colaborador em relação a como uma atividade deveria ser realizada: "Não sei mais o que fazer para você me entender. Quer que eu desenhe?".
- Outro exemplo no mesmo contexto: "Você já tirou o cérebro da caixa e começou a usar? Isso que você quer fazer é burrice!".
- Gestor sênior ao elogiar supervisor que havia voltado recentemente de licença médica pela qualidade de uma entrega: "Você tem certeza de que o que você operou foi a vesícula? Pensei que fosse o cérebro, porque me parece que ele começou a funcionar".
- Gestor querendo aumentar o nível de dedicação na execução das tarefas de um colaborador: "Você já reparou como a Maria é muito mais comprometida do que você?".

GABARITO DOS EXERCÍCIOS

ANÁLISE DA SITUAÇÃO

1. **Sim.** É importante que a pessoa perceba o impacto de seu comportamento no ambiente.
2. **Alternativa C.**
3. **Independentemente da resposta** | Em uma conversa difícil temos que ter muito cuidado, ter a certeza de que o que iremos falar é algo para efetivamente ajudar no desenvolvimento da pessoa. Portanto, o conteúdo e a forma da conversa são igualmente importantes.
4. **Independentemente da resposta** | Qualquer uma dessas armadilhas, bem como outras, podem surgir. Nossa tendência é arrumar uma desculpa para empurrar esse tipo de conversa para a frente, ou mesmo não a ter. Por isso, devemos planejá-la com todo cuidado, tendo a certeza de que está realmente baseada em dados e fatos – e com o firme propósito de contribuir!

Exercício 1

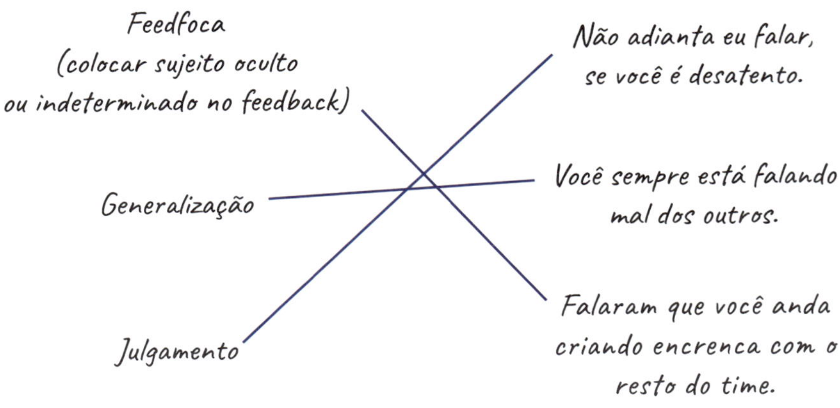

1. **Julgamento.**
2. **Fatos e dados.**
3. **Generalização.**
4. **Generalização.**
5. **Julgamento.**
6. **Julgamento.**

ANÁLISE DO FEEDBACK

Notei que tem sido ríspida com os colaboradores. Sempre que pedem algo, você reclama. Por mais de uma vez, presenciei desentendimento entre você e o colaborador "fulano de tal". A sua atitude pode gerar uma disputa desnecessária no time.

- **Generalização:** como não há nenhum exemplo ou uma situação específica, e ainda se acresce a palavra "sempre", essa é uma generalização. Começar o feedback dessa forma acarreta grandes chances do colaborador "fechar a escuta".
- **Dados e fatos:** apesar de não dizer o dia e o desentendimento específico (o que enfraquece o dado e o fato), há a narrativa de uma observação direta.
- **Atenção:** no entanto, muito cuidado ao colocar uma situação de conflito e nominar outra pessoa. Não se citam nomes em situações assim. Idealmente, poderia ser: "Eu mesmo já presenciei desentendimento entre você e outro colaborador".

A assertividade na descrição do comportamento, da situação e do impacto é o que vai ajudar a garantir o entendimento sobre os efeitos do comportamento.

CLASSIFIQUE AS FRASES COMO ASSERTIVA, PASSIVA OU AGRESSIVA.

1. Agressiva.
2. Passiva.
3. Assertiva.
4. Agressiva.
5. Assertiva.
6. Agressiva.
7. Assertiva.
8. Agressiva.
9. Passiva.

Parte 4: Balanço de consequência

Capítulo 11
O desafio de fechar um ciclo

Ninguém gosta de ser o portador de más notícias e nossa natureza relacional piora bastante essa situação. Queremos ser adorados, e não detestados. Lamento ser eu a pessoa que veio dar essa notícia: demitir faz parte das atribuições de qualquer gestor.

Segundo estatísticas, ser despedido está entre as três piores dores que um ser humano está exposto na sociedade atual. Ser demitido é uma perda emocionalmente equivalente à dor do luto. Conheço algumas situações que ilustram bem a dificuldade que é lidar com isso, mas uma particularmente é bem emblemática. Um alto executivo de uma multinacional foi demitido e não teve coragem de contar para esposa e filhos. Continuou a sair de casa diariamente dizendo que ia para o trabalho e, somente depois de seis meses, quando já estava recolocado, expôs o ocorrido à família. Dá para imaginar o tamanho da dor que esse executivo sentiu que o fez bancar uma mentira por tanto tempo, preferindo isso a falar a real e readequar despesas? A dificuldade de administrar o fato foi tanta que ele preferiu sofrer sozinho e não buscar o acolhimento da família em um momento tão difícil.

Apesar de uma grande parte dos trabalhadores viverem esperando a sexta-feira (sextou!!!), passarem grande parte do tempo reclamando de seus gestores e amaldiçoarem suas organizações, somente quando atravessam a experiência da demissão é que percebem o quanto o trabalho tem a capacidade de organizar e trazer significado para sua vida. Por causa do trabalho, sabemos a que horas acordar, com quem iremos nos encontrar, quais são as atividades que teremos ao longo do dia.

Ao se ver sem o emprego, por vezes, as pessoas têm uma espécie de perda de um pedaço da identidade. Experimente chegar na recepção de um prédio comercial e se apresentar para subir para encontrar algum amigo com quem você irá almoçar. A recepcionista muito simpática irá perguntar: "Senhor João do quê?". Você responderá seu sobrenome e na sequência virá a pergunta: "De onde?".

Vai encarar?

No entanto, ser demitido é algo que acontece e, muitas vezes, se torna necessário. Portanto, demitir faz parte das atribuições de qualquer gestor.

O único fator que pode fazer a diferença, é o modo como a demissão é realizada. Esse é um momento delicado, é um daqueles que podemos classificar como momento da verdade, e que diferencia uma empresa da outra. Principalmente revela como é, de fato, o modelo de gestão de pessoas daquela organização. O processo demissional evidencia o grau de consciência e maturidade que os líderes de uma organização possuem, bem como o senso de responsabilidade deles no contexto social. Então, aqui vão algumas recomendações ao demitir:

- **Pense sempre na forma.** Muitas vezes não é o que é dito que gera incômodo, mas como é dito. A notícia já não é boa, se você ainda irá fazê-la com um formato inadequado, as coisas poderão piorar significativamente. E não estamos falando só de rispidez ou grosserias.
  Toda demissão, quando malconduzida, tumultua o ambiente de trabalho e a vida de todos os envolvidos; mas, nunca se esqueça: a vida que é mais tumultuada é a do demitido. Por isso, não são justificáveis casos de demissão conduzidos sem planejamento e respeito.

- **Nunca improvise!** O improviso pode causar problemas profissionais, éticos, gerenciais e legais. Também é totalmente proibido atribuir à demissão qualquer motivo que possa caracterizar discriminação, como idade, sexo, raça ou orientação sexual. Isso, além de antiquado, é assédio!
  Se um colaborador pede demissão, o ônus é dele. Se a decisão é sua, o ônus é da empresa. Sim, como gestor, você é o representante da empresa. Ela em si não existe, é um coletivo de pessoas, e por isso a decisão é sua. Não adianta fugir dessa responsabilidade.

TODA DEMISSÃO,
QUANDO MALCONDUZIDA, TUMULTUA O AMBIENTE DE TRABALHO E A VIDA DE TODOS OS ENVOLVIDOS; MAS NUNCA SE ESQUEÇA: A VIDA QUE É MAIS TUMULTUADA É A DO DEMITIDO. POR ISSO, NÃO SÃO JUSTIFICÁVEIS CASOS DE DEMISSÃO CONDUZIDOS SEM PLANEJAMENTO E RESPEITO.
(ANDRÉA KRUG)

- **Assuma a sua escolha.** Nesse momento você deve estar pensando: "Espera aí, nem sempre é assim. E se me pedem para cortar? Eu não queria demitir ninguém, me obrigaram". Mesmo quando estamos diante de uma situação de corte, a escolha é sua. É você que, como gestor, decide, dentro dos parâmetros que foram passados (% de *headcount*, grana a ser economizada etc.), o que você fará, quem será desligado e quem fica. E se, de todo modo, ainda acha que não é assim, porque não se recusa a demitir? Se chegou até aqui, tem a certeza de que sou louca. Deve estar indagando: "Ah, tá! Até parece! Se eu fizer isso quem roda sou eu. E aí? Quem paga minhas contas?". Entenda que não há julgamentos ou questionamentos em relação a sua decisão. Mas essa ainda é a sua decisão, pelas suas razões e seus motivos. Todas as vezes que você diz que não teve escolhas, essa foi a sua escolha. Você escolheu não escolher.

  Vamos a uma outra situação que não é tão incomum assim: "E se meu chefe me mandar demitir alguém?". Estamos diante de situação análoga à anterior. Se você demite porque seu gestor solicitou, seja porque você precisa do emprego ou por conta de qualquer outra razão, essa ainda é sua escolha. Na boa, aceita que dói menos: suas escolhas, suas consequências.

Toda demissão deve ser planejada

Neste ponto, o suporte da área de Recursos Humanos de sua organização é fundamental. É necessário verificar se há algum impedimento legal, como estabilidades, carências ou situações similares. Tenha certeza de sua decisão e avalie se está baseada em fatos concretos. Demissão por desempenho ou problemas de comportamento é o último dos recursos; e não deve ser feita antes de se esgotarem tentativas legítimas de ajudar o profissional a melhorar.

Se você percebe que a pessoa não tem mais o que contribuir – os feedbacks já foram corretamente endereçados, com oportunidade de execução do plano de ação – e nem assim o que era esperado está sendo entregue, é chegada a hora de demitir.

Portanto, uma demissão NUNCA pode ser surpresa. Ela só acontece depois de realmente esgotadas todas as possibilidades. E é por isso que a demissão não é o momento de dar feedback. O feedback é a etapa anterior. No momento da demissão, não se discutem mais as razões que levaram a essa situação. É apenas a comunicação, a formalização de que as tentativas se esgotaram. Ela tem que ser um processo respeitoso, porém, objetivo e rápido. Vá direto ao ponto: "Fulano, chamei-o aqui para comunicar o seu desligamento".

Cuidado para não florear, para não deixar que o seu incômodo faça com que você se esquive da conversa e utilize as "palavras assassinas". São expressões do tipo: "Infelizmente, eu não queria fazer isso", "Desculpe ter que fazer isso" ou mesmo "Sei que é injusto, mas...". Você pode ouvir na sequência: "Então, por que está fazendo isso?", "Se não foi você quem quis fazer, quem foi?" ou "Com quem eu falo para reverter a situação?". Não peça desculpas ou elogie em excesso, pois isso pode ampliar as emoções presentes naquele momento; e elas não ajudam, muito pelo contrário...

Prepare-se para lidar com a reação emocional do demitido. Depois de ouvir a palavra "demissão", a pessoa pensará em mil coisas ao mesmo tempo e não prestará muita atenção no que você está dizendo. Seja paciente. Pode ser que ela chore, pode ser que grite, que peça explicações. Quanto mais você falar, pior. Esse é o momento do demitido descarregar, qualquer interferência sua só irá ampliar a emoção. É uma situação análoga a quando estamos com raiva por conta de alguma questão voltada para um atendimento e o atendente nos pede calma. Aí é que muitas vezes explodimos. Aqui não é diferente. Dê a ele o tempo necessário, isso é ser respeitoso.

Vai encarar?

Não terceirize e muito menos envolva plateia nesse momento. A demissão tem que ser feita pelo gestor imediato daquele que será demitido. Nenhum outro ator deve estar envolvido no processo. A exceção é caso você se sinta muito inseguro e precise de ajuda, nunca tenha feito uma demissão ou se a situação em questão envolve variáveis difíceis e complexas. Nesse caso, o profissional da área de RH é o mais indicado para esse apoio. Mas ele não deve servir de bengala para todas as vezes em que o gestor tiver que desligar um colaborador. Isso é válido para uma, no máximo duas vezes.

Também não vale como desculpa a tese da provável recusa do colaborador em assinar a demissão e a necessidade de testemunhas. Pense se você gostaria de, num momento tão constrangedor, ter plateia? Se você acha que há a possibilidade do demitido se recusar a assinar a demissão, essa hipótese já deve ter sido levantada no planejamento. Via de regra, a solução é deixar um outro colaborador, não gestor, de sobreaviso para ser acionado no caso dessa necessidade. Se o demitido se recusar, explique a ele que isso não fará diferença na decisão, que, mesmo que ele se recuse a assinar a documentação, a demissão é válida. E finalize a explicação dizendo que, se essa for a escolha do colaborador, você terá que acionar uma testemunha, o que pode ser mais constrangedor ainda.

E, mesmo diante das suas explicações, pode ser que o demitido se recuse a assinar a documentação. Aí não tem jeito, ligue para a pessoa que está de sobreaviso e peça que ela vá até a sala onde você está. Se o demitido se recusar a esperar e quiser ir embora, sem problemas. A testemunha assina que o demitido se recusou a assinar e foi embora. Não é necessário que ele presencie a assinatura da testemunha.

Cabe ressaltar que esses casos são raríssimos. Não crie fantasias e arme um verdadeiro "circo" para algo que não chega a 2% dos casos. Se a condução do processo é respeitosa, por mais que o demitido esteja sofrendo, o que ele quer é acabar logo com isso.

Demissões devem ser conduzidas no horário mais próximo da chegada do colaborador. Não é correto fazê-lo trabalhar toda sua jornada e só comunicá-lo no final. Muito menos demissões às sextas-feiras, no final do expediente. Muitos fazem isso achando que assim o fim de semana dará conta de acalmar a situação. O que aprendi é que muitas vezes esse é um mecanismo de defesa que o gestor quer adotar por ter medo de lidar com a comoção causada com o desligamento. O melhor que se pode fazer é enfrentar a situação. A omissão pode gerar teses conspiratórias, e isso prolongará as conversas do café e o consequente "luto".

Outro ponto delicado é o acesso à mesa e aos pertences. Muitos querem evitar que o demitido tenha acesso aos meios internos de comunicação, que tenham oportunidade de soltar um "e-mail bomba" de despedida. Muitas empresas têm por política de segurança cortar o acesso a todos os sistemas, e de forma alguma isso é errado. Mas, como toda moeda tem dois lados, deve-se ter muito cuidado com isso. Em nome da segurança, exageros são cometidos. Já presenciei seguranças, ou outros funcionários da área, acompanhando o desligado, parecendo uma escolta, como se esse acompanhamento controlasse melhor a situação. Ninguém controla o outro. Não é porque tem alguém caminhando do lado de alguém que vai impedir esse outro de gritar, deitar no chão ou cometer qualquer outro deslize por conta de sua emoção. Se há uma situação de ameaça, de risco real e iminente no planejamento da demissão, esse ponto deve ter sido considerado e administrado.

Certa vez pude presenciar uma pessoa ser demitida pela recepcionista da empresa. Ao tentar o acesso através do crachá na catraca, foi barrada. Dirigiu-se até a recepção e disse que estava com problemas no crachá, porém, foi informada pela recepcionista de que seu crachá estava bloqueado porque não fazia mais parte do quadro de funcionários. Mais tarde descobri que sua demissão havia sido planejada para o dia anterior, mas que, por problemas de saúde, a colaboradora havia faltado; e o gestor, no corre-corre do dia a dia, não teve tempo de reprogramar o processo.

Vai encarar?

Ao comunicar a demissão, tenha toda a documentação em mãos. Entenda os cálculos e as verbas para informar, pois uma das primeiras coisas que o demitido pensa é no fôlego financeiro que terá até conseguir recolocação, o que ele tem ou não direito. A área de Recursos Humanos poderá ajudá-lo com essas e outras informações importantes. Não é que o gestor deva saber exatamente quanto a pessoa vai receber, mas deve minimamente conhecer as verbas rescisórias, o que significa uma indenização de aviso-prévio, quando se tem direito à multa do saldo do FGTS, quem tem direito ao seguro-desemprego etc.

Explique claramente o que precisa ser devolvido e o que pode ficar com o demitido, como equipamentos eletrônicos, bem como os próximos passos. Será necessário fazer um exame médico demissional? Onde? Quando? Será necessário dar baixa na carteira profissional? Essas são questões comuns que o gestor que está conduzindo a demissão deverá saber orientar.

Na sequência da conversa com o colaborador desligado, comunique à equipe. Explique breve e objetivamente a causa da demissão, sem entrar em detalhes que exponham o demitido. Também cuide da comunicação externa, se for o caso, informando fornecedores e clientes com os quais ele lidava no exercício de suas atividades.

Tenha em mente que esse é um momento complicado, que sempre é difícil, mesmo para aqueles que já passaram por ele algumas vezes. É muito comum que o desligado insista em ter um feedback, em saber o porquê. Se por acaso alguma etapa anterior falhou – os feedbacks não foram conduzidos de modo assertivo, na quantidade suficiente, sem acompanhamento de plano de ação –, alguma explicação pode ser dada. Mas ela deve ser sucinta e o caráter irrevogável da decisão deve ser deixado claro. Não dá para voltar atrás nela. Se comunicou o desligamento, o gestor deve executá-lo. Se ele tem dúvidas, não demita.

Já presenciei uma situação em que o gestor ficou na dúvida durante o desligamento; o colaborador pediu, então, para falar com o gestor de outra área e foi atendido. Assim, ele "cavou" uma transferência e se estabeleceu uma grande confusão, que culminou com o desligamento dos três envolvidos.

Após o desligamento, vale sempre uma reflexão: o que você gestor poderia ter feito para evitá-lo? Nunca um problema está todo de um lado, sempre há algo que você poderia ter feito, sempre há uma lição a ser tirada, um aprendizado a ser utilizado nas próximas situações.

Depois de passarmos pelos desafios mais importantes de um gestor, fechamos aqui o Ciclo de Vida do Colaborador. Agora, é colocar em prática tudo o que aprendeu sobre liderança. E que tal voltar à sua decisão sobre a Marcia Campos? Será que continua a mesma ou mudou depois da leitura?

Nos meus treinamentos, sempre que crio uma dinâmica com esse *case*, quase ninguém manda a Marcia embora – o que é, na verdade, a escolha mais acertada. Ficam com pena dela, "a coitada tem o marido doente", e não se atêm a importantes pontos que devem ser considerados por um líder, como:

- Atualmente frequenta, duas vezes por semana, pós-graduação. Se continuar com o ritmo atual, completará em dois anos.
- Uma vez, ela deixou que a Fernanda Back, uma colaboradora inexperiente da equipe, cometesse um erro grave de metodologia de pesquisa. Esse erro causou um impacto negativo na avaliação dos novos produtos, resultando em um enorme erro no posicionamento da campanha de marketing, gerando distorções e aumento do orçamento inicial.
- Se ela deixou que Fernanda cometesse o erro, esta é uma ação intencional. Líderes são aqueles que têm coragem de tomar decisões difíceis e pouco simpáticas. Determinados tipos de comportamento, que põem em xeque os padrões éticos, exigem uma ação exemplar, que não deixe para os demais margem de dúvidas de que aquela atitude não é tolerada na organização.

Conclusão

Capítulo 12
E o que vem pela frente?

Em 1995, Anna Seaton Huntington entrou para a história. Ela era um dos membros da primeira equipe feminina a disputar a regata America's Cup. O time treinou duro. "Levamos um ano treinando e competindo. Eram 12 horas por dia, de seis a sete dias por semana. Decidimos que o trabalho em grupo seria a nossa força propulsora, e por isso embarcamos sem uma capitã".

Anna segue em seu relato: "Aprendemos, do modo mais difícil, que tradições como hierarquia de comando nos barcos têm boas razões de existirem. Nossa tática e nossa timoneira, duas pessoas-chave em uma regata, nem sempre concordavam sobre o que fazer, e nenhuma delas poderia se impor". Afinal, elas concordaram em não ter uma liderança que decidisse diante do impasse.

Os erros iam sendo cometidos e repetidos. As pressões e a tensão cresciam à medida que a regata se tornava mais difícil, ao longo de seus três meses de duração. Elas perderam a regata e Anna concluiu: "Lidamos com o conflito tolerando e evitando disputas e assuntos difíceis. Como nos obrigamos a manter uma fachada de concordância, nossos conflitos iam se aprofundando em vez de entrar em erupção e se resolverem, para que fosse possível seguir em frente ".

Conto essa história, para mostrar que – mesmo com todas as mudanças na realidade das empresas, da vinda para o jogo de novos métodos e processos, de estarmos em um mundo que exige maior fluidez, capacidade de adaptação e colaboração – as organizações, das mais antigas às mais novinhas, ainda se organizam em uma pirâmide. Ainda existem níveis, alçadas de decisão, por mais que estejamos falando de modelos mais *flat*, ágeis e flexíveis. Portanto, liderar é preciso, é necessário. O espaço da liderança continua garantido. O que não tem mais lugar é o famoso "manda quem pode, obedece quem tem juízo". Reforço aqui a ideia de que liderança não é cargo, é habilidade. Portanto, esteja você em uma posição de líder ou não, pode ser requerido para tomar a frente de um projeto, de uma ação. A realidade de hoje demanda cada vez mais que as soluções sejam cocriadas, mas as pessoas continuam precisando de direcionamento, que o Norte esteja claro.

Tome as rédeas da sua carreira

Se existe algo que está mudando, significativamente, é a dimensão da carreira. Cada vez mais, é uma responsabilidade do próprio profissional. Portanto, você mesmo precisa tomar a iniciativa de aprender a liderar e se mostrar apto a isso. A liderança, aliás, começa por liderar a si mesmo. E aqui cabe uma reflexão: o que é carreira? Ela é a trajetória ou caminho a ser percorrido, num determinado espaço e tempo, no qual um indivíduo busca sua realização. Mesmo que o mundo esteja mais acelerado, fluido e incerto, ainda não vi um caso bem-sucedido de um estagiário que em seis meses vira diretor. O tempo é uma dimensão importante. É possível, sim, acelerar a curva de aprendizagem, por meio do desenvolvimento de habilidades adquiridas pelas experiências, mas ainda assim há um caminho. A despeito de toda rapidez com que o mundo gira, tornar-se um líder é um processo longo e difícil, que requer mudança e aprendizagem contínua. É um processo que deve ser visto como uma jornada.

Um dos desafios de se desenvolver no mundo atual é que se tornou praticamente impossível modelar o que funcionou bem no passado. A pandemia definitivamente será reconhecida na história como um grande divisor de águas, um acelerador de uma série de mudanças. Hábitos e costumes adotados até então caíram por terra. Uma nova ordem social e econômica surgiu e, com ela, mais do que lidar com a volatilidade e a incerteza, é preciso ser ágil para reagir, no mínimo, na mesma velocidade da mudança. O futuro não é conhecido e chega mais rápido em condições de ruptura. Portanto, chegou a hora de aumentar a velocidade da execução. E quem já está atrasado tem que rodar em uma velocidade maior que a da mudança.

O mercado tem deixado pouca margem para que as empresas concorram diretamente entre si. O que parecia uma grande novidade, em um dado momento, rapidamente é copiado; e assim uma grande quantidade de produtos torna-se uma *commodity*. O acesso rápido, fácil e barato às novas tecnologias também acentua a velocidade das mudanças. Reagir rapidamente passa a ser questão de sobrevivência.

Então, como liderar nesse contexto?

Você não será um gestor capaz de fazer uma entrega nesse cenário olhando para a raiz da árvore. Você tem que olhar a floresta. Fique de olho no mercado, de olho nas mudanças, de olho na execução do dia a dia e de olho no amanhã.

Trabalho e organizações têm se tornado mais complexos e fluidos. É fato que a atualidade trouxe outras formas e relações das pessoas com suas profissões e ocupações. Os maiores "empregadores" do presente não são CNPJs com sedes, e sim plataformas.

No contexto atual, times se formam a partir das competências de seus membros. Papéis se alternam a cada questão que surge para ser resolvida. Líderes devem, então, gerenciar:

- **A si mesmos.**
- **Seus times.**
- **Suas redes.**

O gestor deve garantir o alinhamento e construir um senso de comunidade a respeito de novas táticas e novos planos. As pessoas precisam ter a certeza de que há um plano, um caminho a seguir. O líder deve garantir que todos trabalhem coletivamente com o mesmo objetivo compartilhado, remotamente ou não. É hora de sair do comando e controle e atuar em ecossistemas colaborativos. Cada vez mais, deve focar no propósito, lembrando que esse é o que conecta ideias e pessoas.

Não se trata mais de quantidade e, sim, de qualidade; não é sobre esforço, é sobre resultados. A liderança deve entender que estar ocupado não é a mesma coisa que ser produtivo. Não é mais sobre fazer mais com menos, mas fazer mais com menos esforço. Líderes estão reconhecendo, finalmente, que não precisam monitorar fisicamente o desempenho individual.

Cabe ao líder ser o agente dessa mudança na cultura organizacional. E a cultura organizacional é essencial, é a alma das empresas, pois contém valores, crenças, hábitos, costumes e representações simbólicas. Uma cultura organizacional eficiente envolve uma liderança que exerça influência positiva sobre toda a equipe. A liderança é o caminho para ajudar o time a desaprender certas suposições culturais ineficientes e absorver novos padrões.

Se o mundo mudou, o comportamento do líder também precisa mudar. É preciso ter flexibilidade mental para se adaptar às mudanças que ainda estão por vir. É preciso mudar o mindset. Os paradigmas estão sendo questionados e, portanto, repensados. Há uma espécie de nova ordem que requer que outras dimensões entrem no jogo na hora de pensar as relações, os produtos e os serviços da organização. É preciso considerar as consequências ambientais, sociais e espirituais. Sua aplicação passa pelo autoconhecimento de cada indivíduo, pela consciência do coletivo e pela compreensão do outro. O líder raiz é altruísta, não egoísta. Ele entende essa coisa do servir, está ali para servir o time. O time não depende dele; ele é quem depende do time.

É fato que o lugar da liderança tem sido questionado. Pipocam pesquisas demonstrando que os mais novinhos não querem mais esse tipo de ocupação. E quero deixar com vocês algumas inquietações. A liderança deixou realmente de ser um lugar sexy? Será que os mais jovens estão menos expostos a frustrações? Filhos das gerações de mães culpadas não querem o risco de fracassar nesse papel? Será que a preocupação com equilíbrio entre vida pessoal e profissional é determinante na decisão de que não é a qualquer custo? Os mais jovens descobriram que, por meio da ocupação de outros lugares, como empreendedores sociais, podem fazer uma diferença muito maior no mundo?

Acredito que tudo isso está em jogo, sim. Mas acho que essa é uma questão que fica bem circunscrita àqueles que nasceram em berço esplêndido, que habitam culturas menos desiguais, que de certa forma estão protegidos por uma espécie de bolha.

Em um país como o nosso, onde a diferença entre o maior e o menor salário nas organizações é na ordem de 20/30 vezes; onde *Casa-grande & senzala* ainda determina as relações de poder, ser líder significa muito mais do que um cargo, é ascensão social, um *status quo* que se arrasta por gerações. Será que a liderança realmente deixou de ser desejada? Como não sou de dar respostas, despeço-me deixando a inquietação e querendo saber: está pronto para encarar?

Bibliografia

CABEÇA, Vozes da minha (2012).

TOMBOS, Erros e acertos do caminho (1987).

De verdade, muita gente boa, estudos incríveis foram utilizados. Vamos a eles:

AXELROD, R.; HAMILTON, W. The Evolution Of Cooperation. *Science*, [*s. l.*], v. 211, n. 4489, p. 1390-1396, 1981.

BARBOSA, C. *A tríade do tempo*: um modelo comprovado para organizar sua vida, aumentar sua produtividade e alcançar seus objetivos. São Paulo: Sextante, 2011.

BINGHAM, T.; CONNER, M. *O novo social learning*: como transformar as empresas com aprendizagem em rede. São Paulo: Évora, 2011.

BORGOHAIN, S. B. *Key factors and challenges for retention of employees of a public sector enterprise*. 2010. 122 f. Dissertação (Mestrado) – University of Ljubljana, Liubliana, 2010.

BRANSFORD, J. D.; BROWN, A. L.; COCKING, R. R. *How people learn*: brain, mind, experience and school. Washington, D.C.: National Academies Press, 2000.

BROWN, B. *A coragem para liderar*. São Paulo: Sextante, 2019.

BUHOLAIQAH, A. *Employment branding*: the impact of company image and training. 2009. Dissertação (Mestrado) – California State University, Califórnia, 2009.

BUNKER, K. A.; KRAM, K. E.; TING, S. The young and the clueless. *Harvard Business Review*, Cambridge, R0212F, dez. 2002.

CHARAN, R. *O pipeline da liderança*. Rio de Janeiro: Elsevier, 2001.

CHARAN, R.; BOSSIDY, L. *Execução*: a disciplina para atingir resultados. Rio de Janeiro: Campus, 2002.

CHARAN, R.; DROTTER, S.; NOEL, J. *Pipeline de liderança*: o desenvolvimento de líderes como diferencial competitivo. São Paulo: Sextante, 2018.

CHARAN, R.; DROTTER, S.; NOEL, J. *The leadership pipeline*: how to build the leadership. São Francisco: Jossey-Bass, 2001.

CHIAVENATO, I. *Teoria da administração*. Rio de Janeiro: Elsevier, 2004.

COHEN, A.; BRADFORD, D. *Influence without authority*. 2. ed. Hoboken: John Wiley & Sons, 2005.

COHEN, A.; BRADFORD, D. *Power up*: transforming organizations through shared leadership. Hoboken: John Wiley & Sons, 1998.

CORDEIRO, J. *Accountability*: a evolução da responsabilidade pessoal nas empresas: o caminho da execução eficaz. São Paulo: Évora, 2013.

CORDEIRO, J. *Desculpability*: elimine de vez as desculpas e entregue resultados excepcionais. São Paulo: Évora, 2015.

COSENZA, R. *Neurociência e educação*: como o cérebro aprende. 2. ed. Petrópolis: Vozes, 2017.

DRUCKER, Peter. *Administração*: desafios do futuro. São Paulo: Thomson, 2007.

DWECK, C. S. *Mindset*: a nova psicologia do sucesso. São Paulo: Objetiva, 2017.

EDMONDSON, A. C. *A organização sem medo*: como desenvolver equipes vencedoras. São Paulo: Editora Harvard Business Review Press, 2019.

ENDEAVOR. *Liderança inspiradora*: como inovar na gestão de pessoas. São Paulo: Endeavor Brasil, 2019. (e-book).

ERICKSON, J. *et al. Recommendations for the first-time manager*. [*s. l.*], 2008.

ERKER, S.; THOMAS, B. *Finding the first rung*. [*s. l.*]: DDI, 2010.

FALCONI, V. *O verdadeiro poder*. Nova Lima: INDG Tecnologia e Serviços, 2009.

FERNÁNDEZ-ARÁOZ, C. *Grandes decisões sobre pessoas*. São Paulo: DVS Editora, 2010.

FREYRE, G. *Casa-grande e senzala*: formação da família brasileira sob o regime da economia patriarcal. 51. ed. Rio de Janeiro: Record, 2017.

GIUDICE, C. *A vida sem crachá*. São Paulo: Editora Gente, 2018.

GOLEMAN, D. *Inteligência emocional*. Trad. Marcos Santarrita. Rio de Janeiro: Objetiva, 1995.

GRANT, A. *Dar e receber*: uma abordagem revolucionária sobre sucesso, generosidade e influência. Rio de Janeiro: Sextante, 2014.

HILL, L. A. *Becoming the boss*. Cambridge: Harvard Business Review, 2006.

HOLLAND, J. H. *Adaptation in natural and artificial systems*: an introductory analysis with application to biology, control, and artificial intelligence. Cambridge: MIT Press, 1992.

JOHNSON, S. *De onde vêm as boas ideias*: uma breve história da inovação. Rio de Janeiro: Zahar, 2011.

KESLER, G. C. Why the leadership bench never gets deeper: ten insights about executive talent development. *Human Resource Planning*, [*s. l.*], v. 25, p. 32-44, 2002.

KNOWLES, M. S.; HOLTON, E. S.; SWANSON, R. A. *The Adult Learner*. 6. ed. Burlington: Butterworth-Heinemann, 2005.

KNOWLES, M.; HOLTON III, E.; SWANSON, R. *Aprendizagem de resultados*: uma abordagem prática para aumentar a efetividade da educação corporativa. Rio de Janeiro: Elsevier, 2009.

KORN, F. *O mundo dividido em duas metades*: o manual do líder para gerenciar através da crise e na era pós-surto. São Paulo, 2020. (e-book).

KOTTER, John. *Liderando mudanças*. Rio de Janeiro: Alta Books, 2017.

KRANTZ, E. *First-time managers*. [*s. l.*]: Caliper, 2004.

LAB SSJ. *Andragogia*: aprendizagem efetiva para o desenvolvimento de adultos. São Paulo: Pocket Learning, 2017.

LAB SSJ. *Influência sem autoridade*: como construir relacionamentos efetivos e criar alianças estratégicas. São Paulo: Pocket Learning, 2017.

LAB SSJ. *Pipeline da liderança*: os principais conceitos do modelo de desenvolvimento de líderes de Mahler, Charan, Drotter e Noel. São Paulo: Pocket Learning, 2017.

LOGAN, D.; KING, J.; FISCHER-WRIGHT, H. *Liderança tribal*. São Paulo: HSM, 2010.

MAHLER, W.; DROTTER, S. The career-crossroads model. *In*: *The succession planning handbook for the chief executive*. [*s. l.*]: Mahler Publishing Co., 1986.

MARANHÃO, C. Decidi não fazer o que eu amava. E foda-se. *Medium*, [*s. l.*], 1 jun. 2015. Disponível em: https://medium.com/@cleitonsouza/decidi¬-n%C3%A3o-fazer-o-que-eu-amava-e-foda-se-5e6b33e92d24. Acesso em: 18 mar. 2024.

MASON-JONES, D. Employer branding: a proactive recruitment strategy. *Human Capital*, [*s. l.*], 2005.

MAXWELL, J. C. *5 níveis de liderança*: passos comprovados para maximizar seu potencial. Rio de Janeiro: Thomas Nelson Brasil, 2019.

MAXWELL, J. C.; RIBEIRO, J. *As 21 indispensáveis qualidades de um líder*. Campinas: Thomas Nelson Brasil, 2019.

MCCLELLAND, D. Testing for competence rather than for intelligence. *American Psychologist*, [*s. l.*], v. 28, n. 1, p. 1-14, 1973.

MCKINSEY & COMPANY. *A guerra pelo talento.* [Relatório de pesquisa]. São Paulo: McKinsey & Company, 2007.

MCKINSEY & COMPANY. *A guerra pelo talento.* Parte 2. [Relatório de pesquisa]. São Paulo: McKinsey & Company, 2012.

MCKINSEY & COMPANY. *The war for talent survey.* Nova Iorque: McKinsey and Co., 1997.

MELIN, E. *Employer branding*: likenesses and differences between external and internal employer brand images. 2005. Dissertação (Mestrado) – Lulea University, Lulea, 2005.

MERRIAM, S. B.; CAFFARELLA, R. S.; BAUMGARTNER, L. M. *Learning in adulthood*: a comprehensive guide. 3. ed. São Francisco: Jossey-Bass, 2006.

MERTON, R. K. Social Theory and social structure. *American Sociological Review*, [*s. l.*], v. 35, n. 1, p. 129-134, 1949.

PINK, D. *Motivação 3.0*: os segredos de alta performance dos profissionais e das organizações. 1. ed. Rio de Janeiro: Elsevier, 2010.

REBUILDING the employment value proposition – four strategies to improve employee effort and retention. [*s. l.*]: Corporate Leadership Council, jan. 2010.

ROSENBERG, M. B. *Comunicação não violenta*: técnicas para aprimorar relacionamentos pessoais e profissionais. São Paulo: Ágora, 2006.

ROSENTHAL, R.; JACOBSON, L. *Pygmalion in the classroom*: teacher expectation and pupils' intellectual development. Nova Iorque: Crown House, 2003.

SANTILLE, A. *Efeitos de nível hierárquico e gênero no uso de táticas de influência interpessoal nas organizações.* São Paulo, 2007.

SCHARMER, O. *Teoria U*: como liderar a partir do futuro que começa a emergir. São Paulo: Cultrix, 2007.

SCHEIN, E. H. *Âncoras de carreira*. São Paulo: Summus Editorial, 1996.

SINEK, S. *O jogo infinito*: como entender o mundo dos negócios para além do modelo finito. São Paulo: Sextante, 2020.

SOUZA, A. *Conheça a geração F.L.O.W*. São Paulo: Futuro S. A., 20 fev. 2023.

THALER, H. T.; SUNSTEIN, C. R. *Nudge*: como tomar melhores decisões. 2. ed. Rio de Janeiro: Objetiva, 2019.

THALER, R. H.; SCHLESINGER, G. *Misbehaving*: a construção da economia comportamental. 1. ed. Rio de Janeiro: Intrínseca, 2015.

THE employment brand: building competitive advantage in the labor market. [*s. l.*]: Corporate Leadership Council, 1999.

TÜZUNER, V. L.; YÜKSEL, C. A. *Segmenting potential employees according to firm's employer attractiveness dimensions in the employer branding concept*. 2007. Tese (Doutorado) – Istanbul University, Istambul, 2007.

WALKER, C. A. Saving your rookie managers from themselves. *Harvard Business Review*, Cambridge, abr. 2002.

WATKINS, M. How Managers become leaders. *Harvard Business Review*, Cambridge, 2012.

WATKINS, M. *The first 90 days*: critical success strategies for new leaders at all levels. Boston: Harvard Business School Press, 2003.

WLODKOWSKI, R. J. *Enhancing adult motivation to learn*: a comprehensive guide for teaching all adults. São Francisco: Jossey-Bass, 2008.

YUKL, G. *Leadership in organizations*. Englewood Cliffs (Nova Jersey): Prentice Hall, 1994.